山口仲美著作集1

Yamaguchi Nakami

言葉から迫る平安文学1

源氏物語

山口仲美

風間書房

著作集の刊行にあたって

膵臓がんの手術後、四年生き延びた時、私は、今までやってきた仕事のまとめをつけてから命を終わりたいと思うようになった。著作集を刊行してまとめをつけよう。そう決意した。二〇一七年秋のことである。出版社はどこにするか？　その時にまず思い浮かんだのが、風間書房の前社長であった風間務氏の言葉だった。「先生、本を出すなら、ウチからにしてくださいよ。」社長は、二〇〇三年秋に膵臓がんで亡くなったが、その三か月前に神楽坂の甘味処であんみつを食べながら、念を押すように私に言ったのである。それが、前社長と会った最後になった。前社長と同じ病気を経験しているし、縁があるのかもしれない。風間書房に声を掛けてみよう。

声を掛けてみると、現社長の風間敬子氏は、二つ返事で引き受けてくれた。のみならず、「父も喜んでくれると思います」と言ってくれた。敬子氏は、務氏のご長女である。

こうして著作集の刊行準備が急ピッチで進められた。全部で八巻。三年で刊行を完成させる。二〇一八年には、一巻から三巻までの刊行。『言葉から迫る平安文学1　源氏物語』『言葉から迫る平安文学2　仮名作品』『言葉から迫る平安文学3　説話・今昔物語集』の三巻である。言葉や文体、表現やコミュニケーションといった言語学的な立場から平安文学の諸問題を解明していった著書や論文を集めた巻々である。

二〇一九年には、四巻から六巻までの刊行。四巻は、『日本語の歴史・古典　通史・個別史・日本語の古典』として、まず日本語の歴史を通史的に述べた著書を収める。それから、感覚感情語彙、売薬名といった個別テーマで日本語の史的推移の解明を行なった論文を収める。さらに、古典作品を通史的に取り上げ、その作品の言語的な魅力を解き明かした著書も収録する。これが四巻。

五巻は、『オノマトペの歴史1　その種々相と史的推移・「おべんちゃら」などの語史』として、日本語の特色であるオノマトペ（＝擬音語・擬態語）の歴史を追究した論文を中心に収録する。オノマトペ研究の必要性、一般語との相違といった基本的な論文から、楽器の音を写す擬音語の推移、男女の泣く声や様子を表すオノマトペの推移などを解明した論文、および「おべんちゃら」「じゃじゃ馬」などのオノマトペ出身の言葉の語史を追究した論を収める。

六巻は、『オノマトペの歴史2　ちんちん千鳥のなく声は・犬は「びよ」と鳴いていた』と題して、鳥や犬などの動物の鳴き声を写すオノマトペの歴史を追究した著書を収録する。そのほか、「ちんちんかもかも」といったオノマトペに関係のある言葉をターゲットにしたエッセイ風の読み物も収める。

二〇二〇年は、七巻・八巻の刊行。七巻は、『現代語の諸相1　若者言葉・ネーミング・テレビの言葉ほか』というタイトルで、現代の若者の使う言葉やネーミングそしてテレビの言葉をターゲットにした著書論文を収録する。あだ名のように、昨今の学校教育の場では用例の収集すらままならないテーマの論文もあり、命名行為を分析する時に役立つに違いない。広告表現の変遷などの論も収める。

八巻は、『現代語の諸相2　言葉の探検・コミュニケーション実話』と題して、現代語の中から気になる言葉、たとえば「したり顔」「ホゾ」などを取り上げ、その言葉の持つ不思議な面を追究した著書、中国人との様々なコミュニケーション実話を書いた著書、医者と患者のコミュニケーション実話を書いた著書、を収録する。最も肩の凝らない巻である。

以上が著作集の概要。著作集にするにあたって、加筆修正を加えた箇所も多いが、あくまでその著書・論文の書かれた時点を重んじ、その後の研究の進展などにかかわる加筆修正は行なっていない。
三年間で予定通りに行くかどうかは定かではないが、頑張ってみたいと思う。各巻には、論証を旨とする堅い論文のほかに、読んでホッと楽しめるエッセイ風の部分を入れ込んである。そうした著作集を作ることは、私の念願でもあった。多くの人に親しんでいただける著作集であることを心から望んだためである。

二〇一八年一月一日

著者　山口仲美

まえがき

この巻は、『源氏物語』を言葉や文体、そしてコミュニケーションの立場から追究した論文・著書を収録したものである。言ってみれば、言語学的な側面から、『源氏物語』のさまざまな問題を解明しようとした論文集。テーマのまとまり具合から「I」部、「II」部、「III」部に分けてあるが、基本的には論文集なので、どこから読んでいただいてもかまわない。

「I」部と「II」部が、『源氏物語』そのものに関する論を集めてあり、この巻のメイン。「I」部は、「**『源氏物語』男と女のコミュニケーション**」と題して、大きく二つの論から構成されている。「**男の表現・女の表現**」と「**男と女の会話のダイナミクス**」である。前者が源氏物語をコミュニケーションの立場からとらえた総論、後者が各論に当たる。

最近、コミュニケーション論がクローズアップされてきているけれど、古典作品をコミュニケーションの観点からとらえた論は、管見による限り見当たらない。『源氏物語』ほど、コミュニケーションの立場からとらえると、面白い作品は存在しない。男と女の会話が実に練られており、多種多様。しかも、リアリティを持っている。平安時代の貴族階級の男と女は、一体どんな形のコミュニケーションをとっていたのか。「男の表現・女の表現」を、ぜひお読みいただきたい。

「男と女の会話のダイナミクス」は、総論を受けて、具体的に男と女の会話の様相を追究したものである。たとえば、光源氏が言葉を発する。すると、その言葉を受けた女性は、それぞれの人柄に応じて、彼の言葉を押し返したり、拒否したり、あるいは逆に受け入れたり、はたまた、すれ違った返事をする。それに対して、再び光源氏は相手に応じてさまざまな反応をする。まさに、登場する人物の人柄に応じた会話の**力学**（＝ダイナミクス）がそこに展開している。

光源氏と人妻の空蟬は、どんな会話を展開しているのか。光源氏と藤壺は？　光源氏と最愛の妻・紫の上とは？また、光源氏の息子たちである夕霧や薫は、女性たちとどんな会話を交わしているのか。彼らは、光源氏と違って、女性の心をうまくとらえることができない。彼らが女性たちと交わした会話を辿ると、その謎が解けてくる。

実は、「会話のダイナミクス」のようなテーマは、論証を必要とする論文の形ではうまくとらえられない。それで、私は、一般書『恋のかけひき―『源氏物語』もうひとつの読み方―』（主婦と生活社）として刊行しておいた。今回は、それを「男の表現・女の表現」をささえる具体例として収録することにした。まことに興味深い平安時代の男と女の会話の様相を楽しんでいただきたい。

「Ⅱ」部の「**『源氏物語』の言葉と文体**」は、作者の個性の現れやすい比喩や象徴詞（＝オノマトペ）や形容語などに注目して、『源氏物語』独自の問題を解明しようとした論文を収録してある。たとえば、『源氏物語』後編の宇治十帖の作者は、本当に紫式部でよいのか。「**『源氏物語』の比喩表現と作者**」は、比喩表現の分析から作者像に迫り、その問題に対する結論を出した論文である。

あるいは、『源氏物語』が、読者を惹きつけてやまないのは、文章や表現にどんな仕掛けがしてあったのか。その仕掛けを解明しているのが「**文体論の新しい課題**」「『**源氏物語**』**のテクニック**」「『**源氏物語**』**の象徴詞の独自用法**」「『**源氏物語**』**の並列形容語**」などの論である。たとえば、「『源氏物語』の象徴詞の独自用法」の論は、「あざあざ」「けざけざ」「たをたを」といった象徴詞を、紫式部が創り出したり、一回限りで使ったりして、人物造型をしていく手法を解明している。また、「『源氏物語』の並列形容語」は、「いまいましう かたじけなく（＝縁起が悪く、勿体ない）」のように、相反する意味合いの語を並列させることによって、意表をつき曲折する文脈を作り出していく『源氏物語』独自の表現方法を明らかにしている。

また、『源氏物語』は、どんな性質の言葉をどのように使って、作品を紡ぎ出しているのか。「『**源氏物語**』**の擬人法**」「『**源氏物語**』**の歌語と文体**」「『**源氏物語**』**の女性語**」「『**源氏物語**』**の雅語・卑俗語**」「『**源氏物語**』**の漢語**」などの論がその問題に取り組んだものである。

たとえば、「『源氏物語』の歌語と文体」の論は、「呉竹」といった和歌で使う言葉を散文部分に取り込み、登場人物の血縁関係を暗示するための道具立てとして使っており、舌を巻くような紫式部の言語操作の方法を明らかにしたもの。

さらに、「Ⅱ」部には、『源氏物語』に際立つ「つと」「つぶつぶと」や恋愛情緒に使われた「空《そら》なり・中空《なかぞら》なり・上《うは》の空《そら》なり」などの言葉の意味を追究した論もある。

こんなふうに、あくまで言葉や表現にこだわって、『源氏物語』の作者の問題や創作方法の秘密の解明をめざしているのが、「Ⅱ」部の論文。「Ⅱ」部に収録した論文を貫く基本的な立場は、語学的な文体論である。

そこで、「Ⅲ」部は、「**文章・文体研究の軌跡と展望**」と題して、このジャンルに対する私の解説や展望を集めておいた。

「著作集1」のみならず、「著作集2」「著作集3」の「**言葉から迫る平安文学**」三巻に収録した論文に共通する私の立場は、語学的文体論である。私が古典の文体研究を志したのは、現代作家の文体研究が新しい研究分野として産声を上げ、脚光を浴びはじめた時代であった。そうした流れのなかで、古典については文体研究がまだ試られていなかった。未開の沃野が広がっていたのだ。よし、古典を対象にした文体研究をしてみようと意気込んで始めたのがきっかけであった。

しかし、人がやっていないということは、自分で問題を見つけ出し、その解決方法を編み出さねばならないという大変さが待ち構えていたことを悟ったのは、研究開始の後であった。

「**文章・文体研究の軌跡**」と「**文体研究の回顧と展望**」をお読みいただくと、このジャンルの草創期からのことがお分かりいただけると思う。また、このジャンルが隆盛を誇っていた時期に書いた展望号も収録しておいた。そして、このジャンルを志す人のために、その頃に作った参考文献の目録も収録しておいた。

語学的な側面からの古典作品の解明が進むことを心から願って、巻一の「まえがき」とする。

二〇一八年一月一日

山口仲美

目　次

I

『源氏物語』
男と女のコミュニケーション

男の表現・女の表現

1　はじめに

平安時代の男女の言語差は、語彙面には現れにくい。[1] 筆者は、すでに「『源氏物語』の女性語[2]」の論を書き、語彙レベルでの男女差を追究してみた。

その結果、従来「女性語」といわれてきたものも、性差によって生じたものではなく、表現性の違いや階層・場面・個性に帰する違いによって生じたものである場合の多いことが明らかになった。女性だけの使用する語として指摘できたのは、わずか「まま（乳母）」の一語にとどまってしまった。

だが、語彙以外のどこかに、男女の性別による言語的な差異が顕著に現れている可能性がある。[3] それは、いかなる面なのか？

タネン・D[4]は、現代アメリカ英語で、性差による話し方の違いを明らかにしている。平安時代の男女の言語差も、こうしたコミュニケーションのとりかたに現れてはいまいか。そこで、本稿では、表現の仕方や表現内容に焦点を合わせて、『源氏物語』の会話に見られる男女の言語差を、追究してみることにする。

こうした性差からのコミュニケーション追究は、平安時代に対して、今までになされたことがない。[5] とすれば、『源氏物語』の会話を分析することによって、平安時代の貴族階級の男女のコミュニケーションのあり方に何か新しい知見が得られるかもしれない。

使用したテキストは、日本古典文学全集『源氏物語』（小学館）である。ただし、『源氏物語大成』（中央公論社）の本文を参照し、若干手を加えたところがある。また、句読点のつけかたも、この稿なりに統一したところがある。

2　男と女の会話場面

男女差の、最も現れやすい会話の場面とは、どういう場合であろうか？　たとえば、現代の日常会話を思い浮かべてみる。すると、男同士の会話、女同士の会話では、個人の特性は出やすくなるが、性差は出にくい。男女差の出やすいのは、男性と女性との会話場面である。[6]しかも、夫婦間、恋人同士の会話が、最も男女差の現れやすいものである。[7]

そこで、本稿でも、夫婦や恋人同士の会話場面をとりあげることにした。具体的には、次の一八組の男女のものである。

光源氏と空蟬、光源氏と夕顔、光源氏と藤壺、光源氏と源典侍、光源氏と葵の上、光源氏と六条御息所、光源氏と紫の上、光源氏と明石の上、光源氏と玉鬘、光源氏と女三宮、柏木と女三宮、夕霧と雲居雁、夕霧と落葉宮、薫と大君、薫と中君、匂宮と中君、薫と浮舟、匂宮と浮舟。

男女別に見れば、男性としてとりあげたのは、光源氏・柏木・夕霧・薫・匂宮の五人である。対する女性は、空蟬・夕顔・藤壺・源典侍・葵の上・六条御息所・紫の上・明石の上・玉鬘・女三宮・雲居雁・落葉宮・大君・中君・浮舟の一五人にのぼる。一人の男性が複数の女性と結婚できる当時の婚姻形態にあっては、男女の人数差は当然のことである。

さて、これら一八組の男女は、それぞれどのくらいの会話場面を持っているのであろうか？　柏木と女三宮のように、わずかの会話場面しか持たないペアもいれば、光源氏と紫の上のように、会話場面の多いペアもいる。そこ

「表1」

(1)	光源氏と空蟬	5場面
(2)	光源氏と夕顔	6場面
(3)	光源氏と藤壺	12場面
(4)	光源氏と源典侍	6場面
(5)	光源氏と葵の上	4場面
(6)	光源氏と六条御息所	7場面
(7)	光源氏と紫の上	53場面
(8)	光源氏と明石の上	10場面
(9)	光源氏と玉鬘	22場面
(10)	光源氏と女三宮	12場面
(11)	柏木と女三宮	2場面
(12)	夕霧と雲居雁	13場面
(13)	夕霧と落葉宮	11場面
(14)	薫と大君	19場面
(15)	薫と中君	14場面
(16)	匂宮と中君	16場面
(17)	薫と浮舟	8場面
(18)	匂宮と浮舟	8場面
	合計	228場面

で、まず会話場面数を把握しておくことにする。

会話の場面数の認定は難しいけれど、ここでは暫定的に、一つの話題での会話のまとまりを一場面と考えて算出した。同一場面でも、時間の推移があり、話のテーマが変わっている場合には、別の場面と考えてカウントしておくことにする。なお、会話の中に消息によるコミュニケーションも含める。さて、こうして算出した会話場面数は、「表1」の通りである。

本稿の対象にした場面数は、合計欄に記した数値の二二八場面である。この場面数一覧を見ると、女性の登場人物の重要さの度合いが象徴的に表れていることが分かる。光源氏と紫の上の会話場面数が抜群に多く、紫の上が、とりもなおさず『源氏物語』前編のヒロインであることを示している。ついで、光源氏と玉鬘との会話場面が多く、玉鬘の位置づけのかなり重いことが分かる。

宇治十帖では、大君が一九場面、中君が三〇場面（薫との会話一四場面+匂宮との会話一六場面）、浮舟が一六場面（薫との会話八場面+匂宮との会話八場面）である。中君は、物語の展開上、幸い人であるため、大君・浮舟に比べて印象が薄いが、二人の間をとりもつ重要な役割を演じていることが分かる。

ところで、「表1」の場面数には現れないのであるが、実は、同じ一場面と数えられていても、二人が一回ずつのやりとりだけで終わる場合もあれば、長々と続くこともある。それぞれ具体例をあげてみる。

「いざ、ただこのわたり近き所に、心やすくて明かさむ。かくてのみはいと苦しかりけり。」とのたまへば、「いかでか。にはかならん。」といとおいらかに言ひてゐたり。（源氏物語・夕顔）

光源氏と夕顔の会話場面である。光源氏が「いざ」以下の言葉を発して、夕顔を近くの別荘に誘っているのに対し、夕顔は「いかでか。にはかならん」とだけ答えている。この後、光源氏が「この世のみならぬ契りなどまで頼めたまふに」であるから、言葉巧みに来世の契りまで口にしたのであろうが、具体的な会話となっては記述されない。女性の方のはかばかしい答えがなかったからであろう。このように、短く終わってしまう会話場面もあれば、一方、長々と続く会話場面もある。

「さるべき御祈禱《いのり》など、常よりもとりわきて、今年はつつしみたまへ。もの騒がしくのみありて、思ひいたらぬ事もあらむを、なほ思しめぐらして、大きなる事どもしたまはば、おのづからせさせてむ。故僧都のものしたまはずなりにたるこそ、いと口惜しけれ。おほかたにてうち頼まむにも、いとかしこかりし人を。」などのたまひ出づ。（源氏物語・若菜下）

光源氏が、三七歳の厄年になった紫の上に向かって、こう語り出したところである。続けて光源氏は、

「みづからは、幼くより人に異なるさまにて、ことごとしく生ひ出でて、……

に始まる長大な述懐を述べ立てる。いわゆる「六条院の述懐」と言われている箇所であり、それ自体が取り上げられ論じられるほどの深い内容とボリュームをもった発言である。

この光源氏の長い言葉を受けて、紫の上は、

「のたまふやうに、ものはかなき身には過ぎにたるよそのおぼえはあらめど、心にたへぬもの嘆かしさのみうち添ふや、さはみづからの祈りなりける。」

と相づちと反論を述べ、さらに、紫の上は、ためらいつつ、

「まめやかには、いと行く先少なき心地するを、……

と語りだし、出家願望の気持ちを述べる。光源氏は、それに驚き、

「それはしも、あるまじきことになん。……

に始まる反対意見とその理由を述べ立てる。さらに、反対されて涙ぐむ紫の上に、光源氏は慰めの気持ちから過去に関わりのあったさまざまな女性たちの身の処し方を語り出す。紫の上は、それを受けて、自分の見解も交えて上手に相づちを打って光源氏にさらに話し続けさせる。二人の会話は、こうして長々と続いていく。

このように、同じ一場面といっても、光源氏と夕顔のように、少ない会話のやりとりで終わる場面もあれば、光源氏と紫の上のように、長々と密度の濃い会話のやりとりのなされる場面もある。こうした違いは、残念ながら「表1」の場面数には反映されていない。

さて、ここにあげた一八組の男女は、どのような会話を展開していくのであろうか？ そこに男と女という性別に帰することのできるような特徴が指摘できるであろうか？

3 会話のイニシアチブをとるのは、誰か

まず、本稿が対象にした二二八場面のうち、話の口火を切って会話をリードしているのは誰なのかということに

「表2」

男女の組み合わせ	イニシアチブをとる場面数 男性	イニシアチブをとる場面数 女性	場面数小計
光源氏と空蟬	5	0	5
光源氏と夕顔	6	0	6
光源氏と藤壺	10	2	12
光源氏と源典侍	2	4	6
光源氏と葵の上	4	0	4
光源氏と六条御息所	6	1	7
光源氏と紫の上	48	5	53
光源氏と明石の上	10	0	10
光源氏と玉鬘	22	0	22
光源氏と女三宮	12	0	12
柏木と女三宮	2	0	2
夕霧と雲居雁	11	2	13
夕霧と落葉宮	10	1	11
薫と大君	19	0	19
薫と中君	12	2	14
匂宮と中君	16	0	16
薫と浮舟	8	0	8
匂宮と浮舟	8	0	8
合計	211	17	228

焦点を合わせて分析してみる。

　調査結果は、「表2」の通りである。

「表2」から、一八組のペアの中、女性がイニシアチブをとる場面数が「〇《ゼロ》」であるのは、一一組。この一一組の男女では、常に男性がイニシアチブを取っていることが分かる。すなわち、空蟬、夕顔、葵の上、明石の上、玉鬘、女三宮、に対する光源氏、女三宮に対する柏木、大君に対する薫、中君に対する匂宮、浮舟に対する薫と匂宮は、例外なく会話の口火を切って会話をリードしている。

　相手となった女性は、身分が低かったり、身分は高くても頼りなかったり、生来口数の少ないタイプであったり、控えめなタイプであったりする。従って、空蟬をはじめとする前記の女性たちが、決してイニシアチブを取ることがないのは、そうした身分や人柄とも関わりを持っていることは認めざるを得ない。

　しかし、こうした身分や個性を付与されていても、男性であれば、柏木や薫のように積極的に話しかけなければならないのである。男女の性差が、発言権の有無をまず大きく決定していると考えるべきであろう。

一方、女性が一回でも会話の口火切りをしているのは、光源氏に対する藤壺・紫の上・六条御息所・源典侍、夕霧に対する雲居雁・落葉宮、薫に対する中君である。宮仕え人である源典侍を除くと、気性のしっかりした、身分のある女性たちである。

しかし、彼女たちとて、自在に会話の主導権をとっているわけではない。限定された条件下でのみ、イニシアチブをとっている。それは、次の三つの場合のいずれかである。第一には、女性が心理的・生理的に追いつめられ、何らかの手だてを講じなければと緊迫感にさいなまれている時である。たとえば、臨終の場におよんで、言い残す必要に迫られた時、女性でも進んで発言し始める。

「院の御遺言にかなひて、内裏の御後見仕うまつりたまふこと、年ごろ思ひ知りはべること多かれど、何につけてかはその心寄せことなるさまをも漏らしきこえむとのみ、のどかに思ひはべりけるを、いまなむあはれに口惜しく。」（源氏物語・薄雲）

これは、死直前の藤壺の言葉。心から敬慕し熱愛した藤壺が、光源氏の目の前で亡くなっていく。駆けつけた光源氏に藤壺は、かすかな声でこれまで自分に尽くしてくれたお礼の言葉を述べている。光源氏は、返事もできずに泣いてしまうが、やがて藤壺の言葉に応答する言葉が述べられる。臨終といった切羽詰まった場面になって初めて、女性から発言する権利が認められている。

六条御息所も、臨終の場面で初めて自分から発言する権利が与えられている。

また、夫の浮気の兆候をつかんだり、男性にすぐ近くまで寄ってこられたりして、心理的に追いつめられ、焦燥感に駆られているときにも、女性は自ら主導権を取って発言する。

「いづことておはしつるぞ。まろは早う死にき。常に鬼とのたまへば、同じくはなりはてなむとて。」

（源氏物語・夕霧）

雲居雁が、口火を切った発言である。朝帰りをした夫の夕霧に向かって浴びせかけた言葉。夫婦喧嘩の口火切りが、妻の方からなされている。切羽詰まった感情がほとばしり出て、会話の主導権を奪った例である。

このように心理的に追いつめられているために女性が主導権を獲得している場合は、一二場面ある。

第二に、女性が主導権を取るのは、宮仕えしていて職業がら男性に話しかけるのに慣れている場合である。百戦錬磨の宮仕え人である源典侍は、光源氏と会話を交わすのは、わずか六場面にすぎないのに、そのうち四場面までが、源典侍の方から話しかけている。

「かしこけれど、聞こしめしたらむと頼みきこえさするを、世にあるものとも数まへさせたまはぬになむ。院の上は、祖母殿と笑はせたまひし。」

（源氏物語・朝顔）

これは、年寄り臭い咳をして自ら名乗り出てきた源典侍の言葉。光源氏は、かつてからかい半分の気持ちから共寝したこともある源典侍のことをすっかり忘れていた。彼女は、まだ生きていたのだ。光源氏と話がしたくて、話しかけてきたのである。光源氏も彼女の発言に答え、二人の間に会話場面が形成されていく。

第三に、女性が優先的に発言しているのは、女性が精神的に成熟し、相手の男性への気遣いをした場合である。これは、紫の上に限って一例みられるだけである。

「心地はよろしくなりにてはべるを、かの宮の悩ましげにおはすらむに、とく渡りたまひにしこそいとほしけれ。」

（源氏物語・若菜下）

夫の悩む顔を見かねて、紫の上から発言を開始した場面である。女三宮の所から早々に帰ってきた光源氏の顔は、悩みにゆがんでいる。紫の上は、それを見て、自分が病気だから無理をして帰ってきてくれたのだろう。同じく体調がすぐれないと聞いている女三宮の方にいてあげられないことを悩んでいるに違いないと光源氏の心を忖度して、紫の上の方から口火を切って発言し始めたのである。

この後、光源氏が答え、さらに紫の上が、光源氏に言って聞かせるような発言が続く。それを受けて、光源氏は、皮肉めいた答えで応じていく、といった紫の上がリーダーシップを取ったような会話が展開している。悩みを通して深い諦めの境地に達した紫の上は、この時点で光源氏よりも高い精神性を獲得している。それを反映するような会話の進行場面である。紫の上に限って、ただ一回現れる珍しい主導権獲得の場面である。

こうして、女性がイニシアチブをとって会話を開始するのは、①女性が心理的・生理的に切羽詰まった状況にある時、②宮仕えをしていて、男性に話しかけることに抵抗感がない時、③女性が高い精神性を獲得し、心理的に男性をリードしている時、に限定されている。場面数にすると、二二八場面中ただの一七場面である。百分率で言えば、わずか七・五％に過ぎない。

一方、二二八場面中二一一場面は、男性が主導権を獲得し会話をリードしている。百分率にすれば、九二・五％にのぼる。

会話の主導権獲得に関しては、男女差が顕著に現れている。まず発言し、話の方向を決めるのは、男性なのである[8]。

4　男と女の発言内容

では、男と女は、どのような内容の発言をするのだろうか？　発言内容に差異は見られないであろうか？　そこで次に発言内容の分析をしてみる。発言内容の分析は、表現目的別に行うことにする。

たとえば、光源氏が、紫の君（のちの紫の上）に向かって言った発言に、

「いで君も書いたまへ。」（源氏物語・若紫）

というのがある。「さあ、あなたもお書きなさい」と、書くことを要求している表現である。要求という一つの目的を持った表現と見なせる。このように、表現目的にしたがって発言内容を分析していくことにする。

したがって、右例のように、一文で一つの表現に認定することもあるが、一方、次のように、複数の文をまとめて一表現と認定することもある。一つの表現目的を持った単位を分析の対象としているからである。

「また、あらじかし、よろしうなりぬる男の、かくまがふ方なく一《ひと》つ所を守らへてもの怖ぢしたる鳥の雄鷹《せうやう》の物のやうなるは。いかに人笑ふらん。さるかたくなしき者に守られたまふは、御ためにもたけからずや。あまたが中に、なほ際《きは》まさりことなるけぢめ見えたるこそ、よそのおぼえも心にくく、わが心地もなほ旧《ふ》りがたく、をかしき事もあはれなる筋も絶えざらめ。かく翁のなにがし守りけんやうに、おれまどひたれば、いとぞ口惜しき。いづこの栄《はえ》かあらむ。」（源氏物語・夕霧）

妻の雲居雁に、落葉宮との恋愛を追及されて、開陳した夕霧の発言である。「地位もある男で、自分のようにわき目もふらずに妻だけを守っているのは世間の笑いものだ。あなたにしたって、こんな阿呆な男に後生大事に守ら

れているのは、ぱっとしないよ。やはり大勢の妻妾たちの中でひときわ飛び抜けて別格に重んじられているといったのこそ、他人の見るところも奥ゆかしく、自分の気持ちも新鮮で、夫婦の情愛も長続きするものだ。こんな翁が何やらを大事にしたとかいうように、ぼけてしまっていては、話にならん。何の見栄えがするものか」などと、自分の恋愛を正当化しつつ妻に言い聞かせている。六文から成る発言内容だけれど、相手を説得するという一つの目的を持った言い聞かせ表現ととらえることができる。

また、逆に、一つの発言でも、次のごとく、複数の目的を持った表現が含まれることもある。

「聞こゆるままに、あはれなる御ありさまと見つるを、なほ隔てたる御心こそありけれな。さらずは夜のほどに思し変りにたるか。」（源氏物語・宿木）

匂宮が、中君に言った言葉。「私の申し上げるとおりに信じて下さる可愛いお方と思っておりましたのに、やはり他人行儀なお心がおありだったのですね。さもなければ、一夜のうちに心変わりをなさったのですか。」という発言内容。最初の文は、相手を恨めしく思う気持ちの表出を目的とした表現、次の文は、相手に疑問を投げかける質問表現である。

「表3」

傾向性 表現目的による発言内容の分類	使用者 男性（百分率）	女性（百分率）
愛の告白表現	59（9.6％）	0（0％）
質問表現	46（7.6％）	2（0.7％）
弁解・事情説明表現	46（7.6％）	3（1.1％）

このように、一つの発言に、二つ以上の目的を持った表現の含まれる場合には、表現目的ごとに、別々にカウントしていく。

さて、以上のような基準で、一八組の男女の会話に見られる発言内容の分析を行った。ただし、上記のような基準をたてても、なおかつ筆

男性多用表現	教え・言い聞かせ表現	33（5.4％）	0（0％）
	批評・見解表現	31（5.1％）	3（1.1％）
	機嫌伺い・機嫌取り表現	25（4.1％）	0（0％）
	脅し表現	14（2.3％）	1（0.4％）
	なだめ・慰め表現	13（2.1％）	1（0.4％）
	約束表現	12（2.0％）	0（0％）
	警戒心を解く表現	9（1.5％）	0（0％）
	冗談・茶化し表現	9（1.5％）	1（0.4％）
	予定・計画表現	9（1.5％）	1（0.4％）
	要求表現	69（11.3％）	16（6.0％）
男女共用表現	誘い表現	11（1.8％）	4（1.5％）
	感情表出表現	121（19.9％）	83（31.0％）
女性多用表現	拒否表現	4（0.7％）	32（11.9％）
	反論・異論表現	18（3.0％）	30（11.2％）
	同意・同調表現	3（0.5％）	23（8.6％）
	単純回答表現	2（0.3％）	15（5.6％）
	責め・詰問表現	21（3.4％）	15（5.6％）
	理由説明表現	8（1.3％）	12（4.5％）
	願望表現	5（0.8％）	10（3.7％）
	その他	41（6.7％）	16（6.0％）
合計		609（100.0％）	268（100.1％）

者・山口の主観の多分に入り込んだ分析とならざるを得なかった。というのは、表現目的を客観的に見定めるのは、至難であったからである。したがって、上に示す「表3」は、絶対的なものではなく、一つの目安である。

また、「表3」の「男性多用表現」「女性多用表現」というのは、（　）内の百分率で男女を比較して、その差が一・六倍以上あるものを、それぞれに振り分けたものである。また、男女別に、それぞれ用例数が多くて、かつ男女差の大きい表現から掲出してある。中央にある「誘い」表現と「感情表出」表現は、男女差が少なく、「男女共用表現」と見られるものである。なお、（　）内の百分率は、男女別の表現合計数に対する割合である。

「表3」から、男性の多用する表現と逆に女性の多用する表現とがかなり顕著に存在していることが分かる。男性は、「愛の告白」表現、

「質問」表現、「弁解・事情説明」表現、「教え・言い聞かせ」表現、「批評・見解」表現、「機嫌伺い・機嫌取り」表現、「脅し」表現、「なだめ・慰め」表現、「約束」表現、「警戒心を解く」表現、「冗談・茶化し」表現、「予定・計画」表現、「要求」表現である。

それに対して、女性の多用する表現は、「拒否」表現、「反論・異論」表現、「同意・同調」表現、「単純回答」表現、「責め・詰問」表現、「理由説明」表現、「願望」表現である。

男女が共用する表現は、「誘い」表現、「感情表出」表現である。以下、具体的に、表現内容ごとに解説を加え、男女差について論じていくことにする。

その前に、「表3」の合計欄を見ると、男性の方が女性よりも二倍以上も多くの内容を表現していることが分かる。(9) 男性の使用する表現数が、六〇九例であるのに対し、女性の使用する表現数は、二六八例だからである。なぜ、このような差異が生じるのか？　それは、男性の方が、一発言にたくさんの表現内容を詰め込むことが多いからであるが、もう一つ根本的な理由がある。それは、女性の方が、言葉ではなく、態度でコミュニケーションをとることが多いからである。

5　女は態度でもコミュニケーションをとる

男と女が会話をしている場面を想定してみる。男が問いかけたとすると、女が答える。その女の答えに男が応じ、というように男と女の言葉が交互に鎖のように連なって一つの会話場面ができあがっていくように思う。

ところが実際の会話場面を観察していればすぐに気づくことだが、常に言葉で応対しているわけではない。相手からの問いかけや要求に対して、言葉で応じるのではなく、態度で肯定や承諾の気持ちを表したり、拒否や不本意な気持ちを表すことがある。それを受けて相手が再び言葉で会話を進める。こうした場合がしばしば目撃される。[10]

『源氏物語』の男と女の会話場面を分析すると、男性は常に言葉で会話を進めるのに対し、女性は言葉以外の態度でコミュニケーションを取ることがあるといった特性を指摘することができる。たとえば、

「あな、うたて。これはいとゆゆしきわざぞよ。」とて、よろづにこしらえきこえたまへど、まことにいとつらしと思ひたまひて、つゆの御いらへもしたまはず。「よしよし。さらに見えたてまつらじ。いと恥づかし。」など怨じたまひて、　（源氏物語・葵）

光源氏と紫の上とが結ばれた翌日の光景である。光源氏が紫の上の機嫌を取ってなだめすかすにもかかわらず、紫の上はショックから立ち直れずに「ひどい」と恨めしく思う気持ちから「つゆの御いらへもしたまはず」である。言葉による返事を全くしないでいる態度が、光源氏への返事なのである。その紫の上の態度を見て、光源氏は余計にいとおしさが増して、「よしよし」以下の恨み言葉を投げかけて会話が進行している。

もう一例あげてみる。

「などか、いくばくもはべるまじき身をふり棄てて、かうは思しなりにける。なほ、しばし心を静めたまひて、御湯まゐり、物などをも聞こしめせ。尊きことなりとも、御身弱うては行ひもしたまひてんや。かつはつくろひたまひてこそ。」と聞こえたまへど、頭ふりて、いとつらうのたまふ、と思したり。（源氏物語・柏木）

不義の子を出産した直後、女三宮は、それまでの意志を持たない弱い人であったのとは打って変わって出家したいと言い出す。驚いた光源氏は、「などか」以下の言葉を述べて、それを制止しようとする。すると、女三宮は、「頭ふりて」の態度で応じている。光源氏の言うことに言葉で反対するのではなく、頭を横に振って拒否の気持ち

を伝えている。

また、次のように、頷く行為で同意の気持ちを伝えることもある。

「恋しとは思しなむや。」とのたまへば、すこしうなづきたまふさまも幼げなり。

（源氏物語・少女）

夕霧と雲居雁の少年少女時代の恋の場面である。夕霧少年の「僕のこと恋しいと思ってくれる？」という問いかけに対して、少女雲居雁は少し頷くことによって同意の気持ちを表している。

こんなふうに、言葉を発せずに態度で応じる人物は、『源氏物語』においては、すべて女性である。しかも、そのような態度応答がかなり多い。具体的数値で示してみれば、女性たちの応答しなければならない場数は、総計二八五回であるが、このうち、態度応答ですませている場合が、六三回にも上っている。百分率にすれば、二二％にあたる。つまり、女性は応答しなければならない場合、五回に一回は言葉の対応ではなく、態度での応答であることが分かる。これは、女性の最も大きな特色となっている。

では、女性たちは、どんな場合に態度応答をしているのであろうか？

最も多いのは、拒否と困惑の気持ちを表すときである。それぞれ一二回ずつ見られる。拒否は、「つれなくのみもてなしたり」「いらへも聞こえたまはず」「ゐざり退きたまふ」「音を泣きたまふ」「頭ふりて」などと、様々な態度で表している。最も多いのは、「いらへも聞こえたまはず」をはじめとする、「御答へもなければ」「音せでおはします」「いらへたまはず」などの意志的な沈黙である。何にも答えずにいることが、女性の拒否の仕方の一つなのである。

困惑して答えようもないときも、「ともかくも答へたまはぬ」「はかばかしうも聞こえたまはず」「答へきこえたまはむこともなし」「泣きぬ」「顔もひき入れて臥したまへり」といった態度で表している。

次いで多いのが、恨めしさ、恐怖、嫌悪の気持ちを相手に伝える態度応答である。これらの気持ちは、答えをしないという態度、泣く行為などによって表している。

この他、無視、後悔、照れ、悩み、嫉妬、などの気持ちも、言葉に発することなく何らかの動作で表している。このように、言葉を発することなく、態度で表す応答は、概してマイナス感情の場合が多いのだが、それを受ける男性は、むしろ愛しいと思ったりしている。

また、女性の中でも、この態度応答の目立つ女性とそうでない女性がいる。しかし、態度応答を全くしていない女性はおらず、いかに女性のコミュニケーションのとり方として一般的であったかが分かる。態度応答の比較的少ない女性は、大君、雲居雁である。

一方、態度応答の多い女性は、女三宮である。彼女は、応答しなければならない場合の半数以上を態度応答ですませている。すでに例示した「頭ふりて」のほかにも、「うち笑みて」「涙のみ落ちつつ」「泣きたまふ」「顔うち赤めて」「御答へもなうてひれ臥したまへり」「つゆ答へもしたまはず」「ものも言はむとしたまへど、わななかれて」などといった態度で表している。中君のように、会話の相手が変われば、応答の仕方に変化の出てくる女性もいるが、女三宮の場合は、光源氏が会話の相手でも、柏木が相手でも、態度応答の多さは抜群である。言葉で拒否や困惑の気持ちを伝え処理していく能力に見放された女性なのである。

女三宮との似寄りを指摘されている浮舟は、薫が相手の時には態度応答が女三宮と同程度に多くなるのだが、匂宮が相手の時は、言葉で応答することが増える。匂宮との方がうまくコミュニケーションがとれていたのである。浮舟と相性のよい男性は、薫ではなく、匂宮であると言える。また、浮舟は、女三宮ほど言葉での応答が出来ないわけではない。

いずれにしても、態度による応答は、女性特有の表現形態として、特筆すべき事柄である。

6　愛の告白――男性多用表現(1)――

さて、次に言葉による男女の会話に注目する。「表3」から、愛の告白表現は、男性のみが口にするものであることが分かる。まず、男性は結婚するにあたり、女性に歌を贈る。

「をちこちも知らぬ雲ゐにながめわびかすめし宿の梢をぞとふ。思ふには。」（源氏物語・明石）

これは、光源氏が明石の君に贈った求愛の歌。直接対面の場になっても、まずは男性が求愛の言葉を述べる。

「むつごとを語りあはせむ人もがなうき世の夢もなかばさむやと。」（源氏物語・明石）

これも、光源氏が寝室で明石の君に語りかけた求愛の歌である。明石の君は、後に明石の上になった人。

また、男性が、人妻などの寝室に忍び込んだ時も、男性から愛の告白表現を行う。

「うちつけに、深からぬ心のほどと見たまふらむ、ことわりなれど、年ごろ思ひわたる心のうちも、聞こえ知らせむとてなむ。かかるをりを待ちいでたるも、さらに浅くはあらじと思ひなしたまへ。」（源氏物語・帚木）

空蟬の寝込みを襲い、優しく口説き始める光源氏の言葉である。決して気まぐれからではない、ずっと前からあなたのことを思っていたのだ、その気持ちを伝えようとチャンスをねらっていたなどと。空蟬の仰天する心をなごめつつ、ついに契りを結ぶに至るのであるが、こんなふうに近づいて積極的に愛の告白をして口説き始めるは、言うまでもなく男性である(11)。

また、愛の変わらぬことを誓って女性に安心感を与える言葉を吐くのも男性である。

「かれ見たまへ。いとはかなけれど、千年も経べき緑の深さを。年経ともかはらむものか橘の小島の崎に契る心は。」

（源氏物語・浮舟）

匂宮の浮舟に誓った愛の言葉である。対岸の小家に行って二人だけで思う存分愛しあいたいと思う匂宮は、浮舟をつれて小舟に乗り込む。川の中程に常磐木が立っている。それを見て、匂宮は浮舟に、あの常磐木のように自分の愛する心は永遠に変わらないと誓っている。

また、一夜を明かして帰るときに、愛の心の積極的な訴えをするのも男性である。

「起きてゆく空も知られぬあけぐれにいづくの露のかかる袖なり。」

（源氏物語・若菜下）

柏木が女三宮との別れのつらさを訴えた歌。魂の抜け殻のようになってはいるが、柏木は命の残り火をかき立てて、女三宮に訴えかけてから、帰っていった。

こんなふうに、求愛、愛の告白、愛の誓い、相手への未練を積極的に言葉に出して訴えるのは、男性である。光源氏・柏木・夕霧・薫・匂宮と、この稿で取り上げているすべての男性は、こうした愛の表現をすすんで口にしている。それに対して、女性の側から、積極的に愛の告白を行ったケースは一例もない。「表3」で「愛の告白表現」の項を見れば、男性の五九例に対して、女性は〇例である。

また、表現自体に注目すると、類似が全く見られないではないが、概してバラエティに富み、男性の個性が写し出されるような表現である。取り上げた五人の男性がそれぞれ深く愛した女性に述べた表現を以下に一例ずつ示しておくことにする。

まず、光源氏が、藤壺にささやいた愛の言葉は、

「見てもまたあふよまれなる夢の中にやがてまぎるるわが身ともがな。」

（源氏物語・若紫）

光源氏は、積年の思いがかなって思慕する藤壺と一夜をともにすることが出来た。夢のように思える。だが、喜びもつかの間。別れの時間がやってきた。光源氏は、再びいつ藤壺に会えるか分からぬことを思うと、このまま夢の中に消えてしまいたい。「見てもまた」の歌は、光源氏の愛の絶唱である。

柏木の、女三宮への愛の告白は長々しい。光源氏の空蟬を口説く表現に類似するところもあるが、光源氏ほど、積極的で自信に満ちているものではない。ためらいがあり、心弱さの感じられるものである。

柏木は、まずこれまでの経緯を女三宮に訴える。「自分は、人数にも入らない者だが、昔から身の程知らずにもお慕いする気持ちがあった。その気持ちを秘めたままいればよかったのだが、少し漏らしたら、お父上の院も、私を花婿候補に加えて下さった。だが、身分が低いために、誰よりも深いこの気持ちを空しくしてしまったことが悔しくて」などと訴えて、さらに、言葉を続ける。

「よろづ今はかひなきことと思ひたまへ返せど、いかばかりしみはべりにけるにか、年月にそへて、口惜しくも、つらくも、むくつけくも、あはれにも、いろいろに深く思ひたまへまさるにせきかねて、かくおほけなきさまを御覧ぜられぬるも、かつはいと思ひやりなく恥づかしければ、罪重き心もさらにはべるまじ。」

（源氏物語・若菜下）

「光源氏の正妻になってしまった今は、言っても甲斐のないことだけれど、年月が経つにつれて、思いが募り、ついにこうしてお目にかかってしまった。しかし、一方では、浅はかで恥ずかしい気もあるので、これ以上の罪を犯そうとする気持ちはない」などと、長い間思い続けたことを告白している。最後の気弱さのにじむ言葉は、光源氏なら決して口にしない表現である。

女性に経験の浅い夕霧を象徴する愛の表現は、次のセリフ。お相手は、落葉宮。

「ただあなたざまに思し譲りて、つもりはべりぬる心ざしをも知ろしめされぬは、本意なき心地なむ。」

（源氏物語・夕霧）

このセリフの前には、奥歯に物の挟まったような回りくどい愛の告白があり、夕霧の慎重な性格を表している。引用した部分も、「今までの長い間の私の切ない気持ちもお察し下さいませんのは、不本意な気がいたします」と、かなり間接的な表現の仕方である。女の心に届きにくい表現をするのが夕霧なのである。

また、薫も、婉曲な言い回しをするが、夕霧ほど武骨ではない。薫の恋が成就しないのは、ひとえに行動力のなさによる。薫が心から愛した大君には、すばらしい愛の言葉を贈っている。

「かくいみじうもの思ふべき身にやありけん、いかにもいかにも、ことざまにこの世を思ひかかづらふ方のはべらざりつれば、御おもむけにしたがひきこえずなりにし。」

（源氏物語・総角）

臨終の床で、大君は、妹と結婚してくれなかったことが心残りだと訴える。それに対して、薫の言った言葉。あなた以外には愛せなかったと。死に行く大君の心に深く浸透したであろう愛の言葉である。

また、匂宮は、浮舟に限りなく官能的な愛の言葉をささやいている。手すさびに描いた男と女の添い寝の絵を見せて、匂宮は言った。

「常にかくてあらばや。」

続けて、匂宮は、

「長き世を頼めてもなほかなしきはただ明日知らぬ命なりけり。」

（源氏物語・浮舟）

死と隣り合わせにある愛の絶頂感を歌い上げている。

こうした男性たちの愛の言葉を受けて女性たちは、どう答えているのか？　すでに述べたように、態度で気持ちを示すこともある。しかし、言葉で応じることもある。それについては、後に述べることにする。

7　質問──男性多用表現(2)──

相手に疑問を投げかけ、答えを求める表現である。いずれも、疑問表現形式をとっている。ただし、その内容は、その場に応じたものであり、千差万別である。

「いかでか聞こゆべき。」（源氏物語・帚木）

一夜を共にした空蟬と別れねばならぬ時刻である。光源氏は、空蟬に聞いた。「どうやってお便りを差し上げたらよいだろうか？」と。今後の逢瀬を考えて、連絡の取り方を聞いている。空蟬は、人妻なのである。秘密裏に事を運ばなければならぬ。この手の質問は、密会の別れ際には、男性の発する常套表現であったと察せられる。

また、光源氏は、夕顔に向かって、自分はこんな恋の道行きは、初体験だと告白した後、

「ならひたまへりや。」（源氏物語・夕顔）

と質問している。「あなたは、経験がおありですか？」と、光源氏は相手が頭中将の愛人であったことを知りつつ、聞いている。何と答えるかが知りたいのだ。相手を試す質問も、恋する男の発しやすいものである。

また、光源氏は、藤壺に手紙でこう質問している。自分が青海波を舞って、天皇をはじめ人々の称賛をあびた翌日のことである。

「いかに御覧じけむ。」（源氏物語・紅葉賀）

「昨日の私の舞を、いかがご覧下さいましたでしょうか？」愛する女性の感想ほど聞きたいものはないのである。

また、光源氏は、愛らしい紫の君に、頭を掻き撫でながら聞く。光源氏が外出すると聞いて、ふさぎ込んでいるのである。

「ほかなるほどは、恋しくやある。」（源氏物語・紅葉賀）

「私がいない時は、恋しいかい？」と聞くと、紫の君は頷く。その素直さ。光源氏は、外出を取りやめてしまったほどである。

薫は、浮舟と契りを結んだ後、彼女の教養のレベルを知っておきたいと考えて聞いた。教養ある女性に仕立ててあげてやりたいのだ。

「これは、すこしほのめかいたまひたりや。」（源氏物語・東屋）

「琴は、少しおひきになられますか？」という質問である。

このように、質問表現は、ほとんど男性が使用している。男たちは、愛する女性に絶えず質問をしては、女性をよりよく知りたい、女性の心を確認したいと思っているのである。その証拠に、問題にするに足りない宮仕え女や、結婚生活を営んではいるが、しっくりした夫婦関係のない女性に対しては、男性は質問をしていない。具体的には、光源氏は、源典侍、葵の上、女三宮に質問をしていることがない。愛する女性にしか、男性は質問表現を発しないのである。当然のことであろう。

ちなみに、「表3」から、女性では、二回だけ質問表現が見られることが分かる。ともに、玉鬘が、光源氏に琴に関する質問をしたものである。

「このわたりにてさりぬべき御遊びのをりなどに、聞きはべりなんや。」（源氏物語・常夏）

光源氏に、実父が琴の名手であることを聞かされ、それを聞くチャンスがあるかを尋ねている。また、玉鬘は、光源氏のすばらしい和琴の音色を聞き、「どういう風《かぜ》が吹き加わるから、こんなふうに響くのか」と頭を傾げながら、光源氏に問うている。知りたくて仕方のない気持ちに突き動かされて発せられた、女性側からの質問表現である。玉鬘が他の女性たちとは違って、活発な面を持った人柄であることが現れている。

この二例の他は、女性の質問表現は見られない。男性の多用する表現なのである。

8 弁解・事情説明 ―男性多用表現(3)―

言い訳表現や事情説明による間接的な弁解表現を、「弁解・事情説明表現」と呼ぶことにする。これも、「表3」から、男性が主に使用する表現であることが分かる。

光源氏・夕霧・薫・匂宮が、この表現を用いている。ただし、対する女性によって用いたり用いなかったりしている。男性たちが、この表現を用いる女性というのは、正妻や重んじなければならない女性に対してである。この表現を最も多く用いる光源氏を例にとれば、

「かしこにいとせちに見るべき事のはべるを、思ひたまへ出でてなん。立ちかへり参り来なむ。」

(源氏物語・若紫)

これは、光源氏が、正妻の葵の上に言った言葉。うち解けずにいる葵の上との間に、気まずい空気が漂っている。光源氏は、「自分の家でどうしてもしなければならない用事を思い出した」と言って、外出のための言い訳をしてから出かけている。また、別に、単に外出の断りをしている箇所もあるが、これも、妻と一緒にいてあげられないことに対する一種の言い訳ととることができる。

また、光源氏は、六条御息所にもしばしば言い訳をしている。

「みづからはさしも思ひ入れはべらねど、親たちのいとことごとしう思ひまどはるるが心苦しさに、かかるほどを見過ぐさむとてなむ。」（源氏物語・葵）

妻の体調がすぐれず、自分はたいして気にもしていないが、親の手前どうも出かけにくくてね、この時期を過ごしてからそちらに行くことにする、などと、行けない理由を述べ立てて、言い訳をしている。

また、光源氏は、最も大切にしている紫の上に対しては、外出や外泊の際には、涙ぐましいほど言い訳をしている。時には、次のように、嘘の言い訳までしている。

「東の院にものする常陸の君の、日ごろわづらひて久しくなりにけるを、ものさわがしき紛れにとぶらはねば、いとほしくてなん。昼などけざやかに渡らむも便なきを、夜の間に忍びてとなん思ひはべる。人にもかくとも知らせじ。」（源氏物語・若菜上）

末摘花の病気見舞いに行くと称して、実は、朧月夜に会いに行く光源氏の言い訳である。だが、いつも棄てておく末摘花の見舞いに、夜出かけて行くはずがないと、紫の上には簡単に見破られてしまっていた。光源氏は、嘘の口実でも言わなければならないほど、紫の上の気持ちを損ねることを怖れているのである。

また、光源氏は、晩年の正妻の女三宮にも、気を遣い、紫の上の所に行くときにも、次のような言い訳をしている。

「ここには、けしうはあらず見えたまふを、まだいとただよはしげなりしを見棄てたるやうに思はるるも、今さらにいとほしくてなむ。」（源氏物語・若菜下）

「あなたの方は、それほど体調がお悪く見えませんが、紫の上の方は、まだ、とても危ない病状でしたから、私が見捨てたように思われるのも、今となっては気の毒でね」などと言い訳をして紫の上の方に出かけようとしている。

こんなふうに、光源氏が言い訳をしているのは、正妻や重んじなければならない女性に対してである。

一方、弁解表現が見られないのは、通っていく必要のない女性や通ってはならない女性や身分の低い女性である。具体的には、空蟬・夕顔・藤壺・源典侍・明石の上・玉鬘に対しては、光源氏は弁解表現を使用していない。

他の男性についても、同様である。夕霧が弁解表現を使うのは、正妻雲居雁に対してだけである。また、薫は、浮舟に対して、匂宮は、中君に対して、それぞれ弁解表現を使っているが、それなりに大切に思う女性だからである。

他方、柏木が女三宮に、薫が中君に、匂宮が浮舟に、弁解表現を使わないのは、通ってはならぬ女性だからである。また、夕霧が落葉宮に、薫が大君に、弁解表現を使っていないのは、夫婦関係に至る前の描写であったり、夫婦関係に至らなかったりするからである。

男性が、弁解表現を使用するか否かは、女性との関係を象徴するものなのであった。

9 教え・言い聞かせ ―男性多用表現(4)―

相手に教えたり言い聞かせたり説得したりする表現を、ここで「教え・言い聞かせ表現」と呼ぶことにする。「表3」から、この表現は、男性の発言にのみ見られる男性特有のものであることが分かる。

光源氏・夕霧・薫・匂宮は、いずれも教え・言い聞かせ表現を使って女性たちをリードしている。たとえば、光

源氏は、葵の上に、

「あまり若くもてなしたまへば、かたへは、かくものしたまふぞ。」（源氏物語・葵）

と言い聞かせている。「余り若い人のように母親に甘えてお振る舞いだから、一つにはこんなにいつまでも病気がお治りにならないのですよ」と。

光源氏は、少女の紫の君にもさまざまに教え聞かせている。たとえば、次の例。

「女は、心やはらかなるなむよき。」（源氏物語・若紫）

光源氏は、二条院に連れてきたばかりの紫の君が、日がたけてもお召し物にくるまって寝ているのを無理に起こして、こんな情けない目に遭わせてはいけないよ、いい加減な気持ちの者がこんなにお尽くしするはずはないからね、などと言い聞かせた後、さらに「女は、気だてが素直なのがいいんですよ」と教えている。

また、紫の君が光源氏と結婚した後も、光源氏は彼女に教え言い聞かせることを止めない。病に倒れ、死に赴きつつある紫の上に対しても、光源氏は、こう言って聞かせている。

「心によりなん、人はともかくもある。おきて広き器ものには、幸ひもそれに従ひ、狭き心ある人は、さるべきにて、高き身となりても、ゆたかにゆるべる方は後れ、急《きふ》なる人は久しく常ならず、心ぬるくなだらかなる人は、長きためしなむ多かりける。」（源氏物語・若菜下）

「気の持ちようで、人はどうにでもなる。広い心の人は、幸せもそれに応じて大きい。小心者は、立身出世したとしてもゆったりとゆとりのある点で劣り、気短な人は、永くその地位を保つことがない。心が穏やかでおっとりした人は、寿命の長い人が多い」と、言い聞かせている。だから、紫の上のように、立派な気だての人は、長生きなのだというのである。余命幾ばくもないことを悲しむ紫の上を、力づけようとして光源氏は、懸命に言い聞かせている。

また、光源氏は、養女の玉鬘にも、始終教え言い聞かせ表現を用い、処世術を説いている。それは、多分に光源氏自身に都合のよい理屈ではあったが。

また、光源氏は、柏木と不義密通の罪を犯した女三宮にも長い長い訓戒をたれている。「父親が在世の間は、父親の決めた私を夫と思わなくてはいけない。私も老人で周りの人は皆出家してしまったけれど、あなたが心配で出家できないのだ。今更不用意な噂をお父上の耳に入れて、心配させてはいけない。後の世の成仏の妨げになるようなことをしてはいけない」などと、鋭い棘を内部に秘めつつ、光源氏の教え言い聞かせ表現は、長く続く。それを聞く女三宮は、ただひたすら涙を流し続けている。

このように、光源氏は、とりわけ教え言い聞かせ表現を愛用する男性であるが、それは、彼が、他の男性よりも、教育者的資質と教えられるだけの能力を備えていたことを示している。

だが、光源氏とて、どんな女性に対しても、教え・言い聞かせ表現を用いるわけではない。彼が、教え言い聞かせるのは、彼の庇護のもとにあることが明確な女性に限られている。すなわち、葵の上・紫の上・明石の上・玉鬘・女三宮に限って、光源氏は、教え・言い聞かせ表現を用いている。

一方、空蟬・夕顔・藤壺・源典侍・六条御息所には、教え・言い聞かせ表現を用いていない。これらの女性たちは、光源氏と関係があっても、一時的な関係であり、彼の庇護のもとにはない女性たちである。

他の男性についても光源氏の場合と同様なことが成り立っている。すなわち、夕霧に教えられ言い聞かされている女性は、妻の雲居雁である。薫に言い聞かされている女性は、彼の経済的援助のもとにある大君と中君。そして匂宮に言い聞かされているのは、妻となっている中君、である。

浮舟に対しては、薫も匂宮も、教え・言い聞かせ表現を使用していない。どちらの男性の庇護を受けるのか決定しかねた浮舟のあり方を暗示している。

10　批評・見解 ―男性多用表現⑸―

何かについて批評したり、自らの見解を述べたりする表現を、「批評・見解表現」と呼ぶことにする。「教え・言い聞かせ表現」ほどの押しつけがましさを持たず、自己の思いを語りたいという欲求に衝き動かされて出てきた表現である。

「表3」から、男性多用表現であることが分かる。しかし、すべての男性が使用しているわけではない。批評や見解を述べる能力を与えられた男性、すなわち、光源氏が愛用している表現なのである。

光源氏以外には、薫と匂宮が一回ずつ短い表現で相手の態度や世の風潮についての批判を述べた箇所があるだけである。女性では、紫の上が光源氏に意見を求められて、自己の見解を言葉少なに述べているだけである。つまり、光源氏だけのためにある表現と言っても過言ではない。

また、光源氏の批評・見解表現を聞くことの出来る女性も限定されていて、紫の上と玉鬘が中心である。光源氏との間に話の場を持つことができ、しかも、語るに足りる資質を備えた女性でなければならないのである。

さて、光源氏は、何についての批評や見解を述べたてるのか？　最も多いのが、人物についての批評である。

「うち頼みきこえて、とある事かかるをりにつけて、何ごとも聞こえ通ひしに、もて出でてらうじきことも見えたまはざりしかど、言ふかひあり、思ふさまに、はかなき事わざをもしなしたまひしはや。世にまたさばかりのたぐひありなむや。やはらかにおびれたるものから、深うよしづきたるところの並びなくものしたまひしを、…」

（源氏物語・朝顔）

これは、光源氏が、紫の上に語った藤壺の人物批評の一部である。「藤壺には何事もご相談申し上げたけれど、才気をひけらかすような所は全くないのだが、実に話しがいがあった。芸事なども申し分なくお出来になった。あれほどの方は、世間に二人といまい。おっとりしていらっしゃるけれど、教養が深く身についていらっしゃる所など、他に比類がないほどであられた」と、称賛している。

この後、光源氏は、目の前の紫の上の性格について言及し、さらに、朝顔の斎院の人柄について語っている。紫の上の上手な相づちで、光源氏の人物批評はさらに展開し、朧月夜、明石の上、花散里、などの女性たちの人柄について順次述べ立てる。

こうした人物批評は、光源氏の最も得意とするところであり、折にふれては、自分と関わりのあった女性たちの批評を紫の上に開陳している。末摘花、玉鬘、秋好中宮、葵の上、六条御息所、なども俎上にのせられている。光源氏は、玉鬘にも、人物批評を語っている。ただし、玉鬘に対しては、男性に対する人物批評であり、紫の上に語る女性の人物批評と対照的である。たとえば、次例は、鬚黒の大将に対する光源氏の批評。

「大将は、年経たる人の、いたうねびすぎたるを厭ひがてらと求むなれど、それも人々わづらはしがるなり。」

（源氏物語・胡蝶）

「大将は、長年連れ添ってきた奥方が、ひどく年をとったのに嫌気がさしたこともあって、あなたに求婚しているということですが、そのことも周りの者は、面倒なことだと思っているようです」と述べ、批判的である。光源氏は、こんなふうに、玉鬘に求婚者や実父の内大臣に対する批評を述べている。

こうした人物批評の他に、光源氏は、女子の教育、女性の理想像、人生観、物語、音楽について、その見解を語っている。たとえば、女子の教育についていては、紫の上にこう語っている。

「女子を生ほしたてむことよ、いと難かるべきわざなりけり。宿世などいふらむものは目に見えぬわざにて、親の心にまかせ難し。生ひたたむほどの心づかひは、なほ力入るべかめり。」（源氏物語・若菜下）

光源氏は、主張する、「女の子を立派に育て上げるのは、全く難しい。結婚などは、前世からの宿縁などというものがあるが、それは、目に見えないものだから、親の心のままにはなりにくい。だけれども、娘の将来は、やはり幼少の頃の教育に関わっている点もあるから、それなりに力を入れて教育しなければならない」と。

批評・見解表現は、それぞれきわめて深い内容を持ったものが多く、その奥にある作者の思想については、すでに先学の数多くの論考がある。作者は、光源氏の口を借りて、自己の思想を述べ立てているのが、この批評・見解表現なのである。

11　要求――男性多用表現(6)――

相手に何かを要求したり、要望したり、懇願したりする表現がある。これを、「要求表現」と呼ぶことにする。(12)「表3」の「男性多用表現」の最後に掲げた表現である。男女差は、さほど大きくないが、用例数が多いので、ここで、取り上げておこう。

「表3」から、女性も使うけれど、男性の方がより多く用いる表現であることが分かる。

「今だになのりしたまへ。」（源氏物語・夕顔）

光源氏が、夕顔に向かって言った言葉。「名前をおっしゃって下さい」と命令形で要求している。男性は、女性に向かって、「浅くはあらじと思ひなしたまへ」「ただはかられたまへかし」「御湯まゐれ」「たしかにのたまへ」「開けさせたまへ」「従ひたまへかし」などと、命令形による要求表現をよく用いている。また、次のような形の要求表現もある。

「なうとみたまひそ。」（源氏物語・若紫）

光源氏が、紫の君に対して言った要求表現。「お嫌がりなさるな」と禁止形で、要求を出している。「何ごともいとかうな思しいれそ」「ひが言聞こえなどせん人の言、聞き入れたまふな」などと、禁止形の要求表現もよく用いられている。

さらに、要求表現は、稀に意志を述べる形をとった間接的な要求の仕方で表されることもある。

「昨日ばかりにてだに聞こえさせむ。」（源氏物語・総角）

薫が、病床にある大君に訴えた表現である。「せめて昨日のようにしてでもおそばでお話申し上げたいのです」といった意味。意志形をとっており、間接的で弱く遠慮がちではあるが、要求表現の一種と考えられる。(13)

なお、次のごとく述語が省略されている場合もある。

「おどろきながら、遙けきほどを参り来つるを。なほかの悩みたまふらむ御あたり近く。」（源氏物語・総角）

薫が、大君に訴えている言葉。「御病気と伺い驚いて遠い道を訪ねて参ったのです。もっとご病床近くに」と、言いさした形で終わっている。こういう場合、他例から類推すると、後に「さぶらはせたまへ」という命令形か、「さぶらはむ」という意志形かが続くはずであったと考えられる。そのため、この稿では、要求表現として扱っている。

光源氏をはじめとする男性陣は、以上のような形で表される「要求表現」を用いて、女性に対している。ただし、男性の要求表現の使用度数は、対する女性のパーソナリティに左右されている。すなわち、相手の女性が、まだ少女であったり、成人していても、精神的に未熟であったりすると、男性の要求表現の使用率は高くなる。リードして行かねばならない度合いが増すからである。紫の君に対する光源氏、女三宮に対する光源氏と柏木は、要求表現を多用している。とりわけ、女三宮に対する要求表現の多さには目を見張る。少し例をあげておくことにする。まず、光源氏の、女三宮に対する要求表現である。

「院にも見えたてまつりたまはで年経ぬるを、ねびまさりたまひにけりと、御覧ずばかり、用意加えて見えたてまつりたまへ。」（源氏物語・若菜下）

お父様に久々にお会いしたとき、ああ立派な大人になったなあと思っていただけるようにお心遣いをなさって下さいと、女三宮に要求している。

また、柏木の子を身ごもってしまって悩む女三宮に、光源氏は、言う。

「むつかしくもの思し乱れず、あきらかにもてなしたまひて、このいたく面痩せたまへるつくろひたまへ。」（源氏物語・若菜下）

また、女三宮が出産で苦しんでいる時、出家を申し出た時、そして出家してしまった後でも、光源氏は、たてつづけに要求表現を使っている。「なほ、強く思しなれ。」「なほ、しばし心を静めたまひて、御湯まゐり、物をも聞こしめせ。」「なほ、あはれと思せ。」「よし、後の世にだに、かの花の中の宿《やどり》に隔てなくとを思ほせ。」などと。

柏木も、女三宮への話しかけには、要求表現を多用している。

「あはれ、とだにのたまはせば、それを承りてまかでなむ。」（源氏物語・若菜下）

寝室に入り込んで口説き始めた直後は、柏木は、まだ意志形の弱い要求表現を使っている。「あわれとだけでもおっしゃって下さるなら、そのお言葉を承って退散いたしましょう」と。だが、女三宮は、何も言わずに震えている。柏木は、以下のように矢継ぎ早に要求表現を浴びせている。

「なほ、かく、のがれぬ御宿世のあさからざりける、と思ほしなせ。」（源氏物語・若菜下）

「いみじく憎ませたまへば、また聞こえさせむこともありがたきを、ただ一言御声を聞かせたまへ。」（源氏物語・若菜下）

「すこし思ひのどめよと思されば、あはれ、とだにのたまはせよ。」（源氏物語・若菜下）

立て続けに命令形の要求表現で、愛を乞うている。

死の床にあって書いた、女三宮宛の柏木の手紙にも、

「夕《ゆふべ》はわきてながめさせたまへ。咎めきこえさせたまはん人目をも、今は心やすく思しなりて、かひなきあはれをだにも絶えずかけさせたまへ。」（源氏物語・柏木）

と、二回も重ねて命令形の要求表現を用いて愛の証を求め続けている。男性に要求表現を多用させてしまう女性は、やや問題である。

ところで、女性も要求表現を用いないわけではない。しかし、女性が用いるときは、かなり限定された条件下にある。女性が会話場面でイニシアチブをとる場合に似ていて、一言で言えば、緊急事態発生の時である。臨終の時、精神錯乱状態の時、夫婦喧嘩の時、しつこく言い寄る男性を帰す必要のある時、である。たとえば、

「うたてある思ひやりごとなれど、かけてさやうの世づいたる筋に思しよるな。」（源氏物語・澪標）

臨終の場での六条御息所の、光源氏への要求表現である。「嫌な邪推ですが、決して、娘を思い人にしようなど

とはお考えにならないで下さい。」六条御息所は、女性の中で最も要求表現の多い人である。彼女の性格の強さをよく表している。しかし、女性の中には、相手の男性に何も要求をしていない人物も多い。夕顔、藤壺、源典侍、葵の上、明石の上、玉鬘、女三宮、浮舟である。

一方、男性で、要求表現を使わなかった人物はいない。男性使用傾向の強い表現と認められる。

12　その他の男性多用表現

以下、男性多用表現で、今までに取り上げなかったものについて、簡略な説明を加えておく。

まずは、「脅し表現」について。脅しは、「表3」から男性の多用する表現であることが分かる。男性は、女性が自分の思うとおりにならないと、脅し表現を使う。とりわけ目立つのは、一途に思いこむ柏木と融通のきかぬ夕霧である。

「あまりこよなく思しおとしたるに、えなむしづめはつまじき心地しはべる。」（源氏物語・夕霧）

夕霧が、なかなか靡かぬ落葉宮に使った脅し表現。「あまりひどくお見下げになるので、とてもこらえられないような気持ちになってきました」と、自制できなくなる可能性をほのめかして脅している。

柏木も、女三宮にこう言う。

「いとことわりなれど、世に例なきことにもはべらぬを、めづらかに情なき御心ばへならば、いと心うくて、なかなかひたぶるなる心もこそつきはべれ。」（源氏物語・若菜下）

「不義密通は、世に例のないことでもないから、余り冷たい仕打ちをされると、情けなさから無分別な心も起きかねない」と、脅している。柏木の女三宮への口説きは、前述の要求表現とこの脅し表現から成っていると言っても過言ではない。

次に、「警戒心を解く表現」について。

女性が、男性の思うとおりにならない時、脅す方法もあるが、逆に警戒心を解いてリラックスさせる方法もある。男性は、普通この両者の方法を交互に使って女性にアタックしている。次は、夕霧が落葉宮に言った「警戒心を解く」ための言葉。

「これより馴れ過ぎたることは、さらに御心ゆるされでは御覧ぜられじ」（源氏物語・夕霧）

許可がなければ、無体な振る舞いはしないと誓うことによって、女性の警戒心を解いている。こうした警戒心を解く表現も、男性だけの使用するものである。

また、「機嫌伺い・機嫌取り表現」も、「表3」から男性のみの用いる表現であることが分かる。しかも、多用されている。

「あやしく例ならぬ御気色こそ、心得がたけれ。」（源氏物語・朝顔）

光源氏が、紫の上の機嫌をとっている言葉。「妙にいつもと違ったご様子なのは、変ですね」と言って、紫の上の髪などを掻きやっている。光源氏が、朝顔の斎院に夢中になっているらしい様子に、紫の上が涙をこぼし、すねているのである。浮気っぽい男性は、こうして大切な女性の機嫌をとらねば、よい関係が維持できないのである。

女性のもとに行けない時は、「いかが、御心地はさはやかに思しなりにたりや。」「日ごろなにごとかおはしますらむ。」などと、女性への機嫌伺いも必要である。

また、「なだめ・慰め表現」も、男性が主用するものである。

「さりともけしうはおはせじ。いかなりとも必ず逢ふ瀬あなれば、対面はありなむ。」
（源氏物語・葵）

出産の苦しみで泣き叫ぶ葵の上（実は六条御息所の生き霊）に光源氏は、「大丈夫、よくなる。たとえ万が一のことがあっても、必ず逢瀬があるから会える」と懸命に慰めなだめている。

なだめ・慰め表現の多用で目立つのは、薫である。大君を慰め、中君をなだめている。なだめ・慰め表現の多用に、薫の優しい人柄が写し出されている。

さらに、「約束表現」も、男性のみの使用する表現である。明石の上の所に出かける光源氏は、出がけに紫の上に、こう約束する。

「明日帰り来む。」
（源氏物語・薄雲）

また、光源氏は、明石の上と別れる時には、

「琴は、また掻き合はするまでの形見に。」
（源氏物語・明石）

と言って、再会の約束をする。多くの女性を持つ男性は、女たちとしばしば約束をしなければならない。女たちは、待つ側であるから、約束表現は不必要である。

「予定・計画表現」も、男性の主用する表現である。

「夢にも人に知られたまふまじきさまにて、ここならぬ所にゐて離れたてまつらむ。」
（源氏物語・浮舟）

匂宮が、浮舟に語る計画表現。こっそりと人に気づかれないように、浮舟をどこかに連れていってかくまってしまおうという予定なのである。こうした予定計画表現は、行動できる男性ならではのものである。

最後に「冗談・茶化し表現」も、男性が主用している。

気の合う女性といると、男性は冗談を言ったり、茶化したりする。

「さらにこそ白まね。用なきすさびわざなりや。内裏にいかにのたまはむとすらむ。」（源氏物語・末摘花）

光源氏は、自分の鼻に紅を付け、拭っても落ちないふりをして紫の君に冗談を言いかけている。こんなふうに男性は、時々冗談を言って、女性を楽しませている。

以上、男性の多用する表現について述べてきた。では、一方の女性たちは、一体どんな表現を使用して男性に対するのであろうか？

13 拒否―女性多用表現(1)―

「拒否表現」は、「表3」から主に女性の使用する表現であることが分かる。受け身の立場にある女性は、拒否表現を用いて男性に対せざるを得なかったと考えられる。

男性に求愛の歌を詠み掛けられたり、激しく言い寄られたりした時、女性はどうしたらよいのか？　たしなみのある女性なら、まずは拒否する。相手がどういう人物か分からないし、またすぐに承諾するほど安っぽい女ではないことを示す必要があるからである。たとえば、明石の上。光源氏に求愛の歌を贈られても、返事をしない。光源氏が、寝室に入って愛の言葉を投げかけても、明石の上は、こう返事をしている。

「明けぬ夜にやがてまどへる心にはいづれを夢とわきて語らむ」（源氏物語・明石）

お話しすることは出来ませんという拒否表現である。契りを交わすまでは、拒否表現で応じるのが、当時の女性の普通のやり方である。

落葉宮も、夕霧と再婚するまでは、次のごとく拒否表現を使い続けている。

「かしは木に葉守の神はまさずとも人ならすべき宿のこずゑか。うちつけなる御言の葉になん、浅う思ひたまへなりぬる。」

（源氏物語・柏木）

夕霧を亡き夫の友達だと思い信頼して接してきたのに、いきなり恋心を打ち明けられて、落葉宮は困惑し、「浅はかな方」とまで言って拒否している。言われた夕霧も、なるほどと思い苦笑している。

この後も、夕霧は、落葉宮に愛の告白を三回も行って責めているが、落葉宮は、常に拒否表現で応じている。だが、拒否できたのも、夕霧の強引なやり方での結婚までであった。

最後まで拒否の姿勢を変えない女性もいる。玉鬘と大君である。

玉鬘は、養父の光源氏に恋心を打ち明けられ、手を握られると、こう応じている。

「袖の香をよそふるからに橘のみさへはかなくなりもこそすれ」

（源氏物語・胡蝶）

「亡き母にお比べになるので、私自身までもはかなく死んでしまったらどうしましょう」と訴え、婉曲な拒否表現で対応している。この後も、再三光源氏に恋心を訴えられ迫られているが、玉鬘は一貫して光源氏に拒否表現で応じている。

大君も、薫に対して、最後まで、拒否の姿勢を崩すことはなかった。たとえば、薫が大君に末永い契りを結びたいと書いて見せたのに対して、大君は、こう答えた。

「ぬきもあへずもろき涙のたまのをに長き契りをいかがむすばん」

（源氏物語・総角）

もろい命なのにどうして末長い契りなど結べましょうという拒否表現である。薫がかき抱くことも出来るほどの近距離に迫ってきて口説いても、彼女は拒否表現を使い続けている。

では、女性がいきなり男性に寝込みを襲われたらどうするのか？　やはり拒否表現で対応する以外にない。しかし、緊急事態であるから、その拒否表現には、女性の個性がにじみ出ている。
まず、空蟬。彼女は、光源氏にいきなりかき口説かれ、甘い言葉を洪水のように浴びせられたけれど、こう答えている。

「人違へにこそはべるめれ。」（源氏物語・帚木）

「人違いでございましょう」と当たりの柔らかな拒否表現で対応している。
藤壺も、寝室に忍び込んだ光源氏にこう対している。

「心地のいと悩ましきを。かからぬをりもあらば聞こえてむ。」（源氏物語・賢木）

正気のさまでもないほどに愛の気持ちを訴える光源氏に、藤壺は、やんわりとして効果的な拒否表現で対している。「気分がとても悪くて。これほどまで苦しくない折もありましたら、きっとご返事申し上げることにいたしましょう」と。体調の悪さを口実に、後日の再会を匂わせて、相手をなごめて巧みに断っている。気分が悪ければ仕方がないと誰しも思うし、ましてすげない拒絶ではなく、後日を約束してくれているのだから、これ以上迫れないのである。

こうした拒否表現は、暴走しかねない男性をコントロールする力を持っており、効果的である。大君も薫に対して、同趣の拒否表現を使っている。賢い女性の拒否表現といえよう。

体調の悪さと後日の約束を別々に使う女性もいる。中君である。匂宮に対して、「心地も悩ましくなむ」と言って、体調の悪さを述べて拒否する時もあれば、「いますこしものおぼゆるほどまではべらば」と言って、後日の再会を匂わせて拒否する時もある。

また、まことに可愛い拒否表現もある。紫の君のそれである。光源氏に拉致されたような形で二条院に連れてこられた紫の君は、何をされるのか気味が悪くて震えていたが、急に思いついて言った。

「少納言がもとに寝む。」（源氏物語・若紫）

少納言は、乳母である。乳母のところで寝ると言ってしまえば、光源氏と同衾することから逃れられるに違いない。彼女は、自分の気持ちや行動を宣言することによって、間接的な拒否表現をしているのである。無邪気な少女ならではの拒否表現である。

このように、『源氏物語』における拒否表現の多くは、女性が男性を拒否するためのものである。だから、拒否表現をうまく使えぬ女性は、危機に曝される。女三宮と浮舟がその例である。ともに、夫以外の男性に寝室に忍び込まれ、危険な状況であるにもかかわらず、忍び込んだ男性に対して拒否表現を発していない。拒否表現は、受け身の女性になくてはならないものである。

14　反論・異論―女性多用表現(2)―

相手の発言に対し、反対の意見や気持ち、もしくは、抵抗の気持ちを述べたり、異論を唱えたりする場合を、ここで「反論・異論表現」と呼ぶ。

『源氏物語』に登場する優雅な女性たちは、一見男性の発言に対して反論したり異を唱えたりしないかのように思われる。タネン・D(14)も、アメリカ英語のコミュニケーションで、「女性は調和を大切にするので、対立はなるべく避ける」と述べている。筆者も、そう予測していた。ところが、「表3」から反論・異論表現は、男性も使用するが、女性の方がよく使うことが分かる。女性多用表現なのである。

考えてみると、男性は、常に会話においてリーダーシップをとっているから、会話を自分の思うとおりに運びやすい。そのため、女性ほど反論したり抵抗したり異論を唱えたりする必要にせまられていない。ところが、受けの立場にある女性は、反論や異論を述べ立てなければ、男性の思うままにされてしまう。だから、反論・異論表現の必要性が、男性よりも高いのである。

さて、女性たちは、どういう時にこの表現を使っているだろうか？　男性が、この表現を使うときは、かなり限定されている。一つは、女性から愛情が足りないと責められた時、二つは、女性が出家願望を述べた時である。それに対し、女性の場合は、多種多様である。

たとえば、光源氏が、紫の上に昔親しんだ夕顔のことを語り出し、夕顔が生きていたら、明石の上ぐらいの扱いにはなったであろうと言った。すると、紫の上は、こう反論している。

「さりとも明石の列には、立ち並べたまはざらまし。」（源氏物語・玉鬘）

明石の上をライバル視する紫の上は、いくら光源氏が夕顔を気に入ったといっても、まさか明石の上の扱いと同列ではないでしょう。もっと低い扱いではないのかと異論を唱えている。

次例は、光源氏が、邸内に玉鬘を住まわせて求婚者たちの熱中ぶりを見て楽しもうと言ったのに対して、紫の上が反論しているところである。玉鬘は、光源氏の養女になっている。

「あやしの人の親や。まづ人の心励まさむことを先に思すよ。けしからず。」（源氏物語・玉鬘）

まず何よりも、玉鬘を囮《おとり》に男性たちの夢中になる姿を見て楽しもうなんて考えるのは、親らしくないと、紫の上は述べている。光源氏の玉鬘の扱いに対する異議申し立てである。紫の上も最初は光源氏の養女であったから、玉鬘に同情も感じるし、光源氏との関係の危うさも分かるのである。

また、こんな反論もある。台風の翌日、光源氏邸に夕霧が見舞いにやってきた。前日、夕霧は、一陣の風に吹き上げられた簾の間から、ほんの一瞬のことであったが、美しい紫の上を目撃してしまった。その美しさに夕霧は、魂を奪われてしまった。虚けたように立っている夕霧を見て、光源氏は、部屋に戻ってきて紫の上に言った。「昨日の風の騒ぎに紛れて、夕霧はあなたを見てしまったのではないか。妻戸が開いていたから」と。紫の上はこう反論している。

「いかでかさはあらむ。渡殿の方には、人の音もせざりしものを。」（源氏物語・野分）

紫の上は、「面《おもて》うち赤みて」強く答えている。そんなことあるわけがない。渡殿の方には、人の声もなかったと。女性で、反論・異論表現をよく使うのは、紫の上だが、玉鬘、宇治の大君、中君もよく用いる。まず、玉鬘の例をあげてみる。

梅雨の季節、玉鬘が物語を読みふけっているのを見て、光源氏は自らの物語論を述べはじめる。物語には、嘘や作り事が多く書かれているが、あれは嘘偽りを言い慣れた人が作るのだろうなどと発言する。すると、玉鬘はこう反論する。

「げにいつはり馴れたる人や、さまざまにさも酌みはべらむ。ただいとまことの事とこそ思うたまへられけれ。」（源氏物語・蛍）

いつも作り事ばかりしている人が、そんなふうに物語を忖度するのではないか、自分には物語に書かれていることはどう見ても本当の出来事のように思われてならないと。光源氏も、玉鬘の反論を受けて、この後、意見を修正している。

さらに、光源氏が、物語の中に自分のような律儀な愚か者はいないだろうし、玉鬘のように冷たい人はいないだろうから、他に例のない物語に仕立てて世間に伝えさせようと言って、玉鬘に寄り添ってくるので、玉鬘は顔を襟の中に引き込めて防御しながら言う。

「さらずとも、かくめづらかなる事は、世語りにこそはなりはべりぬべかめれ。」（源氏物語・蛍）

わざわざ物語に仕立てるまでもなく、こんなふうに父が娘に言い寄るなんてことは、世間の語り草になってしまいますと言い返している。

光源氏は、こんな反抗にも負けずに、なおも口説き続ける。「思いあまって昔物語を探しても、親に背いた子の例はありません。不幸は仏教でも戒めていますのに」などと光源氏が口説くと、玉鬘は、再び言い返す。

「ふるき跡をたづぬれどげになかりけりこの世にかかる親の心は」（源氏物語・蛍）

「昔物語を探してみても、おっしゃるとおり例のないことでした。この世に娘に思いを掛けるような親の心は」と、見事に言い返して抵抗している。玉鬘は、光源氏の言いなりにはならない賢さを備えているのである。大君は薫に、中君は薫と匂宮に、それぞれその場に応じた反論・異論表現を使っている。その他、葵の上、明石の上、雲居雁、落葉宮も、男性の発言に反論・異論を唱えることがある。いずれも、自分なりの考えを持って物事に対処している女性たちである。反論・異論は、受けの立場にある女性の武器の一つなのである。

一方、反論や異論を決して言葉にして述べない女性がいる。夕顔、女三宮、浮舟である。この三人の女性たちの類似性は、従来から指摘されているが、表現上からも、反論・異論を述べないという共通性を持っている。それは、ある種の弱さの現れである。反論・異論が述べられないということは、自らを守る武器がないということだからである。

15　同意・同調――女性多用表現(3)――

相手の意見や話を受け、それに調子を合わせたり、さらに強めたりして同意や同感の意を表す発言がある。それを、「同意・同調表現」と呼ぶことにする。

「表3」から、やはり女性多用表現であることが分かる。相手に好感を与えるための大事な表現である。たとえば、薫が宇治の大君に、

「橋姫のこころを汲みて高瀬さす棹のしづくに袖ぞ濡れぬる。ながめたまふらむかし。」（源氏物語・橋姫）

と言って、大君たちが物思いに沈んでいるであろうことを思いやる。すると、大君はこう応じている。

「さしかへる宇治の川長朝夕のしづくや袖をくたしはつらむ。身さへ浮きて。」（源氏物語・橋姫）

おっしゃるとおりで、涙でこの身まで浮いています、といった答えで、薫の発言に見事なまでに同調している。薫が、こんな大君に惹かれていくのは当然である。

玉鬘も、光源氏に引き取られたばかりの頃は、

「のたまはむままにこそは。」（源氏物語・初音）

などと答えている。光源氏の言い聞かせにまことに素直に「仰せの通りにいたします」と同意表現をしている。

雲居雁も、少女時代の答えは愛らしい。夕霧が、「君に会えなくなると、恋しくてたまらなくなるだろう」と言ったのに対し、

「まろも、さこそはあらめ。」（源氏物語・少女）

と言って、自分も恋しいと答え、相手の気持ちに積極的に同調を示している。

さらに、紫の上になると、単なる同意・同調表現ではなく、相手への同調を基本としつつ、それを強調したり、不足分を補ったりして、さらなる話題展開を促すような同意・同調表現をしている。

たとえば、光源氏が、いよいよ単身で須磨に出発するとき、一人京都に残る紫の上に向かって次のように、別れのつらさを訴える。

「生ける世の別れを知らで契りつつ命を人にかぎりけるかな。はかなし。」（源氏物語・須磨）

紫の上は、この光源氏の発言を受けて、こう答えている。

「惜しからぬ命にかへて目の前の別れをしばしとどめてしがな」（源氏物語・須磨）

「惜しくもない自分の命と引き替えに、目の前のあなたとの別れをしばらくでも引き止めたい」とまで言って、別れのつらさを強調している。光源氏の気持ちに同調しつつ、さらにその気持ちを強調するような形で表現している。

また、紫の上は、光源氏が「明石姫君の前で、色恋の物語などは読んで聞かせないように。真似するといけないから」と心配して言ったのに対し、こう応じている。

「心浅げなる人まねどもは、見るにもかたはらいたくこそ。うつほの藤原の君の娘こそ、いと重りかにはかばかしき人にて、過ちなかめれど、すくよかに言ひ出でたる、しわざも女しきところなかめるぞ、一《ひと》やうなめる。」（源氏物語・蛍）

「物語の人物で色っぽい人物に浅はかに見習ったのは、確かに見ていてもはらはらする」と、まずは、光源氏の意見に同意している。さらに、紫の上は、物語の人物で見習ってほしくない人物として、堅物過ぎて女らしくない例をあげて、光源氏の意見を補っている。こういう同意・同調表現は、話し相手に、なるほどそういうこともあると思わせ、さらに次の発言を促す役割を果たす。

また、紫の上は、相手が彼女の発言にヒントを得てさらに会話を続けたくなるような巧みな同意・同調表現をする。たとえば、光源氏が、過去に関わりを持った女性たちの批評を次々に話していき、明石の上の気の置ける人柄に言い及んだのを受けて、紫の上は、こう述べている。

「異人《ことひと》は見ねば知らぬを、これは、まほならねど、おのづから気色見るをりをりもあるに、いとうちとけにくく、心恥づかしきありさましるきを、いとたとしへなき裏なさを、いかに見たまふらんと、つつましけれど、女御はおのづから思しゆるすらんと、のみ思ひてなむ。」　（源氏物語・若菜下）

明石の上は、確かにこちらが気恥ずかしくなるような人柄であると光源氏の意見にまずは同意する。さらに自分のような明けひろげの人間をどう見ているか気がかりだと言い、それでも養女にした明石女御の方は大目に見てくれるだろうと付け加えている。新しい情報が少し加わったことで、光源氏はそれにヒントを得て次の発言をする。こうした質の高い同意・同調表現は、紫の上だけに見られるものである。紫の上は、すでに述べてきたように、時にソフトで可愛い拒否表現を使い、反論・異論表現でしっかりと自分の考えを持っていることを示す。さらに、同意・同調表現で相手に話を促すテクニシャンでもある。話していて最も話しがいのある女性は、紫の上である。

16　その他の女性多用表現

そのほか、女性はどんな表現を使って、男性と会話をしているのか？　今までに取り上げなかった「単純回答」

「責め・詰問」「理由説明」「願望」などの表現について、簡略な説明を加えておこう。これらの表現は、「表3」から、いずれも女性多用表現であることが明らかになっている。

では、まず「単純回答表現」について。相手の質問に対する単純な答えの表現を、ここで「単純回答表現」と呼ぶことにする。

たとえば、夕霧が深夜に帰宅すると、子供が泣いて乳を戻す。夕霧が「どうしたのだ？」と子供のことを聞くと、妻の雲居雁は、

「悩ましげにこそ見ゆれ。」　（源氏物語・横笛）

と答える。「この子は、具合が悪そうですわ」という回答である。聞かれたことに対する単純な答えである。

次に、「責め・詰問表現」について。女性が、この表現を使うのは、男性が、いきなり自分に近寄ったりして、身の危険を感じる時が多い。

「隔てなきとはかかるをや言ふらむ。めづらかなるわざかな。」　（源氏物語・総角）

「あなたのおっしゃる隔てなくお話ししたいというのは、こういうことを言うのでしょうか？　思いがけないなさりかたですこと。」大君は、こう言って、いきなり屏風を押し開けて入り込んだ薫を責め、詰問している。こういう発言で、身を守ろうとしているのである。

続いて、「理由説明表現」について。何かを要求したりするときに、その理由まで説明すると、丁寧に感じられる。女性は、この種の理由説明表現を使用している。(15) たとえば、六条御息所は、臨終に際し、光源氏に自分の娘の世話をしてほしいと頼み込む。その後、次のような言葉を付け加えている。

「また、見ゆづる人もなく、たぐひなき御ありさまになむ。」　（源氏物語・澪標）

「他にお世話をお願いできる人もなく、この上なく不幸な境遇ですので」と、理由説明をしている。ただ、頼み込むよりも、丁寧さが増すのである。

最後に、「願望表現」について。女性の身分が男性よりもずっと低く、要求表現の形で男性に物を言うことが憚られる場合がある。その時に願望表現が使用される。たとえば、明石の上は、自分の子を紫の上の養女にした方が賢明だと決意しつつも、悩みはつきない。光源氏は、繰り返し慰める。明石の上は、かろうじて、

「かく口惜しき身のほどならずだにもてなしたまはば。」（源氏物語・薄雲）

と、姫君の扱われ方に対する願望を泣く泣く述べている。以上が、女性多用表現である。

17　感情表出——男女共用表現——

次に、男性も女性もよく用いる「男女共用表現」に注目してみる。「表3」から、「誘い表現」と「感情表出表現」が該当表現であることが分かる。ここでは、用例数の抜群に多い「感情表出表現」に焦点をあてよう。

人は、相手の言葉や態度に反応して、時には喜び、時には悲しむ。このように、その時の気持ちを表している表現を「感情表出表現」と呼ぶことにする。

たとえば、紫の上の次の表現。

「馴れゆくこそげにうきこと多かりけれ。」（源氏物語・朝顔）

夫の光源氏は、今や朝顔の姫君に熱を上げ出した。外出の挨拶に来た光源氏は、紫の上の機嫌の悪さに気づき、馴れすぎて飽きられてはいけないと思ってあなたとの間に絶え間を作っているのだなどという言い訳をする。それ

「表4」

	感情の種類	男性	女性
男女共通感情	恨めしさ	52	23
	哀惜	2	1
	夢中	2	1
	いとしさ	1	1
	安堵	1	1
	不本意	1	1
男性多出感情	懐かしさ	6	1
	驚き	4	1
	自嘲	3	1
	不審感	3	1
	うれしさ	3	1
男性専用感情	後悔	4	0
	興醒め	3	0
	残念	3	0
	賞賛する気持ち	3	0
	信頼されたい気持ち	3	0
	同情	3	0
	感慨無量	2	0
	情けなさ	2	0
	呆れる気持ち	1	0
	甘え	1	0
	羨ましさ	1	0
	懸念	1	0

に対して、紫の上の答えた言葉である。「馴れ行くのは、なるほど悲しいことが多くなるものだったのですね。」どこにも「うらむ」などの言葉はないが、表現内容全体は、恨めしい気持ちを表出している。

このように、ここで対象としているのは、「憂し」「かなし」「にくし」などの単語ではなく、表現内容全体で表している心情である。以下、表現内容を一言で「恨めしさ」などとまとめることはあるが、それは単語レベルの「恨めしさ」ではない。

さて、こうした感情表出表現は、「表3」から男女ともに最も多く、男性は、一二一例、女性は八三例も見られる。ただし、百分率にすれば、女性は男性の一・六倍もこの表現を使っていることになる。だから、女性も、男性に勝るとも劣らない程、多用する表現である。

ところで、男と女の表出する感情に何か差異は見られないだろうか？　表出する感情の種類に注目して、男女差を探ってみたのが「表4」である。

「表4」から、男女ともに最も多いのが、「恨めしさ」の感情表出であることが分かる。男性では、五二例におよび、男性の感情表出表現の四割強にも達している。男性は、女性に愛の告白をしても、受け入れられなければ、たちまち恨み表現で押し始めるからである。

						女性多出感情						女性専用感情													
困惑	嫉妬	心配	大切に思う気持ち	ひるむ気持ち	不満	不安	つらさ	無常観	悲しさ	心細さ	ためらい	感謝	思いやり	嘆き	恥ずかしさ	不憫に思う気持ち	怖れ	期待	心残り	寂しさ	照れくささ	とがめだて	とまどい	迷惑	合計
1	1	1	1	1	1	2	3	1	1	2	1	0	0	0	0	0	0	0	0	0	0	0	0	0	121
0	0	0	0	0	0	8	6	5	4	4	3	3	3	2	2	2	1	1	1	1	1	1	1	1	83

「戯れにくくもあるかな。かくてのみや。」　（源氏物語・総角）

薫が大君に訴えている発言。「冗談にできないほど、恋しいのだ。こんなこといつまで」と言って、いつまで経っても物越しにしか対面してくれない大君をひどく恨んでいる。薫は、恨み表現の多い人物である。何時までも女性を口説き落とすことが出来ないからである。

男性の恨み表現は、このように女性を口説くためのものであり、結婚以前に使用されることが多いのに対し、女性の恨み表現は、次に示すように結婚後に使用されることが多い。

「いまめかしくもなり返る御ありさまかな。昔を今に改め加へたまふほど、中空なる身のため苦しく。」　（源氏物語・若菜上）

紫の上の、光源氏に述べた恨み表現。「ずいぶん若返ったお振る舞いですこと。昔の恋を今さらむしかえしなさるので、寄るべのない私としてはつらくて」と、かつての愛人の朧月夜との密かな逢瀬を楽しんで帰ってきた光源氏に、紫の上は涙ぐみながら恨み言を言う。女性の恨めしさの表出は、結婚後の夫の浮気や愛情の薄れを感じ、悩んでいる時であり、男性の恨めしさより深刻で暗い。

さらに、「表4」から、男性と女性との感情表出の違いをとらえてみる。すると、男と女の立場の違いが鮮明に浮き出ていることに気づく。「表4」から、男性に多く表出される感情（＝男性多出感情）や男性しか表出しない感情（＝男性専用感情）を眺めると、「懐かしさ」「驚き」「不審感」「うれしさ」「興醒め」「残念」などの短時間に消失しやすい感情の表出が目立つ。気分の切り替えが素早くなされている。

それに対して、女性の方は、「女性多出感情」「女性専用感情」欄から、「不安」「つらさ」「無常観」「悲しさ」「心細さ」「ためらい」などの比較的長く続く感情の表出が目立つ。しかも、その感情は、暗く沈鬱である。男性には、「懐かしさ」「うれしさ」「賞賛する気持ち」「大切に思う気持ち」などの明るい感情の表出も見られるのである。気分転換も出来ずに、ひたすら男女関係に悩まねばならない女性の立場が、これらの感情に写し出されている。

しかし、男性だって悩まないわけではない。目当ての女性が口説き落とせなかったり、失策をしでかしたりすれば、「後悔」や「情けなさ」を味わっている。次例は、宇治の中君に訴えた薫の「後悔」。

「よそへてぞ見るべかりけるしら露の契りか置きし朝顔の花」（源氏物語・宿木）

姉の大君が、中君を自分にと言ってくれたにもかかわらず、匂宮に中君を手渡してしまった。薫は、「あなたを大君と思って私のものにしておくのでした。亡きお方は、あなたを私の妻にとお約束して下さったのではなかったでしょうか」と、後悔の気持ちを訴えている。

一方、消極的な生き方しかできない女性たちが、最後に悟るようにして辿りつく心情は、「感謝」と「思いやり」である。

「かかる方に頼みきこえさするしもなむ、浅くはあらず思ひたまへ知られはべりける。」（源氏物語・初音）

夫亡き後、尼になり、光源氏に世話をしてもらっている空蟬が、光源氏に感謝の気持ちを表したもの。「こんなふうにお頼り申し上げておりますのを、深いご縁のしるしと分からせていただいております」と。

藤壺も光源氏に、宇治の中君も薫に、感謝の言葉を述べている。(16) 表出する感情の違いは、男と女の立場を鮮明に写し出すものであった。

18　おわりに

以上、『源氏物語』をテキストに、平安貴族階級の男女のコミュニケーションのあり方を追究してきた。その結果、次のようなことが明らかになった。

①当時の女性の、男性に比して大きく異なる表現の仕方は、態度によるコミュニケーションをとることであった。態度によるコミュニケーションは、平安貴族階級の女性たちには、活用すべき点のある効果的な表現方法の一つなのであった。

しかし、態度応答があまりにも多いことは、問題でもあった。女三宮のように、言葉で処理していく能力のなさを表すからである。

②言葉による男女のコミュニケーションでは、男性が会話場面の九割以上においてまず発言を開始して、会話をリードしていた。最初に発言し、話の方向を決めるのは、ほとんど男性であることが明らかになった。

③会話の中で男性の多用する表現は、「愛の告白表現」「質問表現」「弁解・事情説明表現」「教え・言い聞かせ表現」「批評・見解表現」「機嫌伺い・機嫌取り表現」「脅し表現」「なだめ・慰め表現」「約束表現」「警戒心を解く表現」「冗談・茶化し表現」「予定・計画表現」「要求表現」である。

一方、女性の多用する表現は、「拒否表現」「反論・異論表現」「同意・同調表現」「単純回答表現」「責め・詰問表現」「理由説明表現」「願望表現」である。

男女が共用する表現は、「感情表出表現」「誘い表現」である。

④これらの表現を男性や女性がそれぞれなぜ多用するのかをまとめてみると、次のようなプロセスが考えられる。男性は、女性に向かってまずは「愛の告白表現」をする。女性が応じないと、「脅し表現」を使ったり、「警戒心を解く表現」を使ったり、あげくのはてには「要求表現」まで駆使して、積極的に女性にアタックする。

そして、首尾よく女性と契りを結び、夫婦関係が生じると、他にも通い所を持つ男性は、女性に「弁解・事情説明表現」を使ったり、「教え・言い聞かせ表現」を駆使して納得させ、外泊する。

通い所が多ければ、それだけ多くの女性が機嫌を悪くする。だから、光源氏のように、始終女性たちの「機嫌伺い・機嫌取り表現」を使わねばならなくなる。さらに大切に思う女性の怒りや嫉妬心をおさめるべく、「なだめ・慰め表現」や「約束表現」を駆使して、良好な関係を保たなくてはならない。

また、男性は、妻妾たちに自分の意見を述べ、オピニオンリーダーとしての役割も果たさなければならないから、「批評・見解表現」も使う。また、生活の場では、伴侶となった女性に「冗談・茶化し表現」を使ったり、将来の「予定・計画表現」を使ったりして、家庭生活を円滑にする努力をする。

こう考えてみると、男性たちが「愛の告白表現」以下「要求表現」までを、なぜ必要としたのかかが分かる。

⑤一方、女性たちは、積極的に働きかけてくる男性に対して常に受け身の立場に立たされる。受け身の立場で出来ることは、「拒否表現」か「同意表現」か「反論・異論表現」かでの応答をすることである。「単純回答表現」で答えもしなければばなるまい。また、不安な思い、つらい気持ち、悲しい気持ちなどを訴える「感情表出表現」で答えることも有効である。「理由説明表現」も添えれば、要求も丁寧さを増し、相手に受け入れてもらいやすくな

る。また、遠慮深い「願望表現」で自分の希望を述べる手もある。いずれも、常に受け身であることを要求されている時に出てくる表現である。

こうして、『源氏物語』の男女の会話の分析をしてくると、平安貴族の男性優位の社会構造が、きわめて顕著な形で浮かび上がってくる。

⑥男女共用の「感情表出」表現は、どんな感情を表出しているかまで分析すると、男女差が出てきた。男性は、「懐かしさ」「驚き」「不審感」「うれしさ」「興醒め」などの短時間に消失しやすく、かつ明るさの感じられる感情の表出が多いのに対し、女性は「不安」「つらさ」「無常観」「悲しさ」「心細さ」などの比較的長時間続き、かつ暗い感情の表出が多い。消極的な生き方しかできない女性の在り方を鮮明に映し出していた。

⑦登場人物ごとに、どの表現を使用していたかをまとめてみると、それぞれの個性が現れていた。たとえば、光源氏は、「批評・見解」表現をほとんど独占的に使っていたが、彼が、他の男性とは違って、そうしたことを述べ立てる能力を持った個性であることを鮮明にしていた。あるいは、薫は、「なだめ・慰め表現」を多用していたが、彼が女性たちをなだめたり慰めたりする優しいパーソナリティを持っていることを浮き彫りにしていた。さらに、薫は「恨み表現」も多く、いつまでも女性を口説き落とせない男性であることも明らかであった。

また、玉鬘は、女性の中では唯一「質問表現」を使っていたが、それは、彼女が他の女性よりも活発で積極的な面を持った女性であることを写し出していた。また、六条御息所は、女性であるにもかかわらず、「要求表現」をよく使っていた。それは、彼女が相手に求めることの多い人物であることを明らかにしていた。また、紫の上は、当時の女性に必要な「拒否表現」「反論・異論表現」「同意・同調表現」のいずれも、実に巧みに用いていた。とくに、「同意・同調表現」は絶妙で、相手が会話を続けたくなるように仕向けていた。彼女は、他の女性の追随を許さないほどのコミュニケーション能力を持った人物であることが浮き彫りになった。

こんなふうに、使用する表現には、登場人物の個性が浮かび上がってきていた。

⑧どの表現を使わないかにも、『源氏物語』の登場人物の個性が現れていた。たとえば、「拒否表現」を使わない女性としては、女三宮や浮舟がいる。彼女たちは、夫以外の男性に寝室に忍び込まれ、危険な状況であるにもかかわらず、忍び込んだ男性に対して「拒否表現」を発していない。そのために、男性に思いを遂げさせてしまっている。「拒否表現」は、当時の女性にあっては、自分を守る武器でもあった。コミュニケーション力のなさは、登場人物の運命をも左右している。

以上のようなことを解明してきたが、山積している課題も多い。たとえば、本稿は、『源氏物語』をテキストに平安貴族階級の男女のコミュニケーションのあり方を追究してきた。しかし、『源氏物語』は、フィクションを加えた文学作品である。必ず事実とは違った点を持っているはずである。それが、どこにどの程度見られるのかといった追究を行っておかなければなるまい。

また、本稿は、性差を出すために男女の会話にしぼった分析を進めてきたが、女同士の会話、男同士の会話の追究も、当時のコミュニケーションの全容を知るためには是非ともなされなければなるまい。

本稿が、これから始まるであろう平安時代のコミュニケーションを解明するための糸口となれば幸いである。

注

（1） 現代日本語においても、森田良行「語彙現象をめぐる男女差」（『解釈と鑑賞』56巻7号、一九九一年七月）などによって、語彙面には性差が顕現しにくいことが指摘されている。また、名嘉間三成「方言にあらわれた男女差―琉球方言―」（『解釈と鑑賞』56巻7号、一九九一年七月）は、琉球方言でも、語彙面での男女差は基本的には見あたらないと言う。

（2）山口仲美『平安朝の言葉と文体』（風間書房、一九九八年）所収。本著作集1『言葉から迫る平安文学1　源氏物語』にも「『源氏物語』の女性語」として収録。

（3）オニボ・G・ンウォエ（岡本能里子訳）「世界の女性語―イボ語―」（『日本語学』12巻6号、一九九三年五月）によれば、ナイジェリア南部のイボ語では、言語運用面に性差が顕現しやすいと言う。

（4）Tannen, Deborah. "You Jast Don't Understand Women and Men in Conversation" New York : William Morrow 1990（田丸美寿々訳『わかりあえない理由』講談社、一九九二年）

（5）関係論文としては、エリク・ロング「『源氏物語』における談話分析の試み」（『日本語学』14巻2号、一九九五年二月）や、藤原浩史「平安和文の謝罪表現」（『日本語学』12巻12号、一九九三年一一月）、同氏「平安和文の感謝表現」（『日本語学』13巻8号、一九九四年七月）、同氏「平安和文の依頼表現」（『日本語学』14巻11号、一九九五年一〇月）がある。いずれも有益な論であるが、本稿でいう表現とは異なり、語句や言い回しなどの形態に基づいた分析が中心である。また、性差の解明をめざしているわけではない。性差からのコミュニケーション追究は、管見による限り、見あたらない。

（6）田尻英三「方言にあらわれた男女差―西日本方言―」（『解釈と鑑賞』56巻7号、一九九一年七月）参照。

（7）メイナード・K・泉子「世界の女性語―アメリカ英語―」（『日本語学』12巻6号、一九九三年五月）参照。

（8）内田伸子「日本の女性語―会話行動に見られる性差―」（井出祥子編『女性語の世界』明治書院、一九九七年）は、現代の日常会話で、会話権の発動は、男性だけがするわけではなく、男女にかかわらず、話題に左右されてなされることを明らかにしている。平安時代に対して行った本稿の結果と異なり、興味深い。

（9）重光由加「日本の女性語―会話のパターン―」（『日本語学』12巻6号、一九九三年五月）によると、現代の日常の会話場面では、男性と女性の発言回数に明確な違いが見られなかったという。平安時代と対照的である。

（10）現代の会話に見られる身振り・動作については、『談話行動の諸相―座談資料の分析―』（国立国語研究所報告92、一九八七年）をはじめ、最近とくに多くの成果が報告されている。

（11） 男性の具体的な口説き文句については、山口仲美『恋のかけひき―『源氏物語』もうひとつの読み方―』（主婦と生活社、一九九一年）を参照。同書は、本著作集1『言葉から迫る平安文学1 源氏物語』に「男と女の会話のダイナミクス」として収録。

（12） 「要求表現」と「依頼表現」との関係については、宮地裕「依頼表現の位置」（『日本語学』14巻11号、一九九五年一〇月）が参考になる。

（13） 現代語の要求表現については、水谷修「日本語教育と非言語伝達」（『日本語教育』67号、一九八九年三月）が、示唆にとむ例をあげている。

（14） Tannen, Deborah. "You Jast Don't Understand Women and Men in Conversation" New York : William Morrow 1990（田丸美寿々訳『わかりあえない理由』講談社、一九九二年）

（15） 井出祥子「言語と性差」（『言語』11巻10号、一九八二年一〇月）によれば、ドイツの研究者クーン（kuhn）は、要求表現の前後に理由などの陳述を加えることで、要求の押しつけの弱まることに着目して、ドイツの女性がそうした表現を多用する傾向のあることを明らかにした。また、川成美香「日本の女性語―依頼表現―」（『日本語学』12巻6号、一九九三年五月）は、現代の日本語でも、女性は理由説明をすることによって、依頼の押しつけを緩和する表現方法を好むことを明らかにしている。

（16） 「感謝するという行為を一連の下位行為の総合」（西原鈴子「感謝に関する一考察」『日本語学』13巻8号、一九九四年七月）ととらえると、感謝の表出表現が女性にしか見られないことは、男性に対して女性の地位の低いことが裏付けられていよう。

男と女の会話のダイナミクス

1　はじめに

前章「男の表現・女の表現」を受けて、具体的に男と女の会話の様相を追究したのが、この章の「男と女の会話のダイナミクス」である。同じ光源氏でも、相手になる女性が違うと、実に異なる性質の会話が展開していく。そこが見どころ。文字通り、男と女の会話のダイナミクス（＝力学）が展開している。光源氏の会話の相手としてこの章に登場する女性は、人妻の空蟬や夕顔、継母の藤壺、宮仕えの女房である源典侍、正妻の葵の上と愛人の六条御息所、最愛の妻である紫の上、養女の玉鬘、晩年の正妻である女三の宮の九人。

また、光源氏以外の男性では、その息子である夕霧、法的には光源氏の息子になっている薫、光源氏の孫である匂宮が登場し、それぞれ、恋人や愛人たちと多様な形の会話を紡いでいく。一三節からなっているが、各節は一人の男と一人の女の会話、あるいは、三角関係にある一人の男と二人の女の会話や一人の女と二人の男の会話に限定しているので、登場人物の煩雑さに惑わされずに会話だけに集中して読み進めることができよう。

用いたテキストは、新潮日本古典集成『源氏物語（一）〜（八）』（新潮社）。現代語訳は、諸注釈書を参考にしながら、私自身が行なったものを付した。また、各節の末尾には、その節に登場する男と女の会話の鍵《キー》になっている言葉をとりあげ、『源氏物語』に即した解説を付けておいた。

さて、どんな言葉のやり取りが展開するのか。会話から読む『源氏物語』が幕を開ける。

2　光源氏と空蟬——理詰めの会話——

けっして気まぐれからではありません

『源氏物語』で最初に姿をあらわす恋物語は、人妻「空蟬」との恋である。

光源氏は一七歳。女の年齢は記されていないが、たぶん二〇歳を少し越えたといったところであろう。女は、両親に大切に育てられ、宮仕えするはずであったが、両親に早く死なれ、二年ほど前に地方官にすぎない老いた伊予介と結婚していた。

光源氏の方も、すでに四歳年上の女性「葵の上」と正式に結婚している。結婚生活は、あまりうまくいかず、光源氏は、ともすると妻の所には帰らないことが多い。それでも今日は、久しぶりに内裏から退出して、妻の家にやってきたのだった。ところが、折悪しく方角が悪い。災いを避けるために、他の方角にある知人の家などに行かねばならない。光源氏は、家来筋にあたる紀伊守の邸宅にやってきた。紀伊守の邸宅には、折から空蟬が来あわせていた。彼女は、紀伊守の継母である。紀伊守の邸宅は、大勢の人でごったがえしている。

光源氏は、空蟬の話し声がほのかに聞こえることから、彼女の寝ている場所が、自分の寝室にかなり近いことを知った。人が寝静まったあと、光源氏は一人寝の寂しさに、偶然鍵をかけ忘れた襖を開けて、空蟬の寝室にしのび込んだ。さて、二人の間にはどのような会話が展開するのか。理詰めの会話の様相を味わっていただきたい。

女は小柄らしく、まことにささやかな様子で寝ている。光源氏は、女をやさしく起こし口説きはじめる。

「うちつけに、深からぬ心のほどと見たまふらむ、ことわりなれど、年ごろ思ひわたる心のうちも、聞こえ知らせむとてなむ。かかるをりを待ちいでたるも、さらに浅くはあらじと思ひなしたまへ」

（一時の出来心のたわむれとお思いになるでしょう。それももっともですが、何年もあなたのことを思い続けてきた私の気持ちも申し上げてわかっていただきたいと思いまして。こういう機会をねらっていた私の苦心のほどから察しても、決して気まぐれからではないということをわかってください）

相手の警戒心を解くために、ずっと前から慕い続けていたのだとつくりごとを言って女の心をなごませる。光源氏は、口説きの天才である。

女は、恐ろしさが去ったものの、けしからぬことだと思うと情けなくて、

「人違《たが》へにこそはべるめれ」

（人違いでございましょう）

と、やっとの思いで言う。男は、なおも女の警戒心を解かせるような言葉を吐き続ける。

「違ふべくもあらぬ心のしるべを、思はずにもおぼめいたまふかな。すきがましきさまには、よに見えたてまつらじ。思ふことすこし聞こゆべきぞ」

（間違えるはずもない真実の恋心に導かれてやってきましたのに、おとぼけになるとはあんまりです。好色めいた振舞いは、決していたしません。私の胸の思いをちょっとお話しするだけです）

女の言ったことを受けて否定し、自分の恋が真実であると言い張る。女の気を引く術を心得ている。そして、けしからぬ振舞いなどしないことを誓い、女に安心感を与え、抱き上げて自分の寝室に連れて行こうとする。

だが、襖の入口で、空蟬付きの女房に出くわした。女房は一大事とばかりに、光源氏のあとを追ってくるのだが、光源氏は動じない。これくらいのことは許される身分なのである。光源氏は、自分の寝室に入って、女房に朝方迎えに来るように言って、襖をしめてしまう。

さて、光源氏の寝室で、女はどうしたか？

私をお見下しにならないでください

女は、情愛あふれる光源氏の言葉がわからないではない。まして相手は光り輝くような美男子であり、地位も高いし、経済力もある。学芸にも秀で、多くの女性の憧れの的である。

だが、自分は、今やしがない地方官の妻である。女は言う。

「うつつともおぼえずこそ。数ならぬ身ながらも、**おぼしくたし**ける御心ばへのほども、いかが浅くは思うたまへざらむ。いとかやうなる際《きは》は、際《きは》とこそはべなれ」

（現実のこととも思われません。私は、数にも入らぬ低い身分のものですが、お見下しになったお心のほどを、どうして厚いお志と思えましょうか。このような低い身分の者は、低い身分の相手にしかならないと世間でも申すではありませんか）

激しい拒絶の言葉である。最初の文で、光源氏が長年自分を思っており、真実の恋だと訴えている現実を否定している。夢のようにしか思えないというのだ。光源氏の甘い言葉にうかうかと乗るほど、たやすい女ではなかった。驚きが過ぎ去り、女は、目の前に起こっていることを、今や的確に判断しはじめたのである。

二番目の文では、さらに女は、男に抗議する。あなたの行為は、私を侮っている、私をお見下しにならないでくださいと。

最後の文は、原文の意味がとりにくく、解釈の別れているところである。原文は、「いとかやうなる際は、際とこそはべなれ」である。「いとかやうなる際は、際」という部分は、当時世間で言われていた諺であろうが、その解釈がむずかしい。「このような無体なことをする身分の者は、それだけの卑しい身分の者である」といった意味にとる人もいる。私は、「このような低い身分の者は、低い身分の相手にしかならない」という意味にとり、「だから、私は、あなたのような高貴なお方とは縁のない人間なのです」といった女の気持ちをあらわすと解釈しておいた。相手と関係のない人間であることをはっきりさせて、拒絶する気持ちをあらわにしたのである。「あなたに関係のないことです」と言われた時の拒絶感を思い出していただきたい。

女は、たった三つの文（センテンス）しか発していない。にもかかわらず否定、抗議、拒絶と、まるで三段論法のように無駄なく組み立てられ、男の行動の機先を制する。『源氏物語』には、男を拒否する女性は他にも登場するが、空蟬ほど理屈で明快に拒絶の気持ちを述べた女性はいない。頭のきれる人なのだ。

こんな女の言葉に出会って、たじろがない男がいるであろうか？

こうなるべき因縁があったのです

だが、光源氏はひるまない。女の言葉を逆手にとって、迫っていったのである。光源氏は、言ってのける。

「その際々《きはぎは》を、まだ知らぬ初事《うひごと》ぞや。なかなかおしなべたるつらに思ひなしたまへるなむ、うたてありける。おのづから聞きたまふやうもあらむ、あながちなる好き心はさらにならはぬを、**さるべき**にや、げにかくあはめられたてまつるもことわりなる心まどひを、みづからもあやしきまでなむ」

（あなたのおっしゃる身分身分の違いといったことをまだ知らない、初めての経験なのですよ。それをかえって世間並みの男と同様に考えたりなさるのは、ひどいと思いますよ。何かの折にお聞きおよびでもありましょうが、無理無体な好色心は今までまったくなかったのですが、あなたとのことは前世からの因縁なのでしょうか、本当にこんなふうに軽蔑されるのも当然なこの取り乱しようを、自分でも不思議に思うほどです）

最初の二つの文で、女の言い分が通用するのは、経験者に対してであり、自分のように初心者には通らぬ理屈だと言って、女の攻撃をするりとかわしてしまう。

三番目の文で、さらに自分が恋の道には初《うぶ》なことを裏付けるような発言をし、続けて、あなたとの逢瀬は、前世からの因縁であったのだと言い、自分の行為を正当化していく。前世の因縁によって現世の運命が定まると考えていた当時にあっては、前世の因縁を盾に取って迫るのが、最も効果的なやり方である。光源氏は、それを使った。

女は黙る。攻撃材料がなくなってしまったのだ。だが、女は決める。たとえ強情な女で気にくわないと相手に思われても、恋の道にはわからずやで通してしまおうと。そして拒む態度を変えないのである。

女は、人柄が柔和なのに、無理に強情な態度をつくっているので、細くしなやかな竹のようで、男は、さすがに手折ることができそうもない。

しばらく時間がたった。女は泣いている。なぜ泣くのか？　無理強いされて、ついに男と契りを結んでしまったのだ。女は、諦めようもないほどつらいと思っているので、男は、再び、こうした思いがけない逢瀬こそ前世からの宿縁があったからだと強調する。宿縁だと考えると、諦観に達することが多いからだ。光源氏は、慰め方まで一流である。

だが、女は、今後どういうふうに身を処したらよいのか。一度逢瀬を持ったからには、二度三度とくり返される可能性もある。

私に会ったとはおっしゃらないで

女は、悲しそうに男に訴える。

「いとかく憂き身のほどのさだまらぬ、ありしながらの身にて、かかる御心ばへを見ましかば、あるまじき我頼《われ》みにて、見なほしたまふ後瀬《のちせ》をも思うたまへ慰めましを、いとかう仮なる浮寝《うきね》のほどを思ひはべるに、たぐひなく思うたまへまどはるるなり。よし、今は見きとなかけそ」

（こんなふうに老地方官の後妻などというみじめな身分と決まらない、あの娘時代のままで、このようなお志にあうのでしたら、分不相応なうぬぼれから、あなたがいつかは思い直して私を本当に愛してくださる日もこようかと思い慰めることもできましょうが、まったくこんな一時のはかない逢瀬のさまを思いますと、どうしようもなく悲しく心が乱れるのでございます。仕方ございません。もうこの上は私に会ったと人にはおっしゃらないでください）

女は、現在の自分の境遇を考え、思い悩んで、最初の文のような長々しい言葉を発する。だが、次の文になると、女の心は、ほぼ決まったことがわかる。自分と会ったことを口外するなという。

一体どういうことなのか？　きっぱりと私のことを忘れてくださいということである。最後の文の背後には、「それをだに思ふこととてわが宿を見きとな言ひそ人の聞かくに」（せめてもの私への思いやりとして、私と会ったということもおっしゃらないでください。人が聞くでしょうから）といった『古今和歌集』の歌がある。女は、この歌をふまえて言ったのである。女は、二度と会うつもりはないのである。

事実、この後、男は、かなり無理をして手はずを整え、二度も女に会いに行った。だが、女は、事前に気づき、逃げ去っている。とりわけ、三度目などは、男が寝室に忍び込んでくるのを衣ずれの音と匂いで察知し、女は、自分の着物を蝉の脱け殻のように脱ぎ捨てて、その場から逃げている。男は、女の脱ぎ捨てた着物を持って家に帰った。それにちなんで、女を「空蟬《うつせみ》」（蟬の脱け殻）と呼ぶのである。『源氏物語』の登場人物の名は、おおかたこの種のあだ名である。光源氏は、この空蟬を、強情でうらめしいと思いつつも、それゆえにかえって恋の未練を感じ続けた。

理性の輝く女

空蟬は、光源氏が嫌いだったわけではない。そればかりか逆に、彼女は、光源氏に魅せられ、毎夜一人で胸をこがしているのだ。光源氏の口説き文句も、思い出すたびに身があつくなる。

だが、空蟬は、自分の立場を痛いほど知っていた。身分違いの恋の行方も見通していた。だから、一度だけの逢瀬でふっつりとあとを絶ち、その後は、自らの情念と戦い、一人涙を流していた。

この空蟬は、『源氏物語』の作者、紫式部自身の色濃く投影された女性であると言われる。確かに、理性の勝った「空蟬」は、紫式部そのものと言ってよいのかもしれない。

♥おもひくたす

空蝉が、光源氏に、自分のことを見下したといって抗議する時に使った言葉。本文中では、光源氏の行為を言うので、「おもふ」の尊敬語である「おぼす」を使って、「おぼしくたす」（思し朽す）という形になっている。

「おもひくたす」は、「心の中でけなす」「さげすむ」「軽んじる」の意味。「くたす」という語に、すでに「価値を落とす」「けがす」「悪く言う」の意味がある。

『源氏物語』では、「おもひくたす」の言葉は、右の例文中の他に、二例見られる。そのうちの一例は、「かくこよなきさまに皆思ひくたすべかめるも、やすからず」（あんなふうにこれ以上の恥はないほど、誰もが自分を見さげているらしいことも、心おだやかでなく）という文に見られる。六条御息所と呼ばれるプライド高き女性が、世間の目を気にしている文脈である。相手が、自分を「思ひ朽し」ているのではないかと感じるのは、その人自身がプライドの高い場合である。

♥然《さ》るべき

光源氏が、空蟬を口説く時の決め手になった言葉。「そうなる前世からの因縁である」という意味。

誤って男女の契りを交わしてしまった時、深い関係がありながらも結婚できない時、愛し合っているのに夫や妻と死別してしまった時、拙い自分の運命に出くわした時などに、この言葉を使うことが多い。

当時は、仏教思想の影響を受けて、前世・現世・後世の三世を考え、この現世での運命は、前世の因縁によって定まると考えていたからである。前世からの宿縁と考えると、どんなにひどい事でも諦めがつく。だから、「さるべき」という言葉は、すべてを宿世と諦観する当時の論理をあらわしている。

『源氏物語』には、二五四例も「さるべき」が見られる。ただし、すべてが「そうなる宿縁である」といった意味ではなく、「そうするのが最もふさわしい」とか「そうなるのが当然である」とか「れっきとした」などの意味で使われていることもある。

3 光源氏と夕顔――余韻のある会話――

どっちが狐？

光源氏が、次に体験したのは、親友、頭中将のかつての愛人「夕顔」との激しくはかない恋である。

光源氏、一七歳。夕顔、一九歳。彼女には頭中将との間にできた三歳になる女の子がすでにいる。けれど、夕顔は、頭中将の正妻にひどくおどかされて、男に何も言わずひそかに身をひき、五条のみすぼらしい家に隠れ住んでいた。

その時である、光源氏と知り合い、恋に陥ったのは。

光源氏は、従者の手引きで、ひそかに女の所に通い始めた。身をやつし、顔を隠し、どこの誰とも知られないようにして。

女の素性はわからないが、頭中将のかつての愛人であったらしいという推測だけはできた。女と会ってみると、どこといってとりたてて優れたところはないのだけれど、妙に男の気をひくところがある。深みがあるとか、どっしりしているとかいう点では、やや劣るのだが、驚くほど若々しくもの柔らかで鷹揚。そして、男を知らないでもないといった風情。

光源氏は、女に会わずにはいられないほど、昼も夜も彼女のことを考えてしまう。今、別れてきたばかりなのに、もう恋しくて仕方がない。この女のどこがよいのか何度も考えてみるのだが、わからない。自分のような身分の高い男が、このように身分の低い女とかかわり合いになるのは軽はずみだと反省するのだけれど、実にしげしげと女の所に通ってしまう。こんな二人の間には、どのような会話が織りなされて行くのか？　明確に言わずに余韻を残す会話の姿を味わっていただきたい。

男は、とうとうこの女を自分の邸内のどこかにひきとろうかとも考えて、女に言う。

「いざ、いと心安き所にて、のどかに聞こえむ」

（さあ、もっと気楽な所でのんびりとお話ししよう）

女は、すぐに男の誘いにのるだろうか。夕顔のことを「何ものに対しても随順」「まったく受け身」と評する人もいる。とすれば、彼女は、光源氏の申し出をすぐに受けてもよさそうである。ところが、女の答えは、こうである。

「なほあやしう。かくのたまへど、世づかぬ御もてなしなれば、もの恐ろしくこそあれ」

（やっぱり変ですわ。そんなふうにおっしゃるけれど、ふつうじゃないお扱いですもの、なんだかこわいわ）

女は、男の誘いにのらずに、言うべきことを言っている。決してかどばらずに、あくまでかわいらしく子供っぽい言い方ではあるけれど。

男も、なるほど、身分も名前も顔も隠したままの逢瀬では、女がこわがるのも無理はないと納得し、だが、そうはいうものの女の方だって名前をはじめ一切を隠したままであることに思い至り、にやにやしながら言う。

「げに、いづれか狐なるらむな。ただはかられたまへかし」

（ほんとに、どっちが狐なんだろうね。いいから黙って、私に化かされていらっしゃいよ）

こんな男の言葉に、女はどう反応するか？ 女は、それに答える言葉を発していない。物語は、女がすっかりその気になって、それでもよいと思っているとだけ記している。おそらく、女は男の言葉に黙ってうなずいていたのであろう。正体がわからなくても、この男になら騙《だま》されてもよいと思えたのである。男が、自分への女の愛情を感ずることのできる瞬間である。思わず抱きしめたくなるようなかわいい女なのだ。

心細くて

八月十五夜、彼女のみすぼらしい家で、今日も男は夜を明かす。夜明け近くになると、生計を立てる身分の低い者たちの話し声がする。踏み臼をふむ音がする。布を打つ砧《きぬた》の音もする。狭い庭で鳴く虫の声は、耳に押しあてたかのように大きく響く。

男は、もっと静かな所で気兼ねなく女と過ごしたいと思い、また誘う。

「いざ、ただこのわたり近き所に、心安くて明かさむ。かくてのみはいと苦しかりけり」

（さあ、このすぐ近くで、くつろいで夜を明かそう。こんな所でばかり会っていたのではたまらない）

もし、おおらかな女でなければ、あたりの騒々しさに恥ずかしくていたたまれないところであるが、女は気にしているふうでもなく、おっとりと言う。

「いかでか。にはかならむ」

（とてもそんな。急ですもの）

穏やかな答えである。すぐ近くで、ひたすら仏道にはげむ老人の声がする。男は言う。

「かれ聞きたまへ。この世とのみは思はざりけり。

歌 優婆塞《うばそく》が行ふ道をしるべにて来《こ》む世も深き契り違《たが》ふな」

（あれをお聞きなさい。あの老人もこの世だけとは思っていないのですよ。

歌 優婆塞が修行する仏の道に導かれて、来世でも二人の堅い約束を破らないでくださいよ）

男は、感情の高まりを歌に託して訴えかけ、女に遠い将来までの約束をさせる。

だが、女は何と答えたか？

「歌 前《さき》の世の契り知らるる身の憂さにゆくすゑかねて頼みがたさよ」

（歌 前世からの約束ごともこんなものとわかるような不運な身の上ですもの、未来のことも頼みにできそうもありません）

女も、やはり高まりつつある思いに呼応して、歌で答えてはいる。けれど、その内容は、男の強い愛情の言葉をしっかりと受けとめるものではない。来世までも堅く愛し合おうという男の申し出に、女は同調しなかった。かわりに、女は、男が庇護したくなるような心細さを訴えた。

男は、ついに女を口説き、女房一人を伴にして、近くにある別邸に行った。道中、車の簾をあげていたので、露に袖もひどく濡れてしまった。

「まだかやうなることをならはざりつるを、心づくしなることにもありけるかな。

歌 いにしへもかくやは人のまどひけむわがまだ知らぬしののめの道

ならひたまへりや」

（まだ、こんなことはしたことがなかったんですが、まったく気苦労なことなんだなあ。

歌 昔の人も、こんなふうにとまどったのだろうか、私には初めての明け方の恋の道行きに。

あなたは経験がおありですか）

こんな男の問いに、女は恥ずかしそうに言う。

「歌 山の端《は》の心も知らでゆく月はうはの空にて影や絶えなむ
心細く」

（歌 あなたのお気持ちもわからないのにお頼りしてついてきた私は、途中で消えてしまうのではないでしょうか。
心細くて）

男の誘いに負けて恋の逃避行を決行したものの、正体を明かさない男の真情をはかりかね、女はひたすら不安で心細い。

男は初心者ぶって、女が男女の道の経験者であることを半ば知りつつ、「経験があるか」と聞いた。「初めてだ」と女が答えれば、女はうそつきである。女は、男の質問には答えずに、かわりに再び、心細さ、頼りなさを訴えている。

女の言葉は、いずれも、男からの愛の告白を確実に受けとめるものではなく、それに背を向け、今にもこの世から消えてしまいそうなはかなさを感じさせる。

男が、こういう女性を限りなくいとしく思うのは当然である。

それほどでもありませんでした

男の連れていった別邸は、それにしても荒れ果てていた。

「けうとくもなりにける所かな。さりとも鬼なども、われをば見ゆるしてむ」

（なにやら恐ろしくなってしまった所だな。でも、鬼などでも私をきっと大目に見てくれるだろう）

自分は帝の子であるから大丈夫だろうと男は思う。男の心に油断がある。こんなふうに荒廃した所には鬼や妖怪がいるのだ。この後の男と女の会話文の解釈には問題があるため、解説の便宜上、その箇所の会話文には（A）（B）の符号を付けておく。

男は、まだ女に顔を見せていなかった。こんな深い仲になってまで隠し立てをしているのも不自然だと思って、男は顔を顕《あら》わにして言う。

（A）「[歌] 夕露に紐《ひも》とく花は玉鉾《ぼこ》のたよりに見えしえにこそありけれ
　露の光やいかに」

（[歌] 夕露に咲きそめる花の縁で、顔をお見せするのは、通りすがりの道で会った因縁があったからなんですね。
私の顔はどうですか？）

「僕の顔、どう？　気に入った？」などと聞かれたら、どんな答えようがあるというのだ。

女は、流し目で男の方を見て、ほのかに言う。

（B）「[歌] 光ありと見し夕顔のうは露はたそかれどきのそら目なりけり」

（[歌] 光り輝いていると思った夕顔の花の上の露は、夕暮れ時の見間違いでした。それほどでもありませんでした）

うぬ、何を言うのだ。類まれなるハンサムに向かって、「たいしたことありませんでした」と、戯れかかって答える女。男への甘え方を心得ている女である。男を軽くいなしている発言である。

だが、あなたは、変だとは思わないだろうか？　今までひたすら心細さ、頼りなさを恥ずかしそうに訴えていた女性が、にわかにここにきてはすっぱな口をきく、この変貌ぶりに、開いた口がふさがらなかったのではあるまいか。

女は、たった今、初めて男の顔を見、通ってきていた男が光源氏であることを知ったばかりなのだ。そんな状態にある人間が、相手の顔を見た途端に、「そんなに美男ではなかったわ」などと言えるだろうか。

もし言えるとしたら、手練手管を知りつくし、男と対等にわたり合ってきたような女である。ところが、夕顔という女性は、かつての夫、頭中将の説明によると、「はづかしくつつましげに」（相手に気兼ねし、遠慮ぶかく）、見るからに「あえかなる」（弱々しげな）人なのだ。

一体、どうしたことなのか？

『源氏物語』には、たくさんの女性が登場し、光源氏と恋愛関係に陥るけれど、右の場面にみるようなしたたかな口をきく女性は、ただの一人もいない。最も好色で、その道には長《た》けた年配の女官「源典侍」でさえ、光源氏にこのような対等で軽薄な口のきき方をしていない。変である。

私は、二人の会話（A）（B）を、通説に従って解釈してきたのだが、その解釈が問題なのではあるまいか。

恋のきっかけ

実は、ここでの二人の会話（A）（B）を、通説とは違ったふうに解釈する立場がある。その解釈は、ずっと遡って二人の出会いのとらえ方の違いから生じる。

そういえば、二人はどうやって恋のきっかけをつかんだのか。

そのころ、光源氏は、六条に住む高貴な女性の所に通っていた。その途中で、乳母の家に病気見舞いに立ち寄った。すると、粗末な隣家の板塀に青々と茂った蔓草が美しい白い花を咲かせているのに気づいた。

「一枝折ってまいれ」

光源氏は、従者に命じる。すると、隣家から女の子が出てきて、

「この扇にのせてさしあげてください。枝も風情がなさそうな花ですもの」

光源氏が受け取って、扇を見ると、その家にいる女からの歌が書きつけてある。

「[歌] 心あてにそれかとぞ見る白露の光そへたる夕顔の花」

（[歌] あて推量であの方かとお見受けします。白露の光を加えている、夕日の中の美しいお顔を）

光源氏は、女から歌を贈られて、興味をそそられる。筆跡も気品があって奥ゆかしい。身分の低い女とは思うけれど、女のことには軽々しい光源氏のこと、放っておきにくく返事を書く。これが、二人の出会いのきっかけである。

だが、ここに問題がある。当時の女性が、見知らぬ男性に自分から歌を贈るということは、めったにないことなのだ。宮仕えに出て、男ずれのしている女性やよほど非常識な女性ならいざしらず、ふつうの女性が自分から男に歌を詠みかけることは、まず考えられない。現に、光源氏も、自分に歌を詠みかけてきたこの女を、

「宮仕え人なのだろう。得意顔で馴れ馴れしく物を言いかけたものよ。身のほども知らない興ざめな連中だろう」

と、見下している。にもかかわらず、返事を書くところが、光源氏らしいところである。

なぜ、夕顔は、通りがかりの光源氏に歌を贈ったのか？　非常識な女だったのか？　男ずれしたあつかましい女だったのか？　それとも、何か事情があったのか？

見間違いでした

いろんな解釈が出されている。その中で、私が最も自然だと思うのは、夕顔は、通りがかりの光源氏を、かつての夫、頭中将かもしれないと思って、歌を贈ってしまったとする黒須説である（黒須重彦『夕顔という女』笠間書院、一九八七年増補版参照）。

夕顔は、正妻に脅迫されて、頭中将に何も知らせずにやむを得ず身を隠した。だが、頭中将のことを忘れたわけではないし、まして嫌いであったわけではない。彼との間には、子供までいる。慌てて身をひいたものの、子供の将来を考えれば、なんとしても父親に連絡をつけたい。通りがかりの身分のありそうな男が、かつての夫かもしれないという可能性が少しでもあれば、女は確かめずにはおられずに歌を贈るであろう。

私が、この説を支持する理由は、他にもたくさんあるのだが、結論的には、通説よりも矛盾点が少ないことである。この説に従って、さっきの二人の会話（A）（B）を、私なりに解釈すると、次のようになる。

男が初めて女に顔を見せて、言う会話（A）

「歌 夕露に紐とく花は玉鉾のたよりに見えしえにこそありけれ

露の光やいかに」

を、次のように解釈するのだ。

「歌 夕露に咲きそめる花の縁で、顔をお見せするのは、通りすがりの道で会った因縁があったからなんですね。あなたは、私に『露の光』と詠みかけてきましたが、あなたの思った通りの人でしたか？」

光源氏は、夕顔との恋のきっかけをしみじみと思い出し、女の詠んでよこした歌の文句「白露の光」をふまえて、語りかけた。「あなたが、あの時、もしやと思った人と同じでしたか」と。

すると、女は恥ずかしそうな横目で、男の方を見て、ほのかに言う（B）の会話を、次のように解釈するのである。

「歌 光ありと見し夕顔のうは露はたそかれどきのそら目なりけり」

「歌 私に恵みを与えてくださった、夕顔の花の上の露と思ったのは、夕暮れ時の見間違いでした。頭中将様ではなかったのですね」

女は、新しく通ってきた男が頭中将ではないことは会った時からわかっていた。だが、誰であるのかはわからなかった。光源氏であることをはっきりと知ったのは、顔を見たこの瞬間だったのである。

この解釈の方が、ずっと自然な会話ではあるまいか。

海人の子ですもの

自分を顕わにした男は、女に訴えかける。

「尽きせず**隔て**たまへるつらさに、あらはさじと思ひつるものを。今だに名のりしたまへ。いとむくつけし」

（いつまでも名前を教えてくださらないのが恨めしくて、私も自分のことを隠していようと思っていたのに。今からでも、あなたのお名前をおっしゃい。とても気味が悪い）

今度こそ、女は、男の問いにまともに答えるだろうか。どこの誰ですと。そして、男との間に何の隠しだてもなくなるであろうか。女の答えは？

「**海人の子**なれば」

(海人の子なんですもの)

名前を名のるほどの者ではないと卑下して甘えながら、女はやっぱり名のらない。女の返事は、「白浪の寄するなぎさに世を過ぐす海人の子なれば宿も定めず」(白浪の寄せる渚に生活する海人の子ですから、家も定まらず、名を名のるほどの者ではございません)という『和漢朗詠集』に出てくる歌をふまえている。

女は、謎を残したままである。男は、なんとかつきとめたいとますます女にひきつけられていく。男は言う。

「よし、これもわれからななり」

(ええ、いいですとも。名のらないのも私のせいなのでしょうよ)

男は、今まで自分が正体を明かさずにいたので、女がすぐに身元を明かさなくても仕方がないと思うものの、やはり恨めしい。男の言葉も、『古今和歌集』の「海人の刈る藻に住む虫のわれからとねをこそ泣かめ世をば怨みじ」(海人の刈る海藻についている「われから」虫ではないけれど、自分のせいでこうなったと声をあげて泣くことにしよう)という歌をふまえている。女の「海人の子なれば」に呼応させて男は「海人の刈る」の歌の中の言葉で返事をしている。当時の男と女の会話には、有名な和歌が自在に引用されている。よく知られた歌の一部を口にすれば、もう言いたいことの大半が相手に伝わったのである。

女の身元は明かされないまま、二人は戯れながら、その日を過ごした。もっとうちとければ、女はやがて名前を明かすに違いない。

だが、その夜、荒れ果てた邸宅で、女は、妖怪にとりつかれてあっけなく死んでしまった。夕顔の花のように、はかなく。

可憐な女

夕顔という女性を「遊女性」や「娼婦性」を持った女性だと言う人がいる。たしかに幾分かはそうしたものを無意識のうちにでもそなえていなければ、男をひきつけることはできない。だが、「夕顔は生活に困っていてカモを捕まえたという、高級な娼婦だったのではないか、非常にうまく源氏を誑《た》らし込んで、源氏はうまくやられて優にやさしき女と思って（中略）源氏向けにうぶな演技をしているのではないか」（中村真一郎『解釈と鑑賞』別冊、一九八六年四月、座談会「源氏物語をどう読むか」）とまで言われると、納得しにくくなってくる。

こうした考え方は、夕顔が自分から進んで光源氏に歌を贈ったこと、光源氏の顔を見るやいなや「それほど美男じゃなかったわ」などと、コケティッシュに甘えかかっていると解釈することから出てくるようである。

だが、夕顔の人柄は、物語のここかしこで、人並み以上のはにかみやで臆病、気が弱く、子供っぽい純粋さを持った人だと説明されている。可憐で頼りなくて、男から見ると庇護したくなるような女性なのだ。そんな女だからこそ、妖怪にとりつかれ、命を落としてしまったのだ。

夕顔が、はすっぱな口をきいて、男をいなしたり、第二のパトロンをもとめて歌を贈ったりすることは、やはり考えにくいのである。解釈の仕方に問題があると思うべきなのではあるまいか。

愛のただなかで死んでしまった女は、男の胸の中に長く生き続けていき、やがて彼女の娘（＝玉鬘）の出現によって、男は再びありし日の夕顔をそこに見出すことになる。

夕顔のようなあえかな女性が目の前に現れたら、男であれば、光源氏のようにいとしい気持ちでいっぱいになり、彼女の所に通いつめるに違いない。

♥隔つ

女が名前を明かさないので、ますますひかれていく光源氏。彼が、女を恨む時に使った言葉。

本文は、動詞「へだつ」の連用形。気持ちの上で、相手との間に距離や壁をつくること。いってみれば、隠しごとをすることである。

名詞「へだて」の形でも、よく用いる。「なほ心のうちの隔て残したまへるなむつらき」（すっかり深い仲になりながら、相変わらず隠しごとをなさるとは情けない）というぐあいに。

「へだつ」「へだて」は、『源氏物語』によく見られる言葉であるが、この「夕顔」の話に最も多く用いられている。夕顔にひかれていく光源氏の心理を象徴する言葉である。

多くは、心理的な隔たりを意味するが、恋しいのに会えずにいる状態を長く続けるといった時間的な隔たりの意味にも用いている。また、例は少ないが、「右近は屛風へだててふしたり」のように、物理的な隔たりを意味することもある。

♥海人《あま》の子

光源氏に身元を明かすように責めたてられて、夕顔が卑下して答えた言葉。歌の世界では、「海人の子」は、氏・素性もない、いやしい身分の者のたとえに用いた。

光源氏は、夕顔が亡くなったあと、夕顔の女房であった右近を呼んで、夕顔のことをいろいろ聞き出すが、その時も、開口一番「まことに海人の子なりとも、さばかりに思ふを」（ほんとにいやしい身分の子であっても、あれほど私が思っていたのに）名前を教えてくれなかったのは恨めしかったと言っている。

夕顔は、実際は三位中将の娘であるから、「海人の子」と言って卑下するほど、低い身分の出身ではない。ただ、両親に早く死なれ、心細い状態ではあった。

『源氏物語』には、「海人の子」という言葉が三例見られるが、一例は、実際に、海で魚や貝や海藻を採って、生計を立てる人のことを指している。だが、残りの二例は、夕顔の身分について比喩的に用いられたものである。「海人の子」は、夕顔という女性を印象づけるための言葉なのだ。

4 光源氏と藤壺――究極の愛の会話――

光源氏が、これほど全身全霊を傾けた恋はない。だが、女の方はどうであったか。

光源氏一八歳。相手の女性は、藤壺と呼ばれる高貴の人。年齢は、五歳年上の二三。光源氏の亡き母と生き写しの美貌を見込まれて、父、桐壺帝の后となった。だから、藤壺は、光源氏の継母にあたる。父は、光源氏を継母になつけようとして、始終彼女の部屋にも連れて行った。少年の心は、母を慕う気持ちから、いつしか思慕の情に変わっていった。

やがて、彼自身が元服し、政治的配慮にもとづく結婚をして、もはや彼女の姿を見ることすら許されなくなった時、彼の心は、激しく燃え上がる恋の心と化した。こうした二人の間に交わされる会話は、一体どんなものであったか？ 究極の愛の会話を見て行くことにする。

このまま消えてしまいたい

二回目の密会が実現した。光源氏がしつこく藤壺付きの女房を追いまわし、頼み込んだのだ。

女は、この上なく情けなくつらそうである。それでいて、情愛がこもり、可憐さがにじみ出ている。だが、決して馴れ馴れしくせず、思慮深く気品のある態度。さすが最高の女性である。

男は、思うことの半分も言わないうちに、朝が来た。なまじ会わなければよかったと思うほど、別れがつらい。

男は、涙にむせ返りながら、心のたけを歌に託して訴えかける。

「歌 見てもまた会ふ夜まれなる夢のうちにやがてまぎるるわが身ともがな」

（歌 こうしてお会いできても、またお目にかかれる夜はまれで、いっそこの夢の中に、このまま消えてしまいたい）

相手は、帝の妻である。次は、いつ会えるのかもわからない。今後、永久にその機会のやってこないことだってあり得る。

夢にまで見た逢瀬。「会ふ夜」には、夢が現実になる意味の「合ふ世」が掛けられている。夢が実現した途端に、はかなく逢瀬が終わろうとしている。

男は、この夢のような逢瀬にそのまま消えてしまいたかった。夢がさめて現実に戻りたくはなかった。男は、タブーにふれる皇妃との恋に深くのめり込んでしまっていた。

だが、女の答えはどうであったか。

世間の語り草になるのでは

女は言った。

「歌 世語りに人や伝へむたぐひなく**憂き身**をさめぬ夢になしても」

（歌 人は、後々までも語り伝えるのではないでしょうか。この上なく不運なわが身を、たとえいつまでも醒《さ》めない夢の中のものとしても）

女は、この上なく嘆いている。帝の后ともあろう自分が、男の激情に負けて身を許してしまった。不義密通をしてしまった。しかも一回ならず、二回までも。人は、こんな私のことを後々まで語り草として伝えるであろうと。

これ以上の不幸はあるまいと思えるほど、女は嘆いている。

だが、男を責めているわけではない。女は、この密会を不可抗力の運命的なものと感じている。それは、「憂き身」といった言葉を使っていることからわかる。「憂し」は、ひたすら自分の宿世の拙さを思い嘆く表現である。相手を責める「つらし」とは違って、もっぱら自分の不運を思い嘆く口惜しく情けない気持ちをあらわす。

こうなったのは、相手が悪いわけではない。言ってみれば、自分の運命が世語りにでもなりそうな情けないものだったからだと、女は思っている。

彼女の言葉は、彼を嫌っているわけではないことだけはわかる。だが、積極的に彼の激しい愛にこたえるものは何もない。あるのは、己の運命を深く見つめ嘆く言葉だけである。彼女は、彼を愛しているのだろうか。

まだ見苦しい時ですから

運命を感じた女の予感が的中したのか、この二度目の逢瀬で、彼女は、彼の子をみごもってしまった。密通は、露見しない限り、現実に働きかけるものではない。しかし、子供ができて、その子の顔が密通の相手そっくりであった時、どうするのか?

彼女の生んだ皇子は、彼に生き写しであった。生まれた月日、あやしい夢のさとしによって、光源氏は、誕生した皇子が自分の子であることを確信した。皇子の顔が見たかった。里下がりしている彼女の家にやってきて、彼は言う。

「上のおぼつかながりきこえさせたまふを、まづ見たてまつりて奏しはべらむ」

（帝が待ち遠しく思っていらっしゃるので、まずこの私が皇子の顔を拝見して、ご報告申しあげましょう）

言わずもがなのおせっかいと思えるような彼の言葉。彼は、ともかく何かと理由を見つけては、彼女のそばに行きたいのだ。

彼女は、何と答えたか。

「むつかしげなるほどなれば」

（まだ生まれたばかりで見苦しい時ですから）

無難で穏やかな断りの言葉である。彼女の内心は、皇子の顔から密通が露見してしまうのではないかと恐れおののいているのだが、そうした内面の乱れを決して見せない。

帝は、生まれた皇子をこの上なくかわいがって育てた。この皇子を皇太子にして、光源氏を皇太子にできなかった無念さをはらそうと思っている。皇子の顔が、光源氏に似ているのは、光源氏の母と藤壺が生き写しであるから、当然と思っている。皇子が四歳になった時、桐壺帝は亡くなった。何も知らずに。

せめてこちらを向いてください

光源氏は、何としても藤壺に会いたかった。もう気がねする必要はない。皇妃ではないのだから。彼女だって、今度こそ自分のこの気持ちをわかってくれるに違いない。二回目の逢瀬のあと、五年間も会わずに耐え続けたのだ。彼は、注意深い計画を立て、誰にも気づかれずに、ついに彼女の寝室に忍び込んだ。

男は、言葉をつくしてかきくどく。だが、女は、強く拒絶した。そしてすげない態度をとり続け、しまいには、心痛のあまり胸を病んで苦しんだ。人びとが手当てに馳せ参じ、男は、塗籠に隠れたまま時をすごした。翌日の夕方、女は、少し気分がよくなり、人々もほっとして帰った。

女は、物思わしげに外の方を眺めやっている。男は、塗籠からはい出して、その横顔をじっとみつめる。たとえようもなく美しい。

男は、たえきれずに女の傍に行って、着物の裾をひき動かした。女は、そのままうつぶしてしまった。誰だとはっきりわかるほどの香りがただよったからである。男は、つらくうらめしい。

「見だに向きたまへかし」

（せめてこちらをお向きくださいませ）

口に出した言葉とも、心の叫びともとれる文脈にある男の言葉である。これほど男の熱烈な気持ちを切実に伝える言葉はあるまい。男は、女に必死に愛を乞うている。彼が、これほどへり下って愛を乞うた女性は、いままでに一人もいないし、以後もいない。彼にとって、彼女以上に完全無欠の憧れの人はいないのである。たぐいなく美しく、深い教養をそなえた高貴の女性。愛が真剣である時、相手のすげない態度ほど絶望的なものはない。

男は、女の着物をとらえる。女は、その着物を脱ぎ捨てて、いざりながら逃げる。だが、男の手の中には、偶然にも女の長い髪がとり残された。女は、それ以上のがれられない。

男は、もう正気のさまではなかった。つらく苦しく胸のはりさける日々の思いを訴え続ける。

だが、女は、静かにこう言った。

「ここちのいとなやましきを、かからぬをりもあらば聞こえてむ」

（とても気分が悪いものですから。こんなに苦しくない時でもありましたら、お話しいたしましょう）

恋に狂った男を、やさしくながめすかす女の言葉。どこか母親のイメージがある。男は、それ以上、女に近づくことはできなかった。

しかし、男は諦めなかった。なおも真剣に愛を乞い続ける。

「ただかばかりにても、時々いみじき愁《うれ》へをだにはるけはべりぬべくは、何のおほけなき心もはべらじ」

（ただこの程度にでもお会いするだけでいいんです。時々、私の切ない思いをはらすことができれば、どうして大それた気持ちを起こしましょう）

心は変わるものです

夜が明けてしまった。男は、思いを遂げることはできなかった。女房二人が必死になって、男に帰宅を促す。女は、なかば死んだ人のようになっている。男は、すさまじいまでに思いつめて言った。

「世の中にありときこしめされむもいとはづかしければ、やがて**亡せ**はべりなむも、またこの世ならぬ罪となりはべりぬべきこと」

（こんな目にあいながら、この世に生きながらえているとお耳に入るのも恥ずかしいので、このまま死んでしまおうと思います。ですが、死んでも執念が残りますから、それが後世の罪となってしまいましょう）

二人は、現世で不義密通の罪をつくった。ここで死ねば、今度は後世の罪をつくることになる。だから、死ぬこともできない。では出家するのか。

男は、最後に捨てゼリフのように恨みの心を女にぶつける。

「歌 会ふことのかたきを今日に限らずは今幾世をか歎きつつ経《へ》む
御ほだしにもこそ」

（歌 お会いすることの難しさが、今日だけでなくずっと続くのでしたら、私は、未来永劫嘆きながらすごすのでしょうか。

私の永遠の執念は、あなたの往生のさまたげになりましょうに)

異性に執着することは、現世執着の罪にあたる。それは、執着された人間があの世に行くときの支障にもなると、当時の人々は考えた。だから、男の言葉は、一種のおどしである。男の積年の情熱は、女の拒絶にあって恨みの心にさえなっていった。こんな恨みがましい男の言葉に、女は何と答えたか? 女は、ふっとためいきをついて、言う。

「歌 ながき世のうらみを人に残してもかつは心をあだと知らなむ」

(歌 未来永劫の恨みを私に残しても、そんな心はすぐ変わるものだとご承知ください)

彼の心を一時の浮気心ととりなして、何でもないように言った。大人である。あなたの恨みも、もとはと言えば、あなた自身の浮気心が原因なのですよ、よく考えてごらんなさいといった感じの彼女の言葉。母親が、聞き分けのない子を教えさとすイメージがある。

男は、もはや言葉の限りをつくして愛の心を訴えても、甲斐のないことを悟った。屈辱感にうちのめされ、悲嘆のどん底に突き落とされ、男は帰っていった。

子供のことは思い切れません

彼女は、彼に対して、なぜかたくなに身を守ったのか? すでに、彼女は、彼と二度の逢瀬を持っているではないか。

だが、今や、その時とは状況が違っていた。藤壺は、光源氏に生き写しの皇子を持っている。皇子は、今、皇太子の地位にある。皇子の実の父が光源氏であることが世間に知られた時、いかなる制裁が待ち受けているか。藤壺は、考えただけでも、恐ろしさに身がすくんでしまう。

ましして、今は、反対勢力が権力の座につき、横暴をきわめている。決して自分たちに関する悪い噂をたててはならぬ。藤壺は、こうした思案の結果、光源氏を拒絶したのである。

だが、皇太子の後見人となっている光源氏を、このますげなく拒絶し続けることはできない。光源氏がすねて出家でもしたら、皇太子を守る人がいなくなる。どうしたらよいのか。

藤壺は、熟慮の末、中宮という地位を捨てて、自分の方が突然出家した。桐壺院の一周忌に続いて行なわれた法華八講の最終日のことである。

人々が帰った後、光源氏は、出家した宮に語りかける。

「歌 月のすむ雲居《くもゐ》をかけてしたふともこの世の闇になほやまどはむ

と思ひたまへらるるこそ、かひなく。おぼし立たせたまへるうらやましさは、限りなう」

（歌 月の澄んでいる空に憧れて、私もあなたの後をついて出家したとしても、子供を思う心の闇にやはり迷うことだろうと思われますのが、なんともふがいのないことで。御発心なさいましたことが、この上なくうらやましくて）

月の澄んでいる空というのは、藤壺の現在の心境を暗示したもの。光源氏も、出家したい思いに駆られる。だが、皇太子のことを思うと、出家の志が果たせないと、光源氏は訴える。母親なのに皇太子を見捨てて出家なさってひどいではないかといった気持ちもこめられている。

すると、藤壺は答える。

「歌 おほかたの憂《う》きにつけてはいとへどもいつかこの世を背《そむ》き果つべき

かつ濁りつつ」

歌 この世がおしなべてつらくなって出家しましたけれど、いつになったら子供を思う心の闇から脱けきることができるのでしょうか。とても子供のことは、思い切れません。

（出家はしたものの、煩悩は断ち切れませんで）

「子供のことは思い切れない」と言うことによって、藤壺は、逆に、光源氏に皇太子のことを頼んでいる。二人の会話には、ともに「この世」という言葉が含まれ、「子の世」の意味を掛けている。二人にしか、本当の意味はわからない。

光源氏は、この藤壺の言葉によって、実父として皇太子への責任をひしひしと感じる。

以後、二人は、男と女としてではなく、皇太子の父と母としての言葉を交わしていくことになる。皇太子を天皇にし、御代が無事であるために、藤壺と光源氏は一体となってあらゆる障害をはねのけて、運命を切りひらいていく。これまでも見てきたように、藤壺の言葉が、つねに光源氏をリードする形で。

そして、めでたく罪の子であるにもかかわらず、彼らの子は天皇に即位し、無事に御代を治める。だが、こんなことが許されるのか。彼らは、皇統を犯しているのに、その咎めを受けなかったのか。さしあたりは、彼らは安泰であった。それは『源氏物語』第一部（桐壺の巻～藤裏葉の巻）が、光源氏の栄耀を描くという主題とのかかわりによるものらしい。彼らの罪の問題は、光源氏の栄華物語が終わった第二部若菜の巻から、新たな深化をみせて発展する。しばらく罪の問題は、おあずけなのだ。

感謝しています

藤壺三七歳。死に赴く病の床で、藤壺は、光源氏に深々と感謝の言葉を述べた。

「院の御遺言《ゆいごん》にかなひて、内裏《うち》の御後見《うしろみ》つかうまつりたまふこと、年ごろ思ひ知りはべること多かれど、何につけてかは、その心寄せことなるさまをも漏らしきこえむとのみ、のどかに思ひはべりけるを、今なむあはれにくちをしく」

（亡くなられた桐壺院のご遺言をよくお守りになって、いつも帝のご後見を立派に果たしてくださっているお姿を見ていて、長い間、身にしみてうれしゅうございました。けれど、一体何にかこつけて、そのうれしい気持ちを少しでも申し上げようかとばかり思っておりますうちに、申しそびれてしまいました。それが今となっては残念で）

藤壺は、母親らしい感謝の言葉を述べて亡くなった。藤壺は、光源氏との恋の場面でも母性的なやさしい言葉をかけたけれど、ついに愛の言葉を述べることはなかった。

彼女は、彼を愛していなかったのか？　そう考える人もいる。二人の間の子供も、光源氏の一方的な犯しによってできたものだと考えるのである。

だが、藤壺が、心の奥底では光源氏のことを深く思っていたのではないかと思わせる言葉が、彼女の死後になって出てくる。

彼女は彼を愛していた

彼女が亡くなって半年以上もたった雪の晩のこと。光源氏は、藤壺ゆかりの人である紫の上に、藤壺のすばらしさを話して聞かせた。その晩、藤壺が光源氏の夢にあらわれて、ひどく恨めしげな様子で、訴える。

「漏らさじとのたまひしかど、憂き名の隠れなかりければ、はづかしう。苦しき目を見るにつけても、つらくなむ」

（私のことを人には漏らさないとおっしゃったのに、二人の噂が世間に知れわたってしまいましたから、恥ずかしくて。苦しい目をみるにつけても、恨めしく思われまして）

ほんのちょっと、しかも彼女ゆかりの人に語った賛嘆の言葉であったにもかかわらず、話題にされただけで、藤壺の亡霊は、激しく恨む言葉を吐いた。どういうことか？ 藤壺は、自分が生前、光源氏への思いを心の奥底に固く秘めて、決して人に語らなかったように、光源氏にもそうしてほしかったのだ。それを破ったので、夢枕に立って恨みの心を述べた。藤壺の亡霊の言葉は、藤壺が生前、深くひそかに光源氏を愛していたことを証拠づけるものではないか。

この藤壺の言葉に、清水好子『源氏の女君』（三一新書）は、「藤壺の執念のはげしさ」「みたされなかった恋情のはげしさ」を読んでいる。

藤壺の亡霊の言葉がなかったならば、仏道に入ってまでも清算できなかった藤壺の光源氏への愛の心は、読者にも秘められたまま終わったであろう。

♥憂《う》き身

不可抗力であったと思われる逢瀬で、藤壺がしみじみと我が身の不運を嘆く歌にみられる言葉。「物事が思うようにならずに苦しいことの多い身の上」といった意味。不如意な恋愛関係や夫婦関係に用いることが多い。

「憂し」は、「つらし」と違って、現実の自分の不幸を運命的なものと感じ、自閉的に悩み悲しむ気持ちに用いる。「つらし」は、相手に非があると感じ、「薄情だ」「冷淡だ」「むごい」と相手を責める気持ちの時に用いる。

『源氏物語』には、「憂し」の語が一八六例あるが、そのうち「憂き身」の形で用いられたのは、二八例である。「歌 憂き身世にやがて消えなば尋ねても草の原をば問はじとや思ふ」（源氏物語・花宴）。これは、偶然、光源氏と契りを結ぶはめに陥った朧月夜の歌。どうにもならなかった運命的な逢瀬と女には思えるから「憂き身」なのである。

♥ 亡《う》す

愛を受け入れてもらえなかった光源氏が、絶望的になって、吐く言葉。「死んでしまおうと思う」とまで言って、光源氏は、藤壺の愛を乞うた。

『源氏物語』には、「亡《う》す」という言葉が一〇八例見られる。もともとは、「なくなる」「見えなくなる」といった意味であるが、『源氏物語』では、この意味の用例は二七例。そのうち、一六例が「うつし心うせにければ」というぐあいに、心や魂がなくなる場合に用いられている。

♥ ♥ ♥ ♥ ♥ ♥ ♥ ♥ ♥ ♥ ♥ ♥

もとの意味から転じて「死ぬ」の意味が生じるが、『源氏物語』では、八一例が「死ぬ」の意味。「后もうせ給ぬ」（后もお亡くなりになった）のように用いられる。本文と同じく、自分で死にたいと思う時に用いた例は、一例ある。男女の仲に悩んだ宇治の大君が「いかでうせなむ」（なんとかして死んでしまおう）と思っている。死を思う心は、愛する心と背中合わせに存在しているらしい。

5　光源氏と源典侍——露骨な会話——

男好き

源典侍は、五七、八歳の老女房。家柄もよく、才気もあり、人柄もよく、高く評価されているのだが、惜しいことに無類の男好き。それで少々評判をおとしている。

光源氏は、あんなに年をとっても色気の衰えない理由が知りたくて仕方がなかった。好奇心にかられて、彼女に会ったこともあるが、なにしろあまりお婆さんなので外聞をはばかって、以後そしらぬふりをしている。それが、女にはつらくてならない。

光源氏は、一九歳。現代でいえば、二九歳前後の若者なのだ。お婆さんは、この絶世の美男、光源氏と、もう一度逢瀬をもちたくて躍起になっている。

彼女は、どんな言葉で彼を誘い込んだか？　ふつうなら歯牙にもかけてもらえないお婆さんが、たとえ一時でも彼の心をひきつけたのは、なぜなのか？　二人の間には実に露骨な会話が展開している。世にも奇妙な二人の恋のかけひきに、耳を傾けてみることにしよう。

馬も好まず、刈る人もいない

宮廷や貴人の邸宅につかえる女房たちは、社交上必要とされた特殊な女性たちだから、貞操からは自由の身であった。だから、色気たっぷりの女性もいるのだが、源典侍ときたら並一通りではない。

ある時、天皇が髪を結い終わって、お召しがえのために部屋を出られたあと、この典侍が一人部屋に残っていた。いつもよりこざっぱりと、姿や髪のかたちも優美に、衣装もはなやいで色っぽい。

光源氏は、通りがかりに彼女の裳の裾をひっぱって気をひいてみた。すると、彼女は、あでやかな扇をかざして、ふり返る。

流し目だ。目に物を言わせようと、年がいもなくなまめかしい。だが、瞼はひどく黒ずみ落ちくぼんでいる。扇に隠しきれずに見える髪の毛は、そそけだっている。

あまりにも派手な扇なので、光源氏は、自分のと取りかえてみると、全面顔に映るほどの赤。そこに金泥でぬりつぶした森の絵が描いてある。そして、彼女の好みの『古今和歌集』の歌が、書き散らしてある。それは、よりによって、こんな意味の歌。

「歌　大荒木《おほあらき》の森の下草老いぬれば駒もすさめず刈る人もなし」

（歌　大荒木の森の下草は、老いてしまったから、馬も好まず刈る人もいない）

「下草」は、木の下に生える草。もとは、ただ単に老いを嘆く歌だったのかもしれないが、彼女の扇に書きつけてあると、玉上琢彌『源氏物語評釈』（角川書店）の言うように、「男ひでり」を嘆く露骨な歌にとれてしまう。

少なくとも光源氏には、そうとれた。「うたての心ばへや」（いやらしい趣向だな）と、彼はあきれ、思わず笑ってしまう。

そして、彼は、彼女に言った。

「森こそ夏の、と見ゆめる」

これは、どういう意味なのか？

夏の涼しい木陰と見えるよ

「森こそ夏の」は、当時よく知られた和歌の一節。王朝人は、和歌の一節を口にするだけで、意味を理解し合う。だから、われわれ後世の読者は、ひどく困る。彼らのふまえた和歌が正確につかめないと、意味がわからないからだ。

光源氏の発言の「森こそ夏の」のもとになった和歌は、何なのか？　次の歌だと言う人もいる。

「ほととぎす来鳴くを聞けば大荒木の森こそ夏のやどりなるらめ」

（ほととぎすが来て鳴く声のするのを聞くと、大荒木の森こそ彼らの夏の宿であるらしい）

ほととぎすは、夏だけ日本にやってくる渡り鳥。彼は、この歌をふまえて、

「森こそ夏の、と見ゆめる」

（大荒木の森こそ、ほととぎすの鳴くにぎやかな夏の宿と見えるよ）

と、言ったというのだ。「あなたの所こそ、多くの男の通う宿に見えるよ」と、男不足を嘆くお婆さんに応酬したと考えるのである。

だが、この後の二人の会話は、以下に示すように、ひたすら「森」と「下草」と「木陰」と「馬」といった素材

で進む。だから、「ほととぎす」の出てくる歌をふまえていると考えるのは、いささか唐突で不自然なのだ。

一体、光源氏のふまえた歌は何か？ 私には、『源氏物語』の古注に示された次の歌がそれだと思える。

「隙《ひま》もなくしげりにけりな大荒木の森こそ夏のかげはしるけれ」

（隙間もなく生い茂っていることだ。大荒木の森こそ身を寄せることのできる夏の涼しい木陰であることがはっきりわかる）

この歌をふまえて、

「森こそ夏の、と見ゆめる」

（大荒木の森こそ、夏の涼しい木陰と見えるよ）

と、光源氏は言った。「立ち寄ってもよさそうな森に見えるよ」という気持ちなのだ。口のうまい光源氏は、お婆さんのご機嫌をとって、からかった。

お婆さんが、「馬も好まず刈る人もいない」と嘆いたのを受けて、それなら「ずいぶん隙間もなくびっしり草が生えているんじゃない」と思い、「隙《ひま》もなくしげりにけりな」の歌を思い出し、その一節を口にしたとみるのである。

この方が、この後の二人の言葉のやりとりからみても、自然である。名うてのプレイボーイは、お婆さんをからかうにしても、彼女を喜ばせるような言葉を口にする。

草を刈ってご馳走します

お婆さんは、彼の冗談を真にうけて、この上なく積極的な誘いの言葉をかけてくる。彼女は、言う。

「[歌] 君し来《こ》ば手《た》なれの**駒**に刈り飼はむさかり過ぎたる下葉なりとも」

（[歌] あなた様がおいでくださいますなら、ご愛馬に草を刈ってご馳走いたしましょう、盛りも過ぎ、若くもない下草ですが）

男に女から誘いをかけるのは、宮仕えの女房ならあり得ないことではない。だが、それも若いうちならいざしらず、現代でいえば六七、八歳の老女房が、「来てちょうだい、歓迎するわ」などと、臆面もなく誘いの歌を詠む。しかも、卑猥《ひわい》で露骨な歌を。

どんな男でも、気味悪くなって逃げ出したい気持ちになる。まして、女性に不自由することのない光源氏のこと、当然断りの返事をする。

「[歌] 笹分けば人やとがめむいつとなく**駒**なつくめる森の木《こ》がくれ
わづらはしさに」

（[歌] 笹を分けて行ったら、人が見咎めるだろう、いつもいろんな馬が馴れ近づいているらしい森の木陰は。それが、わずらわしいんで）

「馬」は、彼女の所に通う男たち、「森の木陰」は、彼女を意味している。「多くの男の通うあなたの所は、厄介だから遠慮するよ」と、相手の多情のせいにして、断り、彼は座を立った。これ以上、お婆さんの相手は、ごめんである。

いい恥さらしでございます

だが、お婆さんは、ここで男に去られては元も子もない。男の袖をとらえて、

「まだかかるものをこそ思ひはべらね。今さらなる身の恥になむ」

（まだこんなつらい思いをしたことはございません。こうまでなってあなた様に捨てられては、いい恥さらしでございます）

一度は共寝した仲である。女は、それを盾に取って、男にせまる。ここで捨てられては恥だと言いがかりをつけて、お婆さんは、大げさに泣いてみせる。ともかく、しつこく厚かましい。ふつうの女なら、男のやんわりとした断りの言葉でひきさがるのに。

男も、ここでつかまっては大変とばかりに、そそくさと、

「いま聞こえむ。思ひながらぞや」

（そのうちお話ししよう。愛しているんだけれど、思うにまかせられないんだよ）

と言って、振り切って出て行く。

さすが光源氏。どんな老女房であろうとも、恥をかかせてはいけないといった配慮が働き、やさしい言葉をかけている。

だが、こんな男の言葉には、老女のつけこむ隙がある。出て行きかかる男に懸命にとりすがって、

「橋柱《はしばしら》」

（橋柱でございます）

と、恨みかかる。

このまま切れてしまおうというのですか

「橋柱」とは何か？　どういう意味なのか？　「橋柱」とは、むろん「橋桁《はしげた》」のこと。

彼女は、彼が「思ひながらぞや」と言って逃げて行こうとしたので、とっさにそれを受けて『拾遺和歌集』の次の歌の文句を続けたのだ。

「限りなく思ひながらの橋柱思ひながらに仲や絶えなむ」

（この上なく愛しているのだが、長柄川の橋柱のように、思いながらも仲が絶えてしまうのだろうか）

「思ひながら」の「ながら」には、「長柄《ながら》川」の「長柄」が掛かっている。

彼女は、この歌の意味をとって、「『思ひながら』などとおっしゃって、このまま切れてしまおうというのですか」という気持ちで、「橋柱」と言って、恨みかかったのである。

ただし、この「橋柱」の言葉は、『一条摂政御集』の次の歌をふまえたと言う人も多い。

「思ふこと昔ながらの橋柱古りぬる身こそ悲しかりけれ」

（お慕いしているのは昔のままなのに、長柄川の橋柱のように古くなって相手にされなくなった我が身が悲しい）

だが、この歌には、肝心の男が言いかけた「思ひながら」という言葉がない。男が「思ひながら」と言ったから、思い浮かぶ歌でなくてはならない。また、女は、「橋柱」と言って、男に恨みかかっているのであるから、この歌では、恨みかかるニュアンスに乏しい。

女の一番の心配事は、思う男との仲が切れてしまうことなのだから、さっきの『拾遺和歌集』の「思ひながらに仲や絶えなむ」の方が、ぴったりとしているのではあるまいか。

女は、男の言葉を受けてとっさに機転をきかせて、『拾遺和歌集』の歌の一節でたくみに答えて恨みかかった。

この二人の様子を、天皇は、お召しかえが済んで、襖の隙間からふとご覧になった。不均合な仲だなと思い、ひどくおかしかった。二人の仲は評判になったが、これを聞いて、つねづね光源氏をライバル視する頭中将も、光源氏に負けまいとこの源典侍に言い寄って懇ろな仲になってしまった。

頭中将は、光源氏とあい並ぶ当代きっての貴公子。光源氏は、頭中将と源典侍の関係を少しも知らない。何か奇妙な事件が起きそうである。

どうぞ開けてお入りあそばせ

男好きのお婆さんは、光源氏がちっとも会ってくれないので、頭中将をその慰めにしようと思うのだが、本当に心の中で思っているのは、光源氏一人であった。

光源氏を見かけると、彼女は恨みかかる。彼女の年齢を考えると気の毒で、彼は、いつか喜ばせてやろうとは思うものの、その気になれず日数がたっていった。

夕立のあとの宵のこと、彼女は一人でみごとに琵琶をひいていた。哀調を帯びた音色。続けて彼女は、当時の歌謡、催馬楽の「山城」の曲を歌う。

「瓜作りになりやしなまし」

（いっそのこと、瓜《うり》作りの妻になってしまおうか）

年寄りのくせに、妙に美声。「つれないあの方をあきらめて」と、光源氏のことを思いつつ、彼女は歌っている。

光源氏も、藤壺とのかなわぬ恋に悩んでいたが、その気持ちにぴったりきた。彼も、催馬楽「東屋」を歌いながら、彼女の部屋に近づいていった。

「東屋」は、「東屋の屋根の軒から雨だれが落ち注ぎ、私は濡れてしまった。家の戸を開けてください」といった意味内容の歌。

すると、女は、「東屋」の後半の歌詞、

「押し開いて来ませ」

（どうぞ開けてお入りあそばせ）

と、声を添えてきた。自分から積極的に男を招き入れる言葉を吐くのだ。ふつうの女は、これほど露骨に誘いはしない。源典侍ならではの、どぎつい誘い。

光源氏は、風流の夢が破れたが、そんなことにおかまいなく、女は、続けて恨みごとを言いかける。

「歌 立ち濡るる人しもあらじ東屋にうたてもかかる雨そそきかな」

（歌 私を訪ねて軒に立ち寄り、雨だれに濡れる人などありますまい。なのに東屋には、いやなことに雨の雫《しずく》が落ちかかります。それは、あなたに捨てられて泣く私の涙です）

こんな婆さんに恨まれてばかりで、光源氏は、いささかうんざりして言った。

「歌 人づまはあな**わづらはし**東屋のまやのあまりの馴れじとぞ思ふ」

（歌 他に通う男のいるあなたは、わずらわしくて面倒です。あまり親しくすまいと思います）

こう突っぱねて行き過ぎればよかったのだが、彼は、それではあまり無愛想かと思い直して、女と馬鹿げた冗談などを言い合った。結構楽しい。そして、そのまま共寝をしてしまった。

だが、うちとけて寝ることもできずにいると、ふと物音がする。男が入ってきたらしい。女を忘れかねている修理大夫かもしれない。

「あな、**わづらはし**。出でなむよ。蜘蛛《くも》のふるまひは、しるかりつらむものを、心憂《う》くすかしたまひけるよ」

（ああ、厄介な。もう帰るよ。いい人の来るのは、蜘蛛のふるまいでわかっていただろうに。うまくだましてひどいじゃないか）

当時は、蜘蛛が現れると、待つ人の来る前兆と思われていた。

光源氏は、こう言って、直衣《のうし》だけをとって屏風の後ろに行った。だが、入ってきた男は、引き立てた屏風に近づき、ばたばたとたたみよせて、大げさに音をたてる。

あなた、あなた

女は、以前にもこんなふうに男のかち合ったことが何度かあったのだろう、そのわりには落ちついて、震えながらも、光源氏に手出しをさせまいと、入ってきた男にとりすがっている。男は、さらにすさまじく怒ったふうで太刀をひきぬいた。女は、

「あが君、あが君」

（あなた、あなた）

と呼びかけて、前にひざまずいて、手を合わせて必死に許しを乞うている。

光源氏は、じっと見ているうちに、その男は、別人のように見せかけているが、実は、頭中将であることを見破った。光源氏だと知っていてわざとこんないたずらをするのだと気づいて、馬鹿馬鹿しくなり、光源氏は、太刀をぬいている頭中将の腕をとらえて、ひどくつねった。頭中将も「しまった、見破られてくやしい」と思ったけれ

ど、こらえきれずに吹き出した。

頭中将は、光源氏のこうした忍び事をいつかとりおさえて鼻をあかしてやろうと思って、チャンスをねらっていた。この日、光源氏が源典侍の所に入ったのを見つけ、この上なく良い機会と思い、物陰にひそんで待っていたのだった。

事が明らかになって、直衣を着ようとする光源氏。着させまいとする頭中将。それでは仕返しにとばかりに、頭中将の帯をほどいて着物を脱がせようとする光源氏。一九歳と二〇歳の若者は、着物をひっぱり合いもみ合って騒ぎ、結局、二人そろって、しどけない姿で女の所から出て行った。

一人とり残された女は、散らばって残った指貫や帯をかきあつめ、翌朝、歌を添えて光源氏に届けた。

「歌 うらみてもいふかひぞなきたちかさね引きてかへりし波のなごりに
底もあらはに」

（歌 お恨みしても何の甲斐もありません。お二人次々にいらして、さっとお帰りになったその後では。
涙も涸《か》れて悲しうございます）

何を言うのだ。まったくあつかましい。二人の男を相手にしていたことがばれても一向に平気な様子で、女は、レトリックだらけの歌を詠んでよこす。「恨み」に「浦見」を、「甲斐」に「貝」を掛け、「浦」「貝」「立ち」「引き」「帰り」「余波《なごり》」と、いずれも「波」の縁語でまとめた歌。「底もあらはに」という最後の言葉も、和歌の一句の引用である。

光源氏は、女の図々しさにあきれはてたが、二人の若者の間で途方にくれていた姿を思い出すと気の毒でもあり、同じように掛詞・縁語の氾濫した歌をおくってやった。

「歌 あらだちし波に心は騒がねど寄せけむ磯をいかがうらみぬ」

（歌 荒かった波のように暴れた頭中将のことは何とも思わないけれども、その波を近づけたあなたを、どうして恨まずにいられようか）

露骨な色気

不思議なお婆さんであった。五七、八歳になっても、男なしではいられない。来たるものは拒まずで、男なら誰でもよいのだが、それでも真実心の中で思うのは、光源氏ただ一人というから大変な色好みである。

一体、お婆さんは、光源氏ほどの男を、どのようにして誘い込んでいったか？

まず、ふつうの女性なら恥ずかしくて口にできない露骨な歌を、堂々と示して男の気をひく。男が興味をおこすと、すかさず臆面もなく、あくどい歌や言葉で、積極的に誘いをかける。われわれは、お婆さんの詠んだ「草を刈って馬にご馳走する」などという、なにやら卑猥な歌を思い出すし、「どうぞ開けてお入りあそばせ」と歌いかけて、部屋に招き入れようとしたことを覚えている。

男が断ると、お婆さんは大げさに泣いておどしてみせたり、恨みかかったりして、厚かましく押しの一手でやってくる。

男が座を立ちかねて、浮いた冗談などを言い交わしていると、それなりに面白く、いつしか共寝をしてしまう。彼女の誘いに乗ってやってくる男たちが鉢合わせをしても、彼女はたいして恐縮したふうもない。

光源氏が彼女にひきつけられたのは、ふつうの女性には見られない露骨な色気があったからであろう。若い彼には、お婆さんのどぎつい色気が意外性をもち、新鮮に思えたのである。

♥ 駒《こま》

老女房源典侍が、光源氏に誘いをかける和歌にみられる言葉。「馬」と同じ意味であるが、「馬」という言葉よりも、みやびやかで美しい語感を持ち、主に和歌に用いられる。

光源氏と源典侍は、「駒」という言葉をキーにして、いささか下品な冗談を言い交わす。そのきっかけとなったのは、彼女が派手すぎる扇に書きつけた『古今和歌集』の、「駒」を詠み込んだ歌。男好きの彼女の扇に書かれると、「駒」の語が、にわかに「男たち」の意味を強く帯びはじめる。

一方、光源氏の愛人の一人に、花散里という、およそ色恋の世界から離れた女性がいる。彼女は、馬上で弓を射る騎射の催しを見物した後、「その駒もすさめぬ草と名に立てる」と、詠むのであるが、「駒」に「男」のイメージは稀薄。

同じ言葉でも、それを使う人間の人柄に応じて独特の意味合いが付与されるところが面白い。

♥わづらはし

光源氏が、お婆さんの誘いを断る時に使う言葉。「やっかいである」「めんどうである」という意味。

多情なお婆さんにかかわると、他の男たちとの関係がでてくるから、「やっかいだ」と、光源氏は答えては、逃げる。

『源氏物語』には、一三四例の「わづらはし」が見られる。「やっかいである」という、現代と同じ意味で用いられる場合が多いが、一方、現代とは違って、「気が置ける」「はばかられる」という意味の時もある。たとえば、神域で、女を訪ねて行くのが不謹慎であるような雰囲気に対し、「わづらはしきけしき」（賢木）という。自分のほうに越度を感じ、気遣いさせられるという場合である。

「わづらはし」の語は、和歌では遠慮なく物が言える間柄の時に使うが、光源氏は、まさに和歌にこの言葉を使って、お婆さんの誘いを断っている。お婆さんは、ともかく厚かましかったのである。

6　光源氏と葵の上・六条御息所——傷つけ合う会話——

妻らしい様子を見たい

葵の上は、光源氏の正妻。六条御息所は、光源氏の愛人。

妻は、「歌詠まぬ姫君」と言われるように、雅やかな世界とは無縁の女性であるのに対し、愛人の御息所は、和歌を通して光源氏と接点をもつような風雅の人である。

けれども、光源氏との言葉のやりとりをみていると、不思議に二人の女性の、類似した面が浮かび上がってくる。それは、傷つけ合う会話を展開してしまうことである。ここでは、そうした二人の女性の共通性に重点をおいて、会話の展開を具体的に眺めていきたいと思う。

結婚して七年目の春だというのに、光源氏と葵の上の夫婦仲は、冷えていくばかり。二人の意志とは無関係に、政略結婚のようにして一緒になった夫婦とはいえ、妻は、美人で理知的。彼女の父は、今をときめく左大臣、母は帝の妹という名門の令嬢。一体、何が不足なのか？

光源氏は、このところマラリア風の病気にかかり、発熱をくり返していた。なのに、妻は、便り一本くれるでもなかった。病気もあらかた治り、久々に妻の所にやってきた光源氏は、たまりかねて妻に言う。

「時々は世の常なる御けしきを見ばや。堪《た》へがたうわづらひはべりしをも、いかがとだに**問は**せたまはぬこそ、めづらしからぬことなれど、なほうらめしう」

（時々は、世間並みの妻らしいご様子を見たいものです。ひどく病気で苦しんでいたのをさえ、いかがですかともお尋ねくださらないのは、いつものことで珍しいことではありませんが、やはり恨めしいことで）

夫が病気であっても、われ関せずとする妻の態度に、いつものことだと思うものの、やはり一言、恨みごとを言わずにはいられない。「お加減はいかがですか」とぐらい聞いてくれたっていいだろうと、夫は不満な気持ちをつのらせる。妻らしい思いやりをみせたっていいではないかと、夫は思う。

夫の不満の一つは、妻の情味の乏しさにあった。

夫にこう言われて、妻は、どう答えたか？ 反省して素直にわびる手もある。予想外のウィットに富んだ返事の仕方で、夫の不満の矛先をにぶらせてしまう手もある。一番悪いのは、居直って、夫に対抗してしまうことである。大切にかしずかれた深窓の令嬢は、最もまずい対応の仕方をした。

おたずねしないのはつらいものでしょうか

彼女は、ようやく一言だけ、言うに事欠いてこんなことを言ってしまった。

「**とはぬはつらきものにやあらむ**」

（おたずねしないのは、ほんとにつらいものでしょうか）

「安否を尋ねてもらえないのがつらいものなら、私の気持ちもよくわかるでしょう。あなただって、私のことをいつも放っておいて訪ねてくれないではありませんか。たまにやってきて、勝手なことをおっしゃらないで」といった気持ちなのだ。「たずねてくださらないのがつらいものだと、あなたに思い知らせてやりたい」といった返事なのだ。

「なに⁉」と、思わず目をむいて、ムカッとしたくなる答えである。夫には、痛烈な皮肉に聞こえる妻の一言。

妻の答えには、引歌がある。

「君をいかで思はむ人に忘らせて問はぬはつらきものと知らせむ」

（あなたをどうにかしてあなたの思い人に忘れさせて、たずねてくれないのはつらいものだと思い知らせてやりたい）

という歌だと指摘されている。病気ではなくて、浮気をしていたのではないかと疑う気持ちも妻にはあったのであろう。

素直にあやまってしまえば、なごやかな空気も流れるというのに。妻は、自分から折れて下手に出ることのできない女性なのだ。

情けないおっしゃりようです

夫は、妻の一言で、不満な気持ちがさらにつのってしまった。彼は、言う。

「まれまれは、あさましの御言《こと》や。**問は**ぬなどという際《きは》は、異《こと》にこそはべるなれ。心憂《う》くものたまひなすかな。世とともにはしたなき御もてなしを、もしおぼしなほるをりもやと、とざまかうざまにこころみきこゆるほど、いとどおぼし疎《うと》むなめりかし。よしや、命だに」

（たまに何かおっしゃるかと思えば、これはまた、何ということを。「問はぬはつらき」などという間柄は、忍ぶ恋仲で言うことで、ちゃんと結婚した私たちとは違いましょう。情けないおっしゃりようです。いつまでたっても、取りつくしまもないお仕打ちですが、あるいはお気持ちを改めてくださることもあろうかと、いろいろにして試みておりますうちに、

いよいよ私のことをお嫌いになるのでしょう。まあ、いい。命さえあれば、私の気持ちも、いつかはおわかりいただけよう）

妻は、無口なのだ。なのに、たまに口をきくと、辛辣きわまりないことを言う。

間柄がうまく行っている時は、他愛もない冗談と聞き流せる言葉も、不信感にさいなまれている間柄では、異常に重い意味をもって、相手に突きささっていく。葵の上の言葉も、そうであった。

夫は、妻の一言に異常に鋭く反応し、たちまちに強い口調で反撃する。「私たちは、夫婦なのだ。もっと親しいやりとりがあってもいいはずではないか」と、夫は、平素の妻への不満の気持ちを爆発させる。

妻の答えは、夫の気持ちを逆撫でしてしまった。彼女にしても、自分の答えが、これほどまでに攻撃されるとは思いもしなかったであろう。引歌のまずさが指摘されたのも、彼女のプライドを傷つけたに違いない。

この場合、夫の方が、妻の言葉を柔らかく受けて、妻の機嫌をとれば、事態は好転したであろう。だが、光源氏も、母の血筋がよくないとは言え、帝の子である。そうまでしては、沽券《こけん》にかかわる。夫も妻も、意地を張って対立した。

この後、夫は寝室に入ったけれど、どうして妻が寝室に入ることがあろうか。夫は、誘いあぐねて、寝室で一人ため息をついて横になっている。

何事もおおらかにお考えください

実は、この頃、光源氏には、七歳年上の愛人がいた。

その名は、六条御息所。父は大臣、みずからは皇太子妃であったので、葵の上と互角の地位をもつ高貴な女性である。彼が、執拗に求めてようやく物にしたのであった。

妻と愛人は、ふとしたことでいがみ合った。妻の方が、権力をかさにきて、愛人に辱めを与えたのである。

妻は、今や、しっくりしない夫婦仲とはいえ、夫の子供をみごもっていた。愛人は、男の愛情の薄れを感じつつ、彼の子を生む妻に、激しい嫉妬を覚えていた。そこに、追いうちをかけるような侮辱を受け、彼女は、深く自尊心を傷つけられた。狂おしい嫉妬が、身の内をかけめぐり、自制心を失っていった。そして、彼女の魂は、身体からさまよい出て、葵の上にとりついた。葵の上は、病づいて苦しんだ。また、御息所も、病んだ。

男は、妻の病気の合間をぬって、愛人の所へ見舞いにやってきて、言った。

「みづからはさしも思ひ入れはべらねど、親たちのいとことごとしう思ひまどはるるが心苦しさに、かかるほどを見過ぐさむとてなむ。よろづを**おぼしのどめ**たる御心ならば、いとうれしうなむ」

（私自身は、妻の病気をさほど心配してもおりませんが、親たちが実に大げさに思ってうろたえておられるのがお気の毒で。こういう時は、外出を控えようと思いまして。何事もおおらかにお考えくださるお気持ちならば、大変うれしいのですが）

男は、長く訪れなかった弁解をしている。妻が病んでいるので、なかなか来ることができなかったと。一体、こんな弁解を聞いて、愛人が納得するというのか。自分自身はさほど妻のことを心配しているわけではないと、思わせぶりなことを言ったとしても、愛人が許すとでも思っているのか。やっぱり妻の方が大事なのね、と思わせ、彼女に、みずからの置かれている位置を、ことさらに確認させるようなものではないか。

男は、最も深く女が傷つくような言葉を吐いた。おまけに、男は、最後に、いろんなことを寛大な気持ちでみてほしいと、女に訴えている。

そういえば、男は、妻にも、他者への思いやりを要求していた。愛人にも、同じようなことを要求している。ということは、どういうことか。妻も、愛人も、ともに、そういうことを言いたくなるような、弾力性のなさを持っていることを示しているのであろう。

では、女は、男の願うように、寛大な気持ちになって、男を受け入れたであろうか？　女は、やはり男を許すことはできなかった。男を甘えさせることは、できなかった。二人は、うちとけることなく夜を明かし、男は、帰っていった。

夕方、男から手紙だけが来た。

「日ごろ、すこしおこたるさまなりつるここちの、にはかにいといたう苦しげにはべるを、え引きよかでなむ」

（このごろ、少し良いとみえた病人の気分が、急にひどく苦しそうですので、手を放しかねて）

病む妻に目が離せないので、来られないという。男の方も、女の機嫌をとることはなかった。

女は、歌に託してこう言った。

「[歌] 袖濡《ぬ》るるこひぢとかつは知りながらおりたつ田子《たご》のみづからぞ憂《う》き
山の井の水もことわりに」

（[歌] 涙に濡れるつらい恋路とは知りながら、泥沼に自分から深入りしてしまう我が身が、情けないと思います。
あなたの愛情が浅いので、私の袖が濡れるのです）

日常的な言葉では、あからさますぎて女は答えられなかった。歌であれば、「泥《こひぢ》」に「恋路《こひぢ》」を掛け、引歌をふまえてといった様式があり、その様式に隠れて、自分の本心を吐露することが可能なのだ。女は、非日常的な歌という手段によって、かろうじて、男に気持ちを伝えることができたのである。

だが、歌に心を託すにしても、和泉式部がよくやるように、男が飛んで来たくなるような魅惑的な歌だって詠めるのである。御息所の歌は、どうであったか。あくまで品位を保ちつつ、男をひんやりと責める恨みの歌であった。

お薬を召し上がれ

妻も、愛人も、ともに自分から折れて出るような柔らかさを持ち合わせていなかった。

男の方も、女たちの機嫌をとろうとはしなかった。だから、どちらの女との関係もうまく行かないのは、当然であった。こうした関係を好転させるためには、男か女のどちらかが、柔軟な姿勢をとる以外に方法はあるまい。人の心をつかむのが巧みな光源氏の方が、折れて出た。

すると、妻との間には、次のような心あたたまる場面が出てきた。妻は、病に苦しみつつも、とにもかくにも男の子を生んだ。その直後、夫は妻に言った。

「いさや、聞こえまほしきこといと多かれど、まだいとたゆげに思《おぼ》しためればこそ」

（いやもう、お話ししたいことはたくさんあるのですが、まだとてもつらそうでいらっしゃるから）

夫の口から、妻の様子を気づかう、いたわりの言葉が出てきた。さらに続けて、夫は言う。

「御湯参れ」

（お薬を召し上がれ）

そして、夫はみずから妻のことをあれこれ面倒をみている。自分の子供を生んでくれた妻へのねぎらいの気持ちが、言葉にあふれ出ている。

妻をよく見ると、まことに美しいのであった。長い間、妻のどこに不足があると思っていたのだろうと不思議に思うほど、妻を愛する気持ちが湧いてきた。でも、妻の身を案じてくれた人々に、お礼を申し述べてこなければなるまい。夫は、妻に言う。

「院などに参りて、いとうまかでなむ」

（院などに行ってきますが、すぐに戻ってまいりましょう）

なんと、やさしい言葉なのか。

「なほやうやう心強くおぼしなして、例の御座所《おましどころ》にこそ。あまり若くもてなしたまへば、かたへは、かくものしたまふぞ」

（やはり、少しずつ元気を出して、いつもの部屋にお移りなさい。あんまり若い人のように甘えていらっしゃるから、いつまでもよくおなりにならないのですよ）

夫は、妻にしみじみと言い聞かせているが、そこにはかつて見られなかった妻への温かいいたわりの気持ちがある。妻は、一言も発していないが、素直に黙って聞いていたのであろう。

妻は、夫の出かけていく姿を、床の中からじっと見送っていた。ようやく心の通いあった夫婦になりそうな明るいきざしが見えた。結婚十年目のことである。

だが、夫が出かけた直後、妻の容態は急変し、帰らぬ人となってしまった。

今朝はまたこれまでにないほど悲しい

愛人との関係も、男の方が柔らかく出ることによって、和解した。

妻亡きあと、愛人の御息所が、正妻になるであろうと、世間の人は噂した。だが、男は、愛人の嫉妬に狂った魂が、妻にとりつき、妻をとり殺したことを、目のあたりにしていた。うとましかった。女の方も、自分の魂がさまよい出て、妻にとりついたことを自覚していた。二人の間には、深い溝が横たわってしまっていた。

女は、男の愛情に見切りをつけて、斎宮になった娘とともに、伊勢に下ることを決意した。男は、冷たい人だと思われたまま終わるのもつらいので、重い心をひきずって女に会いに来た。何か月もの無沙汰の弁解を、今さらしてみても始まらない。

一体、男は女にどういうふうに話しかけたらよいのか？　男は、手折ってきた榊を御簾の下からさし入れながら言う。

「変らぬ色をしるべにてこそ、斎垣《いがき》も越えはべりにけれ」

（この榊の葉のように変わらぬ心に導かれて、ご禁制の神域にも参ったのですよ）

さすがに恋の道のベテランである。現代の男性が、女性に花束をさし出してご機嫌を伺うように、光源氏も榊の葉をさし出して、変わらぬ誠意を訴えた。男の言葉には、引歌がある。「ちはやぶる神垣山の榊葉は時雨《しぐれ》に色も変らざりけり」（神垣山の榊の葉は、この時雨にも色変わりせず常緑であることよ）という『後撰和歌集』の歌である。さし入れた榊の葉のように、あなたを思う心は変わらないと、男は言う。また、『拾遺和歌集』の「ちはやぶる神の斎垣も越えぬべし今は我が身の惜しけくもなし」という歌もふまえる。神罰をこうむっても、恋のためなら、神域をもあえて恐れないと男は訴える。

女は、何と答えたか？　歌に託してこう言った。

「歌 神垣はしるしの杉もなきものをいかにまがへて折れる榊ぞ」

（歌 ここの神垣には、人を招く目じるしの杉もありませんのに、どう思い違いなさって榊をお折りになったのですか）

「私は、あなたを招いた覚えはありませんのに、どうしておいでになったのですか」という尖った気持ちである。男は、重ねて女の気持ちをなごませようと努力する。

「歌 少女子《をとめご》があたりと思へば榊葉の香をなつかしみとめてこそ折れ」

（歌 神におつかえする少女のいらっしゃるあたりだと思いますと、榊葉の香がなつかしく、わざわざ探し求めて折ってきたのです）

女は、今、娘とともに野宮神社にこもっている。男は、あなたがなつかしくてわざわざやってきたと、訴えている。

やがて往時の思いが、二人の胸のうちに去来しはじめる。しみじみと万感せまり、男は泣き、女もとてもたえられぬ様子がみえる。かきくどいているうちに、二人は、いつしか長年の恨めしい気持ちが消えていった。白々と明けゆく空の気色に、男は、女の手をとらえて言う。

「歌 暁の別れはいつも露けきをこは世に知らぬ秋の空かな」

（歌 あなたとの明け方の別れは、いつも涙にぬれていましたが、今朝はまたこれまでに経験したこともないほど悲しい秋の空です）

別れゆくことをことさらに美化しようとしている男の歌には、心なしポーズが感じられる。ほとばしるような情熱は、もはやなく、しみじみとした情趣のうちに、別れゆかんとする男の意図が感じられる。

女は答える。

「歌 おほかたの秋の別れもかなしきに鳴く音《ね》な添へそ野辺の松虫」

（歌 ただ秋が過ぎ去って行くということだけでも、人はなんとなく悲しいものなのに、この上さらに鳴き声をあげておく

れでない、野辺の松虫よ）

女の歌も、男の歌とほぼ同趣である。二人の心は、和歌という非日常的な言語を通して、あい寄り、一つの情趣を共有した。完全な融和に達したのだ。

女は、やがて男と別れて伊勢の国へと旅立っていった。

誇り高き女性たち

妻の葵の上も、愛人の御息所も、最後の別れの時に至るまで、光源氏との間柄がしっくりとはいかなかった。妻との間がうまく行かなかったのは、結婚当初から、夫の心の中に、思慕の人藤壺が秘められていたからだと言う人もいる。だから、妻には何ら責任はないのだという意見もある。

けれども、葵の上の言葉にふれてきた私たちは、彼女の人柄に帰すべきところも大きいと思える。愛人の御息所も、彼との間がまずくなっていくのは、彼女の人柄によっている。

彼女たちは、ともに、自尊心が高く、相手から高く遇されることを望んでいた。男を許したり、甘えさせたりすることのできない女性たちであった。妻は、大切にかしずかれた深窓の令嬢であったために、他者を思いやる気持ちに欠けていた。愛人は、愛執にとりつかれ、男を独占したい思いに激しくとらわれたために、男からうとましく思われた。

どちらの女性も、男の方からやさしく機嫌をとりつつ接してくれる時にのみ、和解に達することができた。男となごやかな関係になった直後、妻はあの世に旅立ち、愛人は、伊勢の国に旅立った。たちがたい未練を、男に感じつつ。

♥とふ（問ふ・訪ふ）

光源氏と葵の上の夫婦喧嘩の時の、キーとなった言葉。夫は、「安否を尋ねてくれてもいいだろう」と、妻に不満をぶちまける時に「問《と》ふ」を使った。「問《と》ふ」は、「機嫌や安否をたずねる」「見舞う」という意味。ほかに、「質問する」「占ってみる」「詰問する」などの意味もある。

一方、妻の使った「訪《と》ふ」は、「人のもとを訪れる」「訪問する」という意味。ほかに、「探しに行く」「弔問する」などの意味もある。

『源氏物語』では「問《と》ふ」の例は、一三六例、「訪《と》ふ」の例は、わずか一四例。

光源氏が病気と聞くと、たいていの女性はご機嫌伺いをする。たとえば、一夜の契りを結んだだけの女性、空蝉も、光源氏に便りをよこした。「問はぬをもなどかと問はでほどふるにいかばかりかは思ひ乱るる」（お見舞いできませぬことを、どうしてかとお尋ねくださることもなく、月日がたちますのを私はどれほど思い乱れておりますことやら）。妻の葵の上より情がこまやかである。

♥おもひのどむ

光源氏が、愛人の御息所に向かって言う言葉に見られる。本文は、「おぼしのどむ」と、尊敬語にしている。「心や気持ちをゆったりと寛大にする」「のんびりと構える」という意味。心の持ちようを言う。「おもひのどむ」には「動転した気持ちをしずめる、落ちつける」という意味もある。「心地も騒ぎまどへど、おもひのどめて」（夕顔）のように、用いる。

『源氏物語』には、「おもひ（おぼし）のどむ」という語が一六例見られるが、「心を寛大にする」という意味で使うことが多い。「ひとへに恨めしなど思すこともあらむを、強ひておぼしのどめよ」（一途に恨めしいなどとお思いになることもありましょうが、つとめて心をゆったりとお持ちください）（総角）と、思いつめている人間を、さとす時に用いたりする。

御息所も、「おもひのどむ」必要のある女性であった。

7 光源氏と紫の上(1)——無垢な会話——

薄幸の少女

光源氏の正妻、葵の上は、男児を生んで亡くなった。光源氏は、まだ若い。では、誰が、光源氏の正妻になるのか。

たくさんの身分の高い女性たちの候補があがった。だが、光源氏は人々の噂をよそに、正妻をもうけなかった。愛する少女がいたからである。

彼女の名は、若紫、のちに紫の上とよばれる。彼女は、早くに母を亡くし、継子の境遇にあった。父には目をかけられず、京都の北山に住む祖母に育てられていた。この薄幸の少女が、引く手あまたの光源氏の心を射とめ、正式な結婚の儀式や披露宴こそしなかったけれども、実質上、正妻に相当する地位を獲得していった。

光源氏は、彼女のどんな魅力にひかれて結婚するに至ったのか？　彼女の発する無垢な言葉にぐんぐんひきよせられていく光源氏。二人は一体、どんな会話をしているのか。

恋人の面影と血縁

光源氏一八歳の春、病気の治療のために、京都の北山にある寺にやってきた。近くを散策している時、彼は、垣根の透き間からふと美少女を見つけた。年のころ一〇歳。少女は、走ってきて、大人たちに訴える。

「雀の子を犬君《いぬき》が逃しつる。伏籠《ふせご》のうちに籠《こ》めたりつるものを」

（雀の子を犬君が逃しちゃったの。伏籠の中にちゃんと入れておいたのに）

さも残念そうにしている少女の顔は、あたりにいる子供たちと比較にならぬほど美しかった。光源氏の目は、その少女に吸いよせられ、釘づけになってしまった。そのはずである。少女には、彼のひそかに愛する藤壺の面影があったのだ。

調べてみると、少女は、藤壺の姪であった。少女は、男の秘められたる恋人と容姿が似ていること、血のつながりのあることで、まず男の心を激しくとらえた。だが、それだけでは、結婚するに至るまい。

父宮がいらっしゃったの？

光源氏は、少女をひきとって、恋しい人のかわりにして、禁断の恋の苦しみを慰めたかった。同時に、自分の思う通りの理想的な女性に育ててあげたかった。彼女は、それに耐えうる資質を持っているだろうか？

光源氏は、少女の後見人を申し出るが、むろん断られる。少女は、まだ雀などを飼って喜ぶ、たわいのない子供だったから。

だが、祖母が亡くなり、少女は、荒れた邸宅で、祖母を慕っては泣き寝入りしていた。光源氏が行くと、父親が来たのかと思って、少女は起きてきた。

「少納言よ。直衣着たりつらむは、いづら。宮のおはするか」

（少納言や、直衣を着ているという人は、どこなの。父宮が、いらっしゃったの？）

少納言は、彼女の乳母。かわいい声で、乳母に聞く。彼女は、今、父親しか頼る人がいないのだ。光源氏が、御簾のこちら側で答える。

「宮にはあらねど、またおぼし放つべうもあらず。此方《こち》」

（父宮ではないけれども、親しくできる者ですよ。こちらへいらっしゃい）

その声を聞いて、少女は、光源氏だとわかった。まずいこと言っちゃったと思い、彼女は、乳母に言う。

「いざかし、ねぶたきに」

（さあ行こうよ、ねむたいの）

照れて乳母によりかかっている少女の様子が目に浮かぶような言葉。少女は、はにかんだ。世にもすばらしい光源氏が来ていると知って。少女は、子供心にも、光源氏を意識している。

光源氏は、少女に言う。

「今さらに、など忍びたまふらむ。この膝の上に大殿籠《おほとのごも》れよ。今すこし寄りたまへ」

（いまさらどうして隠れようとするの？　私の膝の上におやすみなさいよ。もう少し、そばにいらっしゃい）

光源氏は御簾の下から手を入れて少女をさわる。柔らかな着物、つやつやとした髪。かわいらしさが想像される。

少女の手をにぎる。

少女は、こわくなって、乳母に、

「**寝**なむといふものを」

（寝ようって言ってるのに）

と言って、奥にひっこむ。それについて、光源氏も奥にすべり込んで少女に言う。

「今は、まろぞ思ふべき人。な疎《うと》みたまひそ」

（今は、わたしがあなたをかわいがってあげる人なのです。嫌わないでくださいよ）

乳母は、慌てる。まだ、ほんとに子供なのだ。光源氏が、何を言っても甲斐がありはしないのに。光源氏は、むろん口説いたりはしない。彼は、少女相手に自分ながら変なふるまいだと自省している。

少女は、こわくて鳥肌をたててはいるが、光源氏がやさしく気に入りそうな話をするので、ひどくは恐れない。人なつこい性格らしい。とはいうものの、気味が悪く、おちおち眠れず、光源氏の懐でもじもじしている。

これが、二人の最初の奇妙な同衾であった。少女は、父親と生活していないから、かえって父親に甘えるような感覚で、この同衾を比較的素直に受け入れられたのであろう。

少納言の所で寝る

光源氏は、人なつこく素直な少女が忘れられなかった。丹精して育てれば、きっとすばらしい女性になるに違いない。

少女は、父親にひきとられることになった。それを聞いた光源氏は、その直前に、この少女をほとんど盗み出すようにして、夜中に自分の家に連れてきてしまった。

少女は、寝ているところを突然起こされて、乳母のつきそいだけで、彼の邸宅に連れてこられて不安で震えている。何が起こるのだろう。彼女は、乳母に救いを求めるように、あどけない声で言った。

「少納言がもとに**寝む**」

（少納言の所で寝る）

それを聞いて、光源氏は言った。

「今は、さは大殿籠るまじきぞよ」

(今はもう、そんなふうにしておやすみになるものではありませんよ)

そんなねんねは、もう言わないんですと、光源氏に教えられて、少女は、心細くてべそをかきながらも、いつしか光源氏の懐にいだかれて寝入ってしまった。無邪気でいじらしい。

男との清らかな同衾は、ふつうの育ち方をした女性には決して見られないような、大胆で無垢《むく》な男性への呼びかけを可能にし、彼女の不思議な魅力をつくりあげていった。

紫草のゆかりのあなたがかわいい

光源氏は、彼女に書道を教えた。彼女の目の前で、たくさんの字を書いてみせる。彼女は、とりわけ見事な筆跡で、紫色の紙に書かれた光源氏の文字をじっと眺めている。こう書いてある。

「武蔵野といへばかこたれぬ」

(武蔵野といえば、ゆかりの人だと思うので、つい恨みごとも言いたくなる)

光源氏は、この少女を見ていると、藤壺を思う心で一杯になる。有名な『古今和歌集』の歌、「紫の一本《ひともと》ゆゑに武蔵野の草はみながらあはれとぞ見る」(紫草が一本生えているために、この野の草は全部がなつかしく思われる)の心境である。愛する一人の人がいるので、その関係者のすべてに親しみを感じる。光源氏が、少女を愛するのも、藤壺への熱い思いがあるからなのだ。歌中の「紫」は、藤壺を意味している。

彼は、次いでこの歌をふまえた『古今和歌六帖』の歌を思い浮かべる。「知らねども武蔵野といへばかこたれぬよしやさこそは紫のゆゑ」（あなたの気持ちはどうかわからないけれども、武蔵野というとつい恨みごとも言いたくなる。それというのも、つれないあの紫の君のせいだ）。「武蔵野」は少女、「紫」は藤壺を意味している。

光源氏は、目の前の少女に合わせて、『古今和歌六帖』の歌の二句目と三句目を書いておいたのだ。さらに、その横に、小さい字で書きつけておいた。

「ねは見ねどあはれとぞ思ふ武蔵野の露分けわぶる草の**ゆかりを**」

（まだ共寝はしないけれども、しみじみとかわいく思う。会おうにも会えない紫草のゆかりのあなたを）

「ね」には、紫草の「根」と「契りを結ぶ」意味の「寝」を掛けている。二人は、一緒に寝てはいるけれど、まだ契りを結んではいないのだ。

私は、誰のゆかりなの？

少女は、光源氏の書きつけた歌の意味がわかるだろうか？　少女は、考えているふうであった。光源氏が言った。

「いで、君も書いたまへ」

（さあ、あなたも書いてごらん）

少女は、恥じらって、

「まだ、ようは書かず」

（まだ、上手には書けないの）

と言って、光源氏をまっすぐに見上げる。なんと純真な瞳なのか。少女は苦しい藤壺との恋、妻の葵の上との不仲の悩み、六条御息所とのもつれた関係、そうしたものをすべて忘れさせ、洗い流してくれる。こんな清純さは、どんな女性からも得られない。この少女だけの持っている魅力であった。

光源氏は、笑いながら言う。

「よからねど、むげに書かぬこそわろけれ。教へきこえむかし」

（上手に書けなくても、まるっきり書かないのは、よくないんだよ。教えてあげよう）

すると、少女は、ちょっと横を向いて、隠しながら、かわいい手つきで書き始める。素直さがいい。

「書きそこなひつ」

（書きそこなっちゃった）

少女は、書いたのを恥ずかしがって隠してしまう。無理に出させて見ると、上達しそうなふくよかな筆跡で、こう書いてある。

「歌 かこつべきゆゑを知らねばおぼつかないかなる草の**ゆかり**なるらむ」

（歌 恨みごとを言いたくなるという理由がわかりませんので、不安です。いったい、私は、誰のゆかりなのでしょうか）

彼女は、光源氏の歌に見事に答えていた。彼女は、どうして光源氏にひきとられ、愛を受けるに至ったのか、彼の歌を見て、一瞬疑問に思って詠んだのだ。「私は、一体誰のゆかりなのかしら？」と。少女は、光源氏のふまえた『古今和歌集』の歌も『古今和歌六帖』の歌も知って、答えている。子供っぽいしぐさに似合わず、聡明な子だ。

光源氏は、満足する。

ではお休みなさいませよ

藤壺のことで苦しく悩む時の気晴らしには、この少女と会うのが一番だ。光源氏は、少女の部屋に行って、彼女を呼ぶ。

だが、彼女は、いつになく背を向けていて、

「入《い》りぬる磯《いそ》の」

と、口ずさんで、袖で口をおおい隠す。ひどくしゃれて風情がある。彼女は、何を言おうとしたのか？

「潮満てば入りぬる磯の草なれや見らくすくなく恋ふらくの多き」

（あの人は、潮が満ちると隠れてしまう海藻なのかしら？　お目にかかることがほとんどなくて、恋しいことのみが多いんですもの）

これは、当時、広く知られた恋歌。彼女は、この歌の第二句を小声で言って、光源氏の寄りつかないのを、さりげなく恨み、恋しい気持ちを訴えた。茶目っ気があり、才気煥発の頭のよさを感じさせる言葉である。光源氏も、ハッとして言う。

「あな憎《にく》。かかること口馴れたまひにけりな。みるめに飽《あ》くはまさなきことぞよ」

（これは憎い。そんなことをおっしゃるようになりましたね。でも、飽きるほど一緒にいるのは、よくないことですよ）

少女から、女らしい恨みの言葉も出てきた。彼女は、刻々と成長している。

夜になって、光源氏が、妻の葵の上の所へ出かけようとすると、彼女は、心細くてすっかりふさぎ込んでしまった。光源氏は、いろいろ言って聞かせる。「あなたが大人になったら、どこにも出かけないからね。今のうちだけなんだ」などと。彼女は、光源氏の言っていることがわかるから、黙って聞いている。だが、外出をとめるべく実力行使。少女は、光源氏の膝によりかかって、そのまま寝入ってしまう。何ともいじらしい。こんなに自分を慕ってくれる可憐な少女を置いて、一体どんな男性が外出できるというのか。まして、外出先は、義理で行く妻のもと

だ。

光源氏は、外出をとりやめる。彼女を起こして「行かないことにしたよ」と言うと、機嫌をなおして起き上がり、一緒に食事をする。だけれど不安だ。彼は、本当に外出をとりやめたのだろうか。彼女は、ほんのちょっとだけ食事に箸をつけてから言う。

「さらば、寝たまひねかし」

(では、おやすみなさいませよ)

寝れば、もう外出しないことを知っている。彼女は、この晩も、光源氏に抱かれて寝たであろう。

彼女にとって、彼の膝によりかかって寝たり、彼に抱かれて寝たりすることは、何のやましいことでもなかった。彼に、そう育てられたのだ。そして、それが、今は彼女の魅力となって輝き出した。男の心をひきとめる天衣無縫の力強さ、彼女は、それをいつしか身につけていた。

幸せな日々

光源氏にひきとられて四年の歳月が流れた。彼女は一四歳。光源氏は二二歳。

光源氏の正妻葵の上が亡くなって、四十九日も済んだ。久しぶりに彼女の所にやってくると、すっかり大人っぽくなっていた。彼を見ると、恥ずかしそうに横を向いている。美しい横顔、髪の形など、男が心をつくして慕っている藤壺にそっくりであった。

男は、翌日、彼女と本当に結婚した。はた目には、それまでの共寝と何の区別も見えなかったけれど。

彼女は、こうして光源氏の妻となって、紫の上とよばれた。素直さ、明るさ、利発さといった天性の美質が、光源氏によって磨かれ、申し分のないものとなっていた。加えて、光源氏によって長い時間かけてゆっくりとなされた女性開眼も、彼女を、やわらかな女らしい人に仕立てあげた。

こういう女性が、光源氏の心を射とめ、幸福な結婚生活を築いていくのは当然であろう。

彼らは、理想的な夫婦となった。多数の妾妻・愛人・召人の持てる状況にあって、社会的地位・経済力・容姿のすべてに恵まれた夫は、時々他の女性に心を分けたけれども、紫の上は、夫の心を必ず自分のところによびもどした。嫉妬の仕方がうまいのだ。夫を徹底的に追いつめたり、傷つけたりしない。すねて、「私は私」といった感じでうち沈む風情の嫉妬である。夫に、「そんなこと言わないで」と、機嫌をとらせる余裕を残す恨み方である。深く恨んで、とりつくしまのない葵の上や六条御息所の嫉妬とは違って、明るさがあった。

紫の上は、色恋以外の高尚な話題でも、夫と話し合うことができた。光源氏の息子、夕霧は、ふと耳にした二人の会話の様子から、水も漏らさぬ仲睦まじさを感じとった。

彼らの間に子はなかったけれど、一八年間も幸福な結婚生活をし、このまま偕老同穴の契りとなりそうな夫婦であった。

だが、彼らの晩年に、予期せぬ事態が持ちあがった。一体、何が起こったのか？

♥寝《ぬ》

純真無垢な少女、若紫（のちの紫の上）が、会話で連発する言葉。現在の「ねる」と同じ意味。

大人が使うと、卑俗ないやらしさの漂う言葉となるが、汚れなき若紫が使うと、巧まざるユーモアとなって、光源氏の心をぐんぐんひきつけていく言葉となる。幼児性の感じられる言葉。

「寝《ぬ》」「寝《い》ぬ」の尊敬語は、「大殿籠《おほとのごも》る」。現代語にすると、「おやすみになる」といった感じであるが、大人たちは、会話では「大殿籠る」をよく使う。本文中でも、光源氏が少女に話しかける時には「大殿籠る」を使っていた。少女は、「大殿籠る」という尊敬語をまだ使いこなすことができず、敬語にしなければならない時も、「寝《ぬ》」に「給ふ」をつけただけの「寝給《ねたま》ふ」を使っている。

「寝《ぬ》」「寝《い》ぬ」「寝《ね》」（名詞）「大殿籠る」という「ねる」の関係語は、光源氏と少女の会話で実に効果的に用いられており、さすが紫式部と言いたいところ。

♥ゆかり

光源氏が、若紫（のちの紫の上）に書いてみせた手習いの和歌にみられる言葉。「縁者」「血縁」の意味。

昔の人は、現代の人間以上に血のつながりを重んじた。光源氏が、紫の上を生涯の伴侶とすることになった動機も、思慕の人藤壺との血のつながりがあったからであるし、晩年、光源氏が、女三の宮を正妻にしようと決意したのも、女三の宮が藤壺の姪であったからである。藤壺の「ゆかり」は、まさに光源氏の人生を規定した。

「ゆかりむつび」という言葉もあり、血縁関係のある者同士が夫婦になったりする場合に使う。夕霧と雲居雁のように、いとこ同士の結婚が、「ゆかりむつび」である。

なお、「ゆかり」の語は、「よすが」「なんらかのかかわりあい」といった意味で、血縁関係のない場合にも用いられることがある。「心ゆかずおぼされしゆかりに、見入れたまはざりけるを」（不愉快に思った人にかかわり合いのある品物として、見向きもなさらなかったのを）というぐあいに。

8 光源氏と玉鬘——「下燃え」の愛の会話——

若さへの挑戦

一気に光源氏と紫の上の間に起こる深刻な事態に直面する前に、私たちは、ちょっと寄り道をしたいと思う。それは、多くの男性が経験する中年の恋である。家庭生活は満ち足りているにもかかわらず、男は、老いの坂を下りていく前に若い未婚の女性に恋をすることがある。自らの中では、もはや再生できぬ若さへの最後の挑戦なのかもしれない。

光源氏も、娘として引き取った瑞々しい女性・玉鬘に、あやにくな恋慕の心を抱いてしまった。さて、二人の間にはどんな会話が交わされたか。中年男性の心の葛藤が見てとれる「下燃え」の愛の会話を見ていくことにしよう。

恋人の娘が現れた

光源氏は、三四歳。最愛の妻、紫の上は、二六歳。彼は、今や、太政大臣で位人臣を極め、六条院という大邸宅をつくり、そこに紫の上を項点とする妾妻たちを集めて住まわせ、何不自由のない生活を送っていた。

そんなある日、昔の恋人夕顔の娘が、姿を現した。娘の名は、玉鬘。二〇歳である。結婚適齢期を越えつつあったので、それまで乳母とともに過ごした九州の地を離れ、急遽京都に戻ってきたのである。実父に娘と認めてもらわねばならない。

実父は、昔の頭中将、今の内大臣である。しかし、実父とは、長年音信不通だったため、会うための手蔓さえない。第一、父の内大臣は、とっくにそんな娘の存在を忘れている。のみならず、その母夕顔の行方さえ、内大臣は、知らないのだ。そんな心細い状態のところに、光源氏から救いの手が、さしのべられた。光源氏は、自分の不注意から夕顔を死なせてしまった罪滅ぼしに、玉鬘を引き取って自分の娘のように扱い、しかるべき身分の男性と結婚させて幸福にしてやらねばと考える。

だが、若かりし頃、灼熱の恋をした夕顔との思い出は、彼の胸に深く刻み込まれている。その形見である娘に、純粋な親心だけから接し通すことが出来るのだろうか?

恨めしく思われます

光源氏は、紫の上の了解を得て、玉鬘を六条院に引き取った。玉鬘は、母の夕顔よりも、美人であった。夕顔が、ひとえに若やかでなよなよと柔らかな感じがしたのに対し、娘の玉鬘は、気高く、態度もはっきりしていて才気が加わっている。光源氏は、このまま娘として見過ごすことが出来ないような気持ちが兆した。だが、光源氏は、自制した。親としての立場で彼女を引き取ったはずであるし、そう公言もしてあるのだから。

多くの若い男性たちが、光源氏の思惑通り、玉鬘に次々に恋文を寄せる。光源氏は、親ぶってそれらをいちいち点検しては、返事を出した方がよい男性を指示したりする。そして、いささか出すぎた自らの行為を反省するような言葉を交えながら、お節介な親よろしく彼女に結婚を勧めにかかる。玉鬘は、光源氏の言葉に戸惑いながらも耳を傾けている。

庭先の呉竹が、青々と伸びたって風に靡いている。光源氏は、そのしなやかな青竹を見ながら、ついに男の心をちらっと見せた。

「[歌]ませのうちに根深くうゑし竹の子のおのが世々にや生ひわかるべき
思へば恨めしかべいことぞかし」

（[歌]邸の内で大切に育てた娘が、それぞれに縁を得て結婚し、ここから別れていくのだろうか。
恨めしく思われることですよ）

一見、親めいた発言。しかし、ここには、「恨めし」の語が入っている。「恨めし」は、親の立場から出る言葉ではない。懸想心があるときに出てくる言葉である。光源氏は、そう言って、彼女の反応をうかがった。戦闘開始！

彼女は、彼のほのかな慕情に気づいてくれるだろうか。

「[歌]今さらにいかならむ世か若竹のおひはじめけむ根をばたづねん
なかなかにこそはべらめ」

（[歌]いまさら、どのような折に生みの親を尋ねていくようなことをいたしましょうか。
そんなことをしたら、かえって私の方が、間の悪い思いをいたすことでしょう）

玉鬘は、こう答えた。光源氏の男としての思いを込めた言葉には、とんと気づかぬ様子である。のみならず、光源氏の発言を、別の意味に取っていた。光源氏は、「おのが世々」という言葉を「結婚する相手」という意味で使ったのに、玉鬘は、「もとの親に会う時機」と解している。人は、その時の興味関心のあり所に従って、言葉を受け取る癖がある。玉鬘も、そうだった。彼女は、光源氏の勧める結婚のことなど、実は少しも考えていなかった。彼女の願いは、ただ一つ。実の親に会うことだけだった。そんな彼女の本心が、はしなくも、意味の取り違えに現れていた。

清純な乙女には、言葉の端にかすめた光源氏の懸想心は、何の効果も現さなかった。

昔の人と思えます

玉鬘の心とは別に、光源氏の方は、日に日に彼女に対する恋情が抑えがたくなっていく。玉鬘の姿に、時折はっとするほど夕顔の面影を見出し、万感の思いにとらわれる。

「見そめたてまつりしは、いとかうしもおぼえたまはずと思ひしを、あやしう、ただそれかと思ひまがへらるるをりをりこそあれ。あはれなるわざなりけり」

（初めてお目にかかったときは、本当にこんなに母君に似ておいでだとは思わなかったのだが、近頃は、不思議なほど、全く母君かと思い違いをしてしまう時がよくあります。感無量だね）

そう言って、光源氏は涙ぐむ。男の心は、昔に戻り、夕顔との間に交わされた濃密な愛の思い出が、そのまま目の前の玉鬘に向かって降り注がれていく。彼は、側にあった橘の実を手にとって、彼女にささやいた。

「歌 橘のかをりし袖によそふればかはれる身とも思ほえぬかな

世とともの心にかけて忘れがたきに、慰むことなくて過ぎつる年ごろを、かくて見たてまつるは、夢にやとのみ思ひなすを、なほえこそ忍ぶまじけれ。おぼしうとむなよ」

（歌 昔懐かしい母上と思い比べてみると、とても別の人とは思えない。

いついつまでも忘れられずに苦しんできた長い年月だったけれど、こうしてお母さまそっくりのあなたとお会いするのは夢ではないかと思ってみるのだが、夢であってもやっぱり黙ってすませそうにない。この私を、嫌がらないで下さいよ）

こう言って、男は女の手を握る。とうとう彼は、親としての立場を忘れ、あからさまに彼女への思慕の情を告白してしまった。そして、直接的な行動にも一歩踏み出してしまった。彼女の身近にいると、昔の夕顔と一緒にいる気分になり、男の胸には、懐かしさ・恋しさが切ないほどに蘇り、ついに慕情を打ち明け、行動に移り始めてしまったのだ。

女は、こんな経験がないから心底嫌だと思うけれども、気にしないふうにおっとりした態度で答える。

「歌 袖の香をよそふるからに橘のみさへはかなくなりもこそすれ」

（歌 懐かしい母とお思い下さり、そのようにお扱いになるなら、私の身まで同じように、はかなくなりませんかしら）

こんな事をされたら、私も死んでしまうでしょうといったやんわりとした拒絶の気持ちを込めた歌。相手の自尊心を傷つけまいとするために、まことに婉曲な断りの言葉ではあるが、彼女の本心は、泣かんばかりに必死であろう。私は、母とは、別人なのです、だからやめて下さいと。

だが、彼女の柔らかな忌避は、男の気持ちを一層高ぶらせてしまった。彼女は、あまりの気味悪さに、俯せてしまう。その姿が、またいじらしい。手つきは、むっちりと肉付きがよく、美しい肌が、男の心を掻き立てる。いったん口にした胸の思いは、とどまることを知らない。

「何か、かくうとましとは思《おぼ》いたる。いとよくもて隠して、人に咎めらるべくもあらぬ心のほどぞよ。さりげなくてをもて隠したまへ」

（どうしてそんなに嫌がられるのです。私は、上手に隠して誰にも気づかれないような用心をしているのです。あなたも何気ないふりをして目立たぬようにしていらっしゃい）

男も、必死で教え説き伏せる。上手に隠して密かに情を交わそうと。だが、こんな世馴れた男の言い分は、女の潔癖さの前に通用するはずもない。男も、言い出したからには後には引けぬ。

雨はやんで、風が竹の葉を揺すって音を立てる。月が明るくさしだした。女房たちも遠慮して下がっており、男と女の二人だけの世界が、初夏の闇の中に開かれていた。男は、そっと着物を脱いで、女の横に添い臥した。女は、ぞっとして身を震わせて、痛々しい様子で涙をこぼしている。その汚れなき乙女の涙を見ているうちに、男の心に自制心が湧いてきた。情熱で押しまくる、かつての光源氏ではなかった。

「かうおぼすこそつらけれ。もて離れ知らぬ人だに、世のことわりにて、皆ゆるすわざなめるを、かく年経ぬるむつましさに、かばかり見えたてまつるや、何のうとましかるべきぞ」

（こんなに私をお嫌いなさるとは、情けない。全然見知らぬ男にでも、男女の仲の道理として、女は皆身を許すものなのに、こんなふうに年を重ねて親しくしている私が、この程度お近づき申すのが、何の嫌なことがありましょうか）

彼は、自分の行為を弁解した。親としては、あるまじき行為だという反省心が、湧いているのだ。彼は、続けて言った。

「これよりあながちなる心は、よも見せたてまつらじ。おぼろけに忍ぶるにあまるほどを、慰むるぞや」

（これ以上に無体な事をしようという了見は、決しておみせはしない。我慢に我慢を重ねてみたが、こらえきれない私の気持ちを楽にしたいだけなのですよ）

血気にはやる若者だったら、決して口にはしない言葉である。悲しみうろたえる乙女を、彼は慰め安心させようと努めている。男は、女の硬い態度に出会い、彼女が処女であることを知り、いささか性急で軽はずみであった自分の行為を反省したのである。処女であるからには、情を交わすにしても、彼にそれ相当な覚悟が必要である。

これ以上、二人きりで話し込んでいては、女房たちの疑いを招く。光源氏はそう気づき、「ゆめけしきなくてを」

(決して人に気づかれないように)と、念を押して立ち去った。

共寝をしたわけでもないのに

玉鬘は、年こそ、結婚適齢期を過ぎていたけれど、異性への恋すら知らずに不遇な境遇で成長してきた。だから、これ以上男女が睦び合うことは、想像もできなかった。彼女は、もう光源氏と、特別の関係になってしまったと思い、深く悩んだ。

翌朝、光源氏から早々と手紙が来た。白くきまじめな感じの紙に見事な筆跡で書かれている。

「たぐひなかりし御気色こそ、つらきしも忘れがたう。いかに人見たてまつりけむ。

歌 うちとけてねもみぬものを若草のことあり顔にむすぼほるらむ

幼くこそものしたまひけれ」

(またとない冷たい態度をひどいと思うと、それがかえって忘れられないのです。周りの人たちは、どう思いましたやら。

歌 共寝をしたわけでもないのに、あなたは、どうして事あり顔に思い悩んでいるのでしょう。

子供っぽくていらっしゃる)

光源氏は、冷たくされればされるほど慕情がつのる、と、まずは男心を訴える。続く言葉は、懸想心の混じった年長者からの教え諭しの発言である。未婚の女性の勘違いによる苦悩を解いて、男女の道を教えてやらねばならぬという奇妙な親心の発露がある。ただし、この親心には、男としての強烈な嫉妬心が入っている。なぜなら、「うちとけてねもみぬものを若草のことあり顔にむすぼほるらむ」という彼の歌の背後には、次の歌が、踏まえられているからだ。

「うら若み寝良げにみゆる若草を人のむすばむことをしぞおもふ」（『伊勢物語』）
（若々しくしなやかなこの若草を誰かがいずれ自分の物にするだろう。惜しいことだ）

いずれ彼女を物にする若き男性に、彼は、羨みの心を抱いている。ということは、彼は、彼女の求婚者たりえず、親でしかないことを意識していることである。

光源氏は、苦しんでいるのだ。親としての立場を貫かねばならぬという気持ちと、彼女に魅了され思わず言い寄ってしまう懸想心とが、せめぎあって、ジレンマに陥っている。その心の葛藤が、手紙の文面ににじみでている。中年の分別と自制心とを備えた光源氏は、恋心と親心の狭間で身動きできなくなって苦しんでいた。こんな光源氏の苦衷を、玉鬘は、理解しただろうか？

拝見しました

玉鬘は、色気のない実用向きの厚手の陸奥紙に、こう書いた。

「**承りぬ**。乱り心地のあしうはべれば、聞こえさせぬ」
（拝見いたしました。気分が悪うございますので、お返事は、失礼します）

なかなかうまい返事の仕方である。光源氏の寄こした歌に歌で答えれば、気のある証拠と取られかねない。しっかりと拒絶の気持ちを伝えねばならぬ。そこで、彼女は、病気にかこつけて必要最小限の言葉で、散文的に堅苦しく無愛想に書いて、拒否の気持ちを匂わせた。

一方、光源氏は、若々しくムキな対応にますますひかれてしまった。口説きがいのある女性なのだ。愛情を告白してからは、光源氏は、前より露骨に玉鬘にせまっていく。しげしげと彼女の所にやってきて、周りに人がいないと、意中をほのめかしては、戯れかかる。その度に、彼女は、どきっと胸のつぶれる思いがする。恥を掻かせてはならない相手である。籠の中の鳥のような状況で、彼女は深く悩み考えた。

彼女は、光源氏を傷つけることなく、彼から離れたかった。そのためには、結婚しかない。光源氏も勧める兵部卿宮でもと、心の中で密かに思う。

だが、彼女が結婚に気を動かすと、光源氏は、急に花婿候補の男性たちを貶しはじめる。のみならず、彼らをじらす。彼女を手離したくないのである。

経験の乏しい玉鬘には、光源氏の心が読めない。結婚を勧めるかと思えば、自分が言い寄る。彼女も、光源氏の心とは全く別の次元で、とまどい、悩み、苦しんだ。

彼女は、痛切に実父に会いたいと思った。ところが、光源氏と実父の内大臣とは、後宮をめぐって対立している間柄であることに気がついた。ともに、政界の重鎮。光源氏の方が、何かと優勢なのを、内大臣は、快く思わず、張り合い、意固地になっているらしかった。最近では、光源氏が娘を引き取ったという噂を聞き、内大臣も、対抗上、落し胤の娘を探し出して、引き取っていた。

だが、その娘たるや、早口で、落ちつきがなく、行儀作法は、からっきし。育った環境が悪すぎた。内大臣は、仰々しく引き取ってみたものの、政権拡張のために使えぬ娘と見るや、彼女を馬鹿者扱いしはじめた。

玉鬘は、その様子を耳にして、実父に対する思慕の念が冷まされた。自分だって彼女と同じような扱いを受けない保証はなかったのだ。光源氏の親切な扱いに感謝の気持ちが湧き上がった。ただ一つ、光源氏の好き心さえなければ、満点なのであるが。

下燃えの心なのです

秋になった。まだ、残暑が厳しい。光源氏は、愛情をうちに秘めつつ、玉鬘に琴を一日中教授する。その合間にほのかに明るむ室内で、琴を枕に彼女と添い臥す。

男女の仲は、あと一歩。だが、彼は、最後の一歩が踏み込めない。彼女の幸福を願い、また、自分の世間体を考え、妻紫の上を大切に思う気持ちが、行動を抑制してしまうのだ。彼は、考える。

若く美しく才気のある玉鬘を自分の物にしたいのは、山々だ。だが、自分の物にしても、最も愛する紫の上がいる以上、玉鬘にそれを上回る良い地位を与えてやることは出来ない。それは、玉鬘にとって気の毒だ。身分は低くても、そこそこの男性の妻となってこの上なく愛された方が、彼女にとっては、幸せであるに違いない。

また、自分にしても、行動に踏み切った場合、世間から娘と関係を持ったという非難を浴びせられるに違いない。それを避けるために、彼女の素性を明かして結婚するとなると、内大臣の娘婿にならねばならぬ。それは、あまりにも体裁が悪い。どの点から考えても、彼女と関係を結ぶことは、良い結果をもたらさない。

彼は、横に臥している玉鬘の体温を感じながら、一線を越えることの出来ない苦しみを味わっていた。満たされぬ愛は、苦悩であり、煩悶であった。

悲しくもどかしい思いを抱いて帰りかかると、庭先の篝火《かがりび》が、消えかかっている。供の者を呼んで明るくさせた。

「歌 篝火にたちそふ恋の煙こそ世には絶えせぬ炎なりけれ

いつまでとかや、ふすぶるならでも、苦しき**下燃え**なりけり」

（歌 篝火と一緒に立ちのぼる恋の煙こそは、いつまでも消えることのない私の燃える思いなのです。

いつまで待てというのですか。何でもないふうを装っているけれど、苦しい下燃えの心の中です）

彼の呻くような心を写しだした言葉。彼の情念の炎は、篝火と同じように、高まっていた。心中に秘められた「下燃え」の恋情は、はけ口を失って息苦しいまでに胸の内で燃え盛っていた。進むことも退くこともできずに、男の思いは内攻し、その緊張感で、心は何時破れるか分からないほど張りつめていた。「いつまで待てというのですか」という詰問にも似た彼の言葉が、それを語る。

だが、彼女とて、彼の苦悶を受けとめかねた。彼の心深さを感じ、彼の愛を受け入れても、所詮今の状態では、人目をはばかるスキャンダラスな関係にしかなれないのだ。だとしたら、拒絶し続ける以外にないではないか。彼女は、言った。

「歌 行方《ゆくへ》なき空に消《け》ちてよ篝火のたよりにたぐふ煙《けぶり》とならば

人のあやしと思ひはべらむこと」

（歌 篝火といっしょに立ちのぼる、思いの煙とおっしゃるのでしたら、行方も知れない空でお消しになってくださいまし。人が、さぞ変に思うことでしょう）

篝火の煙は、空に消える。光源氏の自分に対する恋心も、煙のように頼りないものとあえて曲解して、彼の愛を拒否している。

だが、光源氏の自制心は、もはや限界に来ていた。どうしたら、この苦悶から逃れられるか？　彼女を諦めることである。しかし、彼女を誰かに手渡すには、あまりにも未練があり、執着心がある。

どうしたらよいのか？　ついに、光源氏は、名案を思いついた。彼女を、高級女官である内侍として内裏に出仕させることだ。そうすれば、里下がりしたとき、自分との密かなる逢瀬を重ねやすい。内侍という職業を隠れ蓑として利用するのだ。いささか狡猾な知恵である。

光源氏は、玉鬘に折しも行なわれる天皇の行幸行列の見物に行かせた。天皇の端正なお顔を拝すれば、彼女が、宮仕えを決意する可能性がある。案の定、玉鬘は、周囲の男性たちを圧倒する天皇の燦然たる容姿に眩惑された。行列に供奉していた父の内大臣は、立派だったが、見劣りがした。求婚者の兵部卿宮や右大将も見ることができた。右大将のごときは、色黒で、鬚が濃く、「鬚黒《ひげくろ》」とあだ名されるだけあるような野暮な男性であった。玉鬘は、すっかり彼を軽蔑してしまった。

玉鬘は、光源氏の下心には気がつかず、麗しい天皇に魅せられて内侍としての出仕に、気を動かした。

孤愁にたたずむ

玉鬘が、ついに内侍として出仕することに決まった。その前に、彼女の氏素性を明らかにしなければならぬ。光源氏は、彼女を実父の内大臣に引き合わせ、玉鬘が、内大臣の娘であることを世間に公表した。兄妹と知って落胆する求婚者。プロポーズの資格のあることを知って慌てる光源氏の息子夕霧。誰も彼も、出仕以前に彼女を自分の物にしたいと焦る。彼女も、兵部卿宮だけには、返事を書く。彼となら、結婚しても良いと思っているのだろう。だが、事は、思わぬ方向で決着を見た。「鬚黒」の右大将が、彼女を物にしてしまったのだ。彼は、実父の了解があると言って、玉鬘付きの女房にせっせとまめに手引きを頼み込んでいたのだ。

玉鬘は、一番気の染まぬ無骨な鬚面男と結ばれてしまった。一方、右大将は、彼女が処女であったことを知って、大感激。手引きをしてくれた女房を、仏様同様に拝んでいる。

光源氏は、不満で残念であるけれど、今さら不承知を唱えるのも、彼女のためにいたわしい。実父の内大臣の方は、右大将を娘婿にしたことを喜んでいた。右大将は、天皇からの信頼もあつく、次期政権担当予定者だからである。

右大将は、実務的なことにかけては、えらく頭の回る有能な男性であった。玉鬘が、内侍としてせめて形だけでもというので出仕した。その機会を捕らえて、右大将は、誰にも手出しをする隙を与えぬすばやさで、彼女を、自宅に引き取ってしまったのである。

玉鬘は、まことに不本意であるが、どうにもならない。右大将一人は、大切な宝を盗み取ってきたような気がして、ご満悦。光源氏も、まんまとしてやられ、無念でならないが、もはや彼女に会う術もない。

雨の降り続く頃、光源氏は空虚な心を抱えて、玉鬘のいた部屋にやってきた。在りし日の彼女の美しい姿が、目先にちらつく。こっそりと手紙をやった。

「歌 かきたれてのどけきころの春雨にふるさと人をいかに偲ぶや
つれづれに添へても、うらめしう思ひ出でらるること多うはべるを、いかでかは聞こゆべからむ」
（歌 春雨が降り続いて所在ない頃ですが、お見捨てになった私を、どう思っていらっしゃいますか。
つれづれにつけても恨めしく思い出されることが、多いのですが、どうしたら申し上げられるでしょう）

「春雨」「ふる（降る）」の言葉に、光源氏は、自分の悲哀の涙を掛けて訴えている。玉鬘も、無粋な男性の妻となった今、思い出すのは、光源氏のことばかり。光源氏の愛情の深さ、たぐい稀なる自制心が、今さらながらよく分かる。光源氏ほどの男性は、滅多にいるものではなかったのだ。限りなく整った顔や姿、そして優美な振る舞い。それらが、この上なく懐かしい。しかし、もうそれを言うことは許されぬ間柄なのであった。

「歌 ながめする軒のしづくに袖ぬれてうたかた人を偲ばざらめや

ほどふるころは、げにことなるつれづれもまさりはべりけり。あなかしこ」

（歌 長雨《ながめ》の降り続く軒の雫とともに、物思いに沈む私は、袖をぬらしながら、あなた様のことを恋しく思い出さないことがありましょうか。

久しくお目にかかりませぬこの頃は、本当に格別所在ない思いもつのることでございます。あなかしこ）

「長雨」に「眺め（物思い）」を掛けて、「ふる」に、会わずに年月がたつことと涙が滴り落ちることを掛けて、彼女も、現在の満たされぬ思いを彼に訴えている。礼儀正しく、感情を抑えて書いてある手紙の文面から、彼女の自分を恋い慕う気持ちが滲みでていた。

二人が、永遠に結ばれることがない状況に追いやられたときに、初めて二人の思いは通い合った。だが、すべては、終わっていた。光源氏は、はらはらと涙がこぼれてくるのを、必死でおさえる。玉鬘を独占して意気軒昂としている右大将を思うと、光源氏の寂寥感は、ひとしお深く身に染みる。

何もかも焼き尽くしてしまうような情熱を失い、逆に分別を授かった中年の恋は、やるせない寂しさに包まれて終わった。それは、やがてやってくるであろう晩年の不幸の前触れでもあった。

彼は、愛する紫の上を思って玉鬘との結婚も諦めたのに、今度は、あらがいがたい大きな力で、光源氏は、ある女性との結婚を迫られる羽目に陥った。彼は、どう決断するのか？　最愛の妻、紫の上との関係は、どうなるのか？　われわれは、次の節に進まなければなるまい。

♥承りぬ

玉鬘が、光源氏の手紙に対して書いた返事の冒頭の言葉。現在で言えば、「お手紙、拝見しました」という表現に当たる。

『源氏物語』には、手紙の返事の冒頭に「承りぬ」を用いた例が、このほかに二例見られる。一例は、薫という男性が、昔思いをかけた女性、中君からの手紙の返事に使っている。男も「承りぬ」を用いるのである。

残りの一例は、逆に、中君から、薫に宛てた返事に見られる。人妻となっている中君に、昔懐かしさから、薫は、添い寝をしてしまった。翌朝、薫は、早々と慕情を込めた手紙を書いた。それに対して、中君は、こう返事した。「承りぬ。いと悩ましくて、えきこえさせず」(拝見しました。全く気分がすぐれませんので、何も申し上げられません)。

玉鬘と光源氏の状況に似ている。短い返事の文面も酷似している。玉鬘も中君も、意思表示のはっきりした女性。その二人が、男の懸想心を拒否するために「承りぬ」と、堅く切り口上で返事を書いているのは、面白い。

♥下燃え

光源氏の、玉鬘への思慕を象徴する言葉。心の中で、人知れず思い焦がれることである。「下」は、物事の裏面や内側の見えない部分を指すところから、「心」「心の奥」を意味する。

娘として玉鬘を引き取ったからには、彼女との恋愛は、禁じられている。にもかかわらず、魅惑的な玉鬘に惹かれていくあやにくな光源氏の心。だから、表面には出せずに苦しい「下燃え」の心情を味わうことになる。

『源氏物語』では、「下燃え」という言葉は、ただ一回、光源氏の玉鬘への恋心にのみ使われている。

♥♥♥♥♥♥♥♥♥♥♥♥♥♥♥♥♥♥♥♥♥♥♥♥♥♥

『古今和歌集』にこんな歌がある。「夏なれば宿にふすぶる蚊遣火《かやりび》のいつまで我が身下燃えをせむ」（夏なので家でくすぶる蚊遣火のように、一体いつまで私は心の中で恋の思いの火を燃やし続けなければならないのだろう）。蚊遣火は、蚊を追い払うためにいぶす火。火が見えないで燃えていくところから、密かに思い焦がれる「下燃え」の語にかかる。

『源氏物語』は、この『古今和歌集』の歌をふまえて、「下燃え」という言葉の直前に、光源氏に「いつまでとかや」という詰問めいたセリフを吐かせたのである。下燃えは、いつの時代も苦しい。

9 光源氏と紫の上(2)――諦観の会話――

突然の結婚話

光源氏に結婚話が持ちあがった。光源氏は、もうじき四〇歳。当時にあっては、老境に近い。そんな光源氏に、朱雀院が、愛娘の女三の宮を降嫁するというのだ。

長年連れそった彼の最愛の妻、紫の上は、どうなるのか。夫を信じ頼りにし、理想的な結婚生活を築いているというのに。

光源氏は、その結婚話を受けたか。断ろうと思えばそうできないことはなかったのに、彼は受けた。降嫁するという女三の宮が、彼の思慕する藤壺の姪であったので、心が動いたのだ。また、皇女を妻にするのは、当時の男性にとってこの上なく名誉なことであったから、その誘惑にも負けたのだ。

何も知らない紫の上に、この結婚話をどう話したらよいのか？　彼女は、どう対応するのか？　その後、二人の関係は、どうなっていくのか？　紫の上の諦観の境地からの発話は、目には見えない夫婦間の深い亀裂を読者につきつける。

世間では大げさに取り沙汰するでしょうね

紫の上に、一言の相談もせずに、光源氏は、朱雀院からの申し出を受けてしまった。その日は、さすがに言い出せなかった。

翌日、過ぎた昔のことや行く先のことを話し合っている時に、光源氏は、切り出した。

「女三の宮の御ことを、いと捨てがたげにおぼして、しかしかなむのたまはせつけしかば、**心苦しく**て、え聞こえいなびずなりにしを、ことごとしくぞ人は言ひなさむかし」

（朱雀院が、女三の宮のことを見捨てて出家しがたく思われて、私に、彼女の後見を依頼なさったので、お気の毒で、辞退できなくなってしまったんですが、世間では大げさに取り沙汰するでしょうね）

重大なことなのだが、実にさらりと何気ないように言い出した。何でもないつまらないことのように言うことこそ、この場合には大切なのだ。「世間の人は、大げさに噂するだろうねぇ」などと言って、「あなただけは、こんなことで騒いだりしないだろう」といった含みを持たせる。妻が騒ぎたてるのを未然に防ぐ言葉。

次いで、夫は、朱雀院に直接頼まれて、どうしてもすげなく辞退できなかったことを説明する。続けて、具体的に婚礼の時期まで言う。

「深き御山住みにうつろひたまはむほどにこそは、わたしたてまつらめ。あぢきなくやおぼさるべき」

（院が山深い寺にお移りになる頃、女三の宮をこの六条院にお迎えしましょう。あなたは、不快にお思いだろうか？）

誰が不快でないことがあろうか。

あなたに対する愛情は変わりません

だが、夫は、妻に返事の隙も与えず、一気に説き続ける。

「いみじきことありとも、御ためあるより変ることはさらにあるまじきを、心なおきたまひそよ。かの御ためこそ心苦しからめ。それもかたはならずもてなしてむ」

(たとえどんなことがあっても、あなたに対して今までと変わることは決してないはずですから、女三の宮を快からずお思いくださいますな。女三の宮の方こそ、お気の毒なんですよ。でも、あちらも見苦しくないようにお世話しましょう)

夫は必死になって、自分の愛の変わらぬことを誓い、女三の宮のことを気にするなと言う。この結婚で、気の毒な思いをするのは女三の宮の方であるとまで言う。自分たちの仲は、誰にも割って入れないほど強い絆で結びついているからという気持ちなのである。

そして、自分と一体となって、新しくやってくる娘のような女三の宮の世話をしようと言う。女三の宮は、娘ざかりの一三歳。

現代の女性だったら、光源氏の顔に平手打ちでもくわせるところだ。だが、当時にあっては、許される。紫の上は、実質的には正妻に等しい待遇を受けてはいたが、正式な手続きをふんだ結婚をしておらず、法律的に正妻と認められた存在ではなかった。ただ、群をぬいた美貌、才能、そして魅力的な人柄によって、紫の上は、光源氏の最も大切な妻であり続けただけであった。

彼女は、夫の情愛だけを頼りに、今日までやってきた。長年にわたって、彼女は、六条院に住む、光源氏の妻たちのトップであり、その地位に慣れていた。

ここに、一人のこの上なく身分の高い、若い女性がやってくるとなると、どうなるのか。

快からぬ思いなど抱きません

紫の上は、夫の打ち明け話を聞いて、どう反応したか？　彼女は、今までちょっとした夫の浮気にさえ、嫉妬した。

ところが、彼女は、夫も拍子ぬけするほど冷静に答えた。

「あはれなる御**ゆづり**にこそはあなれ」

（お気の毒なご依頼のようですね）

妻は、夫の言葉を信じた。いや、信じたかった。夫も、気が進まなかったのだが、朱雀院に無理やりに女三の宮を押しつけられて困っているのだと。彼女は、続けて言う。

「ここには、いかなる心おきたてまつるべきにか。めざましく、かくてなど咎《とが》めらるまじくは、心やすくてもはべなむを」

（私なぞが、どうして宮様に快からぬ思いなど抱くことがありましょう。あなたの妻として、この六条院に住んでいることは目障りでけしからんなどとお咎めがないなら、安心して、ここにおりましょうが）

変だ。長年第一の妻の座を守り続けた彼女にしては、謙遜しすぎている。彼女は、本心を隠しているに違いない。

さらに続けて、彼女は言った。

「かの母女御の御方《かた》ざまにても、うとからずおぼし数まへてむや」

（あちらのお母様のご縁からでも、親しくしていただけませんでしょうか）

女三の宮の母と紫の上の父と藤壺は、兄妹である。だから、女三の宮と紫の上はいとこ同士で、ともに藤壺の姪にあたる。だが、女三の宮は内親王、紫の上は、父にも認められなかった娘である。身分と格式は、女三の宮の方が、ずっと高い。

紫の上の謙遜したもの言いは、身分の上下をふまえたものである。だが、それにしても、紫の上の発言は、異様に感じられるほど自己卑下している。現に、夫は、妻の言葉が信じられないくらい意外で、こう言った。

「あまりかううちとけたまふ御ゆるしも、いかなればと、うしろめたくこそあれ」

(あまり、こう快くお許しくださるのも、どういうわけかと心配になります)

だが、夫は妻の心を深くは詮索しなかった。おそらく心配していた妻の腹立ちも嫉妬もなくて、ほっとした気持ちの方が強かったのであろう。その証拠に、夫は続けてこう言う。

「まことは、さだにおぼしゆるいて、われも人も心得て、なだらかにもてなし過ぐしたまはば、いよいよあはれになむ」

(実のところは、そんなふうにでも大目にみてくださって、こちらも先方もお互いによく事情を察して、穏やかな態度でお暮らしくださるならば、いっそううれしい気持ちなのです)

一夫一妻多妾型の結婚形態をとる上流貴族社会においては、妻たちが嫉妬などしないで、互いに仲良くし合うことが、夫の心からの願いであった。だが、実際は、なかなか願い通りにいくものではなかった。

にもかかわらず、紫の上は、夫の意向をくんで、新しく迎え入れる女三の宮の下に、自らへり下って、和をもって接すると言う。

傷つく心

こんな妻の言葉が、本心であり得ようか。

おそらく彼女は、夫の打ち明け話を聞いて、瞬間的に判断したのだ。今さら騒ぎ立てても、もはや事実は動かない。だったら、憎らしいことを言わずに、夫の意向に合わせたようにして、めやすくふるまうのが一番賢明な態度だと。

嫉妬心を自制するというような次元の問題ではなかった。身分と格式のある女三の宮が、この六条院に輿入《こし》れしてくるということは、女三の宮が正妻になるということなのだ。彼女が、光源氏の妾妻でしかなかったことが確認されるということなのだ。彼女のこれまでの第一の妻の座を、根底から揺さぶる事件であった。

紫の上の自尊心は、深く傷ついた。だが、傷ついた心を、人にさとられることは、いっそうみじめに思えた。彼女は、女三の宮との結婚話を打ち明けられた時、夫からすっと遠のき、自分の本当の心を隠した。極端な自己卑下は、本心を悟られまいとしてする必死の防衛であったに違いない。

夫には、それがわからなかった。水も漏らさぬ夫婦関係に、深い亀裂が走った。

今夜だけは許してください

光源氏四〇歳の春、女三の宮が六条院に輿入れしてきた。はなばなしい輿入れの儀式を目のあたりにしてみると、紫の上の不安は、大きくふくれあがった。夫は、今までと何も変わらないと言ったが、そんなことがあり得ようか。

当時の男性は、結婚して三日間は、どんなことがあろうとも続けて相手の女性の所に行かねばならない。結婚三日目の今日も、夫は、女三の宮の所に出かける。紫の上は、夫に気を合わせたふうに用意万端を整えてやる。それは、光源氏の妻として、社会に対する精一杯の矜持《きようじ》であった。

だが、妻は、しばしば物思いに沈んでぼうっとしている。その姿はいじらしく、光源氏は、紫の上にますますひかれる。

女三の宮は、会ってみると、ひたすら子供っぽくて、紫の上の美貌・教養・人柄の魅力に比すべくもなかった。光源氏は、後悔する。どんな事情があったにせよ、紫の上の他に、妻などを迎える必要はなかったではないか。光源氏も、情けなくなって、つい涙ぐんで言う。

「今宵《こよひ》ばかりはことわりと許したまひてむな。これよりのちのとだえあらむこそ、身ながらも心づきなかるべけれ。またさりとて、かの院に聞こしめさむことよ」

(今晩だけは、やむを得ないこととお許しくださいましょうね。これから後、あなたの所に来ない夜があったら、それこそ我ながら愛想がつきるというものでしょう。でも、そうかと言って、女三の宮をおろそかにすると、あの院がどうお聞きあそばすことやら)

妻の苦しみに比べて、何と底の浅い言葉なのか。上の人の思惑ばかりを気にして、態度を決めかねている夫。そんな優柔不断な夫を見て、妻は、苦笑して答える。

「みづからの御心ながらだに、え定めたまふまじかなるを、ましてことわりも何もいづこにとまるべきにか」

(ご自分の心でさえ決めかねていらっしゃるようですのに、まして私などには、道理も何もどこに落ちつくべきであるか、いっこうにわかりません)

紫の上は、はじめて夫をつきはなす言葉を吐いた。彼女の方が、よっぽどつらいのだ。なぜ、夫が他の女の所に通う時の身支度まで整えてやらねばならないのか。自分は、一体、何だったのか。彼女は自問し、苦しみ、何も言わずに耐えていたのだ。その本心が、自責の念にかられている夫の発言をきっかけに、ふと口をついて出た。

末長くと頼りにしておりました

そして、妻は硯をひきよせて、歌を書きつけた。

「歌 目に近くうつれば変はる世の中を行く末遠く頼みけるかな」

（歌 目のあたり、時が移ればこうも変わる私たちの仲でしたのに、行く末長くと頼りにしておりました）

ふつうの言葉では言えないが、様式のある歌に託してなら、本心を照れずに言える。彼女は、本当に長く夫を信頼し、頼りにし、愛情をはぐくんできた。彼女には、子供もなく、後ろだてもなく、夫だけが頼りであった。その夫が、自分を裏切った。彼女は、痛切に愛の頼りなさを感じていた。

夫は、何と答えたか？　やはり歌で返事をした。

「歌 命こそ絶ゆとも絶えめ定めなき世の常ならぬなかの契りを」

（歌 命というものは、絶える時もあろう。けれども、この無常の世に、それとは違う、いつまでも変わらぬ二人の仲なのに）

夫は、再び自分たちの仲が特別なもので永遠だとくり返す。不信感の芽ばえた妻の心には、夫の言葉が白々しく吹き抜けていったであろう。

仏のお勤めをさせてください

女三の宮を迎え入れてみると、紫の上がいかに優れた女性であったかが、今さらのようにわかり、紫の上に対する彼の情愛は、以前の何倍にも増した。

だが、紫の上は、そうした夫の情愛を誇らしく思い、以前のような理想的な夫婦に戻ったであろうか？　聡明な紫の上のこと、夫に従い、以前より情のこまやかな、仲睦まじい夫婦に戻ったように見えた。正妻女三の宮にも、彼女は、夫に言った通り、みずから卑下して接し、忍従し、仲の良い間柄をつくりあげた。

だが、彼女の心は、孤独であった。それは、ふと、彼女がまじめになって、夫に頼む言葉から察せられる。

「今は、かうおほぞうの住《すま》ひならで、のどやかに行ひをもとなむ思ふ。この世はかばかりと、見果てつるここちする齢《よはひ》にもなりにけり。さりぬべきさまにおぼしゆるしてよ」

（もうこのような成り行きまかせの暮らしではなく、心静かに仏のお勤めをも、と望んでおります。この世の中は、ほぼこんなものとすっかりわかったような気のする年齢にもなってしまいました。どうぞ、そのようにするのをお許しください）

彼女は、出家の願いを夫に申し出ているのである。出家は、男女の関係を絶つことであり、現代でいえば、別居や離婚にあたる。彼女は、夫に離婚してほしいと申し出ている。

彼女には、今さらの夫の情愛も、いつ変わるかもしれない定めなきものと映っているのだ。世の中に見極めがついたという言葉には、結婚生活の空しさ、男女の情愛のはかなさ、そういったものを見定めた人の諦観がただよっている。彼女の心は、少しも癒されていなかった。のみならず、今の生活を離れ、仏道に専念したいと考えるような、孤独の世界を歩んでいた。

こんな彼女の言葉に接して、夫は、どうしたか？　むろん、彼女の出家願望をとんでもないことだと非難した。そして、夫みずからも出家したいのに、あとに残る紫の上のことを思うと出家できないでいるのだと訴える。しまいには夫は、言う。

「つひにそのこととげなむのちに、ともかくもおぼしなれ」

（私が、ついに出家の望みを遂げてしまったら、そのあとでどうなりとお決めください）

夫は、妻の心の奥底に流れる孤独感をまったく理解していなかった。

私の愛情の深さに気づいていますか

夫は、自分がこんなに愛しているのだから、妻に不満があるはずはないと思い込んでいた。彼は、自分のつらい半生を語ったのち、妻に言う。

「君の御身には、かの一節《ひとふし》の別れより、あなたこなた、もの思ひとて、心乱《みだ》りたまふばかりのことあらじとなむ思ふ」

（あなたご自身については、あの一時期の別れのほかは、その前もその後も悩みごとといって、悲しみになるほどのことはなかっただろうと思うね）

一時期の別れというのは、夫が政治的に失脚して流謫の身となった時の別離である。それ以外に、妻に悩みはなかったはずだと言う。これが、夫の認識であった。だが、夫はすぐに女三の宮のことを思い出し、こうつけ加えた。

「思ひのほかに、この宮のかくわたりものしたまへるこそは、なま苦しかるべけれど、それにつけては、いとど加ふる心ざしのほどを、御みづからの上《うへ》なれば、おぼし知らずやあらむ」

（思いもかけず、女三の宮がこうしてこちらへお輿入れになっていることは、ちょっとつらくもありましょうが、それにつけては、いよいよまさる私の愛情の深さを、ご自分のことだから、あるいはお気づきでないかもしれませんね）

夫は、自分の情愛さえまされば、妻は満足すると思っている。だが、妻は、以前の妻ではなく、愛情にすがって生きることがどんなに空しいことかを、身にしみて知ってしまっていた。すでに、妻の心は、夫からは遠い所にたたずんでいた。

悩みがあるから生きられました

もはや二人は、理解し共鳴し合えない間柄となっていた。だが、紫の上は、そんなことは決して言わない。夫の言葉を、やわらかく受けつつ、こう述べる。

「のたまふやうに、ものはかなき身には過ぎにたるよそのおぼえはあらめど、心に堪《た》へぬもの嘆かしさのみうち添ふや、さはみづからの祈りなりける」

（おっしゃる通り、寄るべもない私の身には、過分の境遇のようによそ目には見えることでしょうが、私の心には耐えられない嘆かわしさばかりがついてまわります。でも、それが、かえって私が生きるための祈りになってきたのでしょうね）

夫には、妻の訴えかけてくる「耐えられない嘆かわしさ」の意味がわからなかったに違いない。悩みがあるからこそ、生きられたと彼女は言う。静かな悟りの感じられる彼女の言葉。

外からは理想的とみえる夫婦も、内面的には接点を持ち得ず、崩壊していた。浮気心と名誉欲にはやってなされた夫の軽率な決断は、信頼していた妻の心をふみにじり、修復不可能な間柄にしてしまった。傷ついた妻の心は、癒えることなく深い諦観に達し、彼女は、この世を去っていった。

♥ 心苦《こころぐる》し

光源氏が、女三の宮との結婚を承知した時の気持ちをあらわす言葉。朱雀院の頼みを断ることは、「心苦しくて」とてもできなかったと言う。「気の毒である」「痛々しい」という意味。相手を思いやって、かわいそうで心が痛む時に用いる。光源氏は、女三の宮にも「心苦し」（気の毒だ）を使っている。

「心苦し」の語は、もともとは、「自分の心に苦痛を感じる」「つらくせつない」という意味。たとえば、朱雀院が、紫の上からの見事な筆跡の手紙をみて、わが娘女三の宮がどんなに見劣りするかと、「心苦しう思したり」（胸が痛くお思いになった）とある。これは、娘を「痛々しい」などと、他人事のように思いやる心ではなく、朱雀院みずからの心がせつなく苦しむ場合である。

『源氏物語』には、二八五例の「心苦し」がみられるが、「気の毒である」といった相手を思いやる時に使うことが多い。「心苦し」は、女三の宮との不幸な結婚を象徴する言葉でもあった。

♥ 譲《ゆづ》り

光源氏と紫の上の理想的な結婚生活が破綻する原因となった事柄をあらわす言葉。「依頼」の意味。

「ゆづり」は、「ゆづる」という動詞の連用形が名詞化したもの。現在では、「ゆずる」（譲る）というと、自分の持っている物、権利、地位などを他人に与えたり、まかせたりして、自分は退くといった、譲歩の意味合いが強いけれど、平安時代では、「まかせる」という意味から、さらに進んで、「他人に依頼する」「他人に押しつける」といった厚かましさを感じさせる意味もあった。

『源氏物語』には「ゆづり」が二例、敬語「御」のついた「御ゆづり」が二例見られるが、このうち三例までが「依頼」「御依頼」の意味である。朱雀院は、愛娘の女三の宮の後見役を光源氏に頼む時、「かたはらいたき譲りなれど」（心苦しい依頼であるが）と恐縮している。実は、光源氏は、朱雀院の「譲り」がまんざらでもないのであった。悲劇の種は、光源氏みずからの心の中にあった。

10　光源氏と女三の宮——苦悩の会話——

ほかに妻などいらなかった

では、紫の上の心を失ってまで決行した光源氏の晩年の女三の宮との結婚は、うまく行ったであろうか？

紫の上の孤独感については、すでに前節で述べた。だが、光源氏も孤独になり、紫の上とは全く異質の苦悩に満ちた人生を歩んでいた。その姿は、それまでの理想的な光源氏像を打ち破り、人間の匂いを発散している。ここでは、苦悩の底から発せられる光源氏の言葉に耳を傾けることにしよう。

華々しく輿入れしてきた女三の宮は、妻と呼ぶにはあまりにもあどけなく幼かった。光源氏は、がっかりして後悔した。

「などて、よろづの事ありとも、また人を並べて見るべきぞ。あだあだしく心弱くなりおきにけるわが怠りに、かかる事も出で来るぞかし」

（どのような事情があるにせよ、どうして他に妻を迎えることがあろうか。浮気っぽく、気弱になっていた自分の気持ちのゆるみからこのような事態にもなってくるのだ）

光源氏の呻き声が聞こえてきそうな心中思惟の言葉である。だが、事態は、もう取り返しがつかない方向に流れ始めている。女三の宮への期待はずれと紫の上への申し訳なさに光源氏は責めたてられ、後悔は苦悩に進んでいった。

しかし、光源氏は体面を重んじる人である。大変な人を正妻に迎えてしまったと思いながらも、外に対してはやはり女三の宮を自分の選んだ正夫人として大切に扱うことを忘れなかった。にもかかわらず、事もあろうに、彼が紫の上の病気の看病に明け暮れている時、女三の宮は、柏木という、太政大臣の長男と情を交わしてしまったのである。密通は露見しない限りは、闇から闇に葬り去られる。しかし、柏木と女三の宮の密通は、光源氏が最も苦しむ方向で顕現した。

見てしまった手紙

光源氏は紫の上のところにいたが、女三の宮の妊娠を知らされてやってきた。腑に落ちない思いがある。久しく女三の宮を抱いていないのだ。女らしくなった女三の宮のもとに、その晩は泊まった。朝早く光源氏は、紫の上のところに帰ろうとして身支度を整えている時、ふと目に留まったものがある。緑の薄様の手紙である。女三の宮は、まだ寝ている。

何気なく手に取ってみると、「男の手なりけり」。読んでみると、「まぎるるかたなく、その人の手なりけり」。柏木なのだ。情を交わしたことが歴然とした書きぶり。不用心なと光源氏は思う。女に出す手紙は、落ち散って人手に渡る恐れもあるのだから、相手の女性にだけ分かれば良いようにぼかして書くものだと、恋の道のベテランの光源氏は心中で批判する。女三の宮自ら進んでではないことは分かるが、その幼さに舌打ちされる。

男が、女房の手引きで寝室に忍び込んできても、本人が近寄りがたく毅然とした態度をとり続ければ、男も手出しが出来ないものである。藤壺や空蟬は立派だった。寝室に入り込んだ光源氏を見事なやり方ではねつけたではないか。女三の宮には、それが出来なかった。自ら機転を利かせて、物事を処理する力がなかった。ひたすら甘やかされて育った頼りなく幼い姫君なのである。

光源氏は、女三の宮のみごもった子が柏木の子であることを知ってしまった。偶然、動かし得ない証拠を手にしてしまった時、あなたが夫なら、どうするであろうか？　ことを公にして離婚するであろうか？

光源氏は、そうしなかった。彼は、相手のこと、自分のことをじっくり考えて、正妻の密通を、自分の胸の内にだけとどめる決意をした。事実が明るみに出たときに、深傷をおうのは、女三の宮の方であることを考慮したのであろう。女三の宮は皇女なのだ。皇女の不倫として大スキャンダルになってしまうであろう。それに対して、光源氏の方は、女三の宮への監督不行届の非難を浴びるであろうし、また妻を寝取られた間抜けな男として道化の役を引き受けねばならないであろう。しかし、女三の宮よりは傷が浅いのである。

光源氏は、紫の上にもこのことを漏らさなかった。危篤状態を脱し小康状態を保っている紫の上に話せば、少しは精神的に楽になったかもしれないのに、光源氏は、ぐっとこらえた。恐らく、全てもとを正せば、自分の心の奥底に潜んでいた浮気心が原因であることを自覚し、深く反省していたからであろう。

自分で蒔いた種は、自分で刈り取らねばならない。光源氏は、そう覚悟していたに違いない。泣き言を漏らさずに自分一人で責任をとって処理していこうとする光源氏の姿には、成熟した中年男性の魅力がある。

まさかと思うことがおありでも

誰にも言えない苦しみを胸に抱いて、光源氏は頭を抱える。と、若かりし頃、彼が継母の藤壺と密通して子をなしたことが脳裡を去来する。それは誰にも知られずに終わり、皇子は父帝の子として育てられ天皇になった。今度の事件はその天罰のようにも思えてくる。父帝は、自分たちのことを察知していたのであろうか？　何も言わずにそしらぬふりをしていただけなのかもしれない。今さらながら、彼は亡き父の目を感じ、罪の意識におののく。そして、女三の宮と柏木を許そうと思う。

だが、妊娠している女三の宮と二人きりになると、彼は、忍耐の緒が切れて、柏木のことをほのめかして脅してしまう。

「思はずに思ひきこゆる事ありとも、おろかに人の見とがむばかりはあらじとこそ思ひはべれ」

（まさかと思うことがおありでも、粗略なお扱いだと人に見とがめられるようなことはすまいと思っております）

どんなことをあなたがしたとしても、正夫人の待遇を変えない。それが、朱雀院のご依頼にこたえる道だと光源氏は言っている。光源氏は、若い時から、一度その気になったら、最後まで相手を捨てるようなことをしない人なのだ。女三の宮は、ただ恥ずかしそうに顔をそむけている。

光源氏と女三の宮の間には、いわゆる大人どうしの男と女の会話は見られない。光源氏が、年の離れた女三の宮に一方的に話しかけたり教え諭したりする言葉が見られるだけである。光源氏はなおも言い続ける。

「今は、こよなくさだすぎにたるありさまも、あなづらはしく目馴れてのみ見なしたまふらむも、方々に口惜しくも、うれたくもおぼゆるを、院のおはしまさむほどは、なほ心をさめて、かの思しおきてたるやうありけむ、さだすぎ人をも、同じくなずらへきこえて、いたくな軽めたまひそ」

（今では、すっかり年寄りになってしまった私の姿も、見くびってもう飽き飽きしたとご覧になっていられるらしいのも、あれもこれも残念にも情けなくも思われますが、院が御在世の間は、やはり我慢して、院が私を夫とお決めになったのはそれなりのお考えもあったのでしょうから、この老い人をも、同じようにお思いやり下さって、そうひどくお見下しなさ

いますな）

誰と「同じように」思えと言うのだろうか？　光源氏は口に出していないが、柏木を背後に匂わせているのであろう。自分を老人扱いし、極端に自己卑下することによって、強烈な嫌みと当て擦りをしている。せめてもの復讐である。かつて、光源氏は、同性に嫉妬したことがなかった。常に勝者だったからである。だが、今や妻を寝取られた老い人なのだ。

一人で考えている時は、女三の宮を許そうと思うにもかかわらず、本人を目の前にすると嫌みや当て擦りを言ってしまう光源氏。昔物語のヒーロー像を脱し、綺麗事では動かぬ人物として造型され、人間くささを発散して生きている。

光源氏は、最後に女三の宮にしんみりと言って聞かせる。

「今さらに思はずなる御名漏り聞こえて、御心乱りたまふな」

（今さらに、思いも寄らぬあなたのお噂をお父さまのお耳に入れてご心配をおかけするようなことはなさいますな）

父親にも柏木のことは言わないように、と女三の宮に取るべき態度を教えている。ここまで教えてやらねばならない相手なのである。女三の宮は、後から後から溢れ出る涙を抑えることが出来ない。柏木の件では、彼女も彼女なりに苦しんでいるのだ。

光源氏も、彼女の涙を見ながら、自分の過去の罪におののき、因果応報の思いに捕らわれ、涙にむせぶ。

誰しも老いは逃れられない

では、柏木に対して、光源氏はどのような態度をとったか？　柏木が例になく光源氏邸に顔を見せなくても放っておいた。柏木に迂闊者と思われているようで気後れがするし、会えば平静でいられるとも思えないのである。

だが、どうしても柏木を呼ばなければ周囲の人が疑念を抱くような音楽の催し物が光源氏邸で行われることになった。光源氏は、気持ちを抑えて、柏木を招待した。しかし、柏木は、重く病んでいる由を申してやって来ない。光源氏も、来ないのは悩んでいるのだろうかと気の毒になってわざわざ手紙をやる。こういう優しさが光源氏の持ち味でもある。柏木の父親も、大した病気ではないのだから、光源氏邸に参上するように勧める。柏木は、つらさを圧してやってきた。

柏木は、話に聞いていたとおりすっかり痩せてしまって顔色が悪い。だが、光源氏は、柏木を目の前にすると許しがたい気持が沸き上がる。光源氏は、優しそうに装って、柏木に声をかける。

「拍子ととのへむこと、また誰にかはと思ひめぐらしかねてなむ」

(拍子を調えられるのは、君しかいないんで、お越しを願ったよ)

柏木は、恥ずかしさで顔色が変わっている。だが、柏木も動揺する心を抑えて、

「例もわづらひはべる乱《みだ》り脚病《かくびやう》といふものところせく起こりわづらひはべりて、……内裏《うち》などにも参らず」

(ふだんも病んでおります脚気というものがひどくなっておりまして。……勤めも休んでおりまして)

などと言葉を選び選びして無難な答えをした。

宴もたけなわになった。光源氏は、沈鬱な顔でふさぎ込んでいる柏木に目を据えて、冗談めかして言ってのけた。

「過ぐる齢《よはひ》にそへては、酔ひ泣きこそとどめがたきわざなりけれ。衛門の督《かみ》心とどめてほほ笑まるる、いと心恥づかしや。さりとも、いましばしならむ。さかさまに行かぬ年月よ。老いは、えのがれぬわざなり」

(よる年波につれて、酔えば泣けてくるという癖はどうにもとめられなくなってきましたよ。衛門の督が、目敏く見つけ

て、笑みを浮かべておられるのは、なんとも恥ずかしいことですな。なに、それでも、その若さも今しばらくのことですよ。年月は、逆さまには流れぬもの。誰しも老いは逃れられない）

衛門の督は、柏木の官職名。光源氏の目は、柏木を射るような光線を発している。柏木が笑っているはずがないではないか。だが、光源氏は、老人の私を馬鹿にしたなと一矢報いなければ気がすまない。おまけに若さも瞬時のことだと痛烈な皮肉を言わずにはいられない。光源氏が、最も人間的な嫉妬の情をあらわにしている。

柏木は、座にいたたまれずに途中で退席したが、家に着くなり寝込んでしまった。光源氏は、柏木の神経を痛めつけた。

苦悩を秘めて

女三の宮は、柏木の子を生んだ。光源氏は、人前では見事につくろっているが、赤子を抱く気にはとてもなれない。女三の宮は、光源氏の内々の冷たさがますますひどくなるのを感じて尼になってしまった。柏木は、病の床で女三の宮出家のニュースを耳にし、気を落としてあの世に旅立ってしまった。

後に残された子を抱き上げる光源氏。その心の苦痛はいかばかりか。何心なく笑む幼児の顔に、柏木の面影が色濃く宿る。その子を自分の子として慈しみ育てなければならない。

三者三様の苦しみの中で、最も過酷な刑の道を歩まされているのは、誰か？　光源氏である。『源氏物語』の作者は、最も能力のある光源氏に、最も苦しい重荷を背負わせた。

世の中で人に語れぬ苦しみくらいつらいものはない。それは、時には、人を狂気の淵に誘う力さえもっている。光源氏は、耐えた。内面は、苦しみのたうち回りながらも、表面は取り繕いつつ平静を装って、最後まで秘密を人に語ることはなかった。その精神力の強さに私は大人の魅力を感じる。

人間の持つ業に苦しみ、時には、耐えきれずにそれをふと表面化させてしまっては、反省する光源氏。そこには、もはや、若かりし頃の理想的な造りものめいた光源氏は存在しない。悩み、のたうち回って苦しみに耐えようとする、リアリティあふれる熟年男性がいる。中年以後の人間の匂い溢れる光源氏の姿は、『源氏物語』が古代の物語という枠を超えて、人間をえぐり出す小説として現代まで生きながらえてきた要因の一つだ、と私は思う。

生きるとはどういうことなのか？　中年以後の光源氏は、われわれに最も根源的な問いを投げかけ続ける魅力的な存在である。

11　夕霧と雲居雁——夫婦喧嘩の会話——

中年の恋

私がひそかに楽しんでいる会話がある。夕霧と雲居雁の間に交わされる夫婦喧嘩の言葉だ。

夕霧は、光源氏の息子。光源氏に似ず、この上なく実直な人物。おそらく、母葵の上の血筋をひいたのであろう。彼は、今や地位も高く、経済力もあり、おまけに容姿も整った花の中年である。

妻は、二歳年上のいとこの雲居雁。彼は、彼女を六年間も思い続け、ようやく晴れて結婚し、ひたすらに妻を愛して一一年。人もうらやむ円満な家庭を築いている。子供も、七人もいる。

色恋沙汰にはとんと無縁のはずの彼が、中年になって、突然恋をした。友人の柏木が亡くなり、その未亡人落葉の宮を見舞ううちに、いつしか恋が芽ばえるというお定まりのコースなのであるが、なにしろ浮気ひとつしなかった彼のこと、落葉の宮にのめり込み、ついに結婚までしてしまう。

当時は、複数の妻を持つことが社会的に認められているのであるから、彼の行為は合法的ではあるが、おさまらないのが妻の雲居雁。彼女は、それまで夫の愛を一人占めにし、幸せ一杯の家庭を営み、そこに安住しきってきた。

一体、二人は、どのような喧嘩を展開し、どのように決着をつけていくのか？　痴話喧嘩の見本のような彼らの言葉のやりとりを追ってみよう。

今時の若い人みたいな格好で

このごろ夫の様子が、どうも変だ。帰ってくると、格子を上げさせて月を眺めながら寝ている。そのせいか、そばに寝ていた乳飲み子が泣き出し、お乳をもどした。

妻は、起き出し、赤ん坊を抱きあげ、長い髪を耳にはさんで、はちきれそうな胸をあけて、お乳を含ませ、あやしている。

「いかなるぞ」

（どうしたのだ？）

と、夫が声をかけると、妻は、

「なやましげにこそ見ゆれ」

（ぐあいが悪そうですわ）

と答えてから、嫌味を言い出す。

「今めかしき御ありさまのほどにあくがれたまうて、夜深き御月めでに、格子も上げられたれば、例のもののけの入り来たるなめり」

（今時の若い人みたいな格好で浮かれ歩いて、夜更けの名月のご観賞とやらで、格子までもお上げになったから、お決まりの物の怪が入ってきたのでしょう）

夜、戸を開けると、成仏できない魂などが物の怪になって入ってくると、俗に考えている。妻は、そんな子供じみた考えを口に出す。夫が落葉の宮にご執心という告げ口を受けて、面白くないのだ。嫌味の一つも言いたくなった。「今時の若い人みたいな格好で」と言って、中年の夫を痛烈に皮肉る。「夜更けの名月のご観賞」と言って、平素無粋な夫にあてつける。奥ゆかしい女性なら決して口にしないような言葉を、ずけずけと夫にぶつける。亭主を尻に敷いた妻の言葉。

だが、夫も黙っちゃいない。

「あやしのもののけのしるべや。**まろ**格子上げずは、道なくて、げに入り来《こ》ざらまし。あまたの人の親になりたまふままに、思ひいたり深くものをこそのたまひなりにたれ」

（なんと、私が物の怪の手引きをしたとは妙なことだ。なるほど、私が格子を上げなかったら、道がなくて入ってくることはできなかったですな。大勢の子供の親におなりになるにつれて、考えが深くなって立派なことをおっしゃるようにおなりだ）

子供じみてはいるが、妻の言うことに一理あると、夫も思うので、一応肯定する。だが、最後に痛烈な皮肉をあびせる。たくさん子供を生んでも、一向に精神的に成熟しない妻に向かって、「立派なことをおっしゃるようになった」などと。

遠慮のない妻に、夫も遠慮なく言い返している。思うことを内に込める間柄ではなく、何でも口に出して言い合う陽性の夫婦である。

大勢の妻妾の中で格別に愛されるのこそ価値がある

夫は、落葉の宮にますますのめり込んでいった。落葉の宮の母親は、娘のことを心配して、余命いくばくもない病気をおして、夕霧に手紙を書いた。

夕霧がその手紙を読んでいると、妻は、落葉の宮からの手紙だと早合点して、夫の後ろにこっそり近寄って、その手紙をすばやく奪ってしまった。

「あさましう。こはいかにしたまふぞ。あな、けしからず」

（あきれたことを。一体、何をなさる。まったくけしからんことだ）

夫は、妻の不意打ちの実力行使にびっくりする。ちょっと物を考える女性なら、嫉妬していても、そんなにあからさまな行動に出ることはない。彼女は、深い思慮に欠ける直情径行型の女性である。

夫は、どうしたか？　少しも慌てず、手紙を取り戻そうともせず、とっさにうまい説明をする。手紙は、養母のもので、自分の出した病気見舞いの返事なのだと。

「見たまへよ、懸想《けさう》びたる文のさまか」

（ごらんよ、恋文めいた手紙のさまかい？）

夫の動じない様子をみて、妻は勘違いをしたと思うが、今さら手紙を返すわけにもいかない。妻は、照れ笑いをしている。

夫は、こんなことを言いはじめる。

「またあらじかし、よろしうなりぬる男の、かくまがふかたなく、一つ所を守らへて、もの懼《お》ぢしたる鳥のせうやうのもののやうなるは。いかに人笑ふらむ。さるかたくなしき者に守られたまふは、御ためにもたけからずや。あまたがなかに、なほ際《きは》まさり、ことなるけぢめ見えたるこそ、よそのおぼえも心にくく、わがここちもなほ古《ふ》りがたく、をかしきこともあはれなるすぢも絶えざらめ」

（他に例もあるまい、相当な地位を築いた男が、こうしてわき目もふらずに一人の妻を後生大事に守り続けて、びくびくしている雄鷹のようにしているのは。世間の物笑いだよ。そんな堅物に守られているのは、あなたにしたって自慢なことではあるまい。大勢の妻妾の中で、一段とぬきんでて別格に重んじられているのこそ、よそ目にも奥ゆかしいし、自分の気持ちとしてもいつまでも新鮮で、夫婦の間のしゃれた風情も情愛も、長続きするものじゃあないか)
これは、一夫一妻多妾制下にある当時の人々のごく常識的な考え方である。夕霧は、そうした世間常識とは違って、雲居雁だけを愛して今日までやってきた。
だが、中年になって恋にとりつかれた彼は、にわかに今までのやり方が疑問に思われ出した。妻にしたって、たくさんの女の中から特に愛され重んじられているのこそ名誉なはずだ。
世間常識は、夕霧の恋の正当化に、またとない合理的な根拠を与えた。

前々から慣れさせておかなかったんですもの

では、妻の雲居雁の方は、どう思っていたか？

「いと今めかしくなり変れる御けしきのすさまじさも、見ならはずなりにけることなれば、いとなむ苦しき。かねてよりならはしたまはで」

(いやに若返ってしまったご様子も興ざめですが、今までそんなあなたを知らずに過ごしてきたものですから、ほんとにつらいの。前々から慣れさせておきにならないで)

彼女は、夫が若い時からいろんな女性の所に通うということに慣れさせておかなかったから、つらいと言っている。ということは、夫の唱える世間常識を、彼女も素直に受け入れているということである。

一人の夫に複数の妻妾がいるという婚姻形態にあると、女性の中には、それによって生ずる悩みを見通して、結婚拒否の思想を抱く人もいる。あるいは、男の愛のたのみがたさ、愛情の移ろいやすさを痛感し、尼になってしまう人もいる。

雲居雁の場合は、こうした女性たちとは違って、当時の結婚形態に何の疑問も抱いていない。夫と同じく、世間常識を彼女もまた受け入れる。つまり、彼ら夫婦は、価値観が一致しているのだ。とすれば、彼ら夫婦は、根本的に決裂してしまうことはあるまい、と推測される。

では、実際の事態は、どのように展開していったであろうか。

いっそ鬼になってしまいます

夫は、妻の嫉妬から出る嫌味や、手紙を奪うという実力行使も何のその、落葉の宮と結婚する決意をますます固めているらしい。夫と落葉の宮との仲は、世間の評判にもなっていった。

落葉の宮は、皇女だけあって、妻の雲居雁にはない奥ゆかしさ、心の深さがあった。落葉の宮と語り明かして、夫は、日が高くなってから帰ってきた。

妻は、寝床に横になったままで、夫と目を見合わせようともしない。だが、夫も気がねそうな顔もせずに、夜具をひきのけると、妻は言う。

「いづこととておはしつるぞ。**まろ**は早う死にき。常に**鬼**とのたまへば、同じくはなり果てなむとて」

（ここをどこと思っておいでになったんですか！　あたしは、とっくに死にました。いつも鬼とおっしゃるから、いっそ鬼になってしまおうと思って）

妻は、かっかと頭にきてどなる。死人の魂が鬼になると考えている当時のこと、死ねば鬼になるというわけだ。

妻は、幼児的な突飛な発想をする。だから、本人が怒っている度合いに反比例して、聞く方には余裕ができてしまう。

夫は、いつも妻のことを「鬼」と呼んでいたことがわかる。妻も、自分のことを指すのに、「まろ」（あたし）などという馴れ馴れしすぎる言葉を用いて、度をこえた気安さを夫に対して持っていたことがわかる。森野宗明『王朝貴族社会の女性と言語』（有精堂）の言うように、当時のたしなみのある妻は、「ここ」（わたくし）という言葉を用いていた。彼らは、ふざけ合い、じゃれ合っていた、親密この上ない夫婦なのだ。

妻にあっては、怒りが内向することはない。その分、夫もやりやすい。夫も、すまして言ってのける。

「御心こそ、**鬼**よりけにもおはすれ、さまは憎げもなければ、えうとみ果つまじ」

（お心は鬼も顔負けでいらっしゃるが、お姿は憎げもないから、嫌いにはなりそうもないな）

妻の言葉を軽くいなして、夫は、平気でいる。妻は、いまいましくて、さらに言う。

「めでたきさまになまめいたまへらむあたりに、あり経《ふ》べき身にもあらねば、いづちもいづちも失《う》せなむとす。なほかくだにな思《おぼ》し出でそ。あいなく年ごろを経《へ》けるだに、くやしきものを」

（素敵なおしゃれをなすって色っぽくふるまわれるようなお方のそばに、いつまでもご一緒できる身ではありませんから、どこへなりといなくなってしまいたいのです。せめてこんなふうに思い出して時々来たりすることなどなさらないで。むだに長い年月連れ添ってきただけでも悔やまれるのですから）

夫が「見捨てられないよ」と言ったのを受けて、「どこかに消えてしまいたいけれど、そうもいかないから、せめて訪ねて来たりしないで」などと言う。夫の言葉を真に受けて、まんざらでもなかったのだろう。無邪気な人だ。

夫は、続けて言った。

「かく心幼げに腹立ちなしたまへればにや、目馴《めな》れて、この**鬼**こそ、今は恐ろしくもあらずなりにたれ。神々《かうがう》しき気を添へばや」

（そんなに子供っぽい怒り方をなさるからだろうか、慣れっこになって、この鬼がかえって今はこわくも何ともなくなってしまったよ。もっと鬼らしいおごそかさがあるといいねえ）

おとなしく死んでおしまいなさい

再び、妻は、むっとしてまくしたてる。

「何ごと言ふぞ。おいらかに死にたまひね。**まろ**も死なむ。見れば憎し。聞けば愛敬《あいぎやう》なし。見捨てて死なむはうしろめたし」

（何を言うのです。おとなしく死んでおしまいなさい。あたしも死にます。顔を見れば憎いし、声を聞けば腹が立つし、かといってあなたをこの世に残して死ぬのは気になるわ）

妻は、間違いなく夫を愛している。夫に死ねと言い、自分も死ぬという。こんな言葉は、愛している時以外には絶対に出てこない。自分だけ死ぬと、あとで夫が喜んで落葉の宮と晴れて結婚してしまうかもしれない。それは困る。彼女は、子供っぽくそんな心配をしている。かわいい妻だ。怒れば怒るほど、夫を愛していることのわかる言葉を吐き続けてしまう。

彼らの夫婦喧嘩が明るくユーモラスなのは、雲居雁の腹立ちまぎれに投げつける言葉が、あまりにも単刀直入で、愛する気持ちをまる出しにしてしまうことである。

夫も、そんな妻の怒りの言葉を聞いていると、「愛してます」と言われているようで、悪い気はしない。にやにやしながら言う。

「さても契り深かなる世を知らせむの御心ななり。にはかにうち続くべかなる冥途《よみぢ》のいそぎは、さこそは契りきこえしか」

（僕が死んで、君も死ぬというふうにして、夫婦の縁の深いところを私に教えてやろうというおつもりなんだね。死んだあとを追いかけて急いで冥途の旅に出るというのは、私の方ですでに約束したはずだよ）

夫も、妻の嫉妬にこめられた愛の言葉を受けて、すかさず自分も妻を愛していることを伝える。妻の怒りは、まるくなだめられてしまう。

自分勝手に出ていくこともできまい

夫は、続けて自分たちが結婚にたどりつくまでの長い試練の時期を思い起こさせ、自分の気の長さを悟らせる。そして、いよいよ本題。

「今は、かく憎みたまふとも、おぼし捨つまじき人々、いと所狭《せ》きまで数添ふめれば、御心ひとつにもて離れたまふべくもあらず。また、よし見たまへや。命こそ定めなき世なれ」

（今は、こんなふうに私をお憎みになったところで、お見捨てにはなれない子供たちが、まったく所狭しと大勢になったのだから、自分勝手にさっさと出ていっておしまいになるわけにもいくまい。まあ私の気持ちを見ていてください。人の命は、定めないものであっても）

夫は、すべて冷静に判断している。子供が大勢いるから、妻はおいそれとは出ていくことはできないと。しかも、夫は、落葉の宮を近々妻にしようと決めている。「人の命は定めないものであっても、自分の志の長さを見ていてくれ」と言っているから。

夫は、こう言うと、きれいに身なりを整えて、落葉の宮の所に出かけていこうとする。妻は、夫の脱ぎ捨てた着物を手にとって、

「歌 馴るる身をうらむるよりは松島のあまの衣《ころも》に裁《た》ちやかへまし」

（歌 あなたに馴れすぎて飽きられたこの身を恨むよりは、いっそこの着物を尼衣に裁ちかえてしまいましょうか）

尼になりたいと、妻は涙をにじませて、独《ひと》り言《ごと》のように言う。だが、夫の着物を尼衣にして自分が着るということ自体が、尼になるにはほど遠く、夫をこよなく愛していることを感じさせる。尼になりっこないなと思わせる。

だから、夫もちっとも驚かず、

「歌 松島のあまの濡衣《ぬれぎぬ》なれぬとてぬぎかへつてふ名を立ためやは」

（歌 私に馴れすぎて飽きがきたからといって、私を見限って尼になったという噂が立ってよいものか）

などと、おざなりに返事をして出ていってしまった。妻の泣きおとし作戦も、夫には何の効きめもなかった。

幼い子供たちを放ったらかしにしたまま、何ですか

夫は、ついに落葉の宮と結婚した。落葉の宮の母が亡くなり服喪のさなかであるが、夕霧は落葉の宮邸に住み慣れ顔でいる。

妻は、もうこれまでと思い、怒って実家に帰ってしまった。夫は、妻の軽率な性格からして、あらかじめあり得ることと予想はしていたが、妻の父親の手前もあるので、ひとまず、自宅に帰る。子供たちの幾人かは、自宅に残っている。妻は、ごく小さい子と女の子たちだけを連れて帰ったのだ。「ははあ、おどしだな」と、夫は見破る。

男の子たちは、父親を見て喜んで飛びついてきたり、母を恋しがったりしている。

夫は、仕方がないので、妻を迎えに行く。妻は、実家の客間で、姉と世間話をしている。

「かかる人を、ここかしこに落しおきたまうて、など寝殿の御まじらひは」

（幼い子供たちをあちらこちらに放ったらかしにしたまま、よくものんきに客間でのおつきあいなどができるもんだ）

と、夫はまず嫌味をきかせ、子供を見捨てることなどできないはずなのにと、小言を言う。そして、最後に、

「はかなき一節《ひとふし》に、かうはもてなしたまふべくや」

（取るに足りない今度のことで、こんな態度をおとりになってよいものだろうか）

と、妻の不心得をなじる。他の女性を妻にすることなど、自分ほどの地位の男なら世間常識なのだ。それを、妻は騒ぎたて、家を飛び出すなどして心得違いをしておるというのが、夕霧の理屈なのだ。

妻は、何と言ったか？　妻も夫の考え方に根本的には一致しているのだから、表立って反駁《はんばく》する理由もない。とすれば、残されているのは、ふてくされて居直るだけだ。

「何ごとも、今はと見飽きたまひにける身なれば、今はたなほるべきにもあらぬを、何かはとて」

（何もかももう私に飽き飽きしておしまいになったのですから、今さらもとに戻るはずもありませんし、遠慮するに及ぶまいと思いまして）

おとなしく我慢などしている必要もあるまいと、妻は居直った。続けて、

「あやしき人々は、おぼし捨てずはうれしうこそはあらめ」

（馬鹿な子供たちは、お見捨てにならないのなら、うれしくも思いましょう）

と、捨てゼリフを吐く。

夫も負けない。なにしろ悪いのは、妻なのだと思っている。強烈な脅しをかける。

「人の見聞かむも若々しきを、限りとのたまひ果てば、さてこころみむ」

（人の手前も大人げないことだから、あなたが手を切るとおっしゃるなら、そのようにしてみよう）

夫は、妻が離婚というのなら、それでもよいと言い切った。深い考えもなく、家を飛び出した軽率な妻が、こう言えば慌てることが見えている。名折れになるのも、妻の方だと見通している。続けて脅す。

「かしこなる人々も、らうたげに恋ひきこゆめりしを、選《え》り残したまへるやうあらむとは見ながら、思ひ捨てがたきを、ともかくももてなしはべりなむ」

（あちらに残った子供たちもかわいらしい姿で、あなたを恋しがっていたようだが、選び残していかれたのには何かわけがあるのだろうとは思うけれど、私は見捨てるわけにはいかないから、とにかく何とかいたしましょう）

出来の悪い子だけを残していったのだろうと嫌味をきかせ、さらに、「子供たちを自分なりに何とかする」と言う。一体、どうするつもりかと、妻は考える。もしかしたら、あの女の所へ連れていってしまうのではあるまいか。妻は、不安にかられる。

こう言っておけば、妻は、やがて戻ってくる。夫は確信していたに違いない。夫の計算の行き届いた言葉の勝利であった。

雲居雁は、もとのさやにおさまり、夕霧は、雲居雁と落葉の宮の二人の妻の間を一日おきに、律儀に往来したそうである。

気の合う夫婦

夕霧と雲居雁の夫婦喧嘩、いかがであったろうか。彼らの喧嘩を「結婚のみじめな破綻」（福永操『源氏物語の女たちと作者』れんが書房新社）ととらえる人もいる。

だが、彼らの言葉のやりとりを見てきたわれわれは、彼らが深刻に悩み争ったわけではないことを知っている。彼らは、物の考え方から一致しており、根本的に決裂してはいないのだ。のみならず、妻は、嫉妬から嫌味を言っても、かっかと怒ってどなっても、涙を流して恨んでみても、心底夫を愛していることがまる見えになってしまった。

一方、夫も、いささかわからずやではあるが、陽気で子供じみたかわいい妻を愛し、ある時は軽くいなし、ある時は嫌味と脅しをかけて対応し、巧みにリードしていた。

冷静な判断力をもって何事にも慌てずに対処する常識的な夕霧は、二人の妻と破綻なくやっていくであろうし、雲居雁も、嫉妬心がおさまれば、それなりに現状に順応して生きていくタイプの女性である。

私が、彼らの喧嘩を楽しいと思ったのは、根底からくつがえされることがないという安心感の上に起こる、波瀾だったからである。

♥まろ

夕霧と雲居雁が、夫婦の会話でそれぞれ自称として使っている言葉。「わたし」「あたし」「ぼく」などといった、くだけた感じのする一人称代名詞。子供もよく使う。

この言葉は、夫婦間ではふつう、夫が妻に話しかける時にだけ使う。たとえば、「まろもそのつらぞかし」（玉鬘）と、光源氏が紫の上に話しかける言葉の中に用いるというぐあいに。

それなのに、夕霧と雲居雁の夫婦においては、夫が妻に話しかける時のみならず、妻が夫に話しかける時にも用いてしまう。なぜ、こんなことが、彼ら夫婦に限って起きるのか？

彼らが、他の夫婦とは違って幼なじみであったことと関係がありはしないか。二人は、少年少女のころに恋をした。〝別れたら恋しくてたまらない〟と訴える夕霧少年に、少女雲居雁は「まろもさこそはあらめ」（あたしもきっとそうよ）と答えている。「まろ」で話し合っていた幼い時の言葉が、そのまま夫婦になっても続いてしまったのではないか。ちょうど、我々が幼いころの友人をいつまでも「ちゃん」付けで呼び続けるように。

♥鬼

夫が平素、妻をからかって呼ぶ言葉。「鬼」は、恐ろしい姿をして、人をとり殺して食うと考えられた想像上の怪物。妻を「鬼」にたとえて呼ぶことから、夕霧の家庭が「嬶天下」であることが暗示される。

『源氏物語』には、「鬼」の語が三五例見られるが、「心の鬼」といった特殊な例が一五例もある。「良心の呵責」といった意味で、不義の恋や密通などで、自分が人から咎められるべきことをしたという気持ちのある時に使う。「御心の鬼にいと苦しう」（紅葉賀）は、光源氏との密通によって誕生した皇子の顔を見るときの、藤壺の心である。

残りの二〇例が、いわゆる「鬼」を意味しているが、雲居雁のように「鬼」に比べられる女性は、他にもいる。博士の娘で、漢語を並べたててしゃべる学識豊かな女性なのだが、男たちからみると、そんな女を妻にするより、おとなしく「鬼とこそ向ひ合っていた方がよいと言う。口やかましい女やふつうと違った女をみると、男たちは「鬼」を連想するものらしい。

12　夕霧と落葉の宮――不器用な会話――

まじめな男が恋をすると

まじめな男は、概して女を口説くのが下手である。なぜなのか？　この節をお読みいただくとよくわかるに違いない。

ここで注目する人物は、夕霧という実直な中年男性。光源氏の息子であるにもかかわらず、父親には似ず、おおよそ色恋の場面には不向きな男であった。ところが、彼も、中年になって恋をした。思いこがれた女性は、友人柏木の未亡人である落葉の宮。

だが、彼の口説きは、女の心が読めないために、かえって女を深く傷つけてしまうものであった。彼は、言葉では女を口説きおとすことができなかった。『源氏物語』は、こうした方面に暗い男の恋の典型を、夕霧を通して見事に描き出している。

一体、彼は、どんな口説き方をしたのであろうか？　その不器用さが見どころである。

私の切ない気持ちも察してください

夕霧が、未亡人落葉の宮とその母の世話をしはじめて三年たった。はじめは、友人柏木の遺言通りに彼らの後見をしていたが、いつしか奥ゆかしい落葉の宮にひかれはじめた。時折、彼女に自分の恋心をほのめかしてみるのだが、彼女は知らん顔で、手ごたえがない。

だが、彼女の母親が病気になり、山荘に移って養生している時、彼は胸の思いを訴える、またとない機会に恵まれた。病気の母親にかわって、彼女が応対に出たのだ。

彼は言う。

「心苦しき御なやみを、身にかふばかり嘆ききこえさせはべるも、何のゆゑにか」

（おいたわしいご病気を、わが身に代えてもとご心配申し上げておりますのも、何のためでしょうか）

無難な切り出し方である。続いてその理由を述べる。

「かたじけなけれど、ものをおぼし知る御ありさまなど、はればれしきかたにも見たてまつりなほしたまふまでは、たひらかに過ぐしたまはむこそ、誰が御ためにもたのもしきことにはべらめと、おしはかりきこえさするによりなむ」

（失礼ですが、夫に先立たれ憂愁に沈んでいらっしゃるあなた様のご様子が晴れやかにおなりになるのをごらんになられるまでは、お母様がお元気でいらっしゃるのこそ、どちらのためにも心強いことであろうとお察しいたしまして）

ずいぶんもってまわった言い方であるが、彼の慎重な性格をあらわしている。おそらく「お母様がお元気でいらっしゃるのこそ」のあとに、「あなたのために、何よりも心強いことだと思えるからです」と言おうとしたのであろう。

だが、今日は母親の見舞いに来ているという建て前もあるし、またいきなり恋の気持ちをストレートに出すのもはばかられたのであろう、彼は、「どちらのためにも心強いことであろうとお察しいたしまして」と、漠然と言ってぼかしたのである。

次に、男は、女を恨む言葉を吐く。

「ただあなたざまにおぼしゆづりて、積りはべりぬる心ざしをも知ろしめされぬは、本意なきここちなむ」

（あなたは、私がお母様のことを心配してここに伺っているとばかりお思いで、今までの長い間の私の切ない気持ちもお察しくださいませんのは、不本意な気がいたします）

ようやく男は、あなたのことも思っているのだ、自分の気持ちも察してほしいと言い出した。諄々と説く男の言葉を聞いていた女房たちも、「なるほど」と思っている。なかなか好調なすべり出しである。

気もそぞろな人は引きとめません

母親がとても苦しそうなので、女房たちも母親の方に行き、落葉の宮のまわりは、人少なになった。加持をする僧が、しきりに経を読み、病魔を払っている。

夕方になって、霧が軒まで立ち込めてきた。男は、言う。

「まかでむかたも見えずなりゆくは、いかがすべき。

歌 山里のあはれを添ふる**夕霧**に立ち出でむそらもなきここちして」

（帰る道も霧で見えなくなってゆきますのは、どうしたものでしょう。

歌 山里のもの寂しさをつのらせる夕霧に、ここから帰っていく気にもなれませんで）

男は、夕霧にかこつけて、女のそばにいたい気持ちを歌で訴えた。彼の心の中には、『古今和歌六帖』の歌「夕霧に衣はぬれて草枕旅寝するかも会はぬ君ゆゑ」（夕霧に冷たく衣を濡らしながら、ここに旅寝をすることです、会ってくださらないあなたのせいで）が、思い浮かんでいたのであろう。濃い霧は、男の足をとめるのに良い口実になった。彼の詠んだ歌から、彼の名を「夕霧」とよぶのである。ここまでは、彼は、実にスムーズに事を運んできた。

　さて、男の歌に、女は何と答えたか？

「[歌]山賤《やまがつ》の籬《まがき》をこめて立つ霧も**心そらなる**人はとどめず」

（[歌]いやしい山里の垣根に立ち込める霧も、帰ることに心を奪われている人は引きとめません）

「いやしい山里の垣根に立ち込める霧」は自分、「帰ることに心を奪われている人」は男を意味する。女は、「家路へ急いでいる人を引きとめはいたしません。ここに気持ちのない方は、どうかお帰りください」と言った。ということは、裏返せば、「ここに気持ちのある方なら、引きとめます」という意味になる。女の返事は、男の気をひくのに十分である。女も、この時点では、男に多少なりとも恋心をいだいていた。あるいは、そう思われても仕方のない返事である。

　恋に不慣れな男は、こんな女の返事をもらって、のぼせあがった。

決してお許しがなくては

　男は、口やかましい妻や大勢の子供たちのことも忘れ、抑えきれない気持ちを訴え恨みだした。女は、うるさくなって返事もしない。男は、この機会をのがしては二度とチャンスはやってこないと思い、伴の者も、必要な者だけ残して、帰した。そして、さりげなく言う。

「道いとたどたどしければ、このわたりに宿かりはべる。同じうは、この御簾のもとにゆるされあらなむ。阿闍《あざ》梨《り》の下るるほどまで」

（帰り道がまったくおぼつかないので、このあたりに宿をお借りします。同じことなら、この御簾のそばをお許しください。祈禱に来ている阿闍梨が控え室に下がってくるころまで）

男は、今宵はなかなかあつかましい。女は、いつもはこんなに長居したり、色めいたそぶりをみせることがないのに困ったことになったと思い、息をひそめている。

だが、男はあれこれ言い寄って、取り次ぎの女房のあとについて、部屋に入ってきてしまった。

女は驚いて北の襖の外に這い出て逃げようとしたが、男に着物をとらえられてしまった。身だけは、襖の外にある。鍵は、外側からはかけられない。戸は閉めきらないまま、女は、汗を流してふるえている。

女房たちも、男の今までとうって変わった不意打ちの行動に仰天するが、手荒にひきのけることのできるような身分の人ではない。泣き出さんばかりに訴えるけれど、男は、落ちついて、ただ女の近くで話をするだけだと言う。

「人知れぬ心にあまりぬるすきずきしき罪ばかりこそはべらめ、これより馴れ過ぎたることは、さらに御心ゆるされでは御覧ぜられじ」

（人知れずお慕いしてきた気持ちを抑えかねて、こうした色めいたふるまいに及びました咎めぐらいはあるでしょうが、これ以上の馴れ馴れしすぎるふるまいは、決してお許しがなくてはいたしません）

男は、約束する、女の許可がなければ無体なふるまいはしないと。そして、苦しい胸の内を訴えはじめる。

胸の思いをおわかりいただきたい

「いかばかり、千々《ちぢ》にくだけはべる思ひに堪《た》へぬぞや。さりともおのづから御覧じ知るふしもはべらむものを、しひておぼめかしう、けうとうもてなさせたまふめれば、聞こえさせむかたなさに、いかがはせむ、ここちなく憎しとおぼさるとも、かうながら朽《く》ちぬべき愁《うれ》へを、さだかに聞こえ知らせはべらむとばかりなり」

（どれほど胸の内も千々に砕ける悲しみに堪えかねていますことか。いくらなんでも自然と私の気持ちにお気づきのこともあろうと思いますのに、わざと知らないふりで、よそよそしくお扱いなさいますようですから、申し上げようもなくて、もう仕方がない、わきまえもなくけしからぬとお思いになっても、このままでは実を結ぶことなく終わってしまう嘆きを、はっきり申し上げておわかりいただきたいと思うだけのことなのです）


自分の思いを事を分けて訴えている。理屈上は、尤《もつと》もである。だが、女のハートに訴えかける言葉がない。だから、女は手で仕切りの襖をしっかり押さえたまま身を固くしている。

恋のベテラン、光源氏であれば、こうした場合、「こんなふうに会える機会をどんなにねらって苦心していたか」とか、「あなたとの逢瀬は、前世からの因縁のように思える」とか、「あなたに会って僕はこんなにも取り乱してしまった」とか言って、女のハートに訴えかけ、女の気持ちをなごめていくところである。

だが、女に経験の浅いまじめな夕霧には、それがわからない。ひたすら理屈を述べて、女の理解を得ようと腐心する。

まるで男をご存じでないわけでも

そして、まずいことに、女が自分を理解しないと、女が悪いかのように述べはじめる。

「なほかうおぼし知らぬ御ありさまこそ、かへりては浅う御心のほど知らるれ」

（やはりこうして私の気持ちをおわかりくださらないご様子こそ、かえって思慮が浅いように思われます）

ふつうなら男にすぐに靡いてしまうのは、心の浅い態度であるが、自分のようにきまじめで頼りになる男に靡かないのは、かえって思慮が浅いと、男は女を責める。さらに、よせばいいのに、身を固くしている女に、脅しまでかけてしまった。

「あまりこよなくおぼし貶《おと》したるに、えなむしづめ果つまじきここちしはべる」

（あまりにも私をお見下げになりますので、もうとてもおとなしくはしていられないような気がします）

女の気持ちをふみにじるような行為をするかもしれないと、男はおどす。どんな人間でも、おどされればおどされるほど、警戒して余計に身を固くする。女は、ますます身をこわばらせ、心を閉じてしまった。

男は、じれた。そして、女にこの上なくつらくこたえる言葉を吐いてしまった。

「世の中をむげにおぼし知らぬにしもあらじを」

（あなたとて、まるで男をご存じでないわけでもありますまいに）

これほど女を侮辱する言葉はあるまい。男は、女に結婚の経験があるから近づきやすいと思っているのだ。決して言ってはならない言葉。

男は、女のプライドを傷つける言葉も無頓着に口にする。デリカシーに欠ける男。

こんなにもひどい仕打ちを

案の定、女は、深く傷ついて答えた。今まで黙っていた女が答えた。

「憂《う》きみづからの罪を思ひ知るとても、いとかうあさましきを、いかやうに思ひなすべきにかはあらむ」

（不本意にも結婚したという情けない私の過ちを思い知るとしましても、こんなにもひどい仕打ちをどう考えたらよいのでしょう）

女は、皇女であった。皇女が結婚することは、今井源衛「女三宮の降嫁」（『源氏物語の研究』未来社）、後藤祥子「皇女の結婚」（『源氏物語の探究』第八輯、風間書房）の説き明かしているように、きわめてまれなことであった。皇女は、気高く独身で通すのが習わしであった。

にもかかわらず、彼女は、父帝のすすめもあって、ふつうの女のように、たいして地位も高くない柏木と結婚した。だから、彼女には結婚したこと自体が「過ち」と思えたのだ。

彼女は、続けて消え入るような声で、痛々しげに泣きながら言った。

「歌 われのみや憂き世を知れるためしにて濡《ぬ》れそふ袖の名をくたすべき」

（歌 私だけが、不幸な男女の仲を経験している女だからといって、夫に先立たれた悲しみの上にさらにあなたとのことでつらい思いをして、悪い評判を受けなくてはならないのでしょうか）

彼女は、皇女なのに結婚した。それだけならまだしもよかったのだが、その結婚は、みじめであった。夫の柏木が自分を嫌い、冷たく扱い、世間の物笑いになった。あげくの果ては、夫に先立たれ不幸な経験をしてしまった。彼女は、不運な皇女の例として、人々に噂され、笑われた。

だから、夫を持った経験があることを言われるのは、彼女にとって一番つらいことなのである。彼女が、男の言葉に弱々しく泣きぬれ、男の求愛を拒んだのは当然である。

男も、女の涙ながらの訴えで、さすがに悪いことを言った自分に気がついた。苦笑して、

「げにあしう聞こえつかし」

（ほんとに失礼なことを申し上げてしまいましたね）

と、詫びる。男に悪気はなかったのだ。ただ思ったことをそのまま口にしすぎただけだ。

だが、男は、あやまったその舌の根も乾かぬうちに、重ねて失礼なことを言った。

「[歌]おほかたはわれ濡衣《ぬれぎぬ》を着せずとも朽《く》ちにし袖の名やはかくるる」

（[歌]大体、私があらぬ噂を立てられるようなことをしなくても、悲しい思いをなさった汚名は、隠れもないことではありませんか）

何という無神経な言葉か。彼女が世間の物笑いになったことを平然と口にする。男にすれば、もうすでに芳しからぬ評判を受けているのだから、自分との間に浮き名が立ってもいいではないかというのだ。それは、男の身勝手な一方的な理屈というものである。

男は、女の心を汲みとる繊細さをまったく持ち合わせていなかった。女への思いやりに欠けていた。

女は、古傷にさわられ、皇女としてのプライドを思いきり傷つけられた。こんなことを言う男に靡くわけはないではないか。

だが、男は、女に失礼な言葉を浴びせていることすら気づかない。続けて、男は、

「ひたぶるにおぼしなりねかし」

（一気に思い切りなさいよ）

などと言う。どうせ逃れられない浮き名なんだから、もうすべてを捨てて私の胸に飛び込んでいらっしゃいという気持ちなのだろう。

きまじめな男は、女を喜ばせる言葉を知らず、逆に、無意識のうちに女を侮辱する言葉を吐き続け、女の気持ちを逆撫でしつづけた。男は、なぜ女が自分の気持ちをわかってくれないのか心外で仕方がなかったに違いない。

何というおっしゃりようでしょう

女は、外聞・人の思惑をあれこれ考えはじめ、

「明かさでだに出でたまへ」

（せめて夜の明けないうちにお帰りください）

と、ばかり言う。

男は、とうとう何もしないうちに、夜が明け、帰らざるを得ないはめになった。だが、未練がある。男は、別れ際に不器用にもまた嫌がらせを言ってしまった。

一夜を一緒に過ごしたのだから、

「濡衣《ぬれごろも》はなほえ干《ほ》させたまはじ」

（あなたも、あらぬ浮き名はやはりおまぬがれになれますまい）

と、言う。

女は、たしかにあらぬ浮き名が世間に漏れるに違いないが、せめて我が心に恥じない態度をとろうと思い、毅然と答えた。

「[歌]わけゆかむ草葉の露をかごとにてなほ濡衣《ぬれぎぬ》をかけむとや思ふ。

めづらかなることかな」

（[歌]踏み分けて帰って行かれる草葉の露にかこつけて、私にまであらぬ浮き名を負わせようとなさるのですか。

何というおっしゃりようでしょう）

せっかく訪れたまたとないチャンスであったのに、男は女を口説き落とすことはできなかった。のみならず、男の言葉は、女を傷つけ怒らせてしまった。

仕方のないこととお諦めください

それから三日後、女の母親が山荘で亡くなった。男は、葬儀などを立派にしてやり、女に心のあるところを見せた。

ところが、女の方は、母親が男との関係を案ずるあまり死期を早めたことを考えると、男を許すことができなかった。

男は、靡かない女に手をやき、一計を考えついた。女が山荘から帰る前に、女の邸宅を修理してそこに主人顔して居すわったのである。形態的に結婚したように世間に思わせ、外堀を埋めつくして女を攻める方法をとったのだ。こうした実際的なことになると、彼は、ひどく有能であった。

女は、帰宅するように責めたてられて、いやいや山荘から帰ったが、男を避けて、塗籠にこもって中から鍵をかけてしまった。女は、塗籠の中で二日も頑張ったが、はかない抵抗であった。男は、女房を味方につけて、彼らの出入りする口から塗籠に入ってきた。女は、声を限りに泣く。男も、そんな女を見て、興ざめであったが、最後まで、同意を得ようと努力した。

「いふかひなくおぼし弱れ。思ふにかなはぬ時、身を投ぐる例《ためし》もはべなるを、ただかかる心ざしを深き淵《ふち》になずらへたまひて、捨てつる身とおぼしなせ」

（もう仕方のないこととお諦めください。自分の思い通りにならない時、身投げをする例もあるようですが、こうした私

の愛情を深い淵だとお考えになって、淵に捨てた身とお思いください）

男は、女の許しがほしかった。だが、考えてもみてほしい。どんな女性が、自分の方から、「ええ、いいわ」なんて許しを与えるだろうか。実直な男は、最後まで、女に対して的はずれの攻撃をしていた。

男は、女を観念させて夫婦の契りを結んだ。

女心のわからぬ男

夕霧は、学問もあり、官位も高く、実際面では有能な男であった。おまけに容姿も端正。女に好かれる条件は整っている。

にもかかわらず、こと色恋の道となると、からきし無能であった。なぜか？　彼の発する言葉をたどってきたわれわれには、その理由がよくわかる。一言でいえば、彼は、女の心を読みとることができないのである。

彼は、一方的に自分の理屈を女に認めさせ、同意を得ることしか考えなかった。理屈では靡かぬ女を前にした時、彼は、心外でならず、女をひどく傷つける言葉、おどしや嫌がらせの言葉を吐き、女の心をいっそう固く閉じさせてしまった。最後に至っては、女を諦めさせて、ようやく契りを結んだ。甘い言葉で女を口説き、女を情熱の嵐に巻き込んでしまうことができなかった。

『源氏物語』に描かれた夕霧は、現代でもあなたの隣にいそうな男性ではあるまいか。

♥夕霧《ゆうぎり》

女に恋心をうちあけるチャンスをつくり出した風物。夕方になって、たち込める霧のこと。和歌に用いる言葉のひとつ。

女のいる山荘は、比叡山のふもとの近くなので、夕方には濃い霧がたち込める。山荘で一夜をあかしたい男は、「夕霧」で帰路が見えないと言う。女も、「霧」を詠み込んだ歌で返事をしたが、それは、男をひきとめる気持ちがあると誤解されかねない歌であった。男は、「夕霧」のとりもつ恋に陥った。

『源氏物語』は、この山荘を「夕霧」のイメージで印象づけ、後にも「かの夕霧の御息所《みやすどころ》のおはせし山里」（あの夕霧のたち込める、御息所のいらした山里）（「手習」）と、記している。

『源氏物語』には、「夕霧」の語が三例見られる。本文中の恋の会話に一例、右の山荘の説明に一例、残りの一例は、女の心がうちとけずに隔てのあったことをたとえるのに用いている。よきにつけ、悪しきにつけ、「夕霧」は恋の大事な道具だて。

♥ 心そらなり

男に里心が付いていると察して、女が男に向かっていった言葉。辞書では、「心が虚脱状態にある。うつろだ」という意味と解説されているが、『源氏物語』での用法を検討すると、何かで頭がいっぱいになって、正常な対応ができなくなっている状態を表すと考えられる。「そら」は、「空っぽ」の意味ではなく、「虚空」の意味である。心が空に舞い上がってしまい、自分の身は地上にありながら心ここにあらずという状態なのである。

『源氏物語』には、恋愛場面に用いられた「(心)そらなり」の語が一一例見られる。なかでも、夕霧が落葉の宮に焦がれる気持ちに用いられることが多い。落葉宮の身じろぎの気配にさえ、夕霧は「心もそらに」なってしまう。初心《うぶ》である。

「心地そらなり」という具合に、「心地」と合した形でも用いられる。それも、夕霧が落葉の宮と共寝することなく一夜をあかして帰る時の気持ちの形容に用いられている。夕霧は、とかく落葉の宮のことで頭をいっぱいにしてしまう人物なのだ。

13 薫と大君——すれ違う会話——

出生の秘密

互いにひかれあっているのに、結婚にたどりつかない恋がある。ここでとりあげる薫と大君の恋がそれである。なぜ、彼らの恋は、実を結ばずに、女は永遠の処女のまま終わってしまったのか？ 会話をたどっていくと、その理由が明らかになってくる。会話がかみ合っておらず、二人の距離がひろがっていくのだ。

薫は、光源氏の晩年の息子ということになっているが、光源氏の本当の子ではないと感じつつ成長した。母親は、若いのに出家して尼姿であった。何かあったに違いない。自分の本当の父は誰なのか？ 一人悶々と悩み、厭世の心を深くしていた。鬱屈した心を持つ彼は、仏道にひかれ、宇治に住む道心深い八の宮のもとに出入りすることになった。

八の宮は、親王であったが、政争に巻き込まれて敗北し、宇治に隠棲。仏法を深く学び、聖のような生活をしていた。

八の宮の所に通いそめて三年。秋の末ごろ、薫は、八の宮が近くの山寺に籠って留守の時に来あわせてしまった。だが、琴の音にひかれ、垣根の戸から中をのぞくと、想像以上に美しい二人の娘がいた。八の宮の娘たちである。八の宮は、娘たちのことを思って出家できずに、やむを得ず、俗世で生活しているのであった。

長女は、大君。二四歳。次女は中君。二二歳。薫は、二二歳である。

薫の道心は、美しい娘たちを目のあたりにして、揺らぎはしないか。

話し相手になってください

薫は、娘たちに挨拶だけでもして帰ろうと考えた。薫の訪問を知らされて、うまく受け答えできそうな若い女房もいないので、女主人格の大君が応対に出た。

薫は、自分を世間ふつうの色めいた筋とは切り離して考えてほしいと前置きしてから、自分の気持ちを述べはじめる。

「つれづれとのみ過ぐしはべる世の物語も、聞こえさせ所《どころ》に頼みきこえさせ、またかく世離れてながめさせたまふらむ御心のまぎらはしには、さしもおどろかさせたまふばかり聞こえ馴れはべらば、いかに思ふさまにはべらむ」

（一人さびしく暮らしております私の世間話でも聞いていただけるお方と頼りにさせていただき、また、こうして世間から離れてもの思わしく暮らしていらっしゃるお心の慰めとして、そちらからもお声をかけていただくほど親しくさせていただけましたら、どんなに満足なことでしょう）

薫は、孤独であった。宇治の山奥に住むこの人たちも、物思いに沈んでいるに違いない。寂しい心を持つ者同士が、色恋を抜きにして、互いに語り合い、手紙をやりとりし合い、心を慰め合いたいと、男は言う。

さすが道心づいた薫だけあって、ふつうの男性とは違ったものを、女性に求めている。だが、そんなことが、実際上可能であろうか。

大君は、まことに答えにくい。男が、はっきり恋心を訴えてくれれば、拒絶することもできる。だが、男は、実にまじめに世にも奇妙な申し出をしてくるのだ。大君は困って、ちょうど起きてきた口の達者な老女房にまかせて、自分は奥へひっこんでしまった。

老女房は、出しゃばり気味ではあったが、客あしらいは、安心なほど上手であった。老女房は、薫を見て泣く。どうしたというのか。実は、この老女房こそ、薫の出生の秘密を知る唯一の人であった。老女房に、ひそかにその話を聞く約束をして、薫は、帰り支度をはじめた。

さぞ物思いに

目の前にひらける光景に目をやると、宇治川にみすぼらしい舟が、何艘か柴を積んで水の上にはかなく浮かんで行き来をしている。それを見て、世のはかなさを感じ、薫は、娘たちに歌を書いてさし出した。

「歌 橋姫の心をくみて高瀬さす棹《さを》のしづくに袖ぞ濡れぬる

ながめたまふらむかし」

（歌 姫君たちのお寂しい心をお察しして、浅瀬を漕ぐ棹の雫ではありませんが、涙で袖がぬれました。

さぞ物思いに沈んでいらっしゃることでしょう）

大君は、答える。

「歌 さしかへる宇治の川をさ朝夕のしづくや袖を朽《くた》し果つらむ

身さへ浮きて」

（歌 棹さして行き来する宇治川の船頭は、朝夕の雫で袖を朽ちさせるように、私も寂しさの涙で袖が朽ち果てることでしょう。

涙で、身さえ浮くほどです）

二人の歌の内容を見比べてほしい。一人の人間の分身のように、息がぴったりと合っている。彼が、「物思いに沈んでいるでしょう」と相手を思いやれば、彼女は、「涙で袖が朽ち果ててしまいそう」と受ける。憂愁を共有し合おうとするかのような二人の精神の呼応ぶり。彼も、彼女からの素直な返事を見て、「申し分なく感じのいい女性《ひと》」と思う。二人は、結びつくのが当然といった雰囲気がある。だが、それは、最初の一瞬だけだった。

彼は、八の宮の貧しい暮らしぶりに同情して、さりげなく物質的な援助をしはじめた。八の宮は、余命いくばくもないことを感じ、誠実この上ない彼を見込んで、娘たちの後見を頼んだ。

いつかの老女房は、ひっそりと彼の出生の秘密を語った。彼の実父は、柏木と呼ばれる男性。光源氏に不義密通を知られ、柏木は絶望し、亡くなった。臨終間近の折に、この女房は、柏木から母との間に交わされた手紙を託され、いつか薫に手渡そうと保管していた。老女房は、実父の乳母の子で、実父に仕えていたが、晩年は八の宮の娘たちの世話役となっていた。

彼は、自分の出生の秘密を、娘たちも知っているのではないかと危ぶんだ。だとすると、結婚してしまった方がよいとも思われ、娘たちへの執着をつのらせた。

思いもかけぬなさりようですこと

八月二十日ごろ、八の宮は、山寺に参籠中に亡くなった。薫は、八の宮をなつかしみ、また娘たちの心を思いやって、しばしば宇治を見舞った。

姉の大君は、彼の心にかなった女性であった。彼の道心は、いつしか恋心に変わっていた。時折、こらえきれずに自分の気持ちをそっと漏らすのだけれど、大君は、気づかないふりをしている。

八の宮の一周忌が近づいた。彼は、用意万端を整えてやる。願文をしたためる時、彼は、自分の思いを紙に書いて、彼女に見せた。彼女は、自分の命のはかなさを理由に、末長い契りを結ぶことはできそうもないと、さらりとかわす。

今宵は、彼は、こちらに泊まる予定らしい。彼女を口説くのであろう。彼がだんだん恨みがましいそぶりを見せてきたので、彼女は、応対もわずらわしくなってきた。だが、彼の情け深さを思うと、そっけないあしらいもしにくくて、仏前の灯明を明るくして、簾ぎわに屏風を立て添えて彼と話をする。

女房たちは、皆退いてしまった。彼女たちは、二人の結婚を望んでいる。二人が結婚すれば、経済的に安定し、彼女たちも良い境遇が得られるからである。

仏前の灯を明るくする人もなく、あたりは、闇につつまれはじめた。女は気味悪くなって、女房たちのいる所に逃げ込もうと考えて、言う。

「ここちのかき乱りなやましくはべるを、ためらひて、暁《あかつき》がたにもまた聞こえむ」

（気分が悪くて苦しいので、少し休んで、明け方にでもまたお話しいたしましょう）

女は、奥に入ろうとする。奥に入られては、ここに泊まった甲斐がない。

「山路《やまぢ》わけはべりつる人は、ましていと苦しけれど、かく聞こえうけたまはるになぐさめてこそはべれ。うち捨てて入らせたまひなば、いと心細からむ」

（山路を踏み分けてまいりました者は、なおのこと苦しいのですが、こうしてお話しさせていただくことで慰められてお

ります。置き去りにして奥にお入りになってしまったら、とても心細いでしょう）

男は、こう言って、屛風をそっとおし開けて、女のいる御簾の中に入る。女は逃げる。だが、逃げきれなかった。半分、奥に入りかかったところで、男につかまった。女は言う。

「隔てなきとは、かかるをや言ふらむ。**めづらかなる**わざかな」

（あなたが気がねなしにとおっしゃるのは、こういうことを言うのでしょうか。思いもかけぬなさりようですこと）

どういうふうに気をまわされてのことでしょう

「隔てぬ心をさらにおぼしわかねば、聞こえ知らせむとぞかし」

（気がねなしと私が言ったのを、少しもわかってくださらないから、お教えしようと思いましてね）

と、男は言う。次に、男は、この上なく失礼なことを言ってしまった。

「**めづらかなり**とも、いかなるかたに、おぼしよるにかはあらむ」

（思いもかけぬとおっしゃるのは、どういうふうに気をまわされてのことでしょう）

男にこう言われた時、女はどういう気持ちがするか？　はしたないことを想像したと、男に指摘されたようで、女は顔を赤らめ、恥じ入ってしまうのではあるまいか。そして、女は、感性の扉をぴたっと閉じてしまうに違いない。

男は、さらに己の潔癖さを証するかのように言う。

「仏の御前《まへ》にて誓言《ちかごと》も立てはべらむ。うたて、な懼《お》ぢたまひそ。御心破らじと思ひそめてはべれば、人はかくしもおしはかり思ふまじかめれど、世に違《たが》へる痴者《しれもの》にて過ぐしはべるぞや」

（仏の御前で、誓いも立てましょう。いやですね、こわがらないでください。あなたのお気持ちを損ねまいと初めから心に決めておりますので、他人はまさかこんなことだとは想像もいたしますまいが、人並みはずれた馬鹿正直な男で通しておりましてね）

男は、清らかなふるまいをすることを強調している。これでは、女は恥じ入るばかりである。そして、女の心に頭をもたげてくるのは、傷つけられた自尊心を回復しようとする気持ちである。

気がひけて言葉もありません

女は、泣きながら訴える。

「かかる御心のほどを思ひよらで、あやしきまで聞こえ馴れにたるを、ゆゆしき袖の色など、見あらはしたまふ心浅さに、みづからの言ふかひなさも思ひ知らるるに、さまざまなぐさむかたなく」

（こんなお考えをお持ちだとは気づきませんで、自分でも不思議なほど親しくさせていただきましたのに、縁起でもない喪服にやつれた姿を見ておしまいになった思いやりのないなさり方に、私自身の至らなさも思い知られますので、それもこれも心の慰めようもなくて）

美しい服を着ている時にこそ男に会ってもよい時なのに、折もあろうにあなたは、喪服姿の私を見てしまった。それは、あまりにも私の気持ちを無視したやり方で、思いやりがなさすぎるではないかと、女は男を責める。だが、女は、相手を責めるだけではなく、考えてみれば、こうした事態をひき起こした自分も至らなかったと反省させられると、わが身をふり返る。誰もが尤もだと思う理屈である。これだけの理屈を言う女の理性は、完全に目覚めている。

こうした女の言葉を聞いて、男は何と言ったか？　女の気持ちをほぐすようなことを言ってくれればよいのだが。

「いとかくしもおぼさるるやうこそはと、**はづかしき**に、聞こえむかたなし」

（まったくこうまで私をお嫌いになるのもわけのあることかと気がひけまして、何とも言葉もありません）

もっと事態を悪くするようなことを言ってしまった。男は、女の言葉を額面通りに受けとって、いたみ入り、数歩後へひいてしまった。ここで退いてはいけないのだ。

先に、女は、男の言葉で恥ずかしめられ萎縮した。今度は、男が、女の理屈にひるんで後ずさりをしてしまった。男は、さらに女の言葉を受けて弁解する。長い年月にわたる自分の熱心さを汲みとってくれるなら、喪中であっても許されるのではないかと。

だが、折しも仏前の名香が香ばしく匂い、仏前の水に散らした木蓮の香がきわやかに匂う。男は、喪中の今、まるで焦れてこらえ性がないようなことで、軽々しいと反省する。男も、理性の人になってしまった。これでは、二人の間に何も起こらないのではないか。

果たして、男は、ひっそりとしめやかにこの世の無常なことを話し出す。女は、男の言葉からともすると心が離れて、宇治の川音に父の遺言などを思い出したりしている。

男は、言う。

「何とはなくて、ただかやうに月をも花をも同じ心にもてあそび、はかなき世のありさまを聞こえ合はせてなむ過ぐさまほしき」

（何ということもなく、ただこんなふうに月をも花をも二人で同じ気持ちで楽しみ、はかないこの世の出来事を語り合って暮らしたいものです）

もうじき朝がやってくる。女は、答える。

「かういとはしたなからで、もの隔てなど聞こえば、まことに心の隔てはさらにあるまじくなむ」

（こんなふうに面と向かってきまり悪い思いをするのではなしに、物越しなどでお話しするのでしたら、ほんとに心の隔てはまったくありませんでしょうに）

男と女とは、ただ肩を寄せ合って話し合っただけで、朝を迎えて別れた。何のはかばかしいことも起こらなかった。男は、女と契りを交わすはずの最初のチャンスをのがしてしまった。別れた後、男も女も、心の緊張がとけずに、まどろむこともできなかった。

馬鹿にしていらっしゃるのですね

女は、それまで男が本気だとも思わなかったので、結婚のことなどよくも考えてみなかったが、実際こんなふうに言い寄られると、しっかり態度を決めなくてはならないと思った。彼は、申し分なく誠実で立派な人だ。父も認めていた。だけれど、婚期も過ぎ去った私には、立派すぎる。

私に比べ、妹は、今が盛りで美しい。このまま朽ちさせるのはもったいない。私が母親がわりに面倒をみることにして、妹を結婚させよう。

早くに母を失い、長年母親役をつとめてきた彼女は、妹の幸せを願った。

喪があけて、男がやってきた。老女房の手引きで、男が寝室にまぎれ込んできた時、眠れずにいた女は、すぐにそれと気づいて逃げた。妹だけをあとに残して。男はそばに寄ってみて、妹であることに気づいた。

妹は、なるほど美しい。男も一瞬心が迷う。けれども、女への意地がある。男は、妹と契りを交わすことなく朝を迎え、別れた。

　こうして、彼女と契るはずの二回目のチャンスは、はぐらかされた。

　男は、考えた。姉と結婚するには、まず妹を他の人と結婚させてしまえば、いやでも姉は自分に靡くだろうと。そう言えば、自分の友人の匂宮は、かねてからこの姉妹に並々ならぬ関心を寄せている。自分よりも身分も高い。少し浮気っぽいところはあるが、妹の美しさを見れば、満足するに違いない。

　薫は、匂宮をともなって宇治へ行き、用意周到に手はずを整えた。まず、薫は、姉に面会を申し込んだ。彼女は、彼を近づけまいと襖に錠を固くさして、彼と話をする。だが、彼の乞うのにつられて少しだけ出てきた。やっぱり彼が好きなのだ。

　男はすかさず女の袖をとらえて恨みごとを言う。女は、妹を自分と同じに思ってほしいと頼む。男は、妹の方では、匂宮がもはや既成事実をつくったころだと見計らって、女にそのことをうちあける。女は、目もくらむほどショックを受けた。よりによって、妹を、色好みで名高い匂宮と結婚させるなんて。

　女は言った。

「かくよろづに**めづらかなり**ける御心のほども知らで、言ふかひなき心幼さも見えたてまつりにけるおこたりに、おぼしあなづるにこそは」

（こう何もかも思いもよらぬことをなさるお心の方とも知らずに、お話にならないような頼りなさもお見せしてしまったうかつさゆえ、馬鹿にしていらっしゃるのですね）

　女は、驚き、悔しくて泣き出さんばかりの気持ちをおさえてこれだけのことを言ったにちがいない。しっかりした女性である。馬鹿なのは、男の方である。これから女を口説かねばならない大事な時に、女を驚かせ悲しませる事実を告白してはならなかった。男への信頼感が完全になくなった状態で、どうして女が心を開くことがあろうか。女の気持ちを大切にし、女が許さなければ無体なふるまいはすまいと思っている彼が、この時言わなければならなかったのは、女の気持ちをなごませ、結婚してもいいと思わせるような言葉なのに。

生きていく気持ちをなくしました

衝撃のあまり言葉を失った女に、男は、追いうちをかけるように嫌味を言う。

「やむごとなきかたにおぼしよるめるを、宿世《すくせ》などいふめるもの、さらに心にかなはぬものにはべめれば、かの御心ざしは異《こと》にはべりけるを、いとほしく思ひたまふるに、かなはぬ身こそ置き所なく心憂くはべりけれ」

(あなたは、身分の高い匂宮の方にお気持ちが傾いていらっしゃるようですが、運命などというものは、決して思いのままにはならないもののようですから、あの宮のお気持ちが妹さんの方にありましたのを、お気の毒に思います。それにつけても、思いのかなわぬ私こそ身の置き所もなく情けない)

何という嫌味か。彼女が匂宮に心を動かしていないことを百も承知で、お目当ての方にふられてお気の毒などと言う。ショックを受けて言葉もない彼女の様子を、匂宮が好きだったあまりとりなしたのである。僕で我慢してという気持ちなのだろう。男は、もっと赤裸々に自分の愛の気持ちを切々と訴えるべきであった。だが、靡かぬ女に、男は、

「なほいかがはせむにおぼし弱りね」

(やはり、どうなるものでもないとお諦めになってください)

と、言うだけであった。そして、男は、錠のかかっている襖もひきこわしかねない様子をする。今夜は、何が何で

もと思っているのだろう。

女は、この上なく厭わしい気持ちになるけれども、なんとか男をなだめようと心を落ちつけて、男のやり方に納得のゆきかねることを筋道だてて述べる。そして、奥へ入ろうとして言う。

「ここちもさらにかきくらすやうにて、いとなやましきを、ここにうち休まむ、ゆるしたまへ」

（今は、気分も真っ暗でほんとに苦しいので、しばらく休ませていただきましょう。袖をお放しくださいませ）

男は、女の道理をつくして言う態度に気恥ずかしくなって言う。

「あが君、御心に従ふことのたぐひなければこそ、かくまでかたくなしくなりはべれ。言ひ知らず憎くうとましきものにおぼしなすめれば、聞こえむかたなし。いとど世に跡《あと》とどむべくなむおぼえぬ」

（お聞きください。あなたのお心に従うことまたとない私ですから、これほどまでに馬鹿正直になっています。それを、言いようもなく憎く厭わしい者におとりのようですので、もはや言葉もありません。ますますこの世に生きていこうという気持ちをなくしてしまいました）

女に強く言われると、男は嫌われていると思って恥じ入り、この世に生きる気持ちまでなくしてしまう。そして、女の願う通りに袖を放してやる。

袖を放された女は、男をふりすてて奥に入ったか？　女は、そのまま襖の向こうにいる。袖が自由になって、奥に逃げ込めるにもかかわらず。

男と女は、襖を隔てて、まんじりともせず夜を明かした。宇治川の川音が、激しく聞こえる。

妹と匂宮は、夫婦の契りを結び、甘い一夜に酔いしれていた。

あなた以外には愛せませんでした

薫は、この後も何回も大君を口説いたけれど、彼女はつねに物越しに対面して話をするだけであった。妹の結婚生活を目のあたりにして、彼女は、男心の頼りなさ、愛のはかなさを痛感し、独身で通そうという決意を強くしてしまったからである。

彼女は、薫を頼りにしつつ、妹の世話にあけくれていた。彼は、彼女の気持ちのとけるのを気長に待っていた。ところが、彼女は、匂宮が近々権門の令嬢と正式に結婚するという噂を耳にした。彼女は、妹の将来を案ずるあまり、病気になってしまった。薫は、しばしば見舞いにやってくる。浮気っぽい匂宮に比べて、薫がどれだけ誠意のある男性であるかが、今の彼女にはよくわかる。

いまわの際に、彼を枕元に招じ入れ、彼女は言った。

「このとまりたまはむ人を、同じことと思ひきこえたまへと、ほのめかしきこえしに、違《たが》へたまはざらましかば、うしろやすからましと、これのみなむうらめしきふしにてとまりぬべうおぼえはべる」

(妹を私と同じように思ってあげてくださいましと、それとなくお願い申しあげましたのに。もしその通りにしてくださっていれば、私も安心して死んでゆけただろうにと、そのことだけが恨めしく心が残りそうな気がします)

彼女が願っていたのは、彼が、自分のかわりに妹と結婚してくれることであった。

彼は、答える。

「いかにもいかにも、異《こと》ざまにこの世を思ひかかづらふかたのはべらざりつれば、御おもむけに従ひきこえずなりにし」

（どうしてもあなた以外の方と関わりをもつ気にはなれなかったものですから、ご意向にそむくことになってしまいました）

彼は、彼女以外の人を愛する気がしなかったと言った。この言葉は、彼をひそかに深く愛していた彼女を、どんなにかうれしい気持ちにさせたことか。彼女は、彼の言葉を胸にいだいて、可憐な姿でこの世を去った。

永遠の処女

互いにひかれ合っているのに、どうしても結ばれなかった男と女。離れていると、二人の心は通い合うのに、直接対面すると、悲しいほどに心の隔たりのできてしまう男と女。

彼らの恋が実らなかったのは、なぜか？

契りを結ぶはずの場面にみる男の言葉を思い起こしてみると、そのわけがよくわかる。男は、言葉にあらわされた女の気持ちを重んじ、それに従うことが、女を愛していることだと思っていた。だから、男は、驚くほど受け身の姿勢であった。自分から積極的に女に働きかけ、結婚に踏み切らせるような言葉を情熱をこめて訴えることはなかった。女の意志に従おうとする男には、女が自分をどう思っているかということが、最大の関心事であったためである。

しかも、まずいことに、彼は「言葉」を額面通りに誠実に受けとってしまう人間であった。「言葉」の背後に隠れる女の本心を見抜き、それに対応することができなかった。彼は、女が自分を責める言葉を発すると、女に嫌われていると思い、言葉につまったり、嫌味を言ったり、世をはかなんだりしてしまった。

一方、彼女の方も、思慮深くひっこみ思案で、己の幸せよりも妹の幸福を願うといった自己犠牲を尊ぶ女性であった。彼女を結婚に踏み切らせるには、男の方がもっと積極的に出る以外になかったのではあるまいか。

それにしても、結婚の可能性の最も高かった最初のチャンスをのがしてしまったのは、残念である。この時なら、妹に彼を譲ろうとする気持ちは、女の中でまだはっきりした形をとってはいなかったのだから。

われわれ俗人には、歯がゆくて見ていられない恋の成り行きではあったが、実らなかった恋だからこそ美しいとも言える。

満たされることのなかった彼女の面影を求めて、男は、恋の遍歴をはじめた。

♥めづらかなり

大君が、いきなりの薫の侵入を非難して、薫に言った言葉に見られる。

「ふつうと違っているさま」「めったにないさま」の意味で、良い場合にも用いるが、本文の例のように、悪い場合に用いることが多い。

「めづらかなり」を、「めづらし」とほぼ同じ意味だと説明する書もあるが、「めづらし」は、「めったにないくらいすばらしい」といった、良い意味に使われており、「めづらかなり」とは違いがある。

特に、『源氏物語』では、「めづらかなり」は、悪い意味で使われることが多い。めったにないことには違いないが、それは、概して悪い場合なのである。たとえば、不義密通による己の出生のいきさつを聞いた薫は、「めづらかにも恥づかしうも思ゆる」と述べている。珍事でも恥ずかしくなるほど良くない経緯《いきさつ》だったのである。

大君は、薫が、自分に内緒で、妹と匂宮を結婚させてしまった時にも、「めづらかなりける御心」（めったにないひどいことをなさる御心）と言って、再び薫を痛烈に非難している。「めづらかなり」は、男のやり方のまずさを責める女の言葉である。

♥はづかし

女の言葉にひるむ薫の心をあらわす言葉。現代の「恥ずかしい」とほぼ同じ意味。相手の立派さなどを意識して「つつましく感じる」「気がひける」とか、自分の卑小さや失敗が頭にあって、「面目ない」といった感情。

薫は、大君に対してよく「はづかし」の感情におそわれる。たとえば、最初に大君に恋心をうちあけた時、大君にさらりとかわされ、薫は、大君に「恥づかしげなる」（こちらがひけめを感じるような様子である）と感じている。また、寝室に忍び込んだものの、大君に逃げられ、そのことを、後日「いとはづかしけれど」（とても顔向けならないが）と述べている。

だが、面白いことに、大君の方も、薫に「はづかし」の気持ちをいだいているのである。大君は、薫が平凡な男性であるなら結婚してもよいのだが、「恥づかしげに」（気がひけるほど立派な様子）なので、結婚がためらわれると考えている。二人の恋が実らなかったのは、互いに相手に踏み込めない「はづかし」の気持ちが、根底にあったからではあるまいか。

14　薫・匂宮と浮舟——理性の会話と感性の会話——

亡き恋人を求めて

愛し合ったのに、結ばれることなく、女はこの世を去った。あとに残された男は、どうするか？

多くの男性は、亡くなった恋人の面影を求めて女性遍歴をしてしまうのではあるまいか。薫もそうであった。彼は、亡き大君の面影を、最初はその妹の中君に、それから腹ちがいの妹の浮舟に求めて、放浪した。

中君は、今や友人匂宮の妻であるから、恋をしかけてはならぬ女性。彼は、自制した。そして、中君に紹介された浮舟を、大君の形代《かたしろ》として愛しはじめた。浮舟は、大君によく似ていた。

ところが、友人の匂宮が、浮舟に手を出した。薫から、このかわいい女を奪おうとした。女は、二人の男に愛されて、三角関係の渦の中に巻き込まれていった。一体、どうなるのか。

薫は二六歳。匂宮は二七歳。浮舟は二一歳。

彼らの交わす会話を分析すると、薫と浮舟の会話は理性の会話、匂宮と浮舟の会話は感性の会話といった際立った違いをみせる。果たして、女はどちらの男を選ぶのか？

琴は少しは手を触れましたか

薫は、実らなかった大君との恋を思い、彼にしては珍しく積極的に、京都の小家にいた浮舟と契りを交わした。その口説き文句も、口下手な彼にしては珍しく上出来。亡き恋人の身がわりだなどという失礼なことは一言も言わない。

「ちょっとした隙間からあなたを見て、すっかり惹《ひ》かれてしまった。前世からの約束があるのだろうか、自分でも変だと思うほど愛情を感じる」などと、口のうまい光源氏よろしく口説き、関係を結んだ。そして、彼女を抱いて車に乗せて、宇治にある邸宅に彼女を連れていった。

ここにしばらく住まわせ、やがて京都の別邸にひきとる予定である。愛人待遇である。

女は、色が白く、目もと、額髪のぐあい、顔形など、驚くほど亡き恋人に似ていた。だが、東国の田舎育ちであり、趣味や教養が、亡き人より数段劣っているようであった。

「昔誰《たれ》も誰《たれ》もおはせし世に、ここに生ひ出でたまへらましかば、今すこしあはれはまさりなまし」

（昔、どなたもおそろいであった時分に、あなたもここで大きくなられたのだったら、もう少し感懐は深いでしょうに）

この邸宅は、もと浮舟の父にあたる八の宮とその娘の大君・中君とが住んでいた所である。八の宮は、身分の低い母親から生まれた浮舟を、一人前の子供とは認めなかった。仕方なく、浮舟の母は、彼女を連れて、常陸守と結婚。任が果てるまで、東国で生活していたのであった。

「などて、さる所には年ごろ経《へ》たまひしぞ」

（どうしてあんな田舎に何年もお暮らしだったのですか）

こんなこと言われても困る。好きこのんで東国の田舎で育ったわけではない。女にしてみれば、コンプレックスをかきたてられるだけの男の言葉である。

だが、男に悪気があったわけではない。自分の恋人にふさわしいような趣味と教養をこれからみっちり仕込んでやろうと思っているのだ。

「これはすこしほのめかいたまひたりや。あはれわがつまといふ琴《こと》は、さりとも手ならしたまひけむ」

（琴は、少しは手をお触れになりましたか。「あわれわがつま」という琴は、いくら何でもいつもひいていらしたでしょうね）

「『あわれわがつま』という琴」は東琴《あずまごと》、つまり和琴のこと。女が、東《あずま》育ちなので、それにひきかけて、男は、こう言ったのだ。

女は、まるで試験を受けているような気分であろう。男と女の恋の語らいの場面なのに、女は、リラックスするどころか、すっかり緊張しているにちがいない。

和歌でさえ不似合いな育ちです

琴のことを聞かれて、女は何と答えたか？

「その大和言葉《やまとことば》だに、つきなくならひにければ、ましてこれは」

（和歌でさえ不似合いな育ちですので、まして琴などはとても）

女は、素直である。自分の教養のなさが恥ずかしかったが、仕方がない。男が「東琴」と言ったので、その別名の「大和琴《ごと》」を連想し、そこから「大和ことば」（和歌）の語を出して、答えたのである。わりあい気のきいた答え。

まあ及第点はあげられる。男は、少し安心する。頭の回転は、悪くないらしいと。

男は、琴の合奏などは諦めて、

「楚王《そおう》の台の上の夜の琴の声」

と、『和漢朗詠集』の漢詩の一節を口ずさんだ。宇治川のほとりの高台にある、この邸宅で琴をひくことから連想した詩句であったが、ハッとした。

この漢詩の中に登場する女は、帝の寵愛を失って捨てられた。それが、夏に珍重された白い扇が秋になって捨てられるというたとえで表現されている。今、目の前の浮舟が、手まさぐりにしている扇の色は、白。不吉な符合。男は、自分で口ずさんで、いやな気分になった。契りを交わしたばかりのめでたい時なのに、よりによって愛の衰えを嘆く漢詩を口ずさんでしまうとは。

だが、女は、この漢詩の内容を知らなかったのであろう、女房と共に、ひたすら感心している。武技をみがくことだけを事とする環境で育った女には、咎められるべき詩句であることもわからなかった。

姿形は、亡き恋人に生き写しであったけれど、浮舟には教養がなかった。教養に裏付けられた質の高い反応がなかった。男の夢は、少し破れる。やっぱり亡き恋人と同じではない。

だが、気長な男は、女の成長を見守ろうと思う。女の姿形のかわいらしさに大君の面影をみて、ゆったりとした愛を注いだ。

いつもあなたとこうしていたい

女には、あり余る時間があった。宇治は都から離れているので男は間遠にしかやってくることができない。女は、物思いがちに、宇治の川音を聞き、山々を眺め、暮らしていた。

そんなある日の晩、彼女の人生が大きく変わってしまう事件が起こった。薫が来たのだと思って、女房が女の寝室に男を招じ入れると、なんと薫の友人の匂宮であったのだ。

薫の声をまね、薫のふりをして、闇にまぎれて、女の寝室に入り込んできたのだ。女は驚き、声をたてようとしたら、口を押さえられて声も出せない。

匂宮は、かつて女が、自分の妻の中君を頼って、一時身を寄せていた時に言い寄ったのだが、周囲の状況にさまたげられて思いを果たすことができなかった。その時からこの女が忘れられず、ついに薫の女になっていることをつきとめ、住まいを探しあて、十分に計画を練って、侵入してきたのであった。

こうなったら女の負けである。まして、ちょっと綺麗《きれい》な女とみれば、必ず口説きおとす匂宮のこと、女が落ちないはずはない。女は、泣き続けるが、薫とは違った情熱的な愛され方に、次第に靡いていく。

朝になった。女房は、自分の失策に気づいた。今さら騒いだとて何になろう、何もなかったことにしてしまえばよいのだ。

だが、匂宮は、薫と違って人の思惑、悪口を一切気にしない図太さがある。朝になっても帰らない。今日一日、この女と過ごすつもりなのだ。女は、匂宮の自分に対する激しい執着を情の深さと思い、これこそが愛と感じた。女は、男の求めるままに素直に応じる。いじらしい、と男は思う。

男は、絵もうまい。

「心よりほかに、え見ざらむほどは、これを見たまへよ」

（思うにまかせず、来られないような時には、この絵を見ていらっしゃいよ）

そう言って、男は、美貌の男女の添い寝の絵を描く。そして、言う。

「常にかくてあらばや」

(いつもあなたとこうしていたい)

女の心をとろかすような、甘いささやき。

心変わりが心配です

春の日長が、今日は、あっという間に暮れていく。男は、言う。

「歌 長き世をたのめてもなほかなしきはただ明日《あす》知らぬ命なりけり
いとかう思ふこそゆゆしけれ」

(歌 いついつまでも心変わりはしないと言ったところで、やはり悲しいのは、明日もわからない人の命。

まったくこんなことを思うなんて縁起でもない)

激情的な恋のただなかで、人間は、ふと死を思うものらしい。

男は、続けて言った。

「心に身をもさらにえまかせず、よろづにたばからむほど、まことに死ぬべくなむおぼゆる」

(思うままにやってくることなど全然できないで、あれこれと無理な算段をしなければならないことを思うと、本当に死んでしまいそうな気がする)

男は、親王だから自由のきかない身である。宇治の地まで女に会いに来ることは、相当無理なやりくりをしなければならない。

だが、女は、この男の言葉に敏感に反応した。

「歌 心をばなげかざらまし命のみさだめなき世と思はましかば」

（歌 心変わりの心配などしないでしょうに、もし命だけが定めない世と思うのでしたら）

男が、来られない時の言い訳をはじめていると受けとって、女は、男の心変わりを恨んでいるのだ。女も、男を積極的に愛している、男の心変わりを心配するほど。

女の頭の中には、薫のことなどまったくない。罪の意識などはとっくに忘れ去り、目の前の匂宮との愛に溺れている。だが、男の頭の中には、薫がいる。

「いかなる人の心がはりを見ならひて」

（どんな人の心変わりを経験して、こんな歌を詠むのですか）

と、男はからかう。薫が、期待したほど愛してくれないと言っているととったのだ。男は、薫との最初のいきさつを根ほり葉ほり聞きたがる。

「え言はぬことを、かうのたまふこそ」

（お話しできませんことをそんなにお責めになって）

と、女は甘える。

匂宮は、薫と違って、女をリラックスさせ、女の心をたくみにとらえる。

まる二日、二人は、恋に酔いしれた。男は、女の中に心を残して、泣く泣く京に帰っていった。

不安に思って心配なさいますな

何も知らない薫が、ゆったりと宇治に訪れた。女は、そら恐ろしく恥ずかしい気持ちであるが、それにつけても、会いたい気持ちがつのるのは、匂宮の方である。女は、男の激情を知ったのである。自分が、薫と会ったということを、匂宮が聞いたらと思うと苦しくてたまらない。

けれども、薫に対していると、やさしくしっとりして末長く頼りになりそうな人柄である。長く続く愛情がある。この人に自分の不心得なことが知れ、捨てられてしまったら、どんなに心細いかと、女は、思い悩む。

そんな女の姿を見て、薫は、ずいぶん人情がわかって大人っぽくなったとうれしく思い、いつもより心をこめて話をする。「ひきとろうと思って造らせている京都の家は、花見もできる。自分の家に近いから、いつも行ける。春ごろにそこに移ろう」などと。

だが、匂宮も、昨日、静かな所を用意したと言ってきた。一体、どうすればいいのか。

女は泣けてくる。薫は、そんな女の涙の意味を誤解して言った。

「人のいかに聞こえ知らせたることかある。すこしもおろかならむ心ざしにては、かうまで参り来《く》べき身のほど、道のありさまにもあらぬを」

（誰かが何か余計なことでもお聞かせしたのですか。私の愛情が少しでもいい加減でしたら、こうまで苦労してはるばる通ってこられる身分でもないし、道中でもありませんのに）

薫も、政府の高官。だから多忙である。薫は、自分の訪れが間遠なのを恨んで女が泣くと思って、一生懸命なぐさめる。だが、折からの美しい夕月夜の景色を眺めていると、男は、いつしか亡き大君との悲しい恋を思い出していた。

女の方は、匂宮を思い、苦しい三角関係に悩み、泣いていた。二人の思いは、完全にすれ違っている。

薫は、女が泣くのをうまく慰めることができずに、言った。

「[歌]宇治橋のながき契りは朽《く》ちせじをあやぶむかたに心さわぐな
今見たまひてむ」

（[歌]あの宇治橋のように、末長い二人の契りは朽ちはしないでしょうに。不安に思って心配なさいますな。
いずれおわかりでしょう）

男は、自分の気持ちの末長さを言って聞かせる。事実、薫ほど頼りになる男性はいない。女もそれはわかっている。

だが、恋は理性ではない。匂宮にひかれている自分の気持ちをおさめようがないのだ。女は言う。

「[歌]絶え間のみ世にはあやふき宇治橋を朽ちせぬものとなほたのめとや」

（[歌]絶え間があって、何とも危険な宇治橋ですのに、朽ちないものとして頼みにせよとおっしゃるのですか）

女の心からの叫びであっただろう。薫に救いを求める気持ちで言ったのだろう。もっと、私の所に通ってきて愛して。私にあの匂宮のことを忘れさせるほど。

だが、薫には、この女の心の叫びは届かなかった。彼は、女の歌を、世間一般の女のきまった言い方と考えた。

無理もない。彼は、匂宮との密通を知るよしもないのだから。

小舟のような私は、どこへ

匂宮は、宮中の詩会での薫の様子から、宇治の女を相当愛していることをみてとった。匂宮は、あせる。女は、自分よりやはり薫を選んでしまうのではないか。いたたまれず、再び無理に無理を重ねてやりくりし、浮舟の所に忍んで行った。雪の積もった寒い晩であった。女は、苦労して来てくれた男の心に感激して胸がふるえた。匂宮の奇襲作戦は、効を奏した。

口の堅い女房だけで画策して、匂宮を寝室に入れる。翌日、匂宮は、あらかじめ家臣に用意させた対岸の小家に、浮舟と女房一人だけを連れて、小舟に乗って行く。浮舟は、心細くて、男にぴったり身を寄せ抱かれている。川の中ほどに、「橘の小島」があった。常磐木が茂っている。男は、言う。

「かれ見たまへ。いとはかなけれど、千年《ちとせ》も経《ふ》べき緑の深さを」

（あれをごらんなさい。頼りない木だが、千年ももちそうな緑の深さではないか）

そして、男は、歌に心を託して言う。

「歌 年経《ふ》ともかはらむものか橘の小島の崎に契る心は」

（歌 年を経ても変わりはしない。橘の小島の崎で約束する私の気持ちは）

「橘」には、変わらぬ契りの連想がある。男は、小島の名前にひきかけて、愛の永遠を誓う。

女は、答える。

「歌 橘の小島の色はかはらじをこの**浮舟**《うきふね》ぞゆくへ知られぬ」

（歌 お約束してくださるお心は変わらないのでしょうけれど、水の上にただよう小舟のような私は、どこへ行きますこと

やら）

女は、匂宮と薫のどちらに行ったらよいのかわからなかった。だから、自分は、行方さだめぬ小舟と同じ。彼女の呼び名「浮舟」も、この歌から出たもの。「浮舟」には「憂《う》き舟」（つらい身）の意味も掛けられている。

恋する心の軍配は、とっくに匂宮の方にあがっている。けれども、匂宮は、姉の中君の夫である。姉の夫との密通である。それに、匂宮は、無類の女好きと聞く。匂宮に身を寄せても、とてもうまくいくとは思えない。

その点、薫は、愛情こそ薄いように見えるけれど、安心して身をまかせていられる。でも、薫に決めたら、匂宮と別れねばならない。それは、身を切られるよりつらい。

対岸の隠れ家で、匂宮と浮舟は、とても見ていられないような痴態の限りをつくし、まる二日過ごした。二人きりの世界であった。女は、身も心もすべて男にゆだね、深い一体感に酔っていたであろう。この一体感は、薫との間には、決して生まれない感情であった。

匂宮は、あらん限りの言葉で自分の情愛を強調し、女の心をとらえる努力をした。薫に勝たねばならぬ。帰りも、しっかりと男は女を抱いて舟に乗る。

「いみじくおぼすめる人は、かうはよもあらじよ。見知りたまひたりや」

（あなたが大切に思っていらっしゃるらしい方（薫）は、まさかこうまではしないでしょうよ。よくおわかりになりましたか？）

女も、限りなく素直な心で、本当に薫より情が深いと思って、うなずいている。

女は、薫を捨てて、匂宮を選ぶであろうか。

私を世間の笑いものにしてくださるな

いよいよ事態は、急を告げてきた。ついに、薫に匂宮との密通が、従者を通して、知れてしまったのだ。

薫は、女に詰問の手紙を出した。

「[歌] 波越ゆるころとも知らず末の松待つらむとのみ思ひけるかな
人に笑はせたまふな」

（[歌] 他の人に心を移している頃とも知らないで、待っていてくれるものとばかり思っていました。
私を世間の笑いものにしてくださるな）

女は、手紙を見て、ドキッとした。まさか匂宮とのことを知ったのではあるまい。絶対に、薫に知られないようにしてきたはずだ。どういうことか。

女は、薫からの手紙を元通りにして、

「所違《ところたが》へのやうに見えはべればなむ。あやしくなやましくて何ごとも」

（よそへのお手紙が間違えて届けられたように見えますので。なぜか気分がすぐれませんので何も申せません）

と、書き添えて、手紙をそのまま薫に返したのである。なんとうまい処理の仕方をしたものか。

もし、薫が真相をくまなくつかんでいたとしたら、弁解の余地はない。まだ、疑いの段階であれば、こちらから白状することはない。しらを切り通すことだってできる。これ以上、機転のきいた処理法はあるまい。人は、窮地に立つと、知恵が出る。

薫も、女の機転に苦笑して、憎みきれない。彼は、才気のある対応が好きなのだ。女を心のどこかで許してもいるのだろう。薫は、女のいる邸宅の警護を厳重にして、匂宮から女を守った。自分の女を、匂宮に寝取られたというのは、やっぱり世間体も悪い。

匂宮は、女に会いに行ったが、警護の下人に咎められ、すごすごと帰っていった。

女は、進退きわまって、死を願った。

誰にも言わずに、宇治川に身を投げるつもりで、夜、家をさまよい出て、そのまま行方不明になってしまった。

なぜ決めかねたか

後日譚。浮舟は生きていた。小野の里で、ひっそりと、過去を一切語らない尼になって。自殺未遂に終わったのだ。薫は、そのことを知り、彼女に手紙をやった。すべてを許すから帰ってくるようにと。

だが、彼女は、彼の手紙に返事をしようとはしなかった。もはや苦しみに満ちた男と女の世界に、二度と足を踏み入れる気はないのである。

薫と浮舟の会話、匂宮と浮舟の会話、それぞれいかがであったろうか。浮舟が、なぜ薫に満足しないで、匂宮にひかれていってしまったか、そのわけが会話からおわかりいただけたであろうか。

浮舟は、薫といると、リラックスできなかったのである。薫は、理性の人であり、女と、教養に裏付けられた会話をすることを望んでいた。東国育ちの教養のない浮舟は、薫といると、つねにコンプレックスを感じさせられ、緊張感をしいられ、窮屈であった。

そこに登場したのが、匂宮。彼は、女に、感性以外のつきあいを求めなかった。彼自身が感性の人なのだ。彼は、女に教養があろうがなかろうが、そんなことにおかまいなく、自分で絵を描《か》き字を書き、女を楽しませた。だから、浮舟は、匂宮といると、リラックスして、身も心もはずんだ。彼女自身も感性の人だったからである。

彼女の感性は、匂宮の激しく一途の心に反応し、彼との間になら深い一体感を感じることができた。彼からは離れられない。彼女は、心底、そう思った。だが、一方、浮舟は、感覚的にかぎとっていた。匂宮は、決して自分を幸せにしない。薫こそ自分を幸せにしてくれる人間であると。

彼女は、どちらか一方の男を選べなくなった。どちらの男も、切り捨てられなかったからである。異質の男の魅力が、左右の天秤皿で均衡を保ってしまった。だが、現実には、どちらかを選ばなければ生きていけない。思い余って、女は、最初の選択肢にはなかった「死」を選んでしまった。

♥命

匂宮が、愛のただ中で浮舟に詠みかけた歌にみられる言葉。いくら愛の永遠を誓ったとて、死んでしまえばおしまいだと。

女に命をかける匂宮にふさわしい言葉。「寿命」の意味。

『源氏物語』に、「命」という言葉は一一三例みられるが、いずれも「寿命」の意味。会話や手紙文中に、主に用いられている。人間は、とかく「命」を話題にし、それを口にしたがるものらしい。

匂宮は、女に自分の愛情の強さをわからせようとする時、「命」という言葉を用いる。浮舟に対してだけではなく、彼の妻、中君にも、「たはやすく言《こと》出《い》づべきことにもあらねば、命のみこそ」などと言って、自分の愛の深さを訴えている。

薫は、浮舟との会話に一度も「命」などという言葉を用いなかったが、彼の亡き恋人、大君との会話にならら使っているのである。薫が本当に愛したのは、大君だけだったのであろう。

♥ 浮舟《うきふね》

二人の男に愛されて悩む女が、自分の身をたとえた言葉。そこから、彼女のことを「浮舟」と呼ぶ。「波のまにまに漂う舟」の意味。『源氏物語』は、この言葉を、ただ一回しか使っていない。本文中に示した箇所にだけである。『源氏物語』は、登場人物を象徴するような重要な言葉は、その人物にのみ、ただ一回しか用いない。「浮舟」は、彼女の境遇を暗示する重要な言葉なのである。

「浮舟」の語は、和歌に用いる美しい言葉であるが、『源氏物語』以前では、『拾遺和歌集』に例がある。その例は、ある男と契りを交わした女がどこかへ姿を消し、数年後に男に手紙をやり、男がそれに答えた長歌に見られる。「かひなき恋になにしかも我のみひとりうきふねのこがれて世には渡るらむというぐあいに。「浮舟」も、失踪して男たちの前から姿を消している。『拾遺和歌集』の例が、「浮舟」という女性の人物造型にヒントを与えたのかもしれない。

15　おわりに

男と女の間に繰り広げられる会話のダイナミクスを味わっていただけたであろうか。同じ人物の発する同じような発言でも、受け手によって答えが変わる。会話のやりとりには、それぞれの人物の性格が色濃く反映されている。だから、今まであまり気づかれなかった登場人物の性格の一面がかなり鮮明に浮かび上がってきていた。

たとえば、人妻の「空蟬」。彼女がこれほど論理的に物を言う、頭の切れる女性であったことは、あまり強調されていない事柄である。正妻「葵の上」と愛人「六条御息所」が、これほど似たタイプの女性であることも、「雲居雁」が、これほど夫を愛していたことも、「夕霧」や「薫」が、これほど口説き下手であることも、「会話」をたどってみて初めて明確になってきた側面である。

また、人間関係がそれぞれの人物のコミュニケーション力によって決まっていく姿も、具体的に捉えることができたと思う。女三の宮のように、コミュニケーション力に見放された人物は、それに沿った人生が展開していった。コミュニケーション力の高い人物は、男性では光源氏、女性では、紫の上と玉鬘。いずれも物語の主人公や女主人公あるいは準女主人公となっている人物。源氏物語の作者は、物語の要になる人物には、高いコミュニケーション力を付与していたのである。裏返せば、コミュニケーション力が高くなければ、さまざまな苦労を乗り越えて何とか綻びを出さずに人生を全うできないということである。

ここで、取り上げることのできなかった男と女の会話で、面白いものはまだたくさん残っている。娼婦的な性格を持つ女性「朧月夜」と「光源氏」の会話、分をわきまえた賢い女性「明石の上」と「光源氏」の会話など。機会があったら、ぜひ分析し、そのコミュニケーションの様相を明らかにしてみたい。

II
『源氏物語』の言葉と文体

文体論の新しい課題

1　はじめに

源氏物語は「女房語」を基にし、和歌に依ること大なるに拘らず、よく和歌を脱却しえたのは、作者の人生体験、その人生を見つめる真摯なる眼の賜物である以外に、この漢学の素養が与って力あった、と思う。玉上琢弥氏の「源氏物語のことば」(1)の一節であるが、源氏物語の文章を全円的にとらえた卓見である、と思う。おおよそ、すぐれた文章というものは、それまでの伝統的な側面を吸収し継承しつつも、独自の新しい側面を包含しているものである。源氏物語にあっては、伝統的な和歌の世界の表現法を存分に吸収しながらも、新しい散文としての文体を獲得していったものととらえることができる。散文としての源氏独自の文体は、当時の日常談話語(玉上氏のいわれる女房語とほぼ同じ)を基調としながら、漢文の凝縮した表現法をとり入れ、創り出していった、と大まかには言えよう。その軌跡については、清水好子氏のすぐれた論考「物語の文体」(2)を参照されたい。

こうした巨視的な方向が、ほぼ見定まった現状において、「文体論の新しい課題」というのは、継承面や創造面が、具体的に、いかなる言語事実となってあらわれているのか、といった言語の側からの検証にあるといえよう。そのためには、まず源氏物語の文章で特徴的と思われる言語事実に着目することである。そして、その言語事実の質を検討し、しかる後に、それがいかなる系譜においてとらえられ、いかなる独自の点をもつのかといった行き方をとるのが効果的であるように思う。こうした作業を進めているうちに、新しい問題が発見される可能性も少なくない。

さて、この稿では、源氏物語の文章を特徴づける表現の一つとして、比喩をとりあげてみることにする。

というのは、源氏物語の文章は、装われた文章であり、レトリックの面からの追究が必要だと考えるからである。しかし、断っておきたいのは、「レトリック」と言ったからといって、それが、贅沢な装飾品であったという意味ではなく、作者が、事柄を最大限に的確に、言い表すための必需品であった(3)ことを認めた上での発言である。比喩は、レトリックの中で、最も基本的で重要な表現の方法である。

なお、ここで考えてみたいのは、いわゆる和歌を除いた散文の部分の文章についてである。

2　直喩と隠喩

一般に、比喩とよばれている表現の方法の中には、直喩と隠喩がある。(4)他に換喩と提喩を含める立場もある。(5)ここでは、紙数の制約から、直喩だけをとりあげることにする。

直喩は、次例のごとく、たとえであることがはっきり示してある説明つきの比喩である。

なほ、いかがのたまふ、と気色をだに見むと、心地のかき乱りくるるやうにしたまふ目押ししぼりて、あやしき鳥の跡のやうに書きたまふ。（源氏・夕霧）

波線部「やうに」は、傍線部の表現が、たとえであることを明示している。たとえであることを、あからさまに示す語句は、この他にも、「心地す」「おぼゆ」「見ゆ」「劣らず」「よそふ」「似る」などと、さまざまである。(6)

隠喩には、このような譬えであることを表す語句はない。その名の通り、隠されているのである。だから、時には、たとえであることが解らなかったり、誤解されたりすることもある。一例をあげれば、

明けにける光につきてぞ、壁の中のきりぎりす、這ひ出でたまへる。（源氏・総角）

傍線部が隠喩である。文脈から、それが、男君からのがれ、夜中、壁と屛風の間に身をひそめていた女君を意味していることがわかる。まさか、本当の「きりぎりす」と考えたりする読者はいないであろうけれども、保証の限りではない。あるいは、読者によっては、とんでもないものを思い浮かべて、誤解しているかもしれないのである。直喩には、こうした心配は殆どない。たとえであることが明確であるのだから、あとは、譬えにどんな事物をもってくるかで、表現効果が上下する。できるだけ効果を大きくしようとするならば、今までにないような譬えを創り出す必要がある。

3 つくられた直喩

たとえをつくり出すといっても、清少納言のように感性的な人間であれば、己れの鋭い感覚をもとに、対象物との類似点を、直観的・瞬間的に連想することによって、新鮮な直喩を創り出してしまうことはあろう。(7) 事実、枕草子にみられる直喩は、直観的・印象的である。たとえば、

かへでの木、ささやかなるにも、もえ出でたる、木末赤みて、……花もいと物はかなげにて、虫などの枯れたるやうにてをかし。（能因本枕草子・木は）

頼りなさそうな暗紅色の楓の木の花を見て、「虫などの枯れたるやうなり」という。瞬間的な連想による譬えであろう。

ところが、源氏物語の直喩は、いささか質が異なっている。もっと人工的で、じっくりと時間をかけて、練り上げて創り出された直喩なのである。いま、源氏物語の中で、最も目立つ登場人物に対する直喩をとりあげ、このこ

とを説明してみようと思う。

目も彩な美しさ、数々の美質を備えた女主人公紫上は、

見通しあらはなる廂の御座にゐたまへる人、ものに紛るべくもあらず、気高くきよらに、さとにほふ心地して、春の曙の霞の間より、おもしろき樺桜の咲き乱れたるを見る心地す。（源氏・野分）

と形容されている。単にみごとに咲き乱れた樺桜にたとえられているのではない。「春の曙」と時間が限定され、「霞の間より」と空間的な限定も加えられている。しかも、この直喩は、その時の実際の状況—折しも風に煽られて、御簾のめくれ上った一瞬のうちに、夕霧が紫上を垣間見たという状況—を、きわめて的確にイメージ化しているのである。瞬間的な連想によるものではなく、入念に磨かれ、作りあげられた直喩と考えられよう。

小柄で華奢な女三宮は、

にほひやかなる方は後れて、ただいとあてやかにをかしく、二月の中の十日ばかりの青柳の、わづかにしだりはじめたらむ心地して、（源氏・若菜下）

とたとえられている。青柳なら、何時でも良いのではない。時は、二月の二〇日頃と指定される。ほんの少しだけ、枝を垂れ始めた時の、繊細さ・頼りなさをそなえる青柳なのである。しかも、直喩は、女三宮の外面的な容姿だけを形容しているのではない。精神的・肉体的にも未発達な人柄全体を象徴しているのである。実に、考えて、練り上げられた直喩であることがわかるであろう。

以下にあげる用例も、もはや説明は省略するけれども、念入りに作りあげられた譬えである。

奥ゆかしく優美な明石女御は、

よく咲きこぼれたる藤の花の、夏にかかりてかたはらに並ぶ花なき朝ぼらけの心地ぞしたまへる。

と藤の花にたとえられている。その母親である明石上は、

五月まつ花橘、花も実も具して押し折れるかをりおぼゆ。（源氏・若菜下）

と、花橘にたとえられている。母と娘といった血縁関係があっても、個性の描き分けのなされていることは、注意を要する。

目のさめるような美しさをもつ玉鬘は、

八重山吹の咲き乱れたる盛りに露のかかれる夕映えぞ、ふと思ひ出でらるる。（源氏・野分）

落ちついた品格をもち、情味もある弘徽殿女御は、

おもしろき梅の花の開けさしたる朝ぼらけおぼえて（源氏・常夏）

と表現されている。

また、主人公光源氏は、

いかでかく、とり集め、柳の枝に咲かせたる御ありさまならん。（源氏・薄雲）

と、柳の枝に、桜の花を咲かせたような御様子であるという。欠点のない理想的な人物なのである。

光源氏の分身である二人の貴公子、薫と匂宮は、次のように表現されている。

薫は、幼児時代のことではあるが、

御身はいとあらはにて背後《うしろ》のかぎりに着なしたまへるさまは、例のことなれど、いとらうたげに、白くそびやかに柳を削りて作りたらむやうなり。（源氏・横笛）

と、柳で形容され、匂宮は、

いときように、桜を折りたるさましたまひて、

（源氏・東屋）

と、桜で言い表されている。光源氏は、柳と桜とを合わせたイメージであるから、二人の貴公子は、その分身らしく、一方が柳に、一方が桜になっている。この辺にも、作者の周到な用意がうかがえる。

以上にあげた直喩は、いずれも、容姿容貌をも含めた人柄全体に対する直喩であり、源氏物語におけるそれぞれの人物の占める位置をも暗示し得ている。このような直喩は、瞬間的・直観的な連想によって生ずるものではなく、あらゆることを計算して、入念に作りあげたものと言えよう。

作者は、登場人物を描き分けるために、植物のイメージをもった直喩で表現する方法を見出したのである。

4　新鮮な印象

こうして練り上げられた源氏物語の直喩表現は、当時の人々に斬新な印象を与えたようである。というのは、源氏以後の作り物語で、しばしば真似ているからである。とくに、夜の寝覚には大きな影響のあとがみられる。一例をあげれば、

○秋の風に吹きみだる刈萱のうへの露みだれちりつらん気色したりつるこそらうたさはまづ思出でらるるに、

（夜の寝覚・巻一）

○着給たる人がら、こだかき岸よりえならぬ五葉にかかりてさきこぼれたる朝ぼらけの藤を、折りてみる心地して、

（夜の寝覚・巻四）

浜松中納言物語にも、類似の表現がみられる。

これらの物語にみられる直喩は、源氏物語のそれに、きわめて似ているにもかかわらず、イメージの凝縮性といった点で劣っている。そして、何よりも、源氏物語にあっては、これらの直喩が、人物の描き分けの表現の方法であることを、寝覚・浜松は、見落としてしまった。寝覚・浜松では、別人であるにもかかわらず、違いはとらえられずに、同じような直喩で形容されている。源氏において、直喩の果している役割まで見通すことはなかったのである。単なる文章の飾りとして認識したのである。

また、堤中納言物語の「はなだの女御」にも、人物を花にたとえ、その優劣を競い合うという趣向がみられる。恐らく、源氏物語に学んだものであろう。

源氏物語の直喩は、このように、以後の作り物語の模倣するところとなったのである。源氏の直喩が、いかに新鮮な印象を与えたかを察することができる。

5　源氏物語以前

ところで、源氏物語以前に、源氏にそうした直喩を創り上げることを示唆したと思われる用例や事象は、なかったであろうか。

竹取物語や落窪物語には、見られない。これらの物語では、美しい主人公たちに、直喩でイメージを与える方法は、とられていない。そして、面白いことに、直喩で形容されるのは、むしろ、人々の笑いものになるような容貌・気味悪い容姿の方なのである。(8)

宇津保物語になると、源氏物語に、ヒントを与えたかもしれない用例に、出合う。次の二例である。

おもしろくさかりなるさくらのあさつゆにぬれあへたるいろあひにて、御ぐしはやうじかけたるごとして、

（宇津保・蔵開上）

主人公仲忠の妻、女一の宮の、出産をひかえて面痩せした美しい姿の形容である。その様子は、咲き誇った桜が、朝露にしっとり濡れたようであるという。源氏物語の直喩の原形をみることができよう。しかし、なお、単なる外見上の容姿の形容にとどまり、人柄全体を象徴する源氏物語の直喩との間に、距離を認めないわけにはいかない。

女御の御もとに、みやたちつどひて、御かたちははなをおりたるに（ごとカ）として、おとなもわらはもよるひるあそびののしり給へば、

（宇津保・国譲下）

右例も、源氏物語の匂宮に対するたとえに類似している。しかし、宇津保の直喩は、ある特定の個人に対してではなく、複数の人間についての形容として用いられている。宇津保のたとえは、個性を描き分ける方法として、機能することなく、単なる形容に終ってしまうのである。

なお、伊勢物語をはじめとする歌物語、土左日記、蜻蛉日記には、登場人物をイメージ化するために、たとえを用いる方法はみられない。

こうして、源氏以前の仮名文学作品で、源氏に示唆を与えたかもしれない用例は、宇津保にみられるのみである。しかし、文字言語を離れて、当時の口頭言語の場にまで考えを及ぼすと、源氏に影響を与えたと思われる事象が浮かび上がってくる。それは、当時の後宮における日常の会話である。枕草子の「木の花は」の段には、

梨の花、……。愛敬おくれたる人の顔などを見ては、たとひに言ふも、

（能因本枕草子）

とある。この記述からしても、当時の後宮では、容姿を花にたとえておしゃべりすることがあったと考えられる。源氏の作者は、そうした後宮に身を置くわけであるから、自然に、人を花にたとえてみるという発想が身について

いたとも考えられるからである。

また、漢詩文の容姿容貌描写に、示唆されたこともあったかもしれない。というのは、白氏文集や文選を調べてみると、[9]容姿のたとえに花を用いることがあるからである。しかし、漢詩文にみられるそれらの直喩は、主に美しい顔・姿そのものに対して用いられており、源氏の譬えのように、人物全体の象徴として用いられたものとは、いささか異質である。

ともあれ、源氏物語の作者は、それ以前の文字言語・口頭言語に、さまざまの形で影響を受け、それを一つの新しい表現の方法として、源氏物語に結実させたのである。

6　おわりに

以上、直喩という一つの表現の方法をとりあげ、源氏のそれが、いかに独特な表現の方法であったかということを、具体的に文章の流れを追うことによって、明らかにしてみようとした。

限られた紙数で、述べられなかったことも多い。たとえば、和歌からの影響についても、当然触れなければならない問題である。とくに、和歌をふまえて作られた直喩に接する時、その感を深くする。けれども、論旨のいたずらに複雑になるのを恐れ、また、既に、別の拙稿[10]で触れたこともあるので、一切割愛した。なお、この面については、上坂信男氏の『源氏物語―その心象序説―』[11]の御高著がある。

また、直喩に対する隠喩は、和歌との交渉が、さらに大きくなり、源氏物語の文章の特色が、より一層指摘できるように思う。その際、石田穣二氏・鈴木日出男氏・小町谷照彦氏らの、和歌に関する一連の論考が、参考になろう。

換喩・提喩といったレトリックも、単なる文章のあやといった古い修辞学のとらえ方ではなく、作者が心情を最も正確に表現する方法であるといった認識に立って、切り込んでみると、新しい視野が開けてくるであろう。

個々の言語事実に、あくまで執着し、そこから、源氏物語の文体に迫って行くと、意外にくっきりと創造面や継承面が浮かび上ってきたりする。

言語の側からの文体への挑戦は、まだ始まったばかりである。

注

（1）玉上琢弥「源氏物語のことば」（『文学』26巻12号、昭和33年12月）

（2）清水好子「物語の文体」（『国語国文』18巻4号、昭和24年9月。同氏著『源氏物語の文体と方法』東京大学出版会、昭和55年6月刊にも収録）

（3）こうした考え方は、佐藤信夫『レトリック感覚』（講談社、昭和53年9月）で、きわめて明快に語られている。

（4）他に「諷喩」を比喩の一種として別にたて、直喩、隠喩、諷喩の三種に分類する立場もある。たとえば、中村明『比喩表現の理論と分類』（秀英出版、昭和52年2月）。しかし、隠喩と諷喩は、実際上、きわめて区別がつきにくく、ここでは、諷喩を隠喩の中に含めて考えている。

（5）たとえば、佐藤信夫『レトリック感覚』（講談社、昭和53年9月）。ただし、佐藤氏は、さらに『レトリック認識』（講談社、昭和56年11月）を刊行し、そこでは、「転喩」も比喩の一種として扱う。かつての修辞学書と同じく、「比喩」をきわめて広義に解するわけである。

（6）直喩の表現形式については、拙稿「今昔物語集の文体について（I）―直喩表現の分析から―」（『国語と国文学』47巻11

号、昭和45年11月。本著作集3『言葉から迫る平安文学3　説話・今昔物語集』に「『今昔物語集』の文体の重層性―直喩の分析から―」というタイトルで収録）で述べた。

（7）拙稿「比喩の表現論的性格と『文体論』への応用⑴⑵」（『国文学』14巻11号・12号、昭和44年8月・9月。本著作集1『言葉から迫る平安文学1　源氏物語』に同タイトルで収録）参照。

（8）たとえば、『竹取物語』には、次のような直喩がみられる。

○ある時は、風につけて知らぬ国に吹き寄せられて、鬼のやうなるもの出来て殺さんとしき。（日本古典文学大系本、三五頁）

○風いと重き人にて、腹いとふくれ、こなたかなたの目には、杏を二つつけたるやう也。（同、四八頁）。同趣の直喩「杏のやうなり」も、一例みられる。

また、『落窪物語』では、人々の笑い物である兵部少輔が、次のような直喩で形容されているといった具合である。

○さすがにゐみたる顔、色は雪の白さにて、首いと長うて、顔つきたゞ駒のやうに、鼻いららぎたる事限りなし。（日本古典文学大系本、一二九頁）

○火のいとあかきに見れば、首よりはじめて、いと細くちひさくて、面は白き物つけ化粧したるやうにて白う、鼻をいららがし、（同、一三五頁）

（9）調査に用いたテキストは、四部叢刊『白氏長慶集』、『六臣註文選』。漢詩文の直喩の性質については、さらに調査考察してみる必要がある。

（10）注7に同じ。

（11）上坂信男『源氏物語―その心象序説―』（笠間書院、昭和52年8月）。

比喩の表現論的性格と「文体論」への応用

1　はじめに

比喩表現は、古今東西を問わず、広く一般に用いられる修辞法の一つである。この修辞法は、所謂「文体論」の興隆に伴って、作家の個性追究の有力な武器として注目されてきている。

しかしながら、個性を追究する文体の研究が起ったのは、ごく近年であり、その方法論にしても、まだ確固としたものを持っていないというのが現状であろう。従って、比喩表現に対する原理的な分析も未だ十分とは言えず[1]、何よりも残念に思われるのは、「文体論」が比喩表現の性格を十分考慮した後、その性格に最も適した応用の仕方をすると言った方向がとられていない事である。即ち、何故に、如何なる点において、比喩が個性としての文体研究に役立つのかと言う点を十分考察する事なく、ただ単に個性としての文体研究には比喩が適していると言う前提のもとに、直ちに、比喩を調査対象としている場合が多い。

ここに本稿は、かかる従来の行き方を反省して、比喩表現の表現論的な性格、およびその文体論への応用の仕方を、具体例をあげて考察してみようと思うのである。

2　比喩の成立契機

「比喩」ということばは、一般的に「～の如し」「～の様なり」などのことばで表わされる直喩と、「雪の肌」の如く比喩である事を明示する語のない隠喩との総称として用いられて来ている。しかるに、直喩と隠喩は、先学の説かれる如く、その性質上、大差のないものであることから、(2) 本稿においては、直喩・隠喩という区別をたてず、「比喩」という名のもとに、客観的に識別しやすい直喩を中心として述べる事にしたい。また、表題に使用した「表現論」的な性格と言うのは、表現されたものを、単独にきり離して扱うのではなく、表現主体や表現対象とのかかわり合いにおいてとらえる時の性格をさしている。

さて、比喩と言うものは、表現主体の側に立って眺めた時、その表現を成立させる契機が、①知性的である場合と、②感性的である場合との二種類があろう。前者は、表現主体が表現対象を分析し、その結果、その表現対象に類似した事物を考えて始めて生れてくる比喩表現であるのに対し、後者は、表現主体が表現対象に対して分析する事なく、印象的直観的に表現対象に類似した事物を連想する事によって生れて来る比喩表現である。

前者は、仏典や聖書などの宗教関係の書物や思想書や辞書などの、具体的にわかりやすく、説明する必要のある書物に見られる比喩である。或は、口頭語の世界においては議論や講演など具体的にわかりやすく説明する必要のある場合に用いられる比喩である。たとえば、聖書には、

天の国は、ある人がとってはたけにまいた一粒の芥子《からし》だねのようである。それは、どの種よりも小さいが、成長するとどの野菜よりも大きくなり、空の鳥が来て、その枝に宿るほどの木にさえもなる。

（マテオによる聖福音書第一三章）

とあるし、日本古来から親しまれた教典、妙法蓮華経にも、

善学㆓菩薩道㆒　不㆑染㆓世間法㆒　如㆓蓮華在㆑水　従㆑地面踊出　皆起㆓恭敬心㆒　住㆓於世尊前㆒

（巻第五・第一五品）(3)

とある。これらは、いずれも印象的直観的に対象との類似物を思い起す事によって生じた比喩でない事は明らかで

ある。必ず、知的な分析を経て、平たく言えば「考えて」対象との類似物をさがし、そして生じた比喩である。

後者の、比喩を成立させる契機が感性的である場合は、主として文学作品などの、印象を鮮明にし、目のあたりに見るが如くに具現せしめる必要のある書物に見られる比喩である。口頭語の世界においては、しばしば雑談に用いられたりする。ある人を見た途端、サルを連想した。そこで友人に「サルみたいなヤツだ」と話す類である。文学作品に例をとれば、

月のいと明きに、川を渡れば、牛の歩むまゝに、水晶などの割れたるやうに、水の散りたるこそをかしけれ。（枕草子・二一八段）(4)

などの場合である。

以上見て来た様に、表現主体が比喩表現を成立させる契機は、①知性的である場合と、②感性的である場合との二種類があると考えられるのである。

しかるに、山本忠雄氏は、「比喩法は、発生的に見れば、知的表現であり、効果的に見れば情的表現である。」と述べておられる。(5)この場合の発生的というのは、起源とか由来とかの意味ではなく、表現効果と対立する概念、即ち、表現主体が、ある比喩表現を成立させる契機をさしている。従って、山本氏によれば、比喩と言うのは、表現主体の知的な分析によって生れてくるという事になる。

また岡崎義恵氏も、山本忠雄氏と同様な見解を示され、「譬喩という表現法は、元来知的要求から起るものであって、表現しようとする対象を完全に認識するために、その対象とは異なる物を連想して、その間に類似点を意識するというはっきりした知的活動の上に立つもの」(6)と述べておられる。

それに対して、金岡孝氏は、「比喩といふものは元来感性的なものであることが理解される。比喩は対象を知的

に観察し分析してゆくといふ態度から生まれるものではなくて、対象に対して豊富な感性的経験を喚起し得るといふ性向の中から形象されるものである。[7]」と述べておられる。従って、金岡氏によれば、比喩というものは、表現主体の知的な契機によって成立するものではなくして、印象的直観的な、いわば感性的な契機によって成立するという事である。

かように、従来全く相対立する二つの立場が提唱されてきているわけだが、前者、山本・岡崎氏等の立場に立てば、日常生活における雑談やあだ名などに見られる比喩や前記用例の枕草子の比喩などの成立契機が説明出来なくなるし、又逆に、後者金岡氏の立場に立てば、前記用例の仏典や聖書にみられる比喩の成立契機が説明出来ない事になる。この事は裏返してみれば、比喩というものが、その成立契機において、これらの相対立する両説を提出させる様な二面性を持っていた事を裏付けているのではないかと考えられる。即ち、比喩表現の成立契機は、先に述べた如く、これら両説を止揚したところに存し、①知性的である場合と、②感性的である場合との二種類があると考えるのが妥当なのではあるまいか。勿論、個々の比喩表現の成立契機が、すべてこれらのいずれかに截然と区分出来るわけではなく、両者の中間的な比喩も多数存する。しかしながら、比喩の成立契機を、両者のうちのどちらか一方にのみ求めようとするのは、無理であろう。

但し、この考えは、両者の歴史的先後関係の存在までをも否定するものではない。即ち、まず、感性的契機による比喩表現が発生し、後に知的契機による比喩表現が発達したという考え方も成り立ち得る。が、かかる問題は、相当慎重な考慮を要するので、ひとまず除外しておこう。

3　比喩の効果

こうして成立した比喩表現は、その表現効果の面を眺めてみれば、成立契機が知性的であるにせよ、感性的であるにせよ、いずれも比喩を使わない叙述以上に事物や現象を具象化し、より強く相手の感情に訴える事にあったのである。すなわち、抽象的観念的な理論や、或はみた事のない事物に対して、比喩は我々の情感に訴えかけ、具体的な、我々の直接感知し得る物とし、我々に理解させる。また、ある場合には、とりわけ文学作品などに於ては、理解させるのみではなく、美的感覚を起こさせる。

仏典や聖書などは、かかる表現効果を持つ比喩を積極的に利用して人々を説得する事に使用する。それは、仏典に、

迦葉当レ知　以二諸因縁　種種譬喩一　開二示仏道一　是我方便　諸仏亦然　（妙法蓮華経・巻第三・薬草喩品）

などのことばが随所に見られる事からも、仏典では意識的に比喩を使用し、俗耳に入りやすく聞きやすくし、人々を説得していく事が十分うかがえよう。また、仏典に限らず、聖書でもかよう方便の為に意識的に比喩を用いた事を示す文例が見られる。

弟子たちが近よって、「なぜこの人たちに、たとえでお話しになるのですか？」ときくと、イエズスはお答えになった、「あなたたちは、天の国の奥義を知る恵みをうけたが、かれらはそれをうけていない。……（略）……だから、かれらにはたとえで話すのである。かれらは見ても見ず、聞いても聞かず、理解しようとしないからである。」　（新約聖書・マテオによる聖福音書第一三章）

4　比喩と個性

以上、述べきたった如き成立契機とその表現効果を持つ比喩は、それでは何故に個性的文体論を追究するのに、他の表現に比して、有利な表現性を持ち合わせているのであろうか。勿論、比喩という表現型は、平叙表現、疑問表現、命令表現などの、いわば文法的な分類によってなされる表現型ではなく、修辞的な分類によってなされる表現型である。かかる修辞的分類によってなされる表現型（たとえば、比喩法・声喩法・対句法・擬人法・反語法など）(8)は、一般に、平叙表現、疑問表現などの文法的な分類によってなされる表現型に比して、社会的制約を余り受けず、個人の好みにまかされている面を多分に有している。即ち、ある修辞法を採用するか否かの決定は、言語の社会的なきまりによってなされるよりも、むしろ個人の嗜好によってなされる場合の方が多いのである。

かように修辞的な分類によってなされる表現型は、そもそも文体の個性面を追究するのに有利な面を持っているのであるが、さらに比喩は、修辞的な分類によってなされる表現型のうち、次に述べる如く、とりわけ個性的文体論を行うのに適した面を有している。今、「リスのようにすばしこい男」という比喩表現があったとする。この場合、表現対象は、「すばしこい男」である。この対象を表現主体は、「リスのようにすばしこい」というつかみ方をしているわけである。が、「リスのように」というつかみ方をしなくても「ねずみのように」と言っても良いわけである。だが、この例にあげた文の表現主体は、「すばしこい男」に対して「リスのように」というとらえ方をするのである。この様に、比喩には、表現主体が対象を如何に見ているかと言う事、即ち、表現主体の発想法とも言うべきものが明示されているのである。かかる特徴は、他の修辞的な分類によってなされる表現型には存しない。

ここに、比喩が、他の修辞法とは違い、とりわけ文体の個性面を追究するのに有利な性格を有していると言えよう。

5　分析の方法

かように、比喩は、修辞法のうちでもとりわけ表現主体の発想法を追究するのに適している。とすると、具体的には比喩をどの様に処理したら表現主体の発想にみられる個性を追究して行く事が出来るのであろうか。

比喩は、勿論、たとえられるものとたとえるものとの関係に於て成り立つ。一般に、たとえられるものを本義と言い、たとえるものを喩義と言う。「腹大《オホキ》ナル事、皷《ツヅミ》ノ如シ」（今昔物語集・巻一・第六話）という文があった場合、「腹大ナル事」が、たとえられるもの（本義）であり、「皷ノ如シ」がたとえるもの（喩義）である。かかる比喩の成り立ちを考えれば、その追究の方法の一つとしては、本義と喩義との関係を分析して行くという事が考えられる。しかしながら、かかる方法は実際の処理に当っては面倒な事が多い。

より簡単な他の方法としては、喩義に用いられている素材を分析して行く事が考えられる。喩義の素材というのは「氷のような《喩義》心《本義》」という比喩があった場合、「氷」がそれに当るわけである。

かかる素材の分析が、何故に表現主体の発想の性質を明らめる事になるのであろうか。それは、一般的な表現の素材の性質と喩義に用いられた素材の性質とを比較して考えてみると、わかりやすいであろう。即ち、今、

①満月である。
②満月のように丸い顔。

という二文があったとする。前者の「満月」は、単なる表現の素材であり、後者の「満月」は喩義に用いられた素

材である。前者は、事実を述べる為に使用された素材にすぎず、表現主体のものの見方やとらえ方が特別に投影されているわけではない。それに対して、後者は「丸い顔」を「満月」に見立てているのであり、そこには明らかに表現主体のものの見方、とらえ方が投影されている。即ち、表現主体は現実に目の前にある「丸い顔」を見て、現実にはその場にない「満月」を連想し、両者を結びつけるのである。他の表現主体であったら、「満月」ではなく、「お盆」を連想するかもしれないのである。しかしながら、連想する事物、即ち、喩義の素材として取り上げられる事物は、表現主体の既知のものであって、表現主体が未知のものを、素材として使用する事はあり得ないであろう。また、喩義の素材は、表現主体の何らかの関心を有するものに限られている。これを逆に言えば、喩義に用いられる素材の質の分析を通して、表現主体の発想の性格とその限界を知り得るということなのである。かくして、喩義に用いられる素材と表現主体の発想とが密接な結びつきを有している事は明らかであろう。

従来、比喩表現の分析の試みとして、比喩の素材が問題になった事はある。(9) だが、喩義に用いられる素材が明らかにする事柄について、十分な考察を行うことがなかった為に、所期の成果をあげ得ていない様に見受けられる。たとえば、喩義の素材となっている事物に従って、植物に関するもの、文芸絵画に関するものなどと、比喩を分類するにとどまるとか、或は、喩義の素材を「比喩表現の契機」となっている事物として認識する段階にとどまっている。分析的な試みを若干加えたのは橘豊氏である。氏は、比喩の素材を分析する事は「文章の特質を理解するための手がかり(10)」となるものであると述べておられる。だが、以上述べてきた事から明らかな如く、喩義に用いられた素材は、単に表現された結果としての文章叙述の特徴を示すだけではないのである。表現主体の発想と密着し、喩義の素材を分析する事はとりも直さず、表現主体の発想の分析に他ならないのである。

6 古典を例にとって

今、このことを、『源氏物語』[11]と『宇津保物語』[12]を例にとって、具体的に考えてみる。ここで、源氏物語や宇津保物語などの古典を特にとり上げたのは、従来、所謂「文体論」が、現代作家の作品に於ては試みられていたのに対し、古典に於ては殆ど試みられていない為である。かかる研究の偏りは、個性としての文体を問題とする所謂「文体論」なるものの歴史が浅く、現代の文章にしか適用されていないという事も考えられるが、理由はもっと根本的なものである様に思う。と言うのは、現代の文章はすべて基本的には言文一致の文体であって、文章類型としての文体差が殆どなくなっている為、いきおい研究は、文体の個性面の追究にむけられる。

それに対して、古典は、和文・漢文訓読文・変体漢文などの文章類型としての文体差が大きく、個人の文体差をこえて存在している。たとえば、源氏物語と石山寺本法華義疏（長保点）の大きな文体的差異は、大体に於て個性的なものではなく、つまるところ、表現主体の表現目的などとも密接な関係を有する、和文体と漢文訓読体という文章類型に帰してしまうのである。従って、古典に於ては、文体の個性面は頗る抽出しにくい性質を持っているわけである。

かくして、現代の文章に於ては、個性としての文体を追究する「文体論」の方法は適用しやすく成果をあげやすいが、古典における「文体論」の適用はかなりの慎重さを要するであろう。だからと言って、古典における「文体論」の試みがなされないで良いという事にはならない。かかる試みとして、古典、就中、文章類型を一応同じくする『源氏物語』と『宇津保物語』をとり上げ、その文体の個性面を考察してみる事にしたのである。

7　源氏物語と宇津保物語の比喩の素材

さて、素材の分析にあたっては、『色葉字類抄[13]』の分類に従って行っていくことにする。即ち、当時の人々の「世界」のとらえ方に重点をおいて、当時の辞書の分類項目に従う事にしたのである。『倭名類聚鈔』の分類項目に従わなかったのは、分類項目が細分にすぎるのと、収録語彙が少なく、偏りがみられる為である。『色葉字類抄』の分類項目は、次の如く二一項目ある。

天象・地儀・植物・動物・人倫・人体・人事・飲食・雑物・光彩・方角・員数・辞字・重点・畳字・諸社・諸寺・国郡・官職・姓氏・名字

右の分類項目数は、多すぎるので、一括して纏め得るものはまとめ、次の如く一六項目に分類することにする。

(1)天象・地儀　(2)植物　(3)動物　(4)人倫　(5)人事　(6)人体　(7)飲食　(8)雑物　(9)光彩　(10)方角　(11)員数

(12)辞字・重点・畳字　(13)諸社・諸寺　(14)国郡　(15)官職　(16)姓氏・名字

また、喩義に用いられた素材の抽出基準は、喩義にみられる名詞すべてをぬき出す事にする。なお、抽出された喩義の素材が、『色葉字類抄』に収録されていない場合が当然考えられる。かような場合は、問題としている素材に似ている素材を検討し、類推によって分類した。さて、以上の如き分類に従って整理すると「表1」の如くである。表の数値は、異なり素材の数である。「表1」から、次の二つの事が明らかになる。

〔I〕　源氏物語で特に多く喩義の素材となっているのは、(4)人倫門であり、源氏物語に用いられている素材全体の三割を占めている。それに対して、宇津保物語で特に多く喩義の素材となっているのは、(1)天象・地儀門であり、宇津保物語に用いられている素材全体の三割弱を占めている。そして、これらの素材に次いで多用される素材は、源氏物語では、⑴天象・地儀門、宇津保物語では、⑷人倫門であるが、これらはそれぞれ特に多用される素材の半数余にしか達していない。即ち、⑴天象・地儀門と⑷人倫門との相対的な関係は、源氏物語に於ては、⑴天象・地儀門が⑷人倫門の半数以下にしか達していないのに対し、宇津保物語に於ては、逆に、⑴天象・地儀門が⑷人倫門の二倍弱の数値を示している。

〔Ⅱ〕⑻雑物門の素材の占める割合は、源氏物語、宇津保物語ともに、それぞれの全素材に対して比較的高率で、かつほぼ同じ位の割合である。即ち、源氏物語の雑物門の素材の占める割合は一三％、宇津保物語の雑物門の素材の占める割合は一六％である。

8　源氏物語と宇津保物語の個的特性

かかる現象は、それぞれ何を意味しているのだろうか。以下、具体的に素材の質も勘案しながら考えてみよう。

〔Ⅰ〕の現象は、比喩の素材が表現主体の既知の事物に限られること、及び何らかの関心を有する事物に傾くことを考えれば、宇津保物語の作者の興味関心は、天地に広く開かれていたのに対して、源氏物語の作者のそれは、人間に対してである事を意味していると言えよう。更に、同じ⑴天象・地儀門に属する素材の質を検討してみると、宇津保物語の素材は、具体的な自然であるのに対して、源氏物語の素材は、具体性に欠けた観念的な自然であると言った違いが見出される。これは、宇津保物語に用いられている素材を、古今和歌集・後撰和歌集・拾遺和歌集など⒁の歌の世界に用いられている素材と比較してみると、歌の世界には決して用いられない様な素材が見られるのに対し、源氏物語では、その大部分が歌の世界で用いられる素材と一致している事からもうなずけよう。以下、具体的に用例を列挙してみると、次の如くである。

まず、宇津保物語・源氏物語に共通して見られる素材は、

かげ（影）・もり（森）・ゆき（雪）・つき（月）・やまざと（山里）・ひかり（光）

の六例である。宇津保物語だけに見られる素材は、

の（野）・のやぶ（野藪）・のなか（野中）・やま（山）・やまなか（山中）・かたやま（片山）・うみ（海）・いさご（砂子）・つぶて（飛礫）・たき（滝）・たに（谷）・すはま（洲浜）・つち（土）・なゐ（地震）・くも（雲）・あめ（雨）・あめのあし（雨脚）・くもゐ（雲居）・もちづき（望月）・ほむら（焰）・ひとのいへ（人家）・とねりのねや（舎人閨）・はまのとまや（浜苫屋）・たい（対）・かき（垣）・には（庭）・いち（市）・おほゐがは（大堰川）・ひる（昼）・とし（年）・よのなか（世中）・かうし（庚申）・きのふ（昨日）・けふ（今日）・しはす（師走）・つきよ（月夜）

「表1」

素材の分類＼文献名	源氏物語	宇津保物語
(1)天象・地儀	17（14.0%）	42（28.4%）
(2)植物	6（5.0%）	9（6.1%）
(3)動物	2（1.7%）	14（9.5%）
(4)人倫	36（29.8%）	26（17.6%）
(5)人事	8（6.6%）	9（6.1%）
(6)人体	14（11.6%）	4（2.7%）
(7)飲食	0（0%）	4（2.7%）
(8)雑物	16（13.2%）	24（16.2%）
(9)光彩	0（0%）	0（0%）
(10)方角	2（1.7%）	1（0.7%）
(11)員数	2（1.7%）	5（3.4%）
(12)辞字・重点・畳字	15（12.4%）	6（4.1%）
(13)諸社・諸寺	0（0%）	0（0%）
(14)国郡	0（0%）	0（0%）
(15)官職	1（0.8%）	2（1.4%）
(16)姓氏・名字	2（1.7%）	2（1.4%）
合計	121（100%）	148（100%）

である。このうち、「のやぶ・かたやま・つぶて・すはま・なゐ・あめのあし・ほむら・ひとのいへ・とねりのねや・はまのとまや・たい・いち・かうし・しはす」などの語は、古今和歌集・後撰和歌集・拾遺和歌集の歌語には見られない素材である。また、源氏物語だけに見られる素材は、

みづ（水）・そら（空）・あわ（泡）・たまみづ（玉水）・むらさめ（村雨）・きし（岸）・みち（道）・あした（朝）・まど（窓）・ゆふぐれ（夕暮）・あけぼの（曙）

である。このうち、古今和歌集・後撰和歌集・拾遺和歌集の歌語にみられないものは「まど・あけぼの」の二語のみである。

かように、宇津保物語の天象・地儀門の素材には、歌の世界では殆ど取り扱わない、「散文的」とでも言える様な素材が見られるのに対して、源氏物語の素材は、歌の世界の素材とその多くを共通し、「王朝的優美さ」を感じさせる様なもので成り立っているのである。即ち、宇津保物語の素材は、具体的な自然そのものを対象としているのに対し、源氏物語の素材は、美意識によってきりとられた歌の世界の自然と一致し、具象性に欠けた観念的な自然なのである。

かかる喩義の素材の質の違いは、宇津保物語の作者が、「野」や「山」や「洲浜」を歩きまわって、「滝」や「いさご」などに身近に接した事があり、またそれらに十分関心を持ち得る世界の人であったのに対し、源氏物語の作者は、天地にじかにふれる機会が少なく、従って関心をもつ事も少なく、また、仮に外界にふれたにせよ、作者の心には既に観念的自然像があって、それに従ってみていたと言う事を示していることになろう(15)。

〔Ⅱ〕の現象については、一見量的には差異がなく、共通しているようであるが、雑物門を形成する素材の質を検討すると、大きな違いのある事がわかる。具体的に素材を列挙してみよう。まず、宇津保物語と源氏物語に共通

している素材は、

ゑ（絵）・たま（玉）・ふすま（襖）・いと（糸）・かがみ（鏡）・もの（物）

である。宇津保物語だけに見られる素材は、

つるぎ（剣）・すき（鋤）・くは（鍬）・かなまり（金椀）・くるまのわ（車の輪）・はこ（箱）・ふた（蓋）・きぬ（衣）・たきもののすみ（薫物炭）・きんのうるし（琴の漆）・こしふ（古集）・すず（鈴）・かはらけ（土器）・かなくぎ[16]（金釘）・ゑぶくろ（餌袋）・にしき（錦）・てぐるま（手車）・からかさのえ（傘の柄）

である。一方、源氏物語にだけ見られる素材は、

しとみ（蔀）・あふぎ（扇）・ぢきやう（持経）・すみ（墨）・にき（日記）・ともしび（燈火）・ひひな（雛）・さうしのつま（草子の端）・いつへあふぎ（五重扇）・ひ（火）

である。これらの素材を比較してみると、顕著な偏りは次の事である。宇津保物語では、「つるぎ・すき・くは・かはらけ・かなくぎ・ゑぶくろ」など男性特有もしくは男性に関係のある素材である。一方、源氏物語では、「あふぎ・ひひな・さうしのつま・いつへあふぎ」など女性特有もしくは女性に関係のある素材である。

かかる顕著な雑物門の素材の質の差異は、源氏物語の作者が女性であるのに対し、宇津保物語の作者が男性である事を如実に示している。ここに、宇津保作者男性説に一つの新しい根拠を加える事も出来よう。更に、かかる宇津保作者男性説は、先に述べた事――源氏物語の作者の興味・関心は主として人間に対してであるのに対し、宇津保物語の作者の興味・関心は天地に広く開かれていたこと――が傍証となって一層確かな論拠を与える事が出来るであろう。というのは、興味・関心が主として人間に向けられていた源氏物語の作者は、狭い後宮社会に閉じ込められ、人間以外には目の向けようのなかった女性である事を示しているのに対して、興味・関心が広く天地に開け

ていた宇津保物語の作者は、自由に出歩く事の出来た男性である事を示していると考えられるからである。かように、喩義の素材の分析によって、同じく仮名文学の作品として分類される両作品に於て、表現主体の発想の差に基づくと思われる文体的相違の存する事が明らかになった。表現主体の発想の差は、性別や環境あるいはその他もろもろの原因による事が考えられる。

両表現主体の発想の差は、右に述べたような点のみに限られるわけではなかろう。そして、それを明らかにする為には更に新しい追究の方法を考えねばならない。かかる意味に於て、ここに行った喩義の分析は、あくまでも一つの試みにとどまるものである。

9　おわりに

いままでに、比喩を扱った研究論文はさほど多くはない。文体論・表現論的見地から見た論文にしぼれば、ごく僅かしかない(17)。しかしながら、以上見てきた如く、その処理法によっては個性的文体論に大きく寄与する事が出来る。従って比喩は、その性格の解明とともに、その応用の仕方も考慮されてしかるべき問題であろう。

注

(1)　比喩の研究が、ごく初期の段階である事は、たとえば、柳田征司「狂言に見える直喩」(『国文学研究年報』第29号、昭和42年6月)、鈴木一三雄「レトリックからみた梶井文学―譬喩を中心に―」(『玉藻』第3号、昭和43年5月)などの如く、分析以前の、用例蒐集のみの論文が提出されねばならないことからもうかがえよう。

（2）この事については、明治時代の修辞学最盛期に出された数々の修辞学書のいたるところに既に記されている。たとえば、代表的な修辞学書であった島村抱月の『新美辞学』（明治35年5月刊）や五十嵐力の『文章講話』（明治38年6月刊）には、それぞれ次の如く記されている。「隠喩法はまた直喩法の緊縮せられ省略せられたるものといふべし。」「隠喩法——或は煎じ詰めた直喩ともいふ。」また、最近では、橘豊氏が「比喩小考」（『人文社会』35・昭和40年2月。同氏著『文章体の研究』にも再録）で、直喩と隠喩は連続的なものであり、互いに還元可能なものである事を説かれている。

（3）『大正新脩大蔵経・第九巻』所収の「妙法蓮華経」四二頁。

（4）松村博司監修『枕草子総索引』（昭和43年、右文書院刊）二一六頁。

（5）『文体論』（昭和15年、賢文館刊）第二節・㈠、⑸知情的表現—比喩法、一二四頁。

（6）『日本文芸の様式と展開』（昭和37年、宝文館刊・岡崎義恵著作集⑵）六一頁。

（7）「比喩について—その表現心理的構造と言語的性格—」（『清泉女子大学紀要』7、昭和35年3月）三七頁。

（8）大正時代以後、修辞学は凋落の一途をたどった。それは、如何にうまく文章を書くかと言うことよりも、如何なる事を言うかという事に重点が移っていった為、もはや修辞学は無用の長物となったからである。だが、最近では文章心理学や表現学や解釈学の方面から、次第にニューレトリックが模索されつつある。しかしながら、まだ新しい体系をうちたてるに至っていない。従って、ここではひとまず、修辞的分類によってなされる表現型の種類を、古めかしくはあるが、島村抱月の『新美辞学』によって示し、参考に資する事にしたい。

第一グループ＝譬喩法……①直喩法　②隠喩法　③提喩法　④換喩法　⑤諷喩法　⑥引喩法　⑦声喩法　⑧字喩法　⑨詞喩法　⑩類喩法

第二グループ＝化成法……①擬人法　②頓呼法　③現在法　④誇張法　⑤情化法

第三グループ＝布置法……①対偶法　②漸層法　③反覆法　④倒置法　⑤照応法・転折法・折揚法

第四グループ＝表出法……①警句法　②問答法　③設疑法　④詠嘆法　⑤反語法　⑥曲言法・詳略法

(9)　岡戸判助「枕草子の表現について—その比喩表現について—」(『関東短期大学紀要』第7集、昭和37年3月)、金岡孝「比喩について—その表現心理的構造と言語的性格—」(『清泉女子大学紀要』7、昭和35年3月) 参照。
(10)　「比喩小考」(『文章体の研究』角川書店刊・二八七頁)
(11)　調査には、日本古典文学大系『源氏物語』を使用した。但し、適宜『源氏物語大成』の本文を参照した。
(12)　調査には、古典文庫本『宇津保物語』を使用した。
(13)　中田祝夫・峰岸明編『色葉字類抄』(昭和39年、風間書房刊) を使用した。
(14)　古今和歌集の歌語 (歌に用いられたことばのみをさし、詞書に用いられたことばは含まない) の調査には、西下経一・滝沢貞夫共編『古今集総索引』(昭和33年、明治書院刊) を使用し、後撰和歌集の歌語の調査には、大阪女子大学国文学研究室編『後撰和歌集総索引』(昭和40年刊) を使用した。また、拾遺和歌集の歌語の調査には、古典文庫本『拾遺和歌集』を使用した。
(15)　片野達郎氏は、「源氏物語における絵画性の一考察」(『文芸研究』23、昭和31年7月) で、源氏物語の自然描写が、京洛を離れた海浜、山水、田園、山荘になると、俄かに、観念的類型的な描写になることを指摘しておられる。それは、紫式部が、実際に体験することなく、屏風絵の景物画に想を得て書いたためではないかとしておられる。傾聴すべき見解である。
(16)　古典文庫本は、「かねくき」とあるが、この箇所は諸本の異同が多く、「かなくき」「かねてき」と記されたものもある (日本古典文学大系『宇津保物語㈡』三九八頁校異参照)。前後の文脈からも「金釘」と取るのが妥当であろうと思うので、ここでは「かなくき」として、一応とり扱った。
(17)　山口雄輔氏が、「ギリシアまで行く前に、万葉集、風土記、祝詞、さらにそれに続く時代へと、それこそ材料は多すぎるほど目の前にある。それさえまだこういう方面の研究 (筆者注—比喩表現に関する研究をさす) が、全然できていない。」(「大鏡の直喩をめぐって—今昔物語との比較を中心に—」『日本文学論究』第24冊、昭和40年3月号) と言われているのも、必ずしも言い過ぎとばかりは言えない。

しかしながら、丹念にあさって行くと、僅かではあるが、研究論文を見出すことが出来る。以下に記して、文体論・表現論の、今後の研究に資する事にしたい。（注1・2・5・6・7・9・10などに既に記した論文名は省略する。また、ここでは国語国文学関係の論文のみにしぼる。）○波多野完治「薄田泣菫と直喩的文体」（『文章心理学入門』〈新潮文庫〉所収）○大久保忠利「現代文学と日本語の一断面—主として『細雪』の比喩について—」（『国語と国文学』27巻4号、昭和25年4月）○両角克夫「比喩表現と意味」（『可里婆禰』第4号、昭和40年2月・信州大学）○秋山浩子「上代文学における比喩表現」（『国文』第10号、昭和33年12月）○上坂信男「日本霊異記に於ける譬喩表現」（『平安朝文学研究』第4号、昭和34年6月）○大森節子「古今集における心情表現—主として譬喩表現の方法を通して—」（『女子大国文』19、昭和35年11月）○樺島忠夫『文章工学』（三省堂新書9、昭和42年10月）。

この他、文体論・表現論とは直接関係はないが、国語国文学関係で、比喩を扱っている論文としては、○横井博「古代歌謡の比喩」（『文芸研究』第31集、昭和34年2月）○阪倉篤義「比喩的枕詞—体言に『の』の添はりたるものについて—」（『国語国文』10巻12号、昭和15年12月）○竹内金治郎「比喩と対句—防人歌の修辞を中心に—」（『語文』第24輯、昭和41年6月）○仁田祥男「『聖家族』における『ようだ』の考察」（『国語教育研究』10、昭和40年4月）○高橋恒介「俳句における比況の助動詞『ごとし』の用例について」（『国語の周辺』4、昭和43年3月）○門前正彦「『天草版金句集』における比況表現について」（『文学研究』2、昭和30年12月・奈良学芸大学）などがある。

丹念にあさっても、かかる少数の論文しか見出せない事は、この方面の研究が如何に遅れているかを語って十分であろう。

『源氏物語』の比喩表現と作者

1　はじめに

源氏物語五四帖は、いうまでもなく、誰が主人公であるかによって、大きく二つの部分に分けることができる。光源氏を主人公とする第一帖の「桐壺」から第四一帖の「幻」までと、光源氏の子、薫を主人公に擬することのできる第四五帖の「橋姫」から第五四帖の「夢浮橋」までの二つの部分である。[1]前者を、源氏物語の「前編」、後者の、いわゆる宇治十帖を「後編」とよぶことにする。第四二帖の「匂宮」から第四四帖の「竹河」にいたる三帖は、これら二つの部分のつなぎの巻々であり、後人の補作かとも言われている。[2]

ところで、後編の宇治十帖の作者に関しては、古くから二つの対立する説が行われている。一説は、源氏前編の作者と同じく紫式部作説。他の一説は、紫式部以外の別人作説。[3]現在は、前者の説が有力であるが、後者の説とて完全に否定されたわけではない。[4]宇治十帖は、これら両説を提出させるような二面性をもっているようである。それは、両編にみられる比喩表現にも顕著にあらわれている。すなわち、両編の比喩表現の間には、差異点がみいだされるが、同時に両編に共通する一致点をもみいだすことができるからである。差異点に注目すれば、別人作説に、共通点に注目すれば、紫式部作説にと、どちらにでも考え得る可能性をもっているのである。とすれば、差異点と共通点の意味することを吟味し、どちらがより本質的なものであるかを検討してみる必要があろう。

本稿は、今まで余り扱われていない比喩表現を対象にして、[5]両編における差異点と共通点を明らかにし、その意味するところを考察し、後編の宇治十帖の作者の問題にせまってみたいと思う。

この稿の前半では、前編と後編の比喩表現にみる差異点とその意味を論じ、後半では、両編の比喩における共通点とその意味を考え、後編の作者が紫式部か否かのいずれが、蓋然性の高い説かをのべる。

なお、調査は主として、日本古典全書『源氏物語㈠〜㈦』にもとづき行った。ただし、一部日本古典文学大系本にもとづいた場合もある。その箇所は、明示しておいた。

2　対象とする比喩

ここで取り扱う比喩表現は、直喩表現と隠喩表現の二つを含むことにする。直喩表現とは、たとえば、次のようなものである。

○自らもうち笑み給へる、いとをかしき色あひつらつきなり。酸漿《ほほづき》などいふめるやうにふくらかにて、髪のかかれる隙々うつくしう覚ゆ。（野分）

傍線部は、玉鬘の顔の、丸くつやつやしたさまを形容したものである。直喩は、右例の「やうなり」の他、「〜心地す」「〜に似る」「〜と見ゆ」「〜に劣らず」「〜に異ならず」「〜けはひなり」「〜ごとし」などの、たとえであることを明示することばを必ず伴っている。一方、隠喩表現は、たとえであることを示すことばが用いられていない。たとえば、

○見つる花の顔ども、思ひくらべまほしくて、例は物ゆかしからぬ心地に、あながちに、妻戸の御簾をひき著て、几帳のほころびより見れば、（野分）

たとえである「花」を、たとえられるもの「顔ども」に、じかに結びつけ、たとえであることを説明する語を用いない。そのため、直喩表現のもつ説明性がうすれ、緊張した直観的な表現となる。両者を総称して、比喩表現と

よぶことにする。

なお、筆者・山口が、比喩表現をとりあげたのは、それが、個性のあらわれやすい表現技法の一つであると考えているからである。これについては、すでにのべたことがあるので[6]、省略したい。

3 比喩の用例数

さて、ごく素朴に源氏物語を読み進んで行くと、前編の比喩と後編のそれとはかなり異なる印象をうける。最も外面的な用例数からして、前編では出現度が高いのに、後編になると出現する割合が低くなるように思われるのである。そこで、まず、比喩の用例数を実際に調査してみることから始めたい。

前編と後編における比喩の用例数ならびに出現度は、表1の通りである。

「表1」

	Ⓐ比喩の用例数	Ⓑ分量（日本古典文学大系本の行数で示す）	Ⓒ比喩の出現度（$Ⓒ=\frac{Ⓑ}{Ⓐ}$）
前編	三四八例	一八〇六〇・五行	五一・九行に一例の割合
後編	一五二例	七八七五・五行	五一・八行に一例の割合

Ⓑは、日本古典文学大系本によって調査した鈴木一雄氏のものを借用した[7]。従って、ここでの数量の提示は、同本によって行う。

表1のⒸから、比喩は、前編・後編のいずれにおいても、約五二行に一例の割合で現われ、ほぼ等しいことがわ

かる。すなわち、文体印象と違って、実際は、後編の比喩の出現度は、前編に比して減じていないのである。とすれば、かかる印象を生むのは、数量以外の差異点が、まず前面に大きく横たわっているからに違いない。そうした印象を形成する差異点とはなにか。前編・後編の比喩を比較し、分析してみると、以下にのべて行くような五つの差異が指摘できる。

4 比喩のあらわれ方――差異点(1)――

第一の差異点は、比喩のあらわれ方の違いである。今、巻による比喩の出現度のバラツキ具合を調査すると、前編では、比喩の出現度が、巻によって大きく異なるのに対し、後編では、かなり一定しているのである。この差異点は、安本美典氏によって、後編の作者が紫式部でないという仮説を支持する根拠の一つとして、とりあげられたものである。[8] 具体的に数量を提示すると、表2の通りである。[9] Ⓐが各巻の分量、[10] Ⓑが比喩の数、Ⓒが各巻の比喩の出現度を示している。

表2から、前編では、「野分」の巻のごとく、一六・〇行に一例の割で、比喩の頻繁に出現する巻があるかと思うと、「梅枝」のごとく、二六六・五行からなるにもかかわらず、全く比喩のあらわれない巻があるといった具合なのである。巻による比喩の出現度のバラツキ具合の大きいことが、わかるであろう。

一方、後編では、最も出現度の高い「椎本」の巻でも、三四・六行に一例の割であるし、最も出現度の低い「蜻蛉」でも、八一・九行に一例の割で、比喩が用いられるといった具合である。巻による比喩の出現度のバラツキが、小さいのである。今、このことを、さらに比較に便利な表にまとめてみる。表3の通りである。

「表2」

巻名	Ⓐ各巻の分量（行数による）	Ⓑ比喩の用例数	Ⓒ各巻における比喩の出現度（Ⓒ＝Ⓐ/Ⓑ）
(1)桐壺	三四九・〇行	七例	四九・九行に一例
(2)帚木	六七二・五行	一四例	四八・〇行に一例
(3)空蟬	一五三・五行	二例	七六・八行に一例
(4)夕顔	六七六・五行	一四例	四八・三行に一例
(5)若紫	六八〇・〇行	九例	七五・六行に一例
(6)末摘花	四四六・〇行	七例	六三・七行に一例
(7)紅葉賀	三九六・〇行	一五例	二六・四行に一例
(8)花宴	一四三・〇行	二例	七一・五行に一例
(9)葵	六五二・〇行	一八例	三六・二行に一例
(10)賢木	六八六・五行	九例	七六・三行に一例
(11)花散里	五三・〇行	〇例	〇
(12)須磨	六〇五・〇行	二〇例	三〇・三行に一例
(13)明石	五六〇・五行	一〇例	五六・一行に一例
(14)澪標	四四〇・〇行	七例	六二・九行に一例
(15)蓬生	三〇九・五行	七例	四四・二行に一例
(16)関屋	六三・〇行	二例	三一・五行に一例
(17)絵合	二五九・五行	二例	一二九・八行に一例
(18)松風	二七八・五行	七例	三九・八行に一例
(19)薄雲	四二六・〇行	六例	七一・〇行に一例
(20)朝顔	二七九・五行	三例	九三・二行に一例
(21)乙女	六九六・〇行	六例	一一六・〇行に一例
(22)玉鬘	五六七・五行	一三例	四三・七行に一例
(23)初音	一九八・五行	六例	三三・一行に一例
(24)胡蝶	二八四・五行	九例	三一・六行に一例
(25)蛍	二六六・〇行	一例	二六六・〇行に一例
(26)常夏	三一七・〇行	六例	五二・八行に一例

巻名	Ⓐ各巻の分量（行数による）	Ⓑ比喩の用例数	Ⓒ各巻における比喩の出現度（Ⓒ＝Ⓐ/Ⓑ）
(27)篝火	四六・五行	一例	四六・五行に一例
(28)野分	二五六・五行	一六例	一六・〇行に一例
(29)行幸	三九一・〇行	九例	四三・四行に一例
(30)藤袴	二〇三・〇行	〇例	〇
(31)真木柱	五二六・五行	八例	六五・八行に一例
(32)梅枝	二六六・五行	〇例	〇
(33)藤裏葉	三二六・五行	九例	三六・三行に一例
(34)若菜上	一四五五・〇行	一八例	八〇・八行に一例
(35)若菜下	一四三五・〇行	三四例	四二・二行に一例
(36)柏木	五八六・五行	一五例	三九・一行に一例
(37)横笛	二七三・五行	二例	一三六・八行に一例
(38)鈴虫	二〇八・〇行	二例	一〇四・〇行に一例
(39)夕霧	一〇四四・五行	一七例	六一・四行に一例
(40)御法	二七二・〇行	一三例	二〇・九行に一例
(41)幻	三一〇・五行	二例	一五五・三行に一例
(45)橋姫	五五〇・五行	一五例	三六・七行に一例
(46)椎本	五一八・五行	一五例	三四・六行に一例
(47)総角	一三一〇・〇行	二六例	五〇・四行に一例
(48)早蕨	二四九・〇行	五例	四九・八行に一例
(49)宿木	一二八四・五行	一七例	七五・六行に一例
(50)東屋	九二三・五行	一六例	五七・七行に一例
(51)浮舟	一〇〇一・〇行	一七例	五八・九行に一例
(52)蜻蛉	八一八・五行	一〇例	八一・九行に一例
(53)手習	九七三・〇行	二五例	三八・九行に一例
(54)夢浮橋	二四七・〇行	六例	四一・二行に一例

表3の「Ⓑ標準偏差」とは、平均値からの逸脱の度合を示したものである。従って、巻による比喩の出現度が、一定しておらず、ちらばり方の大きい場合は、この値が大きく、逆に、それの一定している場合は、小さい値となる。また、「Ⓒ変異係数」とは、標準偏差値を平均値で割り、一〇〇を乗じたものである。ちらばり方が、平均値に対して、どの位なのかということを示すものである。標準偏差値が同じであっても、平均値そのものが小さければ、相対的にそのちらばり方の度合は、大きいことになるし、逆に、平均値が大きければ、そのちらばり方の度合は、小さいことになる。従って、この変異係数によって、巻による比喩の出現度の変動の激しさを知ることができる。

表3から、前編と後編とは、標準偏差値が、かなり異なることがわかる。すなわち、前編では、後編に比して、標準偏差値が大きく、巻による比喩の出現度のちらばり方が大きいのである。それは、変異係数をみると、さらに明らかである。前編の変異係数は、九二・五、後編のそれは、三一・三であり、前者において、変動の激しいことが知られる。こうして、前編では、比喩が粗密の違いのはげしいあらわれ方をするのに対し、後編では、均一なあらわれ方をすることが明らかとなる。

ところで、我々の意識しやすいのは、均一なあらわれ方をする場合ではなく、変動の激しいあらわれ方をする場

「表3」

	Ⓐ比喩の出現度（平均）	Ⓑ標準偏差	Ⓒ変異係数（$Ⓒ=\frac{Ⓑ}{Ⓐ}\times 100$）
前編	五一・九行に一例	四八・〇行	九二・五
後編	五一・八行に一例	一六・二行	三一・三

合である。すなわち、前編のごとく、比喩がかなり長い間出てこない箇所があるかと思うと、出てくる時は、群をなして現われるといった場合である。前編に比喩が多く、後編になると減じてしまうという印象は、実は、こうした比喩のあらわれ方の違いに、一因があったと思われる。

5 技巧的な比喩――差異点(2)――

第二の差異点は、前編では、技巧をこらした凝った比喩が多くみられるのに対し、後編では、そうした比喩はみられないことである。後編の比喩は、技巧をこらしていない素直な比喩ばかりなのである。

前編には、次のような性質をもつ比喩がみられる。

(1) 微に入り細をうがって作りあげた比喩

(例) きのふ見し御けはひには、けおとりたれど、見るに笑まるるさまは、立ちも並びぬべく見ゆる。八重山吹の咲き乱れたるさかりに露かかれる夕映《ゆふばえ》ぞ、ふと思ひ出でらるる。(野分)

玉鬘の艶麗な美しさに対する比喩表現である。八重山吹の咲きほこっている時、しかも露のかかっている一瞬、そして時は夕方といった微細な点まで指定して作りあげた比喩である。次例も同様である。

(例) たをやかにつかひなしたる撥のもてなし、音を聞くよりも、またあり難くなつかしくて、五月まつ花橘、花も実も具しておし折れる薫覚ゆ。(若菜下)

明石上の高雅な美しさが、入念な比喩で形容されている。

かかる比喩は、とりわけ、女性達の容姿容貌描写に多い。

(2)　対比的な素材を用いて作りあげた比喩

(例)　松原に、遥々と立て続けたる御車どもの、風にうちなびく下簾のひまひまも、常磐の蔭に、花の錦を引き加へたると見ゆるに、（若菜下）

松原を行く光源氏一行の車の下簾から、女性達の袖口のこぼれいずる情景の形容である。比喩表現に、「常磐の蔭」と「花の錦」という対比的な素材を用いている。前者は緑、後者は赤系、対比的な素材を用いて、比喩のイメージを鮮明にしている。かなり凝った比喩といえよう。

(例)　片手には大殿の頭の中将、容貌用意人には異なるを、立ち並びては、なほ花の傍の深山木なり。（紅葉賀）

人より優れている頭中将も、光源氏と立ち並ぶと、月と鼈ほどの違いがあるという。光源氏を「花」、頭中将を「深山木」にみたてて作られた比喩である。「花」と「深山木」は、華やかさに対するくすみ、色彩的にいっても、明色系に対する暗色系といった対比的なイメージをもつ素材である。このように、前編にみられる比喩には、対比的な素材を用いて、一つの比喩を作りあげるといった面がみられる。

以上(1)(2)の例のごとく、凝った技巧的な比喩は、後編には全く見られない。後編では、たとえば容姿容貌描写にしても、次例のごとく、技巧をこらしていない比喩が用いられている。

(例)　いはけなき程ならねば、かたなりに飽かぬところなくあざやかに、盛の花と見え給へり。（宿木）

後編の比喩は、前編のごとく、目立ちはしない。文脈の流れの中に、自然にとけこんでしまう。前編に、比喩が多く出現するという印象は、こうした比喩の性質の違いにも帰することができよう。

6 観念的な比喩――差異点(3)――

第三の差異点は、前編では、観念的な比喩がみられるのに対し、後編では、そうした比喩はみられないことである。

前編には、次のごとく、知識をもとにして作った観念的な比喩がみられる。

(例)「瓜作になりやしなまし」と、声はいとをかしうて謡ふぞ、すこし心づきなき。鄂州にありけむ昔の人も、かくやをかしかりけむ、と、耳とまりて聞き給ふ。(紅葉賀)

折からあわれに聞える源典侍の琵琶と歌声。じっと佇み、聞きほれる光源氏の気持の形容である。白氏文集に記された故事に基づき作られた比喩である。

(例) 面白き家居して、世の中を誹りもどきて、かの鹿を馬と言ひけむ人のひがめるやうに追従する(須磨)

光源氏は、失脚したにもかかわらず、世に賞讃され、訪れる人も絶えなかった。弘徽殿大后は、面白くなかった。光源氏にへつらっている人々をかく形容して悪口を言ったのである。史記の故事にもとづき作られた比喩である。

こうした観念的な、知識にのみ基づき作られた比喩が、前編には、一〇例程度みられる。しかるに、後編には、見あたらないのである。

作りあげられた観念的な比喩は、自然な文脈の中から、うかびあがっている。前編に比喩が多いと感じさせる一因となっていたことは、想像にかたくない。

7　複雑な文構造—差異点(4)—

第四の差異点は、前編では、複雑な文構造からなる比喩が見られるのに対し、後編では、見られないことである。後編の比喩は、単純な文構造からなるものばかりである。

いま、文節数で、比喩表現の文構造の複雑さの度合を示すことにする。表4の通りである。（文節数は、たとえであることを示す語句—「やうなり」「異ならず」など—を除いて算出した。）

「表4」

	一文節	二文節	三文節	四文節	五文節	六文節	七文節	八文節	九文節	一〇文節	一一文節	合計
前編四一帖	一四七	一〇七	五〇	一八	一一	八	二	二	一	〇	二	三四八
後編宇治十帖	七六	四四	一九	八	四	一	〇	〇	〇	〇	〇	一五二

表4から、前編では、一一文節からなる複雑な文構造をもった比喩まで見られるのに、後編では、六文節からなる比喩が最も長く、しかも一例存在するだけである。七文節以上の比喩は、全く見られないのである。

ところで、前編にみられる複雑な文構造をもつ比喩表現の性質を調べてみる。すると、この第四の差異点は、第二・第三の差異点を、形態面からうつし出したものであることが明らかになる。すなわち、前編にみられる複雑な文構造をとる比喩は、①技巧をこらした凝った比喩であるか、②観念的な比喩であるかのいずれかに属しているからである。それぞれ例を付してみる。

（例）　女御の君は、同じやうなる御なまめき姿の、今すこしにほひ加りて、もてなしけはひ心にくく、よしあ

る様し給ひて、よく咲きこぼれたる藤の花の、夏にかかりて、傍に並ぶ花なき朝ぼらけの心地ぞし給へる。（若菜下）

技巧的な凝った比喩である。

（例）心にのみ籠めて、無言太子とか、小法師ばらの悲しきことにする、昔のたとひのやうに、あしき事よき事を思ひ知りながらうづもれなむも、いふかひなし。（夕霧）

観念的な知識をもとにして作った比喩である。

前編に、複雑な文構造からなる比喩がみられるのは、前編に、技巧的な比喩・観念的な比喩が見られることと呼応した現象だったのである。こうして、第二・第三・第四の差異点は、互に密接な関係を有していることが明らかになる。

ところで、複雑な文構造をした比喩の方が、単純な文構造の比喩よりも目をひきやすい。こうして、前編の方に、より多く比喩が出現するといった印象を作りあげていたと思われる。

8 「花」のイメージ——差異点(5)——

第五の差異点は、前編の比喩が、明るく美的で、華やかなイメージをもつのに対し、後編の比喩は、暗く散文的で、地味なイメージをもつことである。

次の二つの事象が、それを端的に示している。

(1) 前編、後編のそれぞれにしか見られない比喩を抽出し、比較する。すると、前編には、次のごとく、明るく華やかなイメージをもつ比喩が多く見られる。いずれも、華麗な場面を形容している。

（例）近衛寮の名高き舎人、物の節どもなど侍ふに、さうざうしければ、「その駒」など乱れ遊びて、ぬぎかけ給ふ色々、秋の錦を風の吹きおほふかと見ゆ。（松風）

（例）色色こぼれ出でたる、御簾のつま、透影など、春の手向の幣袋にやと覚ゆ。（若菜上）

目もあやな多彩な色のイメージをもった比喩である。こうした比喩が、前編にはかなり見られる。

一方、後編では、華麗な儀式や行事そのものが描かれなくなるため、こうした比喩も姿も消すことになる。そのかわりに、人界をはなれた宇治を暗示するような、地味な暗い比喩が、出現するようになるのである。たとえば、次例のごとくである。

（例）昔聞き馴れ奉りしわたりにて、参りよるべく侍りしかど、はしたなく覚え侍りて、えさし出で侍らで、深山隠の朽木になりにて侍るなり。（橋姫）

（例）かくてさぶらふこれかれも、年頃だに、何のたのもしげある木の本のかくろへも侍らざりき。（総角）

（例）……と言ふを聞くに、梟の鳴かむよりも、いとものおそろし。（浮舟）

鬱蒼と木が茂り、梟の住む宇治を感じさせる暗く地味な比喩である。[11] 前編、後編のそれぞれにしか見られない比喩は、こうした両者の違いを示す。

(2) 比喩に用いる素材を比較すると、両者の比喩のもつイメージの違いは一層明らかである。今、天象地儀を素材にした場合を、例にして、具体的にのべてみよう。

前編、後編の比喩は、表5のような天象地儀を素材にもりこんでいる。表5は、まず、㈠前編と後編とに共通する素材、㈡それぞれにのみ見られる素材、の二つに大別して示してある。問題となるのは、㈡の場合である。

表は、さらに、それぞれの場合を、(A)「天象」に関する素材、(B)「地儀」に関する素材、の二つに分類してある。なお、素材の分類は、『色葉字類抄』の分類に従っている。[12]（ ）内は、その素材を用いて比喩を作っている場合の用例数である。㈠では、上の（ ）が、前編の用例数、下の（ ）が、後編の用例数である。

表5から、前編にのみ見られる素材では、(A)の「天象」に属する素材が多いのに対し、後編では、逆に、(B)の「地儀」に属する素材が多いことがわかる。さらにわかりやすく数値のみ示せば、表6の通りである。

「表5」

㈠前編・後編に共通する素材		(A)天象	空（8）（2） 星の光（1）（2） 闇（10）（3） 風（1）（1） 昔（1）（1） 七夕（1）（1） 夜（1）（1）
		(B)地儀	山里（2）（2） 水（6）（2） 国（2）（1） 森（2）（1） 泡（1）（1） 滝（1）（2）
㈡それぞれにのみ見られる素材	(イ)前編にのみ見られる素材	(A)天象	光（12） 月日の光（2） 朝夕の光（1） 春の光（1） 月（1） 月の顔（1） 雪（3） 沫雪（1） 露（5） 霰（1） 雷（1） 雨（1） 雨の脚（1） 春雨（1） 霞（2） 曇り（1） あけぼの（2） 朝ぼらけ（2） 夕映（1） 深山おろし（1） 春（3） 夏（1） 秋（1） 年月（1） 二月中の十日ばかり（1）
		(B)地儀	瀬（1） 岩（1） 巌（3） 浪（4） 遣水（1） 雫（1） 山路（1） 巣（1） 陸（1） 御禊河（1） 信太の森（1） 越の白山（1） 富士の峯（1）
	(ロ)後編にのみ見られる素材	(A)天象	朝（1） 時雨（1） 天の川（1）
		(B)地儀	岸（1） 道（1） 一つ橋（1） 土（1） 深山（1） 川（1） 谷の底（1） 氷（1） 岩瀬の杜（1） 筑波山（1）

「表6」

	(A)天　象	(B)地　儀
(イ)前編にのみ見られる素材	四八（七二・七％）	一八（二七・三％）
(ロ)後編にのみ見られる素材	三（二三・一％）	一〇（七六・九％）

表6から、前編では、天象地儀のうちでも、「天象」に関する事物が、七割以上を占めている。後編では、全く逆に、「地儀」に関する事物が、七割以上を占めており、両者の素材のあり方は、対照的である。

ところで、「天象」に属する事物は、明るいけれども、はかなくもろいといった美的なイメージをもっている。たとえば、表5の(二)の(イ)の(A)に注目してみても明らかである。「光・月日の光・朝夕の光・春の光」「月・月の顔」「夕映」などは、光のイメージがあるため明るい。しかし、一刻一刻と変わり行く存在である。「雪・沫雪」「露」「霰」「雨・雨の脚・春雨」は、いずれも明度が高く、明るく美しい。けれども瞬時に消え失せるもろくはかない存在である。「霞」「あけぼの」「朝ぼらけ」なども、白のイメージをもち、万物を朧化する美的な事物である。「春」「夏」「秋」「二月中の十日ばかり」などの季節や日時も、その最も美しい時は、すぐに移ろい行くといった具合である。

一方、「地」のものは、「天」のものに比して、明度が低く、暗く地味だけれども、堅固で永続的といったイメージをもっている。散文的である。たとえば、表5の(二)の(ロ)の(B)に注目してみても、よくわかる。「岸」「道」「一つ橋」「土」「深山」「川」「谷の底」、いずれも、天のものに比して、暗く地味なイメージをもっている。しかし、「天」の事物より、ずっと長久なイメージをもっている。何百年、何千年も存在しつづける。瞬時に変化してしまうが故に美的であった「天」のものと対照的である。

ところで、前編の比喩は、「天」のものをより多く素材とし、後編の比喩は、「地」のものをより多く素材としている。とすれば、両者の比喩のイメージもまた対照的であることがわかるであろう。

天象地儀以外の素材に注目しても、同様なことが言える。たとえば、植物を素材とした場合を比較しても、前編は、全体的に明るく華やかな「花」のイメージを持っているのに対し、後編は、草木、しかもくすんだ暗い「朽木」のイメージがおし出されているといった具合である。

以上(1)(2)の事象から、前編の比喩は、明るく美的で華やかなイメージを、後編のそれは、暗く散文的で地味なイメージをもつことがわかるであろう。前編の比喩が、後編のそれに比して、目立つことは言うまでもない。前編の方に、より多く比喩が存在するといった印象が生じるのは、当然であろう。

9 差異点(1)の意味

以上、前編と後編の比喩における差異点を分析してきた。

前編の比喩は、①巻による出現度のバラツキが大きく、出現するときはまとまって現われた。しかも、それらの比喩の中には、②技巧的で凝っていたり、③観念的な色彩が強かったり、④複雑な文構造をとったりしているものがある。そしてまた、⑤比喩のイメージは、明るく美的で、華やかなものであった。

一方、後編の比喩は、①巻による出現度のバラツキが少なく、ほぼ一定の割合で現われる。そしてそれらの比喩は、②技巧を凝らしていない素直なものであり、③具体的であり、④単純な文構造をとっている。そのうえ、⑤比喩のイメージは暗く散文的で、地味なものである。こうした両者の差異点が、前編に比喩が多く、後編になると減じてしまうといった文体印象をつくりあげていたのであった。

では、いったい、これらの差異点は、前編後編の作者が異なることを証する根拠となるであろうか。以下、差異点の意味することを、検討して行きたいと思う。

第一の差異点、比喩の巻による出現度のバラツキ具合の差の意味することを考えてみる。安本氏のごとく、作者の違いを示す根拠としてよいだろうか。(13) 結論を先にいえば、構想のあり方の違いを示すものであり、ただちに作者の違いを示す根拠とすることはできない。

このことは、比喩の頻出する箇所の性質を検討してみると、明らかになる。前編・後編のいずれにおいても、比喩のあらわれやすいのは、なんらかの重要な事件の記述（たとえば、人の生死、病気、天変、密通、恋愛など）、盛大な儀式のさまや華麗な場面描写の箇所である。

ところで、表2から、前編・後編において、比喩の出現度の高い巻々を抽出する。「野分」「御法」「紅葉賀」「須磨」「関屋」「胡蝶」「初音」「椎本」「葵」「藤裏葉」「橋姫」などが、あげられる。一方、比喩の出現度の低い巻々は、「花散里」「藤袴」「梅枝」「蛍」「幻」「横笛」「絵合」「乙女」「鈴虫」などである。比喩の出現度の高い巻々と低い巻々とを比較すると、顕著な違いのあることに気付く。すなわち、比喩の出現度の高い巻々は、かなり重要な事件が描かれている巻であったり、あるいは、盛大な公の儀式や華麗な場面描写のなされている巻々なのである。たとえば、「野分」の巻は、異常な台風にみまわれたことが描かれ、「御法」の巻では、紫上主催の法華経千部の供養が極楽を思わせるような華麗な場面をくりひろげ、そして、ついに、前編の女主人公紫上が逝去。以下の巻々も、同様に、華麗な場面や行事、はたまた人の死や再会などの出来事のある巻々である。比喩の出現度の高かった理由は、こうした巻々の性質に帰することができよう。

一方、比喩の出現度の低い巻々をみる。すると、これと言った事件はなく、むしろそうした事件の前後にあり、淡々とした記述で終始し、息抜き的な役割を果している巻々なのである。たとえば、「花散里」。同巻は、光源氏の身の上に迫まりつつある危機、すなわち、須磨流謫に至るその寸前にあり、読者に、ひとときの安らぎを与える巻である。「藤袴」は、いわゆる玉鬘系物語のクライマックスにいたる直前にあり、これまた、事件の進展のみられない淡々とした巻である。以下の巻々も同様に、きわだった事件は見られない。比喩の出現度の低いのは、このような巻の性質によるものと判断される。

こうして、前編に、比喩の出現度の高い巻もあるが、低い巻もあり、そのバラツキが大きいということは、事件、華麗な場面や行事の描かれる巻と、そうでない淡々とした息抜き的な巻とが混在している事を示しているにすぎないことが明らかになる。それに対して、後編では、巻による比喩の出現度の差が小さく、一定しているというのは、巻によって、事件、華麗な場面や行事などが描かれたり描かれなかったりすることがなく、どの巻にも一定して平均的にそうした記述があるということを示している。事実、後編の巻々を検討すると、華麗な場面・行事は、殆ど姿を消すが、巻々には必ず一つの事件がある。前編のように、事件の前後によくおく息抜き的な巻は、存在しない(14)。一気に事件を追いせまって結末に至る構想をとっている(15)。

こうして、前編では、巻による比喩の出現度が大きなゆれを示すのに対し、後編では一定しているという第一の差異は、前編と後編の構想のあり方の違いによって生じるものであることが明らかになってくる。ただちに、作者の違いには結びつかないことがわかるであろう。

10 差異点⑵⑶⑷の意味

次に、第二・第三・第四の差異点の意味を考えてみる。これら三つの差異点が密接な関係をもったものであることは、既にのべた。さらに考えてみると、これら三つの差異点は、結局、次のような一つの差異に帰することができる。すなわち、前編の方が、後編より、意識的に作りあげられた比喩が多いという差異である。複雑な文構造をした、技巧的で凝った比喩や観念的色彩を帯びた比喩は、比喩という表現技法を、かなり意識して、作りあげている時に生じやすいものである。それは、仏典や聖書などの比喩を思い出してみても、容易に想像できるであろう。仏典や聖書では、比喩を意識的に作りあげ、高遠な教義を理解させるために積極的に、利用している。そこにみられる比喩は、しばしば長文をなし、技巧をこらした比喩であったり、観念的な比喩であったりするのである。一方、逆に、単純な文構造をした、素直な比喩や具体的な比喩は、比喩という表現技法に余りとらわれることなく、ごく自然な態度の時に、生じやすいものである。それは、日常の談話などにあらわれる比喩が、同様の性質をもっていることからも、理解されるであろう。

こうして、第二・第三・第四の差異点は、いずれも、前編の比喩が、後編の比喩より意識的に作りあげられることが多いということに帰される。

では、こうした差異は、前編と後編の作者が、別人であることを示す根拠となるであろうか。結論をいえば、ただちに作者の違いを示す根拠とはならないように思われる。比喩を意識的に作りあげようとするか否かは、同一の表現主体であっても、叙述態度をかえれば、容易に生じうる差異点だからである。すなわち、前編の表現主体が、意識的に入念に比喩を作りあげるという叙述態度をとらずに、比喩という技法にとらわれることなく、自然な叙述態度をとれば、前編の比喩は、後編のそれと同質のものになる可能性が十分考えられるのである。事実、『紫式部日記』は、前編と同一の表現主体であるが、そこにみられる比喩は、後編と同じく、単純な文構造からなる素直で、具体的な比喩ばかりなのである。同一の表現主体にとって、意識的に考えてつくり上げたものは、無意識的なものと違って、容易にかえ得るものなのである。

こうして、第二・第三・第四の差異点も、やはり作者の違いを証する根拠にはしがたいと言えよう。

11　差異点⑸の意味

最後に、第五の差異点の意味することを検討してみる。すると、第五の差異点は、前編・後編の主題の相違に呼応するものであり、ただちに作者の違いを示すものではないことが明らかになる。

前編の比喩は、明るく華やかなイメージをもつものの、はかなくもろいイメージがつきまとっていた。逆に、後編の比喩は、暗く散文的で、地味なイメージをもっていた。

ところで、前編の描く世界は、後編の世界に比して、絢爛豪華な世界である。それは、しかし、内部に崩壊のきざしを含み、そしてやがて崩壊して行く、はかなくもろい世界でもある。前編の比喩のイメージは、こうした前編の描く世界を、そのまま写し出したものである。一方、後編の描く世界は、暗く、荒涼とした人間の心の世界である。散文独自の世界である。後編の比喩のイメージもまた、こうした後編の世界と呼応したものなのである。結局、第五の差異点は、前編と後編の主題の違いに、密接なかかわりをもって生じた差異であることが明らかになる。

ということは、この第五の差異点も、主題が異なれば、生じ得るものであり、作者が別人であることとは直結しないことが明らかであろう。それどころか、第五の差異点は、よく考えてみると、逆に、前編・後編の作者が、同一人である可能性さえ示しかねないのである。その一は、前編と後編とがともに、比喩を、それぞれの描く世界を暗示するような方向でのみ使っていることである。比喩のイメージにこそ表面的な差が感じられるが、その使い方には共通するものがあるのである。その二は、前編と後編の比喩のイメージの違いが対比的なことである。紫式部が、対比的な発想法をとる傾向のあることは、巻名、事件の内容、人物の設定、表現構造などから、すでに明らかにされている。(16) とすれば、第五の差異点は、むしろ、後編の作者も、前編の作者と同一であることを示しているとも考えられるのである。こうして、第五の差異点は、その深いところには一致したものがあることを感じさせるのである。

12 同一の作者の影

従来、後編の宇治十帖の作者を、前編の作者とは別人と考える説の根拠は、両者の文体印象の差異であることが多い。(17) しかしながら、その文体印象の差異を形成する原因をつきとめてみるならば、作者の違いに直結しない場合が多いのである。

比喩に限って言えば、前編と後編の差異点を形成する原因は、①両者の構想のあり方の違い、②叙述態度の違い、③主題の違いに帰せられてしまうものであった。どれ一つとして、作者の異なることを直接証拠だてる根拠とはならないのである。それどころか、比喩の使いざまや比喩のイメージの対比性には、同一の作者の影がちらつき始めたのである。けれども、後編の作者が、前編と同じく紫式部であることを言うためには、両者の間に、差異点よりさらに本質的な共通点のみられることを指摘することが必要である。

13 共通性をさぐる

以下の後半では、前編と後編の比喩にみられる一致点・共通点を指摘し、その意味を考察し、宇治十帖の作者に対する考えをのべてみたいと思う。

なお、源氏物語前編・後編に共通する比喩の特質をのべるのに、後期物語（狭衣物語・夜の寝覚・浜松中納言物語）(18)の比喩を、主たる比較の対象に選んであるが、それは、次の理由による。現存する平安文学作品を対象にして比喩を調査してみると、後期物語の比喩は、他作品のそれに比して、抜群に源氏物語前編・後編の比喩に似ており、区別しがたい面が少なくないからである。にもかかわらず、仔細に点検するならば、源氏物語の前編・後編の比喩の間にのみ共通し、後期物語のいずれにもみられないといった点を見出すのである。以下、源氏物語の前編・後編の比喩にのみ共通な点をのべて行こうと思う。

14 一致する比喩――共通点(1)――

第一に、前編と後編とでは、共通する比喩表現がみられること、およびそれらの比喩の大部分が、たとえられる事柄との関係の細部まで、一致を示すことである。すなわち、比喩表現のみならず、比喩の用い方まで一致しているのである。

まず、源氏物語前編の比喩表現と後編の比喩表現で共通するものは、表7に示した三三種である。共通するとみなした範囲は、一字一句まで一致している場合を主とし、助詞・助動詞の違いおよび表の（　）内の語句の有無の違いだけの、きわめて類似している場合だけに限定した。なお、この場合、たとえであることを示す語句（「やうなり」、「～心地す」など）の違いは、問わないこととした。表の、たとえであることを示す語句は、源氏物語後編の例を引用したが、他の語句にかわり得るものである。

次に、これら三三種の比喩表現が、後期物語にみられるか否かを検討してみたのが、同表の下欄である。Ⓐ群は、後期物語のうち、二書以上にみられるもの、Ⓑ群は、一書にのみ見られるもの、Ⓒ群は、三書のいずれにもみられないものである。なお、表の空欄は、用例の見られないことを示す。

表7から、ⒶⒷ群に属するものに比して、Ⓒ群に属するものが多いことがわかる。すなわち、源氏物語前編と後編にのみ共通し、後期物語にはみられないといった比喩表現が、かなりあるのである。勿論、Ⓒ群に属するものでも、後期物語の中に、一致するとはいえないが、かなり似ている比喩表現が見られる場合もある。また、後期物語のみならず、平安文学作品全体にまで手をひろげると、一致する比喩表現が存在する場合もある。けれども、そうしたものを考慮に入れても、源氏物語前編・後編にのみ共通する比喩が残ることは、注意すべき現象であろう。

さて、次に、これら源氏物語前編と後編に共通する比喩表現が、いかなる事柄の形容として用いられているかを分析してみる。すると、大部分の比喩表現が、前編と後編の間では、たとえられる事柄との関係まで、一致を示すことが明らかになる。すなわち、比喩の用い方まで一致しているのである。一方、他作品に、同一の比喩表現がみられても、その用い方には、差異がみられる。具体的に用例を示し、このことをのべてみよう。

「表7」

源氏の前編・後編に共通して見られる比喩表現＼用例数	前編	後編	狭衣物語	夜の寝覚	浜松中納言物語
①絵に書きたるやうなり	五	一		一	五
②夢のやうなり	三一	二一	六	二四	一三
③消え入るやうなり	二	一	六	四	一
④たゞ今の心地す	三	一	二	二	
⑤目もかがやく心地す	一	一	一		一
⑥（五重の）扇をひろげたるやうなり	一	一		三	五
⑦玉のうてな（隠喩）	三	一	二		一
⑧闇（隠喩）	九	三	一	二	二
Ⓐ二書以上に見られる比喩表現					

源氏の前編・後編に共通して見られる比喩表現＼用例数	前編	後編	狭衣物語	夜の寝覚	浜松中納言物語
⑨山鳥の心地す	一	一	一		
⑩（虫の）殻のやうなり	一	一	一		
⑪亡き人に見ゆ	一	一			二
⑫糸を縒りかけたるやうなり	一	一		一	
⑬手習のやうなり	一	一	一		
⑭山里のやうなり	二	二	一		
⑮枕の浮きぬべき心地す	二	二	三		
⑯（この）影のやうなり	一	一			一
⑰錦と見ゆ	五	一		一	
Ⓑ一書にのみ見られる比喩表現					

源氏の前編・後編に共通して見られる比喩表現＼用例数	前編	後編	狭衣物語	夜の寝覚	浜松中納言物語
⑱あやしき鳥の跡のやうなり	二	一			
⑲空を歩むやうなり	一	一			
⑳書きさしたるやうなり	一	一			
㉑ひとり言のやうなり	二	一			
㉒たゞ人のやうなり	一	一			
㉓わたくし事のやうなり	一	一			
㉔鬼のやうなり	一	一			
㉕若き子（供）のやうなり	一	一			
㉖知らぬ国に来にける心地す	一	一			
㉗玉に瑕あらん心地す　玉の瑕（隠喩）	三	一			
㉘浮きたる心地す	三	五			
㉙森かと見ゆ	二	一			
㉚（まことの）極楽思ひやらるる	二	一			
㉛輝くばかり	一	一			
㉜玉（隠喩）	二	一			
㉝水漏るまじ（隠喩）	一	一			
Ⓒ三書のいずれにもみられない比喩表現					

まず、Ⓐ群の「①絵に書きたるやうなり」の比喩表現をとりあげてみる。この比喩は、源氏物語前編に五例、後編に一例見られる。ところが、前編では、五例中四例までが、後編の一例と共に、風景に対する形容として用いら

れている。たとえば、次の通りである。

○夕暮の静かなるに、空の気色いとあはれに、御前の前栽かれがれに、虫の音も鳴きかれて、紅葉のやうやう色づく程、絵に畫《か》きたるやうに面白きを見渡して、（夕顔）

○紛るることなく、あらまほしき御すまひに、御前の前栽、ほかのには似ず、同じ花の姿も、木草のなびき様も、ことに見なされて、遣水にすめる月の影さへ、絵にかきたるやうなるに、（総角）

春や秋の庭園の美しさの形容である。この他、自然の風景の美しさの形容であることもある。

一方、この比喩表現は、夜の寝覚・浜松中納言物語に、それぞれ一例、五例と見られる。その他、宇津保物語・蜻蛉日記・枕草子にも見られる。ところが、それらの大部分は、登場人物の姿の美しさの形容として用いられている。たとえば、

○君は丁のうちに、三尺の木丁引き寄せて隠れ給へるに、鈍色ばかりに、上に白き御袿かさねて、御ぐしの、こちたう扇などをひろげたらんやうに、にぶ色の袿に、けざけざと見えたる、絵に書きたるやうにめでたければ、（浜松中納言物語・巻四）

こうして、源氏物語前編と後編の「絵にかきたるやうなり」の比喩は、他作品とちがい、人物よりも風景に対する形容として用いられるといった特色が指摘できる。裏返せば、前編・後編では、単に「絵」というと、人物画ではなく、主に風景画を意味する点で一致しているのである。

次に、Ⓑ群の「⑨山鳥の心地す」という比喩表現をとりあげてみる。前編・後編における用例は、次の通りである。

○男君は、めざましうつらしと思ひ聞え給へど、かばかりにては、何のもてはなるる事かはと、のどかに思し

て、よろづに思ひ明し給ふ。山鳥の心地ぞし給ひける。（夕霧）

○「かばかりの御けはひをなぐさめにて明し侍らむ。ゆめゆめ」ときこえて、うちもまどろまず。いとどしき水の音に目もさめて、夜半のあらしに、山鳥の心地してあかしかね給ふ。（総角）

「山鳥の心地す」という比喩表現は、前編・後編のいずれにおいても、女君（前編は落葉宮、後編は大君）が、塗籠や奥の部屋に逃げ隠れてしまい、共寝することができず、部屋の前で、空しく夜を明かす時の男君（前編は夕霧、後編は薫）の気持の形容として用いられている。山鳥の雌雄は、共寝しないという当時の言い伝えにもとづいた比喩である。両例とも、結婚前の男女の感情の高まり行く場面で、一回的な事態に対して用いられている。両例は、たとえとたとえられるものとの関係まで、ぴったり一致している。

同じ比喩表現が、狭衣物語に一例みられる。次の通りである。

○たゞ、明暮は、御行ひよりほかのことなし。夜も、わたらせ給ふ事難ければ、たゞ、山鳥のやうにてなん、暮させ給ひける。（巻三）

尼姫と一緒に住む狭衣は、世間一般の夫婦とは違い、一人寝の状態で暮らすのであった。狭衣にみられる「山鳥のやうなり」の比喩は、結婚後の、習慣的な事態に対する平淡な形容句であり、源氏物語前編・後編の用法とは、微妙に違っている。

同じくⒷ群の、「⑩（虫の）殻のやうなり」の比喩の用法は、次の通りである。前編には、類似した比喩「もぬけたる虫の殻などのやうなり」も見られるので、あわせてかかげる。

○もぬけたる虫の殻などのやうに、まだいとただよはしげにおはす。（若菜下）

○いと弱げに、からのやうなる様して、泣きみ笑ひみ語ひ給ふ。（柏木）

○うつくしげにてうち臥し給へるを、かくながら、むしのからのやうにても見るわざならましかば、と、思ひまどはる。（総角）

最初の例は、生死の境をさまよった大病直後の紫上の姿の形容、次例は、死寸前の柏木の姿の形容、そして最後の例は、ついに死んでしまった大君の姿に対する形容である。いずれも、「死」の観念と密接に結びついた場面に用いられている。ここに共通した用法がみられる。なお、「殻のやうなり」の比喩は、やはり狭衣物語に一例みられる。しかし、狭衣物語のそれは、源氏宮の茫然とした心持の形容であり、男女関係に結びついた場面に用いられており、用法を異にする。

次に、Ⓒ群から、「⑱あやしき鳥の跡のやうなり」をとりあげてみる。この比喩表現は、あるいは蒼頡の故事をふまえたものかとも思われるが、前編に二例、後編に一例みられる。さらに、前編には、きわめて類似した「鳥のあとのやうなり」の比喩が、一例みられる。合わせ示すと、次の通りである。

○目おししぼりて、あやしき鳥のあとのやうに書き給ふ。（夕霧）

○宵過ぐる程にぞ、この御返りもて参れるを、かく例にもあらぬ鳥のあとのやうなれば、（夕霧）

○御返、臥しながらうち休みつつ書い給ふ。言の葉のつづきもなう、あやしき鳥のあとのやうにて、（柏木）

○御容貌も変りておはしますらむが、さまざま悲しきことを、陸奥紙五六枚に、つぶつぶとあやしき鳥の跡のやうに書きて、（橋姫）

前者二例は、前編の例である。二例とも、落葉宮の母、御息所の、夕霧へあてた手紙の字体の形容である。後者二例は、前編と後編の例である。ともに、柏木の、女三宮へあてた手紙の字体の形容である。全例とも、臨終の床で、最後の力をふりしぼって書いた手紙の字体の形容である。状況が細部まで一致している。なお、枕草子には

「鳥の跡にしもなどかはあらむ（一五八段）」というふうに、隠喩の形ではあるが、よく似た比喩が一例見られる。しかし、単に下手な字体の形容であり、源氏物語前編・後編のそれとは異なる。

この他、②③⑥⑦⑧⑪⑫⑬⑭⑯⑰⑲⑳㉑㉗㉘㉙㉚㉝の比喩表現をとりあげてみても、前編・後編の間では、その用い方の細部まで一致を示す。すなわち、前編・後編に共通する三三種の比喩表現のうち二三種、つまり七割までが、たとえられる事柄との関係まで一致するのである。このうち、⑦⑧⑫⑭⑯の五種の比喩は、他作品の用法とも一致するが、他の一八種の比喩は、たとえ、他作品に同一の比喩がみられても、その用法を異にし、前編・後編の間でのみ一致している。こうして、源氏物語前編と後編とでは、比喩表現のみならず、たとえられる事柄との関係の細部に至るまで一致していることが多いことが明らかになったと思う。

これは、一体、何を意味しているのであろうか。比喩と比喩で形容される事柄との関係は、結局、何をどうみたてているかという、表現主体の発想法に還元される。すなわち、表現主体の、物の見方の癖が、そこにはあらわれる。

同一の比喩表現でも、表現主体が異なれば、違った事象の形容とすることがある。それは、すでにのべてきた例からも明らかであろう。又、逆に、同一の事象であっても、表現主体が異なれば、違った比喩を用いる。ちょうど、同じ一つのインクのしみを見ても、各人各様の見たてを行うように。こうして、比喩とたとえられる事柄との関係は、表現主体の別によって、さまざまな場合があり得る。ということは、たとえとたとえられる事柄との関係には、表現主体の個的な物の見方の癖があらわれるということである。

ところで、源氏物語の前編と後編とでは、たとえのみならず、たとえられる事柄との関係まで、一致していることが多かった。ということは、少なくとも、前編と後編との間では、同一の物の見方の癖があるということを示している。それが、同一の表現主体であることを証するに足る分量であるか否かは不明であるけれども。

15 「死」に関する比喩——共通点(2)——

第二・第三の共通点として、きわめて個別的で特殊な一致点を指摘しておきたい。第二の共通点は、前編・後編ともに、「死」に関する事象に対し、比喩表現を多用していること。第三の共通点は、「光」のイメージに対する比喩として、変わった素材を用いることがあること、である。

まず、「死」に関する比喩についてのべる。

源氏物語前編・後編では、死にゆく人や死んだ人に対する比喩表現および死を悲しむ人の状態に対する比喩表現が、しばしば見られ、独自の特色をなす(19)。後期物語をはじめとする他の物語文学では、こうした事象に対し、比喩を使って、詳しい描写を行うことはない。

ここでは、具体例として、臨終に対する比喩をあげてみる。

(イ) ……と聞え給ふ程に、燈火などの消え入るやうにてはて給ひぬれば、　（薄雲）

(ロ) 女宮にも、つひにえ対面し聞え給はで、泡の消え入るやうにて亡せ給ひぬ。　（柏木）

(ハ) 宮は御手をとらへ奉りて、泣く泣く見奉り給ふに、まことに消えゆく露の心地して、限に見え給へば、　（御法）

(ニ) 見るままに物の枯れ行くやうにて、消えはて給ひぬるは、　（総角）

(イ)〜(ハ)が、前編の例、(ニ)が後編の例である。(イ)が藤壺の臨終、(ロ)が柏木、(ハ)が紫上、(ニ)が宇治の大君の臨終のさまに対する比喩である。全例とも、物語上、重要な人物に対して用いられている。さらに、(ハ)と(ニ)から、前編と後編の比喩表現の質が似ていることも指摘できる。すなわち、両例とも、死の季節にあわせた素材で比喩がなり立っている。(ハ)の紫上の死は秋、比喩の素材は「露」、(ニ)の大君の死は冬、比喩は「枯れる」という語を用いている。[20]このように、前編・後編には、表現の質や用法の一致する、「死」に関する比喩表現がみられるのである。

さらに、比喩表現そのものから、すでに前編と後編とで一致している場合もある。既にのべた「(虫の)殻のやうなり」、および表7に示した「消え入るやうなり」「亡き人に見ゆ」「空を歩むやうなり」などの比喩表現である。いずれも「死」に関する事象の形容であり、その用法も、前編と後編では、細部まで一致している。また、「夢のやうなり」の比喩表現も、ここに加えることが出来よう。「夢のやうなり」の比喩は、前編・後編では、一致して、人の死に直面した時の心持の形容として用いることがあるが、後期物語では、そうした場合は見当らない。

こうした現象は、源氏物語前編・後編の表現主体が、一致して、「死」に対して大きな関心をいだいていたことを示していよう。というのは、人は、自分の興味関心のある事柄に関しては、具体的に詳しく説明することが多い。比喩が用いられるのは、こうした場合だからである。そして、また、「死」に関する比喩は、前編と後編では、表現そのものが同一であったり、あるいは、表現は異なっていても、表現の質や用い方まで共通していることからすると、「死」に関する見方の癖も一致していたと思われる。

16 「光」に関する比喩——共通点(3)——

次に、第三の共通点、「光」のイメージに対する比喩として、変わった素材を用いることがあることについてのべる。

「光」のイメージをもつ素材として、比喩にとりあげられるのは、ごく普通には、「朝夕の光」「月日の光」「玉」「星の光」「光」などである。たとえば、

○月日の光の空に通ひたるやうにぞ、世の人も思へる。（紅葉賀）

のごとくである。光源氏と若宮の、ともに似通い、光るように美しいことに対する比喩である。「月日の光」を、「光」のイメージをもつ素材として用いている。

さて、源氏物語前編・後編において、「光」のイメージをもつ素材としてとりあげられているものを分析すると、他作品では見られない素材までが、とりあげられている。それは、前編では「衾」、後編では「鏡」である。

○海の面は衾を張りたらむやうに光満ちて雷鳴りひらめく。（須磨）

○山は鏡を懸けたるやうに、きらきらと夕日に輝きたるに、（浮舟）

前編の例は、海面が、稲妻の光に照らし出されたさまを「ふすま」でとらえている。つまり「衾」のもつさまざまな属性のうち、きらきら光るという面がとりあげられている。他の作品では、「衾」は、「平らである」とか「大きい」といった属性がとりあげられている。たとえば、次例の通りである。

○雪ふすまのごとこりて、ふるすなはちきえぬ。（宇津保物語・吹上の上）

大きく凝り固って降ってくる雪の形容として、「衾」を用いている。

後編の「鏡を懸けたるやうに」は、雪山が、夕日にきらきらと照りはえている情景の形容である。「鏡」のもつさまざまな属性のうち、「光る」という属性が、比喩として、とりあげられている。「鏡」を素材とした比喩は、他の作品にも多くの用例がみられる。しかしながら、紫式部日記に、ぴったり一致する例が見られる外は、いずれも

たとえば、

「平らである」とか、「よく写る」という属性がとりあげられており、右にあげた例と一致するものは見あたらない。

〇広くおもしろき池の鏡のやうなるに、（落窪物語・巻三）

のように用いられているだけなのである。

なお、紫式部日記に、「鏡をかけたるやうなり（寛弘五年九月一一日）」の比喩表現がみられ、その用法も、源氏物語後編の例と全く同一の物の見方の癖を示していることは、作者の問題を考えるのに、甚だ暗示的である。

このように、他作品では、「光」のイメージをもつ素材としてとりあげられることのないものを、源氏物語前編・後編では、「光」のイメージをもつ素材としてとりあげている。これは、一体、何を意味するのであろうか。

何かを、何かにみたてる時、みたてに用いた素材そのものは、さまざまな属性をもっている。たとえば、「鬼」という素材は、恐ろしいという属性、強く力持ちという属性、角があるという身体的な属性、その他もろもろの属性をもっている。ところが、この素材が比喩に用いられた時は、既にみたように、さまざまな属性のうちの、ある一面がとりあげられる。ということは、裏返せば、素材のもつさまざまな属性の、いずれの面を、比喩としてとりあげているかということには、表現主体が、いかなるものに注目しやすいかという個的な特性があらわれるということである。

源氏物語前編・後編は、「衾」や「鏡」が多くの属性をもつ素材であるにもかかわらず、他作品とは違って、「光」のイメージをもつ素材としてとりあげている。ということは、源氏物語前編・後編の表現主体は、ともに、「光」に対し、きわめて敏感なことを示しているといえよう。(21)

17 比喩の種類と用法―共通点(4)―

第四の共通点は、前編・後編ともに、比喩表現の種類が多く、類型化しておらず、その用法も、固定的でないことである。たとえば、後期物語と比較してみると、わかる。後期物語の比喩との比較の結果、次の二つの事象が明らかとなる。

(1) 源氏物語の前編・後編ともに、同一の比喩表現が、何度もあらわれることが少ない。いま、同一の比喩表現が、その作品内に、平均してどの位の回数、使用されることになるのかを算出してみる。表8のⒸ欄のごとくである。

Ⓐ比喩の総延べ用例数を、Ⓑ比喩の総異なり用例数で除したものである。

「表8」

	源氏・前編	源氏・後編	狭衣物語	夜の寝覚	浜松中納言物語
Ⓐ比喩の延べ用例数	三四八	一五二	二一七	二二三	一一一
Ⓑ比喩の異なり用例数	二九九	一三一	一七七	一六八	九〇
Ⓒ同一の比喩表現の平均使用回数	一・一六	一・一六	一・二三	一・二七	一・二三

Ⓒ欄から、源氏物語前編と後編とは、後期物語に比して、同一の比喩表現を使用する度合が低いことがわかる。すなわち、源氏物語前編・後編は、後期物語より、のべ数に比して比喩の種類が多く、類型化していないことが明らかとなろう。

しかし、実際に通読した印象では、表8に示した数字以上に、後期物語の比喩は類型化しているように感じられる。その理由は、さらに、次の(2)にのべる用法上の問題が、からみ合っているからである。

(2)　後期物語では、同一の比喩表現を、同一の事柄の形容として、反復的に使用する場合が、しばしばあるのに対し、源氏物語前編と後編には、かかる場合は、きわめて少ない。

後期物語では、同一の比喩表現を、何度も使うだけでなく、同一の事柄の形容として用い、その用法が固定的なのである。たとえば、次例のごとくである。

○御ぐしの、こちたう扇などをひろげたらんやうに、にぶ色の袿にけざ〳〵と見えたる……

（浜松中納言物語・巻四）

○髪はたゞひきかづきたれど、つゆばかりまよひたるすぢなく、水などをながしたらんやうにて、裾などは扇をひろげたらんやうにこちたう、……

（浜松中納言物語・巻五）

ともに、吉野姫の髪の形容として反復して用いられている。吉野姫の髪は、さらに、「五重の扇をひろげたらんやうに」として、二回も出現している。従って、計四回も、同一もしくは類似の比喩が、同一の事柄に対してくり返されていることになる。こうした例は、とくに、浜松中納言物語・夜の寝覚に頻繁にみられる。

全く同一の事象に対し、同一の比喩をくり返すのは、くどさ以外の何物も与えない。新しい情報は、何らつけ加えられず、後にくり返された比喩は、もはや活々した効果を失っているのである。

源氏物語前編・後編の比喩においては、こうした固定的な用法は、きわめて少ない。たとえ、同一の事物に対し、同種の比喩がくり返される場合でも、次のように表現を簡潔にし、できるだけ重複したくどい印象を与えないような工夫がなされている。

○見通しあらはなる廂の御座に居給へる人、物に紛るべくもあらず、気高く清らに、さと匂ふ心地して、春の曙の霞の間より、面白き樺桜の咲き乱れたるを見る心地す。（野分）
○おほきさなどよき程に、様体あらまほしく、あたりにほひ満ちたる心地して、花といはば桜にたとへても、なほ物よりすぐれたるけはひことにものし給ふ。（若菜下）

ともに、桜は、紫上に対する形容である。しかし、表現は、かなり違っている。

以上の(1)(2)から、源氏物語前編・後編の比喩表現は、ともに、種類が多く、類型化しておらず、その用法も固定的でないことが明らかになってきたように思う。これは、前編・後編の表現主体が、豊かな比喩を生み出す柔軟な発想法をもっていることを示していよう。

また、表現効果の点からみても、源氏物語前編・後編の比喩の方が、後期物語のそれより効果的に使われているといえよう。

18　体言性の比喩――共通点(5)――

第五の共通点は、源氏物語前編・後編には、後期物語のそれとは違い、体言性の比喩がみられることである。

源氏物語前編・後編には、たとえば、次のような文構造の比喩がみられる。

○宮は御手をとらへ奉りて、泣く泣く見奉り給ふに、まことに消えゆく露の心地して、限に見え給へば、（御法）

紫上臨終の場面に使われた比喩であった。この比喩は、「心地して」にかかる部分の語順を入れかえて、「まことに露の消え行く心地して（作例）」と表現することも可能である。しかし、源氏物語の例のごとく表現するならば、「消えゆく」という語句が、「露」という体言に収斂されるために、イメージがそこで凝縮する。かかる場合を体言性の比喩とよぶことにする。それに対し、作例のごとく表現するならば、「消えゆく」という用言性のものに重点がおかれるため、源氏物語の例より説明的になり、イメージの凝縮性は感じられなくなる。この場合を用言性の比喩とよぶ。

源氏物語前編・後編には、右例のごとく、体言によってしめくくり、凝縮したイメージをつくりあげる比喩がみられる。前編に一二例、後編に六例である。今、それらを三つのグループに分けて示すと、次の通りである。

(イ) 語順をいれかえることにより容易に用言性の比喩にできる場合。先に示した例の他、

○かぐや姫を見つけたりけむ竹取の翁よりも、めづらしき心地するに、いかなるもののひまに消え失せむとすらむ、と、しづ心なくぞ思しける。（手習）

傍線部の比喩は、美しい浮舟を見つけだした尼君の心持の形容である。「竹取の翁の、かぐや姫見つけたりけむよりも」と、用言性の比喩で、表現することもできるものであろう。こうした例は、前編に四例、後編に三例みられる。

(ロ) 「時」をあらわす名詞によって、イメージを統一している場合。

○この御有様はこまかにをかしげさはなくて、いとあてにすみたるものの、なつかしきさま添ひて、面白き梅の花の開けさしたる朝ぼらけ覚えて、（常夏）

弘徽殿女御の様子に対する比喩である。ほころびかけた梅の花のイメージを内にふくみつつ、やがて「朝ぼらけ」という名詞にすっぽりと包み込まれ、そこで、イメージが凝固する。

後期物語では、こうした場合、次のごとく比喩している。

○着給たる人がら、こだかき岸よりえならぬ五葉にかゝりてさきこぼれたる朝ぼらけの藤を、折りてみる心地して、　（夜の寝覚・巻四）

石山姫君に対する形容である。源氏の例ときわめて似ているにもかかわらず「折りてみる」という用言性の比喩にし、きわめて説明的である。源氏であれば、「藤の、こだかき岸よりえならぬ五葉にかかりてさきこぼれたる朝ぼらけの心地して」とでも表現したであろう。時をあらわす名詞によってイメージが統一される例は、源氏物語前編に三例、後編に一例みられる。

(ハ)　名詞を付して、体言性の比喩にしている場合。

○こはいかにし給ふことにか、と、右近もいと心あわただしければ、寝おびれて起きたる心地も、わななかれて、あやしき童べの雪遊びしたるけはひのやうにぞ、ふるひあがりにける。　（浮舟）

浮舟をつれ出そうとする匂宮に、右近は狼狽し、ふるえた。傍線部は、その形容である。「けはひ」という名詞をとってしまって、「あやしき童べの雪遊びしたるやうにぞ、ふるひあがりにける」と用言性の比喩にも出来たはずである。にもかかわらず、「けはひ」という名詞をはさみこみ、そこで流れを一旦停止し、イメージの凝縮化をはかる。このような例は、前編に五例、後編に二例みられる。

以上、三通りの場合にわけたが、いずれの場合も、用言性の比喩で、表現できるものである。けれども、わざわざ体言でくくり、凝縮したイメージをつくる比喩にしている。源氏物語前編・後編では、用言性の比喩の中に、こうした体言性の比喩が散在している。後期物語には、このような体言性の比喩は、見あたらない。

こうした源氏物語前編・後編の特色は、第四の共通点とあいまって、比喩をより豊かなバラエティに富むものにしている。すなわち、源氏物語前編・後編の表現主体が、豊かな比喩を生み出す柔軟な発想法をもっていることを示していよう。

19 個性をえがく比喩――共通点⑹――

第六の共通点は、前編・後編ともに、比喩表現が、事物の特性をうかび上らせるような方向で使われていることである。後期物語では、個的な特性をもつ事物に対しても、同一の比喩で形容され、違いが描出されていない。この最も顕著な例として、登場人物の容姿・人柄に対する比喩表現があげられる。(22) 源氏物語前編・後編に登場する人物は、それぞれの部分において、同一、もしくは類似した比喩表現で形容されることは、皆無である。のみならず、比喩表現をつくる素材さえも、登場人物の性別が一致する場合は、決して同じものを使わない。たとえ、血縁関係があり、よく似た人物同士であっても、差異点に注目され、描き分けられる。たとえば、明石上と娘の明石女御は、次のように形容しわけられる。

○たをやかにつかひなしたる撥のもてなし、音を聞くよりも、またあり難くなつかしくて、五月まつ花橘、花も実も具しておし折れる薫覚ゆ。（若菜下）

○女御の君は、同じやうなる御なまめき姿の、今すこしにほひ加りて、もてなしけはひ心にくく、よしある様し給ひて、よく咲きこぼれたる藤の花の、夏にかかりて、傍に並ぶ花なき朝ぼらけの心地ぞし給へる。（若菜下）

明石上が、花橘を素材とした比喩で形容されれば、その娘の明石女御は、明石上に似ているにもかかわらず、もはや花橘は用いずに、藤の花を素材とした比喩にするといった具合なのである。互いに重なり合わない個的な特性が、比喩でとらえられ、描き分けられているのである。

ところが、後期物語では、別人であるにもかかわらず、違いはとらえられずに、全く同一の比喩表現が用いられたりする。たとえば、そうした例の多い夜の寝覚から引いてみると、次の通りである。

○よきほどにいざりいでたる容体・頭つき、ものよりぬけいでたるさまして、髪のかゝり・かんざし、いとあてやかになまめきて、（夜の寝覚・巻一）

○いとよき程にそびやかに、たをやかに、ものよりぬけ出でたるさまし給て、いとはなやかに、きよげなれど、（夜の寝覚・巻四）

前者は、但馬守三女、後者は、式部卿宮の女御の美しい姿の形容である。ここには、何ら個性の描き分けは見られない。こうした例は、狭衣物語、浜松中納言物語にも見られる。

また、異なる人物に対し、同一の素材を用いた比喩も、後期物語では、しばしば見られる。

○人がら、さゝやかにそびえて、あえかに、身もなく衣がちに、あてにらうたげに、このごろのしだり柳の心地して、いとにくからず、（夜の寝覚・巻三）

○やう〳〵いき出でつる命、たえぬる心地して、このごろのしだり柳の、風にみだるゝやうにて、さすがにいと執念くて、なびくべくもあらず。（夜の寝覚・巻三）

前者が、故関白の長女の小さく細やかなさまの形容、後者が、寝覚上の思い悩む風情の形容である。異なる人物に対し、同じ「しだり柳」という素材を使った比喩を用いて形容している。このような、後期物語の比喩の使い方は、比喩の効果を十分に生かしているとは言えないであろう。

源氏物語前編・後編の比喩は、後期物語のそれとは違い、事物の個性をうきぼりにするような方向で使われている。こうした比喩の使い方は、前半でのべた比喩の使い方（＝前編・後編の比喩は、それぞれの描く世界を暗示するような方向で使われていたこと）に、一脈通じ合うものであり、きわめて巧者な使い方といえよう。ここに、前編・後編の表現主体の、すぐれた表現力を垣間見てもよいであろう。

20 鮮明なイメージ―共通点(7)―

第七の共通点は、比喩表現が鮮明なイメージをもっていることである。それは、主として、前編・後編の比喩表現が、次の二つの性質をもっているからだと思われる。一つは、前編・後編の比喩表現が、比喩の素材となっている事物の、いかなる面をとりあげているのかが明示されていることが多いこと。二つは、比喩表現だけで完結したイメージをそなえていることが多いこと、すなわち、たとえられるものの助けなしに、イメージがつくれるのである。今、子供を素材とした比喩表現を例にして、これらのことを説明してみる。

前編・後編には、次のごとき比喩表現が見られる。

○ことにはぢなどもし給はず、ただ児の面嫌せぬ心地して、心やすくうつくしき様し給へり。（若菜上）

○いよいよ童べの恋ひて泣くやうに、心をさめむかたなくおぼほれ居たり。（早蕨）

前編の例は、女三宮が物恥ぢせずに、光源氏を見て、にこにこしている有様の形容である。「ただ児の面嫌せぬ心地して」という比喩表現は、それだけで、子供の人見知りせずに、誰れ彼れとなく笑いかける有様を彷彿とさせる。後編の例にしても、老尼の別れを惜しんでむせび泣くさまを、「童べの恋ひて泣くやうに」と形容している。

両例とも、「子供」のいかなる面をとりあげているかが明示されている。しかも、両例とも、比喩表現だけをとりあげても、完結したイメージをもっている。

一方、後期物語にも、子供を素材とした比喩は見られる。次のようなものである。

㋑たゞ児のやうにておはするも、様かはりて、中〳〵うつくしく思ゆるに、（狭衣物語・巻三）

㋺ちごのやうに、いとしたはしげに見送り給気色《けしき》は、いとあはれにいとを《ほ》しげなり。（夜の寝覚・巻二）

㋩たゞ我御心にせまほしうおぼしめしける事どもをせさせて、聞かせたてまつり給に、児などのあらんやうにうち添ひて、あはれにたのもしげに、この世も彼の世も思いやり深うあつかひきこえ給ふを

（浜松中納言物語・巻四）

㋑の例は、今姫君の寝姿に対する形容、㋺は、大納言が、中君のもとへ行く使者を別れにくそうに見送る有様の形容、㋩は、中納言が尼君に付き添うさまの形容である。比喩表現は、「㋑たゞ児のやうにて」「㋺ちごのやうに」「㋩児などのあらんやうに」とあるのみで、いずれの比喩も、子供のいかなる属性をとりあげているのか示されていない。また、比喩表現だけをとりあげると、殆どイメージがわかない。先の、源氏物語前編・後編の例と比較するならば、これら後期物語の比喩が漠然とした曖昧なイメージしかもっていないことは明らかであろう。

こうして、源氏物語前編・後編の比喩表現は、後期物語のそれに比して、かなり鮮明なイメージ性をもっていることがわかる。

比喩表現が、多くの効果をあげるのは、比喩自身が、鮮明なイメージをもっている時である。源氏物語前編と後編の表現主体は、共通して、比喩のイメージ性においても、すぐれた技倆を発揮しているといえよう。

21 適切な関係——共通点(8)——

第八の共通点は、比喩と比喩で形容される事柄との関係が、自然なことである。すなわち、たとえが、たとえられるものに比して、①誇張されすぎていたり、②しっくりしていなかったりすることが少なく、適切な関係にあるのである。

比喩表現が、比喩で形容される事柄に対して、誇張されすぎた関係にあると、違和感が生じ、不自然さを感じる。たとえば、たばこの煙を、浅間山の峰からたちのぼる煙にたとえたりする場合を想像すると、明らかであろう。後期物語には、やや誇張されすぎた比喩がみられる。たとえば、

○終にこの人のなかをも逆《さか》へはてずはなりぬる御うれへのたかさ、富士の峰よりもたかけれど、（夜の寝覚・巻五）

不快の念の高さの形容である。「富士の峰よりも」さらに高いという。誇張されすぎ、現実感のとぼしい比喩といえよう。

また、同一の事柄に対する比喩を比較してみても、顕著である。たとえば、

○池はいと涼しげにて、蓮の花の咲きわたれるに、葉はいと青やかにて、露きらきらと玉のやうに見え渡るを、（若菜下）

○嵯峨野の花、やう〳〵過ぎて、女郎花色変り、尾花が末も白み渡りつゝ、心細げにうち靡きたるに、露重げにきら〳〵と置き渡したるは、如意宝珠の玉かと見ゆ。（狭衣物語・巻三）

後者の狭衣物語の比喩にみる「如意宝珠の玉」は、空想上の宝珠であり、功徳を象徴的に示したきわめて尊いものである。辺り一帯の草葉におく露を、こうした如意宝珠にたとえるのは、法華八講の荘厳さを強調したかったためと思われるが、誇張されすぎの感も否めない。源氏物語の「玉のやうに」の比喩くらいが自然であろう。

容姿に対する比喩にしても、後期物語では、「花の色々にも、こよなふ優り給へるを（狭衣物語・巻一）」「天女の天くだりたらんを見つけたらんよりも、なをめづらしくかぎりなくあさましきまでおぼさるゝに（浜松中納言物語・巻五）」などと比喩し、美しいものの代表である「花」や「天女」もおよばないと言う。源氏物語前編・後編では、登場人物の容姿を、同じく「花」や「天女」にたとえるにしても、「花」や「天女」以上に美しいとは言わない。「さかりの花と見え給へり（宿木）」「いみじき天人の、天降れるを見たらむやうに思ふも（手習）」などとし、「花」や「天女」そのものであると言う。とくに、手習の巻の「天人」の例は、老尼達の中にきわだつ浮舟の容姿の形容であり、その美しさは抜群であったに違いない。が、後期物語のごとく誇張したりしない。源氏物語前編・後編には、後期物語に見るような誇張されすぎた例は見あたらないのである。

次に、たとえとたとえられるものとが、源氏物語では、しっくりしているのに、後期物語にはしっくりしていない場合があることについてのべる。類似した比喩表現をとりあげてみる。

○腕などもいと細うなりて、影のやうに弱げなるものから、色あひも変らず、白ううつくしげになよなよとして、白き御衣どものなよびかなるに、衾を押しやりて、中に身もなき雛を臥せたらむ心地して、御髪はいとこちたうもあらぬ程にうち遣られたる、（総角）

○さくらなる御衣どもの上に、蘇芳のこくうすき重ねて、いとつやゝかなる御衾を押しやりて、雛をつくりふせたらんやうに、御衣のかぎり身もなくて見えたるに、うちやられたる御髪のすそは、ふさやかにこちたく

て、　　　　　　　　　　　　　　　　　　　　　　　　　　（夜の寝覚・巻一）

源氏物語後編の例は、やせ細り、髪の毛も落ち、死に向いつつある大君の寝姿に対する形容である。一方、夜の寝覚の例は、妊娠八ヶ月でお腹も大きく、髪の毛もふさやかな中君の寝姿に対する形容である。この比喩は、源氏物語の、やせ細り衣がちに寝ている姿の形容にこそふさわしいが、夜の寝覚の場合にはしっくりしないものを感じさせる。また、先にあげた、不快の念の高さを、「富士の峰」にたとえた場合なども、誇張されすぎていると共に、たとえとたとえられるものとの質が違いすぎて、しっくりしていない例ともいえよう。

たとえがたとえられるものに比して、誇張されすぎていたり、しっくりしていないのは、やはり技倆不足である。源氏物語の前編と後編の表現主体は、こうした面においても、ずばぬけて巧者なのである。(23)

22　共通点と作者同一人説

以上、源氏物語の前編と後編にみられる八つの一致点をのべてきた。これらの一致点は、いずれも、前編と後編の比喩にのみ共通しており、一見似ている後期物語の比喩には共通しないものである。

源氏物語前編・後編の一致点として、

①三三種の比喩表現が共通し、しかもその大部分の比喩表現は、たとえられる事柄との関係の細部まで一致していること、

②「死」に関する事象に対し、比喩表現を多用していること。しかも、それらの比喩表現は、全く一致していたり、あるいは、表現の質や用法が一致していること、

③「光」のイメージに対する比喩として、変わった素材を用いることがあること、の三点が、まず、第一のグループとしてあげられる。これらの三点は、いずれも、個別的な物の見方における一致点である。

①の、前編・後編に共通する個々の比喩表現とその用法の一致から、源氏物語の前編・後編の表現主体には、少なくとも、同一の物の見方をする傾向のあることが明らかになった。その物の見方の個別的な特殊な傾向として、①の、個々の比喩表現の検討からは、たとえば、「絵」といえば、風景画を思いうかべるといったこと、②からは、「死」に対して大きな関心をもっていること、③からは、「光」のイメージに対して、きわめて敏感であること、などをあげることができた。これらの特殊な物の見方の傾向の一致は、前編・後編の作者の同一性を考えるのに、重要な示唆を与えるものであろう。

さらに、前編・後編の比喩の一致点としては、

④比喩表現の種類が多く、類型化しておらず、その用法も固定的でないこと、

⑤イメージを凝縮する体言性の比喩が、用言性の比喩とともに見られること、

の二点が、第二グループとしてあげられる。これらの二点は、いずれも、前編・後編の表現主体が、豊かな比喩を生み出す柔軟な発想法の持主であることを示した。

また、前編・後編は、

⑥比喩表現が、事物の特性を浮かび上らせるような方向で使われていること、

⑦比喩表現が、鮮明なイメージをもっていること、

⑧比喩表現と比喩で形容される事柄との関係が自然なこと、

の三点でも一致を示した。第三グループとする。これらの一致点は、源氏物語の前編・後編の比喩が、ともに巧みであり、きわめて効果的に使われていることを明らかにした。また、すでにあげた第二グループの④⑤の特性も、比喩の効果的な使われ方を示すものとして、ここにもあげることができよう。こうして、第三グループおよび第二グループから、前編・後編の表現主体は、共通してすぐれた表現力をもっていることがわかる。

以上、源氏物語前編・後編の比喩にみる共通点から、㈠両編の表現主体の物の見方が、個別的な特殊な点において一致しているのみならず、㈡柔軟な発想法と㈢すぐれた表現力をもっている点でも一致していることが明らかになる。個別的な物の見方や発想法および技倆は、個人独自の過去経験や先天的な資質によって形成されるものであり、表現主体が、意識的に変えたりすることは、むずかしいものである。表現主体が、意識していないにもかかわらず、同一の表現主体であれば、自然と一致してしまうといった類のものである。言ってみれば、個別的な物の見方の傾向・発想法・技倆の一致は、表現主体にとって、容易にかえることの出来ない深層部における一致である。

ところで、既に本稿前半でのべたごとく、前編と後編の比喩にみる差異点は、構想・叙述態度・テーマの違いを反映したものである。これらの差異点は、共通点に比して、同一の表現主体でも容易にかえ得る表層的な面における違いといえよう。しかも、差異点の深いところでは、一致した比喩の使いざまが見られ、同一の作者の影がちらついていたことも忘れてはなるまい。差異点は、みかけだけのものであり、一致点にこそ、本質的な意味を見る必要があるように思われる。後編の作者も、前編の作者と同一の紫式部であると結論づけられる。

紫式部日記と宇治十帖の比喩、および比喩以外の面の比較(24)、あるいは、前編・後編の比喩以外の面の比較をしてみても(25)、右の説を支持するいくつかの徴証が得られる。しかしながら、観点の雑多になることを恐れ、ここでは、すべて省略することにしたい。本稿が、宇治十帖の作者に関する問題解決の一助となれば、幸いである。

注

（1）宇治十帖の主人公に関しては、論議のあるところであり、八宮の姫君たちが、主人公であるとする説もある。

（2）「匂宮」「紅梅」「竹河」の三帖に関しては、さまざまな論がなされ、決着をみていない。目にふれた論説を整理すると、次のようになる。

①三帖すべてを紫式部作と認める論者…藤村潔、三宅清、Ｅ・Ｇ・サイデンステッカー、手塚昇

②三帖のうちのいずれかの巻が、後人の補作と考える論者

㋑「竹河」作者別人説…高橋和夫・武田宗俊

㋺「匂宮」「竹河」作者別人説…石川徹

㋩「紅梅」「竹河」作者別人説…小山敦子・長谷川和子

③三帖すべて後人の補作と考える論者…土肥経平、池田亀鑑、石田穣二、小林栄子

なお、稲賀敬二「成立と構想」（『源氏物語必携』学燈社、昭和42年４月）に、三帖に関する先人説が、紹介されている。

（3）手塚昇氏によれば、一条兼冬、三条院、藤原実枝などから、すでに、宇治十帖は、紫式部以外の人の作と考えていたようである。昭和になってから、この説を支持する論者としては、与謝野晶子、折口信夫、五島美代子、小林栄子、安本美典の諸氏があげられよう。

（4）とくに、昭和三五年一二月には、安本美典氏が、「源氏物語・宇治十帖の作者」（『文章心理学の新領域』誠信書房）で統計的手法を駆使して、後編の作者は、紫式部にあらずという仮説をうち出しているのは、注目される。

（5）比喩に関係の深い論文や断片的に比喩をとりあつかった論文はみられる。たとえば、小西甚一「源氏物語のイメジェリ」（『解釈と鑑賞』昭和40年６月）、上坂信男「子供をめぐる三つの比喩」（『平安文学研究』41）など。

（6）「比喩の表現論的性格と『文体論』への応用⑴⑵」（『国文学』14巻11号・12号、昭和44年８月・９月、本著作集１『言葉から迫る平安文学１　源氏物語』に収録）参照。

(7)「源氏物語の会話文」(『源氏物語講座』第七巻、有精堂、昭和46年11月)
(8) 注4参照。
(9) 数量の提示は、表1と同じく、日本古典文学大系本による。
(10) 注7に同じ。
(11) 鼬を素材とした比喩が、後編にのみ見られることも、人界はなれた宇治を暗示している。
(12) 中田祝夫・峰岸明編『色葉字類抄　研究並びに索引　本文・索引編』(風間書房、昭和39年6月)による。
(13) 安本美典氏の説に対する批判は、手塚昇『源氏物語の再検討』(風間書房、昭和41年1月)でも、ふれられている。
(14)「蜻蛉」の巻の後半については、中だるみ説があるが、比喩の出現度も、同巻が最も低いことは、注目に価しよう。
(15) 後編の宇治十帖では、源氏物語前編より、構想が緊密に組織的になされていることについては、長谷川和子『源氏物語の研究』(東宝書房、昭和32年12月)でも、のべられている。
(16) 武田祐吉「源氏物語に於ける対偶意識」(『国文学論究』昭和9年7月)、宮城文雄「源氏物語の表現構造―対比の方法を中心に―」(『表現研究』昭和41年3月)
(17) 与謝野晶子は、「若菜上」以後を、紫式部以外の別人(大弐三位を擬する)としているが、その論拠は、文章が冗漫になること、和歌が上手になることなどをあげている。また、小林栄子『源氏伊勢物語の新研究』(晋文館、昭和10年9月)は、宇治十帖には、「処々やり放しの書き方」がみられ、紫式部らしくないことを、一つの根拠にしている。
(18) 調査は、すべて、日本古典文学大系本によった。
(19) 死の場面描写に関する論文としては、仲田庸幸『源氏物語の文芸的研究』(風間書房、昭和37年9月)、松田武夫「源氏物語の死の場面描写」(『むらさき』3、昭和39年11月)、高橋和夫「愛と死の描写」(『解釈と鑑賞』32巻3号、昭和42年3月)などがあり、従来から、注目されていることがわかる。
(20) これについては、すでに、清水好子氏が、「作り物語から源氏物語へ」(『国文学』17巻15号、昭和47年12月)で指摘している。

(21) 石田穣二氏は、「源氏物語の情景描写」(『源氏物語講座』第七巻、有精堂、昭和46年11月)で、「この作者の文章は、光というものに特に敏感で、光が、文章のかなめになっていると思われる節がある。」とのべている。

(22) 女性の容姿に関する研究として、阿部恵子「源氏物語の研究—女性の容姿美描写を中心として—」(『実践文学』34、昭和43年7月)があげられる。また、容姿描写の分析から源氏物語の成立論へきりこむ阿部秋生「光源氏の容姿」(『人文科学紀要』4、昭和29年6月)も忘れることができない。

(23) 足立慶子氏は、「源氏物語の会話表現—引用の形式と実態—」(『王朝』2、昭和45年4月)で、源氏物語の会話が、地の文に実にうまくくみこまれ、会話だけが、浮き立ってしまうような形式は、避けていることを指摘している。源氏物語のすぐれた表現力を示すものとして、一脈通じるものがあろう。

(24) 紫式部日記と宇治十帖との比喩以外の面における共通点は、たとえば、今井源衛『源氏物語の研究』(未来社、昭和37年7月)、手塚昇『源氏物語の再検討』(風間書房、昭和41年1月)で、それぞれ思想上の一致・場面描写の一致が指摘されている。

(25) 前編と後編にみられるさまざまな類似点・共通点は、すでに指摘されていることも多い。長谷川和子『源氏物語の研究』(東宝書房、昭和32年12月)、注24の今井源衛著書、藤村潔『源氏物語の構造』(桜楓社、昭和41年11月)、同「源氏物語の正編と続編」(『国文学雑誌』13、昭和48年3月)など。

『源氏物語』の擬人法

1　「藤」が「なよぶ」

『源氏物語』の自然描写を読んでいると、『竹取物語』や『宇津保物語』のそれとは大きく異なり、不思議に人間の匂いの発散していることに気づく。たとえば、次のような箇所である。

大きなる松に藤の咲きかかりて、月影になよびたる、風につきてさと匂ふがなつかしく、そこはかとなきかをりなり。（源氏物語、蓬生）

これは、鬱蒼と木のおい茂る末摘花の邸内の様子。「大きな松の木に、藤の花が咲きまつわり、月光の中になよなよとしている、それが風とともにさっと匂ってくるのがなつかしく、そこはかとない薫りである」とある。どっしりとした男性に、なよなよともたれかかる女性のしなやかな姿態がイメージされる。なぜそのような感じがするのか？

右の文をもう一度よく観察してみる。すると、擬人法が用いられていることに気づく。植物である「藤」が「なよぶ」のである。「なよぶ」ということばは、ふつう人間のしぐさ・ふるまいを意味する。

女はかうはるけどころなくなよびたるを、人もあなづらはしきにや（源氏物語、若菜下）

というぐあいに。女らしく優雅にふるまうことが、「なよぶ」である。そういうことばを、意志のあるはずもない「藤」の行為として用いている。「藤」が、人間扱いされている。その「藤」は、「大きなる松に」もたれかかって咲いている。「松」は、頼りがいのある男性である。

このように、「藤」が、女性のように扱われた擬人化表現によって、冒頭の引用文は、客観的な自然描写ではなくなっている。男と女の姿が投影された表現になり、官能的な匂いすら漂わせている。

こうしてみると、『源氏物語』の擬人法は、『源氏物語』独特の自然描写を形づくるために何か重要な役割を果しているように思われてくる。それは、一体いかなる役割なのか？　さらに、『源氏物語』は、その技法をどこから導入してきたのか？　本稿で明らかにしたいテーマである。

2　「白き花」は「笑みの眉ひらけたる」

まず、『源氏物語』の自然描写にみられる擬人法をもう少し観察してみる。

光源氏は、大弐の乳母を見舞うために五条の家に立ち寄った。すると、見るからに貧弱な隣の家に、夕顔の花の咲き乱れるのを見た。


切懸《きりかけ》だつ物に、いと青やかなる葛《かづら》の心地よげに這ひかかれるに、白き花ぞ、おのれひとり笑《ゑ》みの眉ひらけたる。（源氏物語、夕顔）

「板塀のような物に、たいそう青々とした蔓草が気持よさそうに這いかかっている所に、白い花が、自分一人ほほえんでいる」とある。「白き花」が、「おのれひとり」「笑みの眉ひらけたる」のである。

「眉ひらく」は、心配事や憂いがなくなって、ほっと顔をほころばせることである。人間のする表情である。「おのれひとり」も、花を人間扱いした表現である。

白い花が咲いているだけなのであるが、『源氏物語』は、白い花に人間と同じような感情を与える。光源氏の気をひくかのように、白い花は、「自分一人ほほえんでいる」。擬人法によって、情景描写が人間味を帯びる。のみならず、擬人化された「白き花」は、光源氏を誘い込む女性、夕顔の象徴ともなっている。さらに、「笑みの眉ひらけたる」「白き花」にひかれて情熱的な恋に落ちていく物語の展開の暗示的な役割をも果している。

そう言えば、冒頭に引用した擬人化した藤の花は、光源氏をひそかにひたすらに待ち続けている末摘花の登場を暗示する機能も果している。のみならず、その風景を眺めている光源氏の、昔なつかしい女性を求める心理を象徴する役割も果している。

もう一例あげてみる。

橘の木の埋もれたる、御随身召して払はせたまふ。うらやみ顔に、松の木のおのれ起きかへりて、さとこぼるる雪も、（源氏物語、末摘花）

場面は、雪の降り積った末摘花邸の庭。光源氏は、橘の木が雪に埋もれているのを随身を呼んで払わせる。すると、松の木がそれを「うらやみ顔に」「おのれ起きかへりて」、さっと雪がこぼれ落ちる。

松の木が、橘の木をうらやましがる表情で、一人で起き返るのである。松の木に、人間と同じ感情と意志を与えた擬人化表現である。自然描写に人間性が付与されているのみならず、実は、橘の木には末摘花が、「うらやみ顔に」「おのれ起きかへ」る松の木には、末摘花より気働きのある一人前の人間が、暗示されているととれる。それは、よりによって醜く気のきかぬ末摘花を愛してしまったことを後悔する光源氏の心理の象徴でもある。

ところで、『源氏物語』の作者、紫式部は、進藤咲子[1]、清水婦久子[2]によって指摘されているように、「……顔」という表現をとくに好んで擬人法をつくる。

軒のしのぶぞ、所え顔に青みわたれる。（源氏物語、橋姫）

という表現もみられる。忍ぶ草が、「所え顔（＝わがもの顔）」をしているのである。

人間に対しては、「……顔」という表現を用いるのは当り前である。たとえば、次のとおりである。

○御返り事を心え顔に聞こえむもいとつつまし。（源氏物語、浮舟）

○母君したり顔に言ひゐたり。（源氏物語、浮舟）

○驚き顔にはあらず、なごやかにもてなしてやをら隠れぬるけはひども（源氏物語、橋姫）

このように「……顔」という表現は、さまざまな表情をもつ人間に用いるのが本来である。

先の例のように、植物に対して、「……顔」というのは、植物を人間扱いしたためである。この「……顔」という表現を、『源氏物語』は、植物に対してばかりではなく、動物にも、自然現象にも、用いる。『源氏物語』の擬人法の一つのパターンである。

3 「空」は「見知り顔」

たとえば、自然現象に対しても、「……顔」という表現を、次のように用いる。

日暮れかかるほどに、けしきばかりうちしぐれて、空のけしきさへ見知り顔なるに、（源氏物語、紅葉賀）

光源氏は、妙技をつくして青海波を舞っている。余りのすばらしさに、この世のものとも思われない。「日暮れ時、ほんのわずか時雨がぱらつく。空模様までが、今日の盛儀に感涙をもよおした風情である。」「空のけしき」までが、「見知り顔」なのである。

滝の声は、いとども の思ふ人を驚かし顔に耳かしがましうとどろき響く。（源氏物語、夕霧）

ここは、落葉宮の住む小野。母を亡くしたばかりの宮は、悲しみにくれている。宮に思いをよせる夕霧は、四十九日もすぎないうちに、小野に訪れる。「滝の声は、ますます深くもの思う人を、我に返らせようとする様子で、やかましく音をたてている。」「滝」は、恋に迷う夕霧の心を知り、恋の闇から正気にかえらせようと「驚かし顔」をする。

4 「鹿」は「たたずみ」「愁へ顔」

さらに、動物も「愁へ顔」や「をり知り顔」や「もよほし顔」をする。

人のけはひいと少なう、木枯《こがらし》の吹き払ひたるに、鹿はただ籬《まがき》のもとにたたずみつつ、山田の引板《ひた》にも驚かず、色濃き稲どもの中にまじりてうちなくも愁へ顔なり。（源氏物語、夕霧）

ここは、前例と同じ小野の情景である。夕霧は、野山の景色を眺めながら、落葉宮をたずねて行く。時は、九月一〇日すぎ。情趣をわきまえない人でも、心が動かされる。「人の気配はたいへん少なく、木枯が吹き払うと、鹿はただ垣根のそばにたたずんでは、山田の引板の音にもびっくりせず、黄金色の稲の中にまじって鳴くのも、胸の思いを歎き訴えている風情である。」

「鹿」が、人間と同じように「たたずみ」「愁へ顔」をしている。

「たたずむ」という動作をするのは、ふつう人間である。

海見やらるる廊《らう》に出でたまひて、たたずみたまふさまの、ゆゆしうきよらなること（源氏物語、須磨）

というぐあいに。海の見える廊下で「たたずん」でいるのは、光源氏。「たたずむ」は、このように一般に人間の動作を意味する。だから「鹿」が「たたずむ」のは、擬人化表現である。

「愁へ顔」も、もちろん「鹿」を人間扱いした表現である。

擬人化された鹿の姿は、実は、登場人物である夕霧の姿でもある。妻を恋うて「たたずみ」「愁へ顔」の雄鹿には、落葉宮を求める夕霧のイメージが重ね合わされている。

このように、自然描写に、登場人物の心的状況が重ね合わされていることは、既に秋山虔[3]によって指摘されている。秋山は、それまでの物語の自然描写が背景であるにすぎなかったのに、『源氏物語』の自然描写は異質であり、「人間の内面が自然のかたちをとり、自然のかたちが人間の内面の表象である」と述べている。この両者の融合関係を、表現レベルでささえているのが、他ならぬ擬人法なのである。

自然描写は、擬人法によって、人間味を帯び、登場人物の心情を象徴するものとなる。擬人法は、『源氏物語』の表現構造の根幹にまでかかわり合っている重要な手法なのである。

5　「真木の戸口」は「月入れたる」

藤原定家が、絶賛したという表現がある。

むすめ住ませたる方は、心ことに磨きて、月入れたる真木の戸口けしきばかりおし開けたり。

（源氏物語、明石）

これは、光源氏が明石入道の娘と契りを結ぶに至る八月十三夜のこと。「娘を住まわせている所は、特別に気を使って立派にしつらえ、月の光をさし入れた檜の板戸をわずかばかり押し開けてある」といった情景である。その戸口から、光源氏は、娘の家に入って行く。

一条兼良の『花鳥余情』は、この箇所について、こう記す。

　この月入たるまきの戸口は、源氏第一の詞と定家卿は申待るとかや

定家によれば、「月入れたる真木の戸口」は、『源氏物語』随一の表現であるという。真木の戸口が、月の光を意志的に招じ入れたように書いた擬人法が心にくかったのであろう。それは、光源氏を閨に誘う。

『源氏物語』には、以上列挙してきたような擬人法が、自然描写によく用いられる。自然描写は、擬人法によって、生命を与えられ、ある時は、登場人物の心理を象徴し、ある時はストーリーの展開を暗示し、ある時は、官能的な匂いを発散させて、読者を魅了する。

このような擬人法を、『源氏物語』の作者、紫式部は、一体、どこから導入してきたのであろうか。

6　説話文学の動物たち

和歌の世界からではあるまいか。『古今和歌集』収載歌に、擬人法が多く見られることは、既に指摘されている。収載歌一一一〇首のうち、約一割が擬人法を用いている。和歌的散文とまで言われる『源氏物語』が、和歌の擬人法の影響を受けて散文部分を綴ることは、容易に予測されるからである。

しかし、平安文学作品を広く見渡してみた時、擬人法の文学としてすぐに思い浮かぶのは、説話文学である。そこで、和歌との関係を考える前に、まず説話文学の擬人法の質を検討しておく必要があろう。

説話文学では、動物たちが、人間と同様に物を考え、感じ、しゃべっている。たとえば、『今昔物語集』の巻五の第一四話。「師子、哀猿子割肉与鷲語（＝師子《しし》、猿の子を哀《あはれ》び、肉《しし》を割きて鷲に与へたる語《こと》）」の話。

二人の子供をかかえた猿の夫婦があった。食物をとりに行けず、思い余って、百獣の王である獅子に、子供を頼み、食物をとりに出かけた。獅子は、子供をあずかり見守っているうちに、ふといねむりをしてしまった。その隙をねらって、鷲が猿の子供をさらってしまった。獅子は目を覚ますと、子供がいない。鷲がまさに食べようとしているのだ。獅子は、鷲に哀願した、自分の体の肉をやるから、猿の子を返してくれと。鷲は、獅子の願い通りにしてやった。獅子は、血だらけになったが、猿の子供を無事その親に送り届けた。

これが、この説話の梗概である。説話の世界では、このように動物たちが人間と同様に行動する。だから、原文には、

猿ノ思ヒ得《エタ》ル様フ、「……」ト思ヒ得テ、

とか、

師子答テ云ク、「……」ト受ケツ。

とかある。動物たちが考え、話し合う。あるいは、人間と動物とが全く自在に会話をかわすこともある。説話の世界では、人間と、人間以外のものとを区別する明確な一線がひかれていない。両者の渾融した世界である。

いわゆる修辞学書の類では、こうした例も「擬人法」として扱う。

しかし、『源氏物語』の「擬人法」とは明らかに異質である。『源氏物語』のそれは、人間と人間以外のものとの識別が十分になされている世界で、その区別を故意にふみはずして、人間以外のものを人間にみたてることによって成り立つ表現技法である。

さらに、説話文学での擬人法は、動物が人間と同様に会話し考えたりするのだが、植物や無生物や自然現象までにそれが及ぶことはない。動物どまりなのである。この点でも、『源氏物語』の擬人法とは異質である。

『源氏物語』の擬人法は、やはり和歌とのかかわりでとらえるべきもののようである。

7　和歌の擬人法

和歌に用いられる擬人法は、『源氏物語』の擬人法に共通する性質を持っている。

まず、和歌に見られる擬人法は、『源氏物語』のそれと同じく、人間と人間以外のものとの識別が十分になされている世界で、その区別を意識的にふみはずして、人間以外のものを人間にみたてることによって成り立つ技法である。

たとえば、

春霞立つを見捨てて行く雁は花なき里に住みやならへる　（古今和歌集、春上）

この歌では、せっかく春霞の立ち込めるすばらしい季節になったのに、それを「見捨てて」北国へ帰って行く「雁」と表現されている。「雁」を人間に見たてて、人間の行なう「見捨てる」という動作を、「雁」にさせている。人間にたとえられるのは、動物ばかりではない。次のように、自然現象も植物も無生物も人間扱いされる。

春の着る霞の衣緯《ぬき》をうすみ山風にこそ乱るべらなれ　（古今和歌集、春上）

霞の衣を「春」が「着る」と表現している。自然現象である「春」を、人間に見立てて、「着る」動作をさせている。

浅緑糸よりかけて白露を玉にもぬける春の柳か　（古今和歌集、春上）

「浅緑色の糸をよってかけて、白露の玉を貫いている、春の柳だよ」といった意味の歌。柳の枝を糸に、露を玉に見て、さらに「柳」そのものを擬人化した歌である。

我が恋を人知るらめやしきたへの枕のみこそ知らば知るらめ
（古今和歌集、恋一）

私の恋を知っているとすれば、「枕」だけが「知っているだろう」と表現している。「枕」という無生物に「知る」という人間特有の営みをさせている。

このように、和歌の世界の擬人法は、『源氏物語』のそれと同じ性質を持っている。

また、擬人化の対象も、動物以外にも、植物・自然現象・無生物といったものにも及び、その点でも『源氏物語』と共通している。

さらに、『源氏物語』の擬人法が、和歌の世界と密接なかかわりを持つことを認めざるを得ない事実がある。たとえば、『源氏物語』の散文部分には、次のような擬人法が見られる。

命長さの、いとつらう思ひたまへ知らるるに、松の思はむことだに、恥づかしう思ひたまへはべれば、
（源氏物語、桐壺）

桐壺の更衣亡きあと、悲嘆にくれる母親のことばである。命が長くて、「松」が「思うであろう」ことさえ恥ずかしいと、母親は歎き訴えている。「松」を擬人化した表現である。

ところが、この擬人法には出典がある。『古今和歌六帖』の、次の歌である。

いかでなほありと知らせじ高砂の松の思はむこともはづかし

『源氏物語』の散文部分に見られる擬人法は、このように和歌のそれを踏襲したために生じた場合がある。和歌の世界との密接な関係を認めざるを得ない事例である。

『源氏物語』は、こうして和歌の世界から擬人法の手法を学び、自然描写に導入して活用していることが明らか

となる。

8　新しい言葉で積極的に

しかしながら、『源氏物語』は、和歌の擬人法を、そのまま導入したわけではない。擬人化という発想を和歌に学びつつ、散文部分にふさわしい擬人法をつくり出している。

たとえば、擬人法に用いる言葉である。今までにあげた『源氏物語』の擬人法の言葉を例にして説明してみる。最初の例は、「藤」が「なよぶ」。擬人化に用いられた「なよぶ」ということばは、和歌では、めったに用いられない。

次の「白き花ぞ笑みの眉ひらけたる」という擬人法に使われた「笑み」「眉ひらく」という表現も、和歌では余り使われない。

「松の木」が「うらやみ顔に」「起きかへる」という擬人法にみられる「うらやみ顔」「起きかへる」も、和歌では余り使用されないことばである。

「所え顔」「みしり顔」「驚かし顔」「うれへ顔」などの「……顔」という表現も、和歌では用いられることの少ないものである。

また、擬人化に用いられた「月入れたる」ということばも、和歌では用いられていない。

このように、『源氏物語』は、和歌のことばではなく、散文にふさわしいことばを使って、新しく擬人法を造り出しているのである。

さらに、『源氏物語』は、擬人法をかなり意識し、積極的に利用していたふしがある。たとえば、次のような例が見られるからである。

かかるままに、浅茅《あさぢ》は庭の面《おも》も見えず、しげき蓬は軒をあらそひて生《お》ひのぼる。葎は西東の御門を閉ぢ籠めたるぞ頼もしけれど、（源氏物語、蓬生）

荒廃した末摘花邸の様子である。「浅茅は、庭の表面も見えないほどになり、茂った蓬は、軒をめざして競い合ってはい登る。葎は、東と西の門を閉じ込めているのは頼もしいけれど……」

蓬は、意志や感情のある人間のように「あらそひ」「のぼる」、葎は門を「閉ぢこめる」。蓬や葎が、擬人化されている。

この文の背後には、次のような和歌がある。

いまさらにとふべき人もおもほえず八重葎して門鎖せりてへ（古今和歌集、雑下）

絶えて久しい相手が、使をよこしたのに答えた歌。「いまさら私を訪問しそうな人など思いあたらない。生い茂った八重葎で門が閉ざしてあったと言って下さい」という意味に解するのが無難であろう。歌の方では、擬人法と言い切れる表現ではない。

『源氏物語』は、このように、ふまえた和歌に擬人法がなくても、散文では、擬人化して表現する。紫式部が、この技法にいかに執着し、積極的に散文に応用していたかがわかるであろう。

9 おわりに

筆者・山口は、最初、擬人法を人間の匂いを付与し読者を惹きつけるためのレトリックという認識から『源氏物語』の擬人法に注目したのであった。ところが、『源氏物語』の擬人法の機能を追究していくうちに、擬人法が予想以上に重要な役割を果していることに気づいた。自然描写に人間的な魅力を付与するのはもちろんのこと、その他に、その時の登場人物の心の象徴、物語の筋の展開の暗示、そうしたものまで担った重く深い表現方法であったのである。

紫式部は、擬人法という表現技法を和歌から導入してきたのであったが、和歌では担うことのない重い役割を擬人法に負わせ、和歌の言葉ではない言葉を使って新しく次々に擬人法を造り出し、積極的に活用することによって『源氏物語』独自の自然描写を造りあげていったのである。

注

(1) 進藤咲子「『—顔』の系譜—平安文学作品を中心として—」(『東京女子大学日本文学』25、昭和40年11月)

(2) 清水婦久子「源氏物語の自然と和歌—擬人法を中心に—」(片桐洋一編『王朝和歌の世界』世界思想社、昭和59年)、清水婦久子「源氏物語のことば—『……顔』について—」(『日本語学』4巻11号、昭和60年11月)

(3) 秋山虔「源氏物語の思考と方法—自然と人間についての一視角—」(『解釈と鑑賞』34巻6号、昭和44年6月)

『源氏物語』のテクニック——破局への布石——

1 発端

『源氏物語』は、あるときはゆったりと、あるときは急くように流れて、展開していく。ここでとりあげたいのは、急くように流れ始める光源氏と朧月夜との関係である。

『源氏物語』も花宴の巻にさしかかると、光源氏の、満たされぬ藤壺への情念のはけ口のようにして、朧月夜が登場してくる。

ガードの固い藤壺に比して、弘徽殿の方は、浮薄でルーズなところがあった。花の宴のあと、光源氏は、恋しい藤壺に会いたくて、藤壺の住む建物を窺っている。だが、藤壺方は、人っ子一人通れぬほどに厳重にどこの入り口も鍵がかかっていて隙がない。辺りを徘徊しているうちに、戸の開いている建物があった。弘徽殿方の建物である。

2 偶然の契り

じっと細殿に潜んでいると、若く美しい声で

「朧月夜に似るものぞなき」

と口ずさんでやってくる女がいる。並の女房ではない。光源氏は、彼女の袖をとらえる。

「まあ気味の悪い。どなた?」

光源氏は、そっと細殿に抱き下ろして、鍵をかけてしまった。女は、あまりのことに呆然としているが、光源氏

と知って、少し安心した。乙女心に、憧れていた人なのだ。情のこわい女だと思われたくない、咄嗟にそんな気持ちが女の胸をよぎる。女は、若くて抵抗する術を知らなかったのであろうか、たやすく光源氏の手に落ちてしまった。しかし、名は名乗らない。女もかりそめの契りで終わらせようという気なのである。女は、翌々月の四月には、東宮の后になるはずの人なのであった。男の方も、女との契りは酔い心地のなせる業であった。

だが、二人にとってはそれは、忘れられない思い出となった。光源氏は、彼女が誰であったかを必死に穿鑿した。右大臣の五番目か六番目の娘で、弘徽殿女御の妹であることまでは分かった。

三月末、右大臣方の催す藤の宴が開かれた。光源氏も招かれ、ようやくの思いで、六番目の娘が、あの朧月夜の女性であったことを突きとめた。

光源氏の唯一の味方、父の桐壺帝が崩御。天皇の位には、かつての東宮、弘徽殿女御の長男がついた。世は、あげて右大臣方の思うままとなっていった。朧月夜と光源氏との仲は、噂になったけれど、光源氏の方は、政敵右大臣の婿になる気はさらさらない。

一方、朧月夜の方は、光源氏との浮いた噂のために、もはや天皇の后としては入内できない。やむをえず、公づとめの女官として、天皇に仕えることにした。天皇は、彼女の妖艶な魅力に惹かれて寵愛し、彼女を尚侍にした。だが、朧月夜は光源氏を忘れられず、光源氏も彼女が忘れられなかった。朧月夜は、積極的である。内密に光源氏に手紙を通わせては、逢瀬を重ねている。

密会がバレたら、どうなるのか？　『源氏物語』は、この危機的様相を以下に述べるごとく、極めて巧みに描いて行く。

3 目撃される

光源氏は、今回も、相当無理をして、彼女と会う算段をした。最初の出会いが思い出されるような細殿である。人が近くにいるので、見つけられやすい。暁の月夜に、別れを惜しみつつ光源氏は帰っていく。その姿が、右大臣方の勢力に連なる藤少将に目撃されてしまった。光源氏は、それに気付かない。最初の危機の到来である。物語の語り手は予告する、「もどききこゆるやうもありなんかし（これから、光源氏を非難申し上げるようなこともきっと起こってくることになるのであろう）」と。読者は一瞬不安感にとらわれる。

光源氏は、朧月夜と逢いつつも、真に心を惹かれる人、藤壺を忘れることができない。ある時、とうとう周到な計画が功を奏し、藤壺に言い寄るチャンスが訪れた。だが、藤壺の激しい拒絶にあって、思いを遂げることはできなかった。光源氏はすねて雲林院にこもる。だが、そんな暢気な事をし続けることもできないほど、政情は緊迫してきた。光源氏は、追いつめられた情勢を打開しなければならない。久々に異腹の兄でもある天皇に会い、語り合った。天皇は、朧月夜と光源氏との仲が絶えていないことを耳にしていたが、別に咎め立てをすることはなかった。

4 当てこすられる

だが、光源氏が帰途についたとき、弘徽殿の甥に当たる頭弁が、当てつけがましくゆっくりと口ずさんだ。

「白虹日《はくこう》を貫けり。太子畏《お》ぢたり。」

天皇に対する謀反心があると、光源氏を当てこすっているのである。光源氏の身に、朧月夜がらみの事件が降りかかりそうな危機を、読者に感じさせる。第二ステップの危機の到来である。

光源氏は、頭弁の当てこすりに心がとがめて、朧月夜にも逢わずに自重して過ごしていた。だが、朧月夜の方から、待ちきれずに便りが届いた。光源氏も心のこもった返事を書いてしまった。二人の仲は、依然として続く。

弘徽殿方の、光源氏・藤壺方への圧迫は、日ましにひどくなってきていた。藤壺は、光源氏の自分への恋情の絶えないことを、反対勢力に利用され失脚させられることを懸念して出家した。藤壺には、皇位継承者である皇子がいるのだ。皇子は、桐壺帝と藤壺との間に生まれた子と信じられているが、実は、光源氏との間の子なのである。弘徽殿方が、そのことを嗅ぎつけたりすれば、全ては、水泡に帰してしまう。藤壺は、賢明に身を処した。

そんな折、朧月夜が病気になって、里下がりをしてきた。病気はすぐに回復。二人は、この時とばかりに逢瀬を楽しむ。女は、まことに美しい盛り。互いに示し合わせて、無理な首尾を整えては、夜な夜な逢っている。弘徽殿も同じところに居合わせている。二人の密会に気付きはじめた女房もいる。危険は、渦巻き状に迫っている。

5　雷鳴とともに露見

光源氏が帰ろうとしている夜明け、雷がひどく鳴り始めた。女房たちは、恐れうろたえて、皆集まっている。光源氏は、こっそり人知れずに帰るチャンスを見いだせずにいる。そこに、父の右大臣が朧月夜を心配してやってきた。もともと気軽な性格だから、娘の部屋にいきなり入ってきて、御簾を引き上げて声をかける。朧月夜は、慌てて御簾の外ににじり出ていったが、顔は、真っ赤になっている。父親は、それを病気のせいだと一瞬錯覚したけれど、娘の着物に絡まっている男物の帯が目に留まった。よく見ると、男とやりとりした和歌も落ちているではないか！ 右大臣は、びっくりして叫んだ。

「それは、誰のだ？ こちらへよこしなさい。調べてみるから。」

そう言ってから、几帳の中を覗くと、ひどくしなやかに顔を隠している男が横たわっている。右大臣は、目も眩むような気持ちで、証拠になる男の和歌を持って立ち去り、弘徽殿の所に行って訴えた。激しい気性の弘徽殿は、体を震わせて怒り出す。クライマックスを迎えた第三の危機である。二人の関係は、この後一気に破局に向かい始める。

こうして振り返ってみると、源氏物語は、危機的様相を一回目、二回目、と順次布石しながら高めて行き、三回目にクライマックスとなる破局を持ってきていることに気付く。

読者は、作者の手の内に気付かないから、ただひたすら、追い立てられるようにして危機的様相を読み進む。こうした源氏物語のテクニックに気付いたとき、私は、並々ならぬ作者の技量に感嘆の声をあげた。作者の巧みな操作の糸に目を見張った。

『源氏物語』の歌語と文体

1　はじめに

文章を書くことは、言葉を選び取ることから始まる。『源氏物語』が、和歌に用いる言葉「歌語」を取り入れて散文の部分を綴る傾向のあることは、すでに先学によって指摘されている。(1)

ここでは、そうした散文部分に用いられた「歌語」に注目して、その言葉の使い方を明らかにしてみたいと思う。言葉の使い方は、『源氏物語』の文体がどのようなものかを明らかにする一つの有力な手がかりを与えてくれるからである。

なお、ここで「歌語」というのは、歌によく使われる語という意味である。具体的には、平安仮名文学作品（歌集を含む）『竹取物語』『宇津保物語』『落窪物語』『源氏物語』『狭衣物語』『夜の寝覚』『浜松中納言物語』『堤中納言物語』『伊勢物語』『大和物語』『枕草子』『土佐日記』『蜻蛉日記』『紫式部日記』『和泉式部日記』『更級日記』『讃岐典侍日記』『大鏡』『栄華物語』『古今和歌集』『後撰和歌集』『拾遺和歌集』『後拾遺和歌集』『金葉和歌集』『詞花和歌集』『千載和歌集』を調査し、散文部分よりも和歌に用いることの多い語を指している。また、ここで用いたテキストは、日本古典文学全集『源氏物語』である。

2　「呉竹」の用法

「呉竹」は、右記の平安仮名文学作品に四五例見られるが、そのうちの約七割に当たる三三例が和歌に使用されている。そのほとんどが、「節《ふし》」「世《よ》（代）」「夜《よ》」を導く形で用いられている。呉竹は、丈が低く「節」が多い。節と節の間を「よ」というから「世（代）」「夜」にもかかる。

さて、『源氏物語』では、「呉竹」の語が五例見られるが、和歌には一例。残りの四例は散文部分に用いられている。こうして従来指摘されているように、確かに歌語が散文部分に用いられている。だが、問題はその先にある。

結論を先に述べれば、『源氏物語』の散文部分の「呉竹」は、極めて限定された使われ方をしている。夕顔と玉鬘に関係のある場面にしか使われていない。「呉竹」は、庭の植え込みにはもってこいの植物であるから、どこの情景描写に用いられても不思議のないものである。にもかかわらず、『源氏物語』では、夕顔と玉鬘という母子関係を印象づけるためにのみ使用されているのである。

ほどなき庭に、されたる呉竹、前栽の露はなほかかる所も同じごときらめきたり。（『源氏物語』夕顔）

みすぼらしい夕顔の仮住まいの様子である。狭い庭に植え込まれているのは、「呉竹」。光源氏と夕顔が、それを眺めている。

一方、光源氏の造営した六条院の広い邸宅にも、さりげなく「呉竹」の植えられているところがある。それは、東北の町で花散里の住まいになる所。やがて夕顔の娘の玉鬘がひきとられて来ることになる場所である。

前近き前栽、呉竹、下風涼しかるべく、木高き森のやうなる木ども木深くおもしろく、山里めきて、卯花の垣根ことさらにしわたして、（『源氏物語』少女）

この時点では、玉鬘はまだ登場していないが、作者には、すでに玉鬘をここに住まわせる構想が出来上がっていたとおぼしく、「呉竹」が点景として描き込まれている。ここの「呉竹」は、やがて次例のように光源氏と玉鬘の眺める風物となって物語の前面に押し出されてくる。

御前近き呉竹の、いと若やかに生ひたちて、うちなびくさまのなつかしきに、立ちとまりたまうて、（『源氏物語』胡蝶）

光源氏が、玉鬘の住む町に植え込まれている「呉竹」に目を留め、玉鬘との間で「竹」にまつわる歌を詠み交わしていく場面である。「呉竹」は、玉鬘とその母夕顔を結びつける風物として有機的に機能している。夕顔と光源氏は、「世」を読み込んだ歌を詠み交わしたことがある。それをも踏まえて布置された植物である。

さらに「呉竹」は、もう一例だけ散文部分に出てくる。それも、次例のごとく玉鬘の住まいにある同じ「呉竹」である。

呉竹の籬《ませ》にわざとなう咲きかかりたるにほひ、いとおもしろし。（『源氏物語』真木柱）

光源氏の目に映じ、玉鬘の母夕顔を思い起こさせる「呉竹」である。

以上が散文部分における「呉竹」の全用例。これ以外には、「呉竹」の語は、『源氏物語』の散文部分には見られない。つまり、「呉竹」という歌語は、『源氏物語』においては夕顔と玉鬘の血縁関係を象徴するための道具立てとして機能しているのである。

「呉竹」は、ごく一般的に考えれば、風景を形作る事物の一つに過ぎない。散文部分のどこに使ってもかまわない言葉のはずである。しかしながら、『源氏物語』においては、点景にさえ心を配り、一語たりともゆるがせにしていない。作者は、「呉竹」を夕顔と玉鬘を結びつけるための言葉として用意周到に使っている。

こうした緊密な言葉遣いは、歌語に限らず他の言葉を取り上げてみても、指摘できる。「あざあざと」「けざけざと」といった人柄描写に用いられた言葉、「つやつやと」「はらはらと」「ゆらゆらと」といった髪の描写に使われた言葉に至るまで、一貫している。(2)『源氏物語』の類い希なる技量の一つは、こうした緻密な言語操作力なのである。

作者紫式部は、こうした言語操作力を一体どこで身につけたのか？　むろん天性の能力に恵まれていたことは言うまでもないが、その素質を磨いたのは、歌の技法であったと考えられる。一語一語をゆるがせにせずに言葉を響き合わせることによって一つの世界を作っていく和歌の技法。とりわけ縁語の技法は、ここで述べたような緻密な言語操作力を磨くのに役だったと察せられる。紫式部の言語操作力の源には、和歌の技法の修得を置いて見ると解けることが多いように思う。

なお、「呉竹」を散文部分に用いた作品としては、『宇津保物語』（一例）、『蜻蛉日記』（三例）、『枕草子』（二例）、『狭衣物語』（二例）、『夜の寝覚』（一例）、『浜松中納言物語』（一例）があるが、『源氏物語』のような使い方をした作品はない。

さて、以下には、比喩（メタファ）に用いられた歌語に焦点を当て、作者の言葉遣いの方法をさらに追究してみることにする。比喩を選んだのは、「呉竹」とは違って、作者の発想に基づいて、言葉選びをする場合だからである。

3　「泡」の用法

「泡」は、最初に記した平安仮名文学作品に二九例見られる。そのうちの八割六分に当たる二五例が歌に用いられている。散文部分に用いられた「泡」は、わずか四例。そのうち二例が『源氏物語』であり、残りの二例は『源氏物語』の影響を受けた『栄華物語』『浜松中納言物語』にそれぞれ一例ずつ見られるだけである。「泡」は歌の世界特有の語と言っても良いほど、和歌の言葉になりきっている。

さて、『源氏物語』の散文部分に用いられた「泡」の用例のうち、次の一例が比喩に用いられたものである。『栄華物語』『浜松中納言物語』の「泡」は、いずれも普通の叙述に用いられたものであり、比喩ではない。

女宮にも、つひにえ対面しきこえたまはで、泡の消え入るやうにて亡せたまひぬ。（『源氏物語』柏木）

柏木の死にゆく姿をたとえた表現である。比喩に使われた「泡」は、他の語に置き換えることが可能である。紫式部以外の人間が、作者であったなら、歌語の中からたとえにする事物を選ばないかもしれない。たとえ、歌語の中から言葉を選んで比喩を作ってほしいという限定をつけたとしても、紫式部以外の人間なら、「露」にするかもしれない。あるいは、消えゆく命をたとえる事物であればいいのであるから、「灯火」や「霜」や「雪」にするかもしれない。これらは、いずれも歌の世界で消え失せるものとしてのイメージを獲得している語であるから、理屈上は、どの語をたとえに選んでも良いはずである。にもかかわらず、作者紫式部は、「泡」という語を選んだのである。なぜ「泡」なのか？　「露」「灯火」「霜」「雪」ではいけなかったのか？

『源氏物語』には印象的な四つの死の場面が描かれていることが、すでに石田穣二によって指摘されている。(3)「露」は紫の上の死に、「灯火」は藤壺の死に用いられている。描き分けを信条とする紫式部が、柏木の死を描くために残された事物は、「霜」「雪」「泡」となる。

柏木の死は、新春を過ぎた頃。相手の女三宮は、自分との子を出産した直後に出家した。事の真相を光源氏に知られてしまった以上、柏木はこれからもまともに生きていけるとは思えない。こうした状況で死に赴く柏木に最もふさわしい例えは何か？　「泡」しかあるまい。「霜」は、秋の風物で季節柄たとえにするにはふさわしくない。また、女三宮との密通を犯して死ぬ柏木には、純白な「雪」のイメージもふさわしくない。

その上、柏木の死をたとえる「泡」の背後には、次のような歌のあることが指摘されている。

うきながら　消ぬる泡とも　なりななむ　流れてとだに　頼まれぬ身は　（『古今和歌集』巻一五・八二七）

生きる希望を失った柏木には、ぴったりの「泡」の歌である。さらに、『後撰和歌集』には、次のような同趣向の歌がある。

流れての　世をも頼まず　水の上の　泡に消えぬる　うき身と思へば　（巻一五・一一一五）

まさに柏木は、引用した歌に見るように生きながらえても意味がないのである。作者が、柏木の死を「泡」のイメージで作り上げた理由は、和歌の世界に柏木の死にゆく心境にぴったりした歌があったからなのである。

4 「玉水」の用法

「玉水」は、平安仮名文学作品に六例しか見られないが、そのうち四例が和歌に用いられたものである。残りの二例が『源氏物語』とその影響下にある『狭衣物語』の散文部分に見られる。それぞれ一例ずつである。さらに『源氏物語』の散文部分の「玉水」は、『狭衣物語』と違って、次のごとく比喩に用いられたものである。

「ながめする　軒のしづくに　袖ぬれて　うたかた人を　しのばざらめや

ほどふるころは、げにつれづれもまさりはべりけり。あなかしこ」と恭々しく書きなしたまへり。ひきろげて玉水のこぼるるやうに思さるるを、人も見ばうたてあるべしとつれなくもてなしたまへど、　（『源氏物語』真木柱）

玉鬘からの手紙を見て、万感胸に迫って涙をこぼしそうになる光源氏の描写である。「玉水」は、涙を意味する比喩である。たとえられている「涙」が表面化しない諷喩である。「玉水のやうなる涙」とすれば、直喩であるが、そういう状態であることを表す「やうに」が直後にあるため、煩わしさを避けて諷喩にしたのであろう。

ここは、わざわざ「玉水」というたとえを使わなくても、「涙のこぼるるやうに」ですませることもできたはずである。何故に「玉水」という歌語を強いて用いているのか？

まずは、『河海抄』に始まる諸注釈書の指摘するごとく、玉鬘の詠んだ歌に「軒のしづく」とあるのにひかれて、次の歌を踏まえて「玉水」が縁語として出てきたという理由があげられよう。

雨止まぬ　軒の玉水　数知らず　恋しきことの　まさるころかな　（『後撰和歌集』巻九・五七八）

だが、縁語だからという理由だけで、たとえに「玉水」を用いるであろうか？　「玉水」をたとえに持ってくる理由は、歌の世界での「玉水」という言葉自身の持つイメージ性にもあることを忘れてはなるまい。さもなければ、比喩を用いる意味がないのである。「玉水」は、歌の世界では、たとえば次のごとく、「澄みきった清らかな水」のイメージをもっている。

山城の　井手の玉水　手にむすび　たのみしかひも　なき世なりけり　（『伊勢物語』一二二段）

玉鬘からの返事に涙する光源氏の心は、かつてのような狂おしい恋心や邪心がない。玉鬘は、今や鬚黒と結婚し、全て決着がついてしまっている。そういう状態で流れ出る光源氏の涙は、「玉水」のたとえが最もふさわしい。体温を感じさせる「涙」ではなく、澄んで冷たく美しい「玉水」を比喩に使った作者の意図をここに汲み取っておく必要があるのではあるまいか。

5 「きりぎりす」の用法

「きりぎりす」は、言うまでもなく現在のコオロギである。平安仮名文学作品には二五例見られるが、その八割に当たる二〇例が和歌に用いられており、歌語である。散文部分には五例見られるだけであるが、そのうちの二例が『源氏物語』のものである。一例が情景描写に、一例が次のように比喩に用いられた「きりぎりす」である。

明けにける光につきてぞ、壁の中のきりぎりす這ひ出でたまへる。（『源氏物語』総角）

右の文だけ読むと、実物の「きりぎりす」が明け方になって壁の中から這い出してきたように受け取れる。だが、「壁の中のきりぎりす」は、薫を逃れて壁と屏風の間に身を隠していた宇治の大君を意味するたとえである。「玉水」と同じく、たとえられるものが表面化していない諷喩である。『源氏物語』においては、「壁の中のきりぎりす」で一種の成句となっている。というのは、情景描写に用いられた「きりぎりす」も、次のごとく「壁の中の」を冠して用いられている。

虫の声々乱りがはしく、壁の中のきりぎりすだに間遠に聞きならひたまへる御耳に、さし当てたるやうに鳴き乱るるを、（『源氏物語』夕顔）

「壁の中の」という修飾語が付くのは、諸注釈書の指摘するごとく、『礼記』（月令）の文章が作者紫式部の頭の中にあるためと察せられる。

温風始至　蟋蟀居壁　鷹乃学習　腐草為蛍（『十三経注疏　5礼記』芸文印書館）

温風が吹き始め、蟋蟀は屋内の壁の中に入り込み、鷹は攻撃することを学び、腐草が蛍となるという意味である。

紫式部は、こうした漢籍の文章を諳んじており、「壁の中の」と「きりぎりす」を結びつけて考える癖があったと考えられる。

だが、こうした漢籍が背後にあったとしても、宇治の大君に「きりぎりす」のたとえを用いる理由は、別に考察する必要がある。なぜなら、典拠となった漢籍と『源氏物語』の内容上の関連は見出せないからである。典拠の『礼記』の記述は、六月頃の様子を記したものである。蟋蟀が「壁の中」にいるのは、六月頃のことなのである。秋には屋外に飛び去っていく。ところが、『源氏物語』が「壁の中のきりぎりす」を比喩に用いた季節は、秋。典拠の内容とは合っていない。つまり、「壁の中のきりぎりす」という字句そのものは、漢籍によって出てきているが、内容上の影響は余り受けていないということである。比喩に「きりぎりす」の使われた理由は、やはり日本の和歌に求めねばなるまい。宇治の大君を「きりぎりす」にたとえたとき、紫式部の頭にあったイメージは、たとえば、『古今和歌集』の次のような歌ではなかったか。

きりぎりす　いたくな鳴きそ　秋の夜の　ながき思ひは　我ぞまされる　（巻四・一九六）

蟋蟀よ、そんなにひどく悲しそうに鳴いて私を悲しませないでおくれ。私の方がもっともっと悲しいのだからといった歌。大君は、中の君を薫のもとに残して、自分だけ逃げてしまった。苦悩がひたひたと押し寄せている。こうした大君の心境に、右の歌は、まさにぴったりである。だからこそ、「きりぎりす」を大君のたとえに使ったと考えることが出来るのではないか。

歌の世界では、同じく秋の風物である「松虫」「鈴虫」「秋の虫」「虫」などがあり、たとえの候補としてはこれらの語も考えられる。だが、「松虫」では、人を待つ意味が込められてしまうし、「鈴虫」は、鈴を連想させる。「秋の虫」は、飽きを感じさせるし、「虫」では、無色透明すぎる。いずれの虫も、宇治の大君の切ない心境は担いきれない。「きりぎりす」こそが、この場の大君の心境に最もふさわしいたとえであった。

6　おわりに

以上、『源氏物語』の言葉の使い方を、歌語に注目して追究してきた。『源氏物語』では、歌語を散文部分に用いているという表面的なものではなく、着想の基盤が全て和歌の世界のものであることを述べてきた。「呉竹」を夕顔と玉鬘の親子の象徴に使うのも、比喩に「泡」や「玉水」や「きりぎりす」を使ってそのイメージを和歌で膨らませるのも、作者の発想の基盤が和歌であることを示していた。

『源氏物語』の言葉の使い方は、追究すればするほど、和歌的であることを思い知らされる。和歌の世界を物語という筋書きのある世界に置き換えて綴りあげていったものが、『源氏物語』の文体と言っても過言ではない。

注

（1）石田穣二『源氏物語論集』（桜楓社、一九七一年）、鈴木日出男『古代和歌史論』（東京大学出版会、一九九〇年）・同『源氏物語の文章表現』（至文堂、一九九七年）など。

（2）山口仲美「源氏物語の象徴詞―その独自の用法―」（『国語と国文学』60巻10号、一九八三年一〇月。本著作集1『言葉から迫る平安文学1　源氏物語』にも「『源氏物語』の象徴詞の独自用法」として収録）。

（3）石田穣二「源氏物語における四つの死」（『源氏物語論集』桜楓社、一九七一年）。

『源氏物語』の象徴詞の独自用法

1　はじめに

朝日さす軒のたるひはとけながらなどかつららのむすぼほるらむ

とのたまへど、ただむむとうち笑ひて、いと口重げなるもいとほしければ、出でたまひぬ。（源氏物語・末摘花）

「むむと」は、口遅き末摘花の含み笑いをうつした象徴詞（擬音語・擬態語の総称）である。光源氏に和歌をよみかけられ、返歌に窮して笑ってごまかす末摘花の姿である。「むむと」の語は、やぼったく気転のきかない末摘花の人柄を彷彿とさせる。

源氏物語の象徴詞を熟視していると、他の平安文学作品のそれと、異質な用い方のなされていることに気付く。それは、つまるところ、源氏物語の作者の、言語操作の独自性でもある。

本稿は、源氏物語の象徴詞の独自な用法を具体的に明らかにし、作者固有の言語操作の方法を指摘することを目的とする。

なお、以下に引用する象徴詞の用例は、源氏物語諸本間で、殆ど異同の見られないものである。本文は、『源氏物語大成』によるが、読みやすさを考え、句読点・かぎ括弧・濁点を施し、適宜、漢字をあてた。また、仮名遣いを正し、くり返し符号は仮名にあらためた。

2 人物造型のために

まず、象徴詞のうちでも、状態を模写した擬態語に注目する。

源氏物語においては、物音・声をうつす擬音語に比して、擬態語のきわめて多く見られることは、すでに拙稿「源氏物語の語彙—象徴詞を中心に—」(1)で述べた。これらの擬態語は、きわめて興味深い用いられ方をする。結論を先に述べれば、擬態語が、人物造型に寄与する方向で、有機的に使用されることである。それを人物造型的用法とよび、以下具体的に説明してみる。

こよなう痩せ細りたまへれど、かくてこそ、あてになまめかしきことの限りなさもまさりてめでたかりけれと、来し方あまりにほひ多くあざあざとおはせしさかりは、なかなかこの世の花のかをりにもよそへられたまひしを、（源氏・御法）

「あざあざと」は、源氏物語前編の女主人公紫上の盛りの美しさを表現する擬態語である。「あざやかなり」「あざやぐ」の語と関係があり、色彩が鮮明で目のさめるような派手やかさを意味する語である(2)。それは、最盛期の紫上のイメージ—明るく照り映えるようなあでやかさをもつ美貌—を象徴している。注意すべきは、「あざあざと」の語が、容姿のどこかを具体的に形容しているのではなく、往年の紫上の容姿全体を抽象的に形容していることである。

この語は、源氏物語でも右の箇所以外には用いられていない。紫上という特定の人物の形容にだけ、一回限りで用いられた擬態語である。

同様な例を、以下にあげてみる。

屏風などもみなたたみ寄せ、物しどけなくしなしたるに、日の華やかにさし出でたるほど、けざけざとものきよげなるさましてゐたまへり。（源氏・野分）

「けざけざと」は、玉鬘の風姿を形容する擬態語である。「けざやかなり」「けざやぐ」の語と関係があり、すっきりとして際立つ感じを意味する語である。「あざあざと」が、色彩豊かな懐しみのある華麗美を表すのに対し、「けざけざと」は、清潔感を基調とした美しさ、やや打ち解けにくい冷たさを含んだ美を意味する語と考えられる。それは、次の事象から納得されよう。すなわち、「あざあざと」が、「にほひ＝親しみやすさの感じられる華やかさ」(3)の語と共に用いられるのに対し、「けざけざと」は、「ものきよげなり＝親しみにくい物々しい雄々しい華やかさ」(4)と並列していることである。さらに、「けざけざと」の関連語である「けざやかなり」は、「けだかし＝冷たい上品さ」(5)といった語と共存することが多いことである。(6)

「けざけざと」の語は、あでやかさ・なつかしさという点では紫上に劣るが、すっきりと目に立つほど美しく賢い玉鬘のイメージを象徴している。

この語は、源氏物語中、右例以外にはみられない。玉鬘という人物の美しさを、全体的印象に基づいて、写しとるためにのみ使用されている。

また、次例の「おぼおぼと」も、浮舟の人柄を描き出す擬態語である。

あやしきまで言少なに、おぼおぼとのみものしたまひて、いみじと思すことをも、人にうち出でたまふことは難く、ものづつみをのみしたまひしけにや、のたまひおくこともはべらず。（源氏・蜻蛉）

「おぼおぼと」は、「おぼおぼし」「おぼろげ」の語と関係をもち、はっきりとしない朧ろなさまを意味する語で語は、源氏物語では、浮舟という人物にのみただ一例用いられている。

ある。浮舟は、口数が少なく、胸中をもあかさないため、何を考えているのか他者からは容易につかめない性格である。そうした正体のつかみづらい浮舟の人柄が、「おぼおぼと」の語によって象徴されている。「おぼおぼと」の

3　人柄の描写

同様に、「たをたをと」「なよなよと」「やはやはと」の語も、登場人物の人柄を描き出すために用いられている。これら三語は、いずれも柔らかでしなやかな感じを表し、近似する意味をもつ。三種の語の意味を区別することは難しいけれども、次のような違いを感じないではない。すなわち、「たをたをと」は、視覚的にとらえられたしなやかさを、「なよなよと」は、触覚的にとらえられた柔らかさを、「やはやはと」は、視覚とか触覚とかいった部分的な角度からではなく、全体的、総体的にとらえられたしなやかさを意味するといった違いである。これらの語の違いは、さらに検討する必要があるけれども、次のごとく、いずれも人物造型に寄与する方向で使用されていることが注目される。

「たをたをと」の語は、夕顔と浮舟に一例ずつ用いられ、華奢な人物像を造りあげる。

白き袷、薄色のなよよかなるを重ねて、はなやかならぬ姿、いとらうたげに、あえかなる心地して、そこと取り立ててすぐれたることもなけれど、細やかにたをたをとして、（源氏・夕顔）

「たをたをと」は、光源氏の眼を通して描き出された夕顔に用いられている。視覚的にとらえられた、あえかな人を描出している。

児めきおほどかに、たをたをと見ゆれど、気高う世のありさまをも知る方少なくて生ほしたてたる人にしあれば、すこしおずかるべきことを思ひ寄るなりけむかし。（源氏・浮舟）

浮舟を描く「たをたをと」である。「たをたをと」は、「見ゆ」の語が続いており、視覚的にとらえられたしなやかさを意味すると考えられる。

夕顔と浮舟のイメージの類似している点のあることは、従来から指摘されているが、人物を描き出す擬態語にも顕著にあらわれている。

「なよなよと」の語は、源氏物語に八例みられ、次のごとく、物にふれた時の感触を表す語としても働いている。

引き動かしたまへど、なよなよとして我にもあらぬさまなれば、（源氏・夕顔）

「引き動かす」とあるから、体に直接さわったのである。すると、「なよなよとして」いるのである。「なよなよと」は、この他、重病の人、生死の境をさまよっている人、生命のつきてしまった人の姿を描写する時にも用いられ、触覚的な柔らかさ、手ごたえのなさを意味の基調にもっている。

人柄の形容としては、次の如く、女三宮と宇治の大君に用いられている。「なよなよと」は、手ごたえがなく、どこまでも相手の思うままになる従順さ・弱々しさをもった人物像を作りあげる。

○ただ聞こえたまふままに、なよなよとなびきたまひて、御答へなどをも、おぼえたまひけることは、いはけなくうちのたまひ出でて、え見放たず見えたまふ。（源氏・若菜上）

○かれは、限りなくあてに気高きものから、なつかしうなよよかに、かたはなるまでなよなよとたわみたるさまのしたまへりしにこそ。（源氏・東屋）

前者は女三宮、後者は宇治の大君である。後例から、宇治の大君は、上品で凜とした所のある反面(7)、女三宮に通じるような「なよなよと」した面のある人柄であることがわかる。

また、「やはやはと」は、源氏物語に二例しかみられず、いずれも登場人物の人柄を描出している。次の通りである。

○母君は、ただいと若やかにおほどかにて、やはやはとぞたをやぎたまへりし、これは、気高く、もてなしなど恥づかしげに、よしめきたまへり。（源氏・玉鬘）

○いとさばかり気高う恥づかしげにはあらでなつかしくらうたげに、やはやはとのみ見えたまふ御けはひの、（源氏・若菜下）

前例の「やはやはと」は夕顔、後例は女三宮である。前例も後例も、「やはやはと」は、「気高し」「恥づかしげなり」と対立する様態として提示されている。さらに、前例から「よしめく」とも対立することがわかる。すなわち、「やはやはと」した人物は、冷たさを含んだ上品さ、近付きにくさ、気取りをもつ人物とは丁度反対の極にある。「やはやはと」は、「若やかなり」「おほどかなり」「なつかし」「らうたげなり」と共存する意味をもつ。つまり、「やはやはと」は、親しみやすさといった人物全体の雰囲気を意味する語と考えられる。

夕顔と女三宮は、精神的に未熟なところがあるゆえに、人に警戒心を起こさせず、親しみやすさを漂わせていたのである。

以上見てきたように、源氏物語は、登場人物の人柄・容貌を象徴するような擬態語を用い、人物造型を行っている。紫上は「あざあざと」、玉鬘は「けざけざと」、女三宮は「なよなよと」「やはやはと」、夕顔は「たをたをと」「やはやはと」、浮舟は「おぼおぼと」「たをたをと」、宇治の大君は「なよなよと」といった具合に、登場する女性たちが描き分けられている。これらの擬態語を一覧するだけで、それぞれの女性の人間像が鮮やかに浮かび上ってくる。

さらに興味深いのは、人物造型に使われた擬態語が、「なよなよと」の語を除いては、[8] 源氏物語初出の語か、源氏物語だけに見られる語であることである。すなわち、「おぼおぼと」「やはやはと」の語は、平安文学作品を広く調査しても、[9] 源氏物語にしか現れない。「あざあざと」「けざけざと」「たをたをと」の語は、源氏物語で初めて現れるものである。このことは、源氏物語が、人物造型に寄与させる目的で、積極的に新しい擬態語を作り出している可能性を考えさせる。

4 前期物語では

他の平安文学作品においては、このような擬態語の人物造型的用法は見られない。

他作品では、そもそも登場人物の人柄・容姿をうつし出す擬態語すらみられないのが普通である。歌物語・日記・随筆・歴史物語・説話といった文学ジャンルでは、断片的な話が重なり連なるだけで、一つの筋の展開をもたないわけであるから、そこに見られる擬態語も人物造型的用法にかかわりを持たないのは当然かもしれない。しかし、作り物語では、登場人物のおりなすドラマが作品全体を通して展開するのであるから、擬態語の人物造型的用法が見られてもよいはずである。ところが、源氏物語以外の作り物語においても、人物造型的用法は皆無である。

以下この4と次の5とで、このことを具体的に述べてみる。

竹取物語・宇津保物語・落窪物語といった前期物語においては、容貌・人柄にかかわり合う擬態語は、殆ど見られない。かろうじて次の一例が容貌描写に用いられた擬態語といえる。

冠をはくとうち落しつ。髻はちりばかりにて、額ははげ入りて、つやつやと見ゆれば、物見る人にゆすりて笑はる。

（落窪物語・巻二）

典薬助は、中納言方に往来でひどく恥をかかされた。冠をつき落とされてしまった彼は、禿げ頭が「つやつやと」顔を出した。見物人は笑いどよめいた。「つやつやと」は、禿げ上った額の形容であり、きわめて部分的・具体的な容貌描写に用いられている。源氏物語の擬態語が、全体的・抽象的な意味をもち、人格にかかわり合っていたのとは全く質が違う。落窪物語の擬態語は、その時に一回的に生じた状態を形容し、場面を生々と描き出すといった別の役割を果たしている。

前期物語では、容姿描写にかかわりのない擬態語も、すべて具体的な動作・作用・状態を形容し、場面や状況に生彩あらしめるために機能している。具体例を、一、二あげてみる。

「さは申とも、はや焼きて見給へ」と言へば、火の中にうちくべて焼かせ給に、めらめらとやけぬ。（竹取物語）

阿部の右大臣は、多額の金を支払って、火にくべてもびくともしない火鼠の皮衣を手に入れた。かぐや姫の前で試してみると、焼けないはずの皮衣が「めらめらと」燃え上がってしまうではないか。皮衣の燃え上がるさまが、「めらめらと」という擬態語でリアルに描き出され、場面に生彩あらしめる。

あせにしとどにぬれて、かがまりふし給へれば、さすがにをかしとおぼして、

（宇津保物語・蔵開下）

帝が御無体をおっしゃるので、藤壺は、汗にぐっしょり濡れてうずくまり臥していらっしゃる。「しとどに」は、汗にまみれるさまを具体的に形容し、状況描写に迫真性を与える。

このように、前期物語の擬態語は、具体的な動作・作用・状態を修飾し、場面に躍動感を与える役割を果たして

いる。これが、擬態語の一般的な用法である。

5　後期物語では

後期物語は、源氏物語に多大の影響をこうむっているのであるから、源氏物語の人物造型的用法が見られてもよいはずである。

しかし、ことばそのものは、源氏物語のそれを踏襲し、模倣しているふしが見られるのであるが、その用法は、源氏物語とは違っている。後期物語の擬態語は、本質的には、前期物語と同じく、一回的な場面描写に生彩あらしめるのに機能している。

たとえば、夜の寝覚では、「あざあざと」の語が、二例見られ、次のごとく容貌描写に用いられている。

○色は、雪などをまろがしたらんやうに、そこひなく白く、きよげなるに、くるしげなる面つき、いとあかくにほひて、いふかひなく臥し給へるかほの、あざあざとめでたきさまは、（夜の寝覚・巻二）

○若君をも御懐にいだきて、つくづくと見奉り給に、あざあざとうつくしき顔やう、いまから、いずれにも劣るべくもあらぬを、すぐれてかなしく見奉り給て、（夜の寝覚・巻五）

前者の例は、主人公寝覚上の容貌描写である。「あざあざと」の語は、まっ白な素肌の顔が、ほんのり赤く色づいているのを、具体的に形容している。後者の「あざあざと」は、生れたばかりの男児の、匂うばかりに美しい顔を形容したものである。これら二例の「あざあざと」は、源氏物語のように、個別的な人間像を作りあげるのに機能しているわけではない。あくまで、その場面に登場する人物の、その時限りの美しさを形容したものである。もちろん、ここには、擬態語で人物の個性を描き分けて行く源氏物語の方法は見られない。

また、浜松中納言物語では、女主人公吉野姫は、次のごとく、三種の擬態語で描き出されている。

○顔くまなう白うをかしげに、ここもとぞ少しおくれたりけれ（ママ）と見ゆる所なう、あざあざとうつくしげに、わけめ、かんざし、ひたひのきはなどにいたるまでめでたきを、（浜松中納言物語・巻四）

○たをたをとやはらかに、なまめきかはしき（ママ）もてなしなど、（浜松中納言物語・巻四）

○いとあえかになよなよと、風にしたがふあをやぎのけしきして、（浜松中納言物語・巻四）

「あざあざと」した美と、「たをたをと」「なよなよと」した美とは、固定的な属性としてみると、共存しにくいものである。従って、ここでは、吉野姫のその都度の具体的な状況を表すために、これらの擬態語は用いられたと考えるべきであろう。

こうして、他の平安文学作品には、人物造型的用法は認められず、源氏物語独特のものであることがわかる。

以下、髪の様子、泣き声や泣くさまといった細かい面を叙する象徴詞まで、源氏物語においては人物造型に寄与していることを述べて行く。

6 黒髪の描写

源氏物語には、髪の様子をうつす擬態語が三種類みられる。「つやつやと」「はらはらと」「ゆらゆらと」である。[10]

「つやつやと」は、一本一本の髪の毛が整い、輝くような美しさをもつ場合に用いる。いわば、光沢美をあらわすが、必ずしも視覚的である必要はない。几帳ごしに触れた髪の手ざわりが、すべすべしている時にも用いる。物語中に七例みられる。「はらはらと」は、長い髪が枕や衣服や顔にこぼれかかる美しさを表す。髪の毛の間から、顔や枕や衣服がちらちら見え、両者が程よく調和し、何とも美しい時に用いる。物語中に三例現れる。「ゆらゆらと」は、揺れ動く髪、あるいは揺れているようにみえる髪の美しさを表し、物語中に四例出現する。

さて、これらの擬態語は、人物によって、截然とした使い分けがなされている。まず、「つやつやと」で、髪の光沢美が強調される人物は、主人公格に属する女性達に限定されている。

御髪のただうちやられたまへるほど、こちたくけうらにて、つゆばかり乱れたるけしきもなう、つやつやとうつくしげなるさまぞ限りなき。（源氏・御法）

右例は、紫上の息をひきとった直後の姿である。その顔は、透きとおって光るように見え、髪は、いささかの乱れもなく整い、「つやつやと」している。亡骸となった今も、無類の気高さと美を保ち、これ以上の人はいないのであった。紫上は、言うまでもなく、源氏物語前編の女主人公である。彼女の髪は、「つやつやと」の語で、三回も形容されている。

また、源氏物語後編の宇治十帖の女主人公たちは、大君・中君・浮舟といった三姉妹である。彼女達の髪も、揃って「つやつやと」で形容される。浮舟が二回、大君と中君が一回ずつ、光沢ある麗しい髪が「つやつやと」で讃えられる。たとえば、浮舟の髪は、

さばかりあさましうひき結ひてうちやりたりつれど、いたうも乱れず、ときはてたればつやつやとけうらなり。（源氏・手習）

と描写され、長い間放っておいても、梳くと天性の光沢美を放つ。

こうして、源氏物語の女主人公達は、「つやつやと」した美しい髪をもち、その使用回数は、その人物の物語中

における重さと比例しているかのごとくである。そして、「つやつやと」は、主人公格の女性以外の人物には全く用いられていない。

一方、「はらはらと」でこぼれかかる髪の美を強調される人物は、美しいけれども脇役的な性格をもつ女性達に限定されている。すなわち、「はらはらと」こぼれかかる髪をもつのは、葵上、明石女御、玉鬘の三人であり、それぞれ一回ずつ用いられている。

御髪の乱れたる筋もなく、はらはらとかかれる枕のほど、ありがたきまで見ゆれば、（源氏・葵）

病に臥す葵上の髪は、「はらはらと」枕にかかり、年頃光源氏の意にそまない妻ではあったが、はっと見直すほどに美しいのであった。同様に、明石女御・玉鬘の髪も、「はらはらと」衣服や顔にこぼれかかる。

こんなふうに、「つやつやと」は女主人公達だけに、「はらはらと」は脇役の美しい女性達に限って使われ、人物によって整然と使い分けられている。

なぜ、このような使い分けが見られるのであろうか。源氏物語においては、「つやつやと」は、髪の毛自体の艶を意味し、それは繕わなくても整い輝く天性の美を表す。「はらはらと」は、髪の毛自体の美しさと言うより、衣服や顔や枕といった他の物が介在し、それとの調和によってもたらされた二次的な美である。源氏物語の作者は、天性の美を、二次的に生み出された美よりも上位におき、前者を主人公格の女性に配し、後者を美しい脇役たちに配したものと考えられる。

さらに、「ゆらゆらと」で、動的な髪の美しさを強調されるのは、四例中三例までが童髪である。すなわち、幼少の明石姫君・冷泉帝・紫上の童髪に、それぞれ一例ずつ用いられている。次例は、三歳前後の明石姫君の髪の形容である。

この春より生ふす御髪《ほカ》、尼そぎのほどにてゆらゆらとめでたく、つらつき、まみのかをれるほどなど、いへばさらなり。 (源氏・薄雲)

髪の丈は尼そぎ程度で短かく、揺れやすい。「ゆらゆらと」際立って美的な印象を与える。

この他、祖母の所に走ってくる若紫（のちの紫上）のかぶろ髪に、母親から出家の話を聞かされて、悲しそうに顔をそむける幼帝の短い髪に、「ゆらゆらと」が用いられる。いずれも、純真な子供たちの髪の美しさである。

大人の髪では、ただ一例、紫上のそれに「ゆらゆらと」が使用されている。しかし、それは、子供の純真さに通ずる面をもつ特殊な状況であるがために用いられたと思しい。

臥しながらうちやりたまへりしかば、とみにも乾かねど、つゆばかりうちふくみまよふ筋もなくて、いときよらにゆらゆらとして、青み衰へたまへるしも、色は真青に白くうつくしげに、 (源氏・若菜下)

紫上は、女三宮降嫁後、耐え忍んだ苦悩のために、ついに篤い病の床に臥した。一時は危篤状態に陥ったが、やがて蘇生し、小康を得て、久しぶりに洗髪した。横になったまま、長い髪を後ろに広げて乾かしているので、その髪は、「ゆらゆらと」流れるような動きのある美となる。あるいは、実際、折からの夏風に吹かれ、髪がゆらめいていたのかもしれない。紫上は、やがて訪れる死の前に、すべてを許し、澄みきった心境にあった。この世のものが、みな美しく見える。彼女の心は、いまや邪心のない子供たちの心に通じる所がある。かくして、純真な子供たちの髪にだけ用いられた「ゆらゆらと」が、死寸前の彼女の髪にだけ、特別に使うことが許されたのではないか。

こうして、源氏物語の黒髪の描写「つやつやと」「はらはらと」「ゆらゆらと」は、人物によって使い分けられていることがわかる。源氏物語の中で、最も美しく理想的な女主人公紫上の髪のみは、「つやつや」した天性の光沢美に、澄みきった心境にかもし出される「ゆらゆら」した流麗美を加え、描出されていることになる。

7　物語文学では

他の作り物語においては、黒髪の描写はどのようになされているだろうか。髪を擬態語で形容するのは、宇津保物語からである。宇津保物語では「つやつやと」が三例見られるが、二例は幼女の髪を、一例は女性の髪を描写している。いずれも、物語の主要人物でもなく、また脇役でもない。たまたまその場面に登場した人物の美を描くために用いられている。落窪物語では、髪の描写に擬態語は用いられていない。後期物語では、髪に対する擬態語が多く出現する。しかし、いずれも人物によって使い分けられているとは考えられない。たとえば、夜の寝覚では、同一の擬態語が、主人公から、さして重要でない人物に至るまで、ひとしなみに用いられていたりする。いま、髪のゆったりとたれかかっているさまを表す「ゆるゆると」の語をとりあげてみる。次の通りである。

○髪の、ひまなうこりあひて、裳の裾にゆるゆるとひかれたるさまなど（夜の寝覚・巻三）

○御髪、いろなるかたによりて、こまぐ〵とさはらかに清らにて、袿の裾にゆるゆるとおはす。（夜の寝覚・巻一）

○頭つき、容体ほそやかに、しなぐ〵しくきよらなるに、髪のいとつやゝかにゆるゆるとかかりて（夜の寝覚・巻二）

最初の例は、主人公寝覚上の髪、次の例が脇役クラスの姉の大君、最後が端役に近い女房対の君の髪に用いられたものである。物語における比重の重い人物から軽い人物まで、すべてその髪は「ゆるゆると」で形容されている。

ここには、擬態語による人物の描き分けは認められない。擬態語は、その場に登場する人物の、その時の美しさを生々と描出することに機能している。

また、狭衣物語では、女主人公源氏宮の髪は、四種類の擬態語でその美が強調される。美しい源氏宮は、ある場合には、額髪が「ゆらゆらと」こぼれかかり、また、その同じ額髪がある時は「はらはらと」こぼれかかり、またある場面では「なよなよと」引かれ出ている。そして、彼女の長い髪は、「行方も知らずつやつやとたたなはり」といった具合である。源氏物語では、人物によって使い分けられていた擬態語が、すべてたった一人の女主人公の髪の、そのときどきの美しさを描くために集中して用いられている。ここでも、擬態語は、美しい場面を構成する一要素として機能していると考えられる。

8 泣哭・落涙の描写

源氏物語では、泣く声や泣くさまを表す象徴詞にも、人物による描き分けが認められる。

源氏物語では、泣き声や泣く様子をうつす象徴詞が四種類ある。「よよと」「ほろほろと」「しほしほと」「つぶつぶと」である。「よよと」は、激しく泣く声もしくはしゃくりあげをして頻りに泣くさまをうつす。(11)「ほろほろと」「つぶつぶと」は、涙をこぼし泣くさまを、「しほしほと」は、涙に泣きぬれるさまを表す。

さて、これらの象徴詞で形容される人物に注目すると、興味深い描き分けの事実が見出される。

まず、「よよと」泣いている人物は、光源氏・薫・匂宮・惟光であり、すべて男性である。たとえば、次のように用いられている。

入道の宮の、「霧やへだつる」とのたまはせしほどいはむ方なく恋しく、をりをりの事思ひ出でたまふに、よよと泣かれたまふ。（源氏・須磨）

侘しい須磨流謫の地で、思慕する藤壺のことを思い出し、千々に乱れる光源氏は、「よよと」泣いてしまう。源氏物語では、「よよと」の語は、決して女性に用いない。他作品（大和物語、蜻蛉日記）では、女性も「よよと」泣き、珍しいことではない。

次に、「ほろほろと」は、源氏物語に一四例見られ、涙の頻繁にこぼれるさまで、外から泣いているとわかる泣き方である。

おほかたの世の定めなさも思しつづけられて、涙のほろほろとこぼれぬるを、今日は事忌すべき日をとおし拭ひ隠したまふ。（源氏・柏木）

儚き柏木の運命、この世の定めなさを思って、光源氏は、「ほろほろと」涙をこぼす。このように、「ほろほろと」泣く登場人物をまとめてみると、表1のようになる。（　）内の数字は、その人物の「ほろほろと」泣いている回数を示す。

「表1」

男性	女性
光源氏（3）	近江君（1）　女房達（1）　夕霧の祖母（1）　朧月夜（1）
匂　宮（1）	物怪になった六条御息所（1）　落葉宮の母（1）　浮　舟（1）
鬚　黒（1）	明石尼君（1）　浮舟の母（1）

表1から、「ほろほろと」泣いている男性は、光源氏・匂宮といった最高の男性、ならびに雄々しい鬚黒である。ところが、「ほろほろと」泣いている女性は、源氏物語の登場人物の中で、自制心の乏しい人々ばかりである。若い女性達では、近江君・朧月夜・浮舟が、「ほろほろと」泣いている。物怪として現われた六条御息所も、正常な分別のある人物ではない。さらに、「ほろほろと」泣く女性は、明石尼君、夕霧の祖母の大宮、落葉宮の母、浮舟の母といった時過《さだ》ぎた老人《おいびと》たちである。思慮深い優れた女性達は、誰一人として「ほろほろと」泣いてはいない。「しほしほと」「つぶつぶと」は、それぞれ二例、一例と用例数が少ないが、「ほろほろと」とほぼ同様な傾向を持っている。すなわち、「しほしほと」涙に泣き濡れているのは、光源氏と大宮、「つぶつぶと」涙をこぼしているのは、落葉宮の母である。男性と老女だけなのである。

こうして、源氏物語においては、「よよと」「ほろほろと」「しほしほと」「つぶつぶと」という象徴詞で形容され、泣くことを表面に出すのは、男性と自制心の欠けた女性に限定されている。源氏物語においては、男性が泣くのは、情の厚い証拠であり、一種の美と感じられているようである。一方、女性においては、それと解るように泣くのは、はしたない振舞と感じられたのであろう。たしなみある優れた女性は、他人に気付かれずにそっと泣いている。

御衣ひきやりなどしたまふに、すこし濡れたる御単衣の袖をひき隠して、うらもなくなつかしきものから、うちとけてはたあらぬ御用意など、いと恥づかしげにをかし。　（源氏・若菜上）

泣いたことを悟られまいとて、涙にぬれた袖もそっと隠す、これが最高の女性の仕草なのである。

こうした描き分けは、他の作り物語では、顕著な特色として指摘することが出来ない。すなわち、落窪物語や宇津保物語では、泣き声や泣くさまを象徴詞でうつすことがあるけれども、登場人物との対応は見られない。また、後期物語でも、描き分けの事実は認められない。たとえば、男性が泣くのは源氏物語と同様であるが、理想的な男性のみならず、老人も泣いていたりする。女性も「ほろほろと」泣くが、比較的重要と思われる人物であったりする。ここには、源氏物語のような美意識による描き分けは見られない。

こうして、源氏物語の泣き声や泣くさまをうつす象徴詞は、源氏物語の作者固有の美意識に従って使い分けられ、人物造型に一役買っていることが明らかとなる。

9　全体のなかで位置づけられる語

象徴詞における人物造型的用法は、この他、源氏物語のいたるところに見られる。一つの行動をうつす象徴詞にしても、その動作主の人柄を浮かび上がらせる。たとえば、冒頭に掲げた末摘花の「むむと」を思い起こしてみるといい。あるいは、また、よく似た次の例でもよい。

よしめきそしてふるまふ（と）はおぼゆめれども、濛々《もうもう》に耳もおぼおぼしかりければ、ああと傾きてゐたり。（源氏・若菜上）

老い惚けた明石尼君が、耳遠く、よく聞こえずに訝しく思っている様子が、「ああと傾きてゐたり」と描写されている。「ああと」は、感動詞的な性格が強く、象徴詞とするのは、ためらわれるので、一応ここでは除外しておいたが、冒頭にかかげた末摘花の「むむと」の延長線上にあるものとして注意される。「ああと」の語は、惚けかかっている明石尼君を浮き彫りにし、人物造型に効果をあげる。

総じて、源氏物語の象徴詞は、場面に生彩あらしめるというよりは、登場する人物を造型して行く方向にむかって働く。この用法こそ、源氏物語の象徴詞の独壇上の用法なのである。

象徴詞は、場面や状況に左右されて、一回的・具体的に使用されるのが一般であるのに対し、源氏物語においては、属性的・抽象的な使いざまがなされている。

象徴詞における人物造型的用法は、すでに拙稿「文体論の新しい課題」[12]で明らかにした事象―源氏物語では比喩で登場人物の描き分けをしていること―と呼応し、源氏物語の表現方法の独創性を明らかにしてくれる。[13]

源氏物語は、一語一語を全体の構想の中で見きわめ、位置付け、操作している。一語一語が、一つの緊張した意味の世界をめざして、緊密に結びついて行く、これが、源氏物語の表現ではあるまいか。

注

（1）佐藤喜代治編『古代の語彙』（明治書院、昭和57年5月）所収論文。本著作集5『オノマトペの歴史1　その種々相と史的推移・「おべんちゃら」などの語史』にも、「『源氏物語』の象徴詞」として収録。

（2）「源氏物語重要語句の詳解」（『解釈と鑑賞』24巻12号、昭和34年10月）の阿部俊子氏の「けざやか」の解説参照。

（3）犬塚旦『王朝美的語詞の研究』（笠間書院、昭和48年9月）参照。

（4）注3に同じ。

（5）注3に同じ。

（6）しかし、「あざあざと」と「けざけざと」の語の意味の違いは、もうひとつ明らかでなく、さらに検討する必要を感ずる。

（7）原文の「あてに気高きものから」を、「上品で凜とした所のある反面」と仮に訳しておいたが、いま一つはっきりしない。というのは、犬塚旦氏は、前掲書で、「あて」を「女性的な親愛感のこもった上品さ」とし、「気高し」を「つんとすましていかめしく高くとまっているていの冷たさ（をもった上品さ）」として、その意味の違いを解明された。しかし、この箇所のごとく、「あてに気高し」と両語が並列している場合は、どういうことになるのであろうか。

（8）「なよなよと」の語は、源氏物語と同時代の『枕草子』にも一例見られるので、源氏物語初出とは言えない。

（9）調査した作品は、次の通りである。★印は、刊行されている索引によって調査したことを示す。二種以上の索引が刊行されている場合は、使用した索引の編著者名を、（ ）内に記した。また、索引によらずに直接本文で調査した場合は、〈 〉内に、資料とした本文を記した。〈古典大系〉は、日本古典文学大系のことである。

★伊勢物語（池田亀鑑・大津有一） ★大和物語 ★平中物語 ★篁物語 ★竹取物語（中田剛直） 宇津保物語〈古典文庫〉

★落窪物語 狭衣物語〈古典大系〉 ★夜の寝覚 ★浜松中納言物語 ★堤中納言物語 ★土左日記（日本大学国文学研究室）

★蜻蛉日記 ★紫式部日記 ★和泉式部日記 ★更級日記 ★讃岐典侍日記 ★枕草子（松村博司） ★大鏡 ★古今和歌集

★後撰和歌集 拾遺和歌集〈古典文庫〉 三宝絵詞〈古典文庫〉 百座法談聞書抄〈複製本〉 打聞集〈複製本〉 古本説話集

〈複製本〉 今昔物語集〈古典大系〉

（10）ほかに、髪の描写として「たをたをと」の語が一例だけ竹河の巻に見られる。しかし、周知のごとく、竹河の巻は紫式部作ではないとする説があり、筆者もかねてから疑いを持っているので、ここでは除いた。

（11）この語の意味のつかみにくいことは、既に拙稿「源氏物語の語彙—象徴詞を中心に—」（『古代の語彙』〈明治書院、昭和57年5月〉）で詳しく述べた。注1参照。

（12）『解釈と鑑賞』（46巻5号、昭和56年5月）所収論文。本著作集1『言葉から迫る平安文学1 源氏物語』にも同タイトルで収録。

（13）犬塚旦氏は、「美」をあらわすことばの使われ方を検討され、「実に整然たりし作者の筆には驚きを覚えるばかりである」（注3の書、一六八頁）とされていることが思い合わされる。

『源氏物語』の並列形容語

1　はじめに

すでに言われているとおり、源氏物語には、おびただしい形容詞・形容動詞がみられる。(1) しかも、その出現の仕方をみると、次のごとく、二語以上並列する場合が、きわめて多いのである。

及びなく見奉りし御有様のいと悲しく心苦しきを、近き程は怠る折ものどかにたのもしくなむ侍りけるを、かく遥かにまかりなむとすれば、うしろめたくあはれになむ覚え給ふ　(源氏・蓬生)

遠く筑紫に赴く叔母は、ことば巧みに末摘花に随行を促した。右例は、口の達者な叔母のことばである。傍線部は、出現する形容詞・形容動詞である。そのうち、二重傍線部の「悲しく心苦しき」「のどかにたのもしく」「うしろめたくあはれに」は、二語の形容詞・形容動詞を対等の資格で並列し、一語ではあらわし得ない心持ちや状況を写し出している。このような二語以上並列する形容詞・形容動詞をつぶさに観察して行くと、そこに、源氏物語独特の表現の仕方が見られるように思う。

そこで、この稿では、並列する形容詞・形容動詞に焦点をあてて、いかなる性質をもつのかを明らかにすることによって、源氏物語の表現の構造にせまってみることにする。

従来、源氏物語に多数出現する並列の形容詞・形容動詞について、個別的にあるいは部分的な用例列挙といった形で、とりあげられたことはある。(2) しかし、全体的に、その性質を明らかにした研究は、管見によれば見当らない。

なお、源氏物語の並列する形容詞・形容動詞の特色を明らかにするために、宇津保物語のそれを比較の対象に選び、論をすすめることにする。宇津保物語は、源氏物語に直接連なって行く唯一の現存する長編物語であり、源氏物語に与えた影響も少なくないと考えられるからである。

調査に用いた資料は、池田亀鑑『源氏物語大成』[3]ならびに宇津保物語研究会編『宇津保物語本文と索引』である。用例文の引用にあたっては、読みやすさを考慮し、句読点やかぎ括弧を施し、適宜漢字をあてたりした。また、用例の数量化が必要なときは、比較的少ない労力で、全体的な傾向のつかめる標本抽出調査によって、それを示した。

なお、以下、形容詞・形容動詞を総称して、「形容語」と言うことにする。

2　並列形容語の概念

ここで考察の対象とする「並列する形容語」の概念を、まず明確にしておくことにする。というのは、形容語が二語以上連続していても、つねに並列関係にあるわけではないからである。

さらぬ人は、とぶらひ参るも重き咎めあり、煩はしき事まされば、所狭くつどひし馬車のかたもなく寂しきに、世は憂きものなりけりと思し知らる。（源氏・須磨）

須磨に退去せんと決意した光源氏の身辺のさまを描く場面である。人々は、弘徽殿女御の意向をはばかって光源氏邸によりつかない。かつては所狭しとばかりに集まっていた馬や車の跡かたもなく寂しい。傍線部「なく寂しき」の二語の形容語が、並列関係でないことは明らかであろう。「寂しき」は、「所狭くつどひし馬車のかたもなく」といった状況をうけ、その結果生ずる状態を意味し、両形容語は、接続関係を構成していると考えることができる。このように、形容語が二語連続していても、「接続関係」とみなすのが適当な場合がある。

淋しくあばれたらむ葎の門に、思ひの外に、らうたげならん人の閉ぢられたらんこそ限りなく めづらしくは覚えめ。（源氏・帚木）

かの有名な雨夜の品定めの段である。淋しく荒れた家の中に、思いもかけず、かわいらしい人が籠っているような場合には、「限りなくめづらしく」感じるであろうといった文脈である。「限りなく」は、「めづらしく」を修飾限定し、連用関係にあると考えるのが、自然であろう。(4) このように、形容語が二語連続していても、「連用関係」ととるのが適当と思われる場合がある。

以上、とりあげてきた接続関係、連用関係とみなし得るような場合は、勿論、この稿ではとりあげない。ここで対象とするのは、連続した形容語同士が、対等の資格で並び、並列関係を作っているとみなし得る場合だけである。具体的には、全体の構文を変えることなく、連続した形容語の順序を交替することができるような場合だけを、並列関係とみなし、とりあげることにするのである。たとえば、次例のごとくである。

かやうのことにつけても、もて離れつれなき人の御心を、かつはめでたしと思ひきこえ給ふものから、わが心のひくかたにては、なほつらう 心憂しと覚え給ふ折多かり。（源氏・賢木）

藤壺は、桐壺院崩御の後も、光源氏につれない態度をとり続けていた。光源氏には、それが、「つらう心憂し」と感じられた。「つらし」と「心憂し」は、それぞれ平等の資格で並列し、「心憂くつらし」と順序を入れ変えても、全体の構文に支障をきたさない。かかる場合を並列する形容語とみなし、ここで、考察の対象とするのである。

3　並列形容語の用例

さて、源氏物語には、こうした並列形容語が、どの程度見られるのであろうか。並列する形容語を実際に抽出しようとすると、2のように規定しておいても、なお曖昧で判断のつかない場合が少なくない。その一例をあげてみる。

昔は何事も、深くも思ひ知らで、なかなか、さしあたりていとほしかりし事のさわぎにも、おもなくて見え奉りけるよ、と今ぞ思ひ出づるに、胸ふたがりて、いみじくはづかしき。（源氏・常夏）

傍線部は、幼な恋の重大さに気付く雲居雁の気持である。「いみじく」は、〝ひどく〟などの程度副詞的な意味で、「はづかし」を修飾限定していると考えられる。

しかし、一方、「いみじく」を実質的な気持を含んだ語とみなすこともできる。「大臣もうれしういみじと思ひ聞え給へるに」（源氏・葵）といった具合に、「いみじ」が後に来て、実質的な意味をもっている場合もあることを考慮すると、その可能性を否定することはできない。とすれば、「いみじく」は「はづかしき」と並列し、ともに述部を構成していることになる。すなわち、右例は、連用関係とも並列関係ともとれるのである。

このように、五分五分の確率でどちらとも考えられるといった場合は、一応除外しながら、用例を採集してみる。また、ここでは、おおよその傾向をつかむことを目的とするので、標本抽出調査をした。調査分量は、源氏物語（宇治十帖を除く）全体の約三分の一に当る。宇津保物語についても、源氏物語の調査分量とほぼ同量を調査した。詳しい調査方法は、「注」にゆずる。(5)

こうして得られた並列形容語の例数は、表1の通りである。

表1から、ほぼ同分量調査したにもかかわらず、源氏物語には、宇津保物語の約三倍近く、並列する形容語が多く見られることがわかる。

形容語そのものの出現率は、表2にみるごとく、両作品間で、さほど大きな差がみられない。表2は、五千語の自立語中に形容語が平均してどのくらい出現するかを示したものである。[6] 源氏物語の形容語の出現率は、宇津保物語のそれに比して、約一・七倍多いだけである。

とすれば、形容語を二語以上並列して使用するのは、源氏物語の表現法の一つの特色であると言えよう。

また、形容語を何語並列するかを調べてみると、表3の通りである。

表3から、源氏物語・宇津保物語ともに、二語並列が殆どであることがわかる。三語、四語の並列は、きわめて少なく、両作品ともに、並列形容語全体の三%前後でしかない。

「表1」

作品名	並列形容語の例数
源氏物語	314
宇津保物語	118

「表2」

作品名	形容語の出現率
源氏物語	692語
宇津保物語	410語

「表3」

並列する語数／作品名	二語並列	三語並列	四語並列	合計
源氏物語	305	9	0	314
宇津保物語	114	3	1	118

4 異質な語の並列(1)

さて、並列された形容語の質に注目してみる。すると、次の二つの場合に分類できる。

㈠並列された形容語同士に質的な違いが認められる場合。

㈡並列された形容語同士に質的な違いが認められない場合。

まず、㈠の場合をとりあげてみる。

かうは馴れ聞ゆれど、いと気高う心はづかしき御有様に、さこそ言ひしか、つつましうなりて、わが思ふことは心のままにもえうち出で聞えぬを、（源氏・明石）

明石入道は、光源氏に自分の娘を奉ろうと思っているのであるが、光源氏の「気高う心はづかしき」御様子に、気がひけてきて、自分の願いを言い出せないでいるといった場面である。「気高し」は、「心はづかし」と並列関係をつくって、「御有様」にかかって行く。

ところで、「気高し」と「心はづかし」という、並列する形容語同士の質を考えてみる。「気高し」は、品格があるといった、物事の有様をのべる客観的な形容語である。いわゆる「状態性」の語である。(7)一方、「心はづかし」は、気がひけるなどといった、人間の感情をのべる主観的な形容語である。いわゆる「情意性」の語である。(8)つまり、「気高う心はづかしき」の並列は、状態性の形容語に情意性の形容語が並ぶといった、異質の語の並列なのである。そして、注意すべきは、こうした異質の語を並列すると、並列した形容語同士の間に、一種の意味関係が認められることである。右例に即していえば、「気高いので気がひける」といった原因結果の関係とも言えそうな意味のかかわり合いである。「気高し」といった状態が、「心はづかし」といった心情をひきおこす原因の一つになっているとみなせるのである。すなわち、「気高し」と「心はづかし」といった並列する形容語同士は、互いに無関係な間柄ではなく、「気高し」という状態が先行し、それに対して「心はづかし」といった気持が起こるといった因果関係が認められるのである。

考えてみれば、状態性の語に情意性の語を並列するのは、客観的な状態がまずあり、その状態に対して、ある感情がおこる、といった、我々の日常経験と一致する順序である。そこに、因果関係の認められるのは、むしろ当然であるかもしれない。

もう一例あげてみる。

船路のしわざとて、すこし黒みやつれたる旅姿、いとふつつかに心づきなし。（源氏・夕顔）

右の文は、空蟬の夫である伊予介が上京し、光源氏邸に挨拶にやってきた場面にでてくる。海路のため、日に焼けてやつれて見える伊予介の旅姿は、全く不細工で気に入らないといった文意である。「ふつつかなり」の語は、「心づきなし」の語と並列し、「旅姿」をうける述部となっている。「ふつつかなり」は、太くがっしりして不格好だといった客観的な有様を意味する語である。「心づきなし」は、気にくわないといった主観的な心情を意味する語である。従って、「ふつつかに心づきなし」は、異なる性質をもつ語の並列といえる。そして、両形容語の間には、「不細工なので気に入らない」とでも言えそうな、原因結果の関係がある。「ふつつかなり」の状態に対して、「心づきなし」といった感情がおこるとみなせるのである。

以下の例も、全く同様に説明できる。

ありつる扇御覧ずれば、もてならしたる移香、いと染み深うなつかしくて、（源氏・夕顔）

夕顔からの扇は、持ちならした人の移り香が染みこみ、心ひかれるのであった。「染み深う」という状態は、「なつかし」という心情をひき起こす。

月もかくれて、森の木立木深く心すごし。（源氏・須磨）

鬱蒼と木の生い茂る桐壺院の墓前の様子である。「木深し」といった状態は、「心すごし」といった感じをいだかせる。

山の木立、中島のわたり、色まさる苔の気色など、若き人々のはつかに心もとなく思ふべかめるに、（源氏・胡蝶）

六条院の春の町は、今、美しさの盛りであった。若い女房たちは、その風情を「はつかに」見、「心もとなく」思っている。僅かしか見られない状態に対し、じれったく思うのである。

以上は、典型的な状態性の語に情意性の語の並列であるが、次のような場合も、以上の例に準じて、異質な語の組み合わせと認めることができよう。

気高うはづかしげなるさまなども、さらに他人とも思ひ分け難きを、（源氏・賢木）

「気高うはづかしげなる」は、藤壺の様子を描写する並列形容語である。「気高し」も「はづかしげなり」も、ともに基本的には状態性の語である。しかし、前語「気高し」が、より客観的な語であるのに対し、後語「はづかしげなり」は、恥しく感じる主体の存在を背後に感じさせ、幾分主観性を帯びた語となっている。そのため、「気高し」と「はづかしげなり」との並列は、状態性の語と情意性の語との並列に類似し、「気高いので、こちらがひけめを感じるほどの」御様子といった意味関係をみてとることが出来る。「よりどころなく心細げなり」（桐壺）、「うつくしうらうたげなり」（紅葉賀）なども、同様に考えられよう。

また、

わざとはなくて言ひ消つさま、みやびかによしと聞き給ふ。　（源氏・松風）

といった並列も、ここに含めて考える。「みやびかなり」は、勿論状態性の語である。問題は、「よし」の語である。「よし」は、判定語とも言うべきもので、状態語か情意語かといった二分類からは、はみ出してしまう語である。(9) しかし、右例のごとく、状態性の語と並列すると、「みやびかなので良い」といった因果関係が生ずる。つまり、判定語は、情意性の語に近い働き方をするのである。従って、以下、用例は少ないが、判定語は、情意的な語に準ずるものとして、取り扱うことにする。

5　異質な語の並列(2)

4であげたのは、状態性の語に情意性の語を並列させた場合である。逆に、情意性の語に、状態性の語を並列させる場合もある。

もとより荒れたりし宮の中、いとど狐の住処になりて、うとましう気遠き木立に、梟の声を朝夕に耳ならしつつ、　（源氏・蓬生）

荒廃した末摘花邸の様子を描いた部分である。「うとまし」は、いとわしいといった身を遠ざけたい気持を意味する情意性の語である。「気遠し」は、人気のないさびれた有様を意味する状態性の語である。情意性の語に状態性の語を並列させ、「うとまし」い気持がするほど「気遠き」木立といった意味のかかわり合いをつくっている。

こなたかなた、気遠くうとましきに、人声はせず。　（源氏・夕顔）

といった並列と、丁度、順序が逆になった場合である。従って、「うとましう気遠き」は、結果から原因といった順序に並べられたとも言える意味関係である。

以下の例も、情意性の語に、状態性の語を並列させた場合である。

唐の縹の紙の、いとなつかしうしみ深うにほへるを、（源氏・胡蝶）

柏木から玉鬘への恋文は、「なつかしい」気持を起こさせるほど「しみ深う」たきしめてあった。

さて、かの空蟬のあさましくつれなきを、この世の人には違ひて思すに、（源氏・夕顔）

空蟬の、光源氏に対する態度は、「あさまし」と思われるほど、「つれない」のであった。

大臣亡せ給ひ、大宮もたのもしげなくのみなり給へるに、わが世の残り少なき心地するになむ、いといとほしう名残なきさまにてとまり給はむとすらむ。（源氏・澪標）

朱雀帝は、譲位なさろうとして、寵愛する尚侍に、しみじみと語る。〝わたくしがいなくなってしまったら、あなたは「いとほし」と思われるほど「名残なき」みじめな状態で、この世にお残りになるのだろう〟と。

このように、情意性の語に、状態性の語を並べても、並列された形容語の間に、意味のかかわり合いが形成されるのである。

以上が、異質な語を並列した場合の例である。状態性の語に情意性の語の並列、もしくは、情意性の語に状態性の語の並列のいずれの場合においても、並列する形容語同士の間に、原因・結果、もしくは結果・原因といった意味関係が認められる。

こうした異質な語の並列があることを考慮すると、次のごとき用例の解釈も、異なってくる。

よからぬ世の人の言につきて、きはだけく思し宣ふも、あぢきなく空しきことにて、人の御名や穢れむ。

（源氏・少女）

『源氏物語評釈』や日本古典文学全集『源氏物語』は、「あぢきなく空しき」の部分を、こう考えている。「あぢきなく」で一旦切れ、「空しきこと……」と続く構文とるのである。従って、口語訳は、たとえば次のように付けられる。

身分の低い者たちの噂話をとりあげて、おおぎょうにお考えになり、お口になさるのも、感心しないこと。まっかな嘘で、雲居雁の名を傷つけないでしょうか。

（『源氏物語評釈』巻四）

しかし、この5で見たように、「あぢきなく空しき」を、情意性の語と状態性の語との並列ととらえることもできるのではあるまいか。日本古典全書『源氏物語』は、「つまらぬ無根の事」と訳し、両形容語を並列関係ととっている。[10]この「あぢきなく空しきことにて」を、「つまらぬ根も葉もないことであって」と訳し、「よからぬ世の人の言につきて、きはだけく思し宣ふも」を受ける述部と考えることができるのではないだろうか。

6　同質な語の並列

次に、㈡並列された形容語同士に、質的な違いが認められない場合」をとりあげてみる。つまり、同質な形容語の並列である。

ふりすてて今日は行くとも鈴鹿川八十瀬のなみに袖はぬれじや

と聞え給へれど、いと暗うもの騒しき程なれば、またの日、関のあなたよりぞ御返しある。

（源氏・賢木）

六条御息所は、ついに娘とともに伊勢へ下向した。光源氏は、自分を振り捨てて行く御息所に歌を贈ったが、いと「暗うもの騒しき」折なので、御息所は、翌日、御返事をなさる。「暗し」は、辺りの暗くなったさまをいう状態性の語である。「もの騒し」は、何かとごたごたしたせわしない有様を意味する状態性の語である。従って、「暗うもの騒しき」は、状態性の形容語同士の並列である。

そして注意すべきは、このように、同質の語を並列させると、並んだ形容語同士の間に、意味の序列の生じないことである。右例に即していえば、「暗し」と「もの騒し」のうち、どちらかの状態が先行し、残りの状態が、その結果生ずる状態であるといった意味関係をもたない。「暗い」ので「もの騒しい」、「もの騒しい」ので「暗い」とは考えられないことからも明らかであろう。両形容語は、互いに独立し、因果関係をもたずに並列しているのである。

もう少し例をあげてみる。

白き御衣に、色あひいとはなやかにて、御髪のいと長うこちたきを、引き結ひてうち添へたるも、(源氏・葵)

床に臥す葵上の髪の様子である。「長し」と「こちたし」は、いずれも客観的な有様を描写する状態性の形容語である。両形容語の間に因果関係は認められない。互いに独立した状態を写す語として並列している。

以上は、状態性の語の並列であるが、内面的な心理を描く情意性の語の並列でも同様である。

うちとけたる住処にすゑ奉りて、うしろめたうかたじけなしと思へど、(源氏・末摘花)

まだ見ぬ末摘花に心をときめかす光源氏は、姫君の琴を聞きにやってきた。大輔の命婦は、光源氏をやむなく邸内の自分の部屋にお通し申し上げるのだが、「うしろめたうかたじけなし」と思うのであった。「うちとけたる住処」に、光源氏をお通しして、気がかりで心配な気持と恐れ多いと思う気持とが並列され、命婦の困惑した心持が写し出される。「うしろめたし」も「かたじけなし」も、ともに主観的な心情を意味する情意性の語である。両形容語の間に、どちらかの心情語が原因となり、残りの心情語が結果となるといった序列を考えることは出来ない。両形容語は、因果関係をもたずに、独立して、並んでいる。

火焼屋のかすかに光りて、人気少なくしめじめとして、ここに物思はしき人の、月日を隔て給へらむ程を思しやるに、いといみじうあはれに心苦し。（源氏・賢木）

野の宮は、他所と異なり、火焼屋の火も幽かに光って、ひっそりとしめやかであった。このような所で、御息所が、長い月日の間、世間から離れて過ごしていらっしゃったことを思うと、光源氏は、「いみじうあはれに心苦し」と思うのであった。「いみじう」は、上に「いと」という程度副詞があることから、ここは、胸のしめつけられるようなたまらない気持を意味する語とみてよかろう。「いみじ」「あはれなり」「心苦し」は、ともに情意性の語である。これら三語の間に、どれかを原因、どれかを結果といった因果関係を想定するのは困難である。三つの情意性形容語は、序列をもたずに並列し、その時の光源氏の胸に去来する複雑な心持を描き出しているとみるべきであろう。

こうして、状態性の語にしろ、情意性の語にしろ、同質の形容語が並列する場合は、並んだ形容語同士の間に、原因・結果という意味の序列が生じない。それぞれ一語一語が、独立して並んでいるのである。かかる場合を、渡辺実氏は「典型的並列」と呼んでおられる。(11) 最も普通の、並列らしい並列だからである。

7 源氏物語の並列形容語の特色

さて、源氏物語の並列形容語は、異質な語の並列が多いであろうか。同質な語の並列が多いであろうか。

一般には、同質な語の並列が多く、異質な語の並列は稀である。たとえば、宇津保物語の並列形容語を調査してみても、表4のような結果となる。

表4から、宇津保物語においては、八四%が、同質の形容語の並列であることがわかる。すなわち、次に掲げるような典型的並列が大部分を占めているのである。

○五月五日つとめてながくしろき根をみて、侍従の君きこえ給。（宇津保・祭の使）

○さよふけがたにおもしろくしづかにつかうまつる。（宇津保・沖つ白波）

○女おきな、老いの世に見知らぬかうばしくうるはしきあや搔練《かいねり》の御ぞどもを得て、（宇津保・蔵開の上）

○これを聞けば、みな忘れて、面白くたのもしく、齢さかゆる心地す。（宇津保・蔵開の上）

○いとくろうつややかなる御ぞに（宇津保・楼の上の下）

「表4」　宇津保物語の並列形容語

並列語の性質	用例数	百分率
異質な語の並列	19	16%
同質な語の並列	99	84%
合　計	118	100%

「表5」　源氏物語の並列形容語

並列語の性質	用例数	百分率
異質な語の並列	108	34%
同質な語の並列	206	66%
合　計	314	100%

このように、宇津保物語の並列形容語の多くは、並べられた形容語同士が、因果関係を持たないのである。

しかるに、源氏物語の並列形容語を調査すると、表5のような結果となる。

表5から、源氏物語においては、一般には少ない異質な語の並列が、かなり多く見られることがわかる。宇津保物語の二倍以上の割合になっている。

ここに、源氏物語の並列形容語の第一の特色が、指摘できる。すなわち、源氏物語の並列形容語は、宇津保物語に比して、並列する形容語同士が、因果関係とみなし得るような意味の序列を持つ場合が多いことである。

8 異質な語の並列にみる特色

しかも、源氏物語の異質な形容語の並列においては、意表をつく意味内容の形容語を組み合わせ、そこに曲折する文脈をつくり出すといった独特の表現方法がみられる。

これは、宇津保物語には決して見られず、源氏物語の並列形容語の第二の特色として指摘できる。

やむごとなく わづらはしきものに覚え給へりし大殿の君も亡せ給ひて後、さりともと世の人も聞えあつかひ、宮の内にも心ときめきせしを
（源氏・賢木）

葵上亡き後、今度こそは、いくら何でも六条御息所が御本妻におなりになるであろうと思われていたのだが、実際は……といった文意である。「やむごとなくわづらはしき」は、葵上に対する御息所側からの形容である。「やむごとなく」は、生前の葵上の身分の高い状態、つまり正妻の地位にあることを意味する語である。一般的に、プラスの意味を持っている。ところが、次に「わづらはしき」という感情語が配される。葵上に対する御息所の、「気がねにやっかいだと思う」気持である。マイナスの意味をもった語と考えられる。つまり、プラスの意味内容をもつ「やむごとなし」といった状態語に、マイナスの意味内容をもつ情意語が配列されている。そのため、並んだ形容語の間には、直線的な流れではなく、「身分が高い」が故にかえって、御息所は、「お気がねにお感じになってお られた」といった曲折する文脈が、つくり出されることになる。「やむごとなく 心苦しき」（葵・二八四頁）も、類例としてあげられよう。

われわれは、普通、プラスの意味内容をもつ状態語がくると、その後にもそれに対するプラスの意味内容の情意

語の並べられることを期待する。ところが、源氏物語では、その期待される方向とは逆に、マイナスの意味をもつ感情語を後置し、そこに曲折する文脈をつくり出すのである。用例は、余り多くはないが、源氏物語の並列形容語を、きわめて特色あるものにしている。

ゆゆしき身に侍れば、かくておはしますも、いまいましうかたじけなくなむと宣ふ。（源氏・桐壺）

更衣亡き後、弔問に訪れた靫負の命婦に、更衣の母君は、泣く泣く語る。「私は、娘に先立たれた不吉な身でございますので、若宮が、ここにこうしていらっしゃるのも、いまいましうかたじけなくなむ。」「いまいまし」は、不吉だ、縁起が悪いなどといった祓い清めるべき状態をさし、マイナスの意味をもつ。そうしたマイナスの状態に対しては、同じくマイナスの方向性をもつ不快な感情語（たとえば、「うたてし」「すさまじ」「くちをし」）が配されると予想される。ところが、源氏物語では、「かたじけなし」といった、恐縮だ、勿体ないといった気持をあらわす語が配列される。「かたじけなし」は、積極的にプラスの方向性をもつ快い感情ではないが、決してマイナスの意味を担った不快な感情ではない。そのため、前語「いまいまし」と後語「かたじけなし」との間に、意味の落差が生じる。若宮がここにこうしていらっしゃるのも「いまいましう」、若宮の御身分の程を考えてみれば、そんな状態は、なんとも「かたじけなし」といった曲折的な文脈が形成されることになる。

源氏物語では、このように、意表をつくような状態性の語と情意性の語とを組み合わせ、そこに曲折する文脈をつくり出す場合がある。

宇津保物語の異質な語の並列は、いずれも、次例のごとく同方向の意味の語の並列である。

そのくにの渚に打ち寄せられて、たよりなく悲しきに、涙を流して（宇津保・俊蔭）

俊蔭は、渡唐せんとする時に、暴風雨にあい、波斯国に漂着した。その国の渚に打寄せられて、俊蔭は、「頼りなく悲しい」ので、涙を流す。「頼りない」といったマイナスの状態に対しては、やはりマイナスの感情語「かなし」が配列される。

心ぼそくものはかなきさまにて、ちりはつらん《ベカ》はいとかなしかるべくなむ。（宇津保・楼の上の上）

「心細し」といったマイナスの情意語には、「ものはかなし」といった同方向の状態語が並列している。宇津保物語には、意表をつく意味の語の並列は、みられないのである。

9　情意語の並列にみる特色

次に、同質な語の並列のうち、情意性の語だけを並べた場合に注目してみる。すると、源氏物語では、相反する意味の情意語を並列し、そこに対立葛藤する人間の心を描き出すといった独自の方法を指摘することができる。源氏物語の並列形容語の第三の特色である。

この御方の御いさめをのみぞ、なほわづらはしう心苦しう思ひ聞えさせ給ひける。（源氏・桐壺）

桐壺の更衣を寵愛する帝は、正妻弘徽殿女御の意見が、「わづらはしく」、しかし、一方愛されない弘徽殿女御の立場を思いやると、なんとも「心苦しい」というわけである。

「わづらはし」は、面倒くさい、厄介だなどの意で、相手を嫌だと思う気持を表す。相手に対して、好意的でないマイナスの気持のある時に使われる語である。一方、「心苦し」は、他人の苦痛・不幸を思いやるために、自分自身の心が痛み苦しくなることである。(12) 相手と一体になり、そのために心が痛むことで、相手に対しては、同情的で、むしろプラスの気持の働く語である。「わづらはし」と「心苦し」とが並列して、「やっかいにも、心苦しくも」思うといった対立する人間の心がとらえられている。

男君ならましかば、かうしも御心にかけ給ふまじきを、かたじけなう いとほしう、わが御宿世もこの御事につけてぞかたほなりけりと思さるる。（源氏・澪標）

辺鄙な田舎に生れてきた明石姫君を思いやる光源氏の心情を説明した文である。男君であったならば、こうまでもお心にかけなさるまいものを、姫君だから先々は后にもと思へば、「かたじけなういとほしう」、ご自分の宿縁も、この姫君誕生の御事のために、禍もあったのだとお考えになられるといった文意である。

「かたじけなし」は、畏れ多い、勿体ないなどといった意で、将来、后の位をきわめる可能性を考えた時の光源氏の恐懼する気持である。自分を相手より一段低い立場においた時に発せられる語である。一方、「いとほし」については、諸説があるが、(13) ここでは、前後の文脈から「おいたわしい、お気の毒な」といった意で、賤しい田舎でお生まれになった明石姫君を思いやるいたわりの気持ととるのが自然と思われる。(14) 心理的に相手より優位に立っている時に発せられる語と思われる。すなわち、「かたじけなういとほしう」は、相手に恐縮する気持と、相手に同情する気持とが並列しているわけである。畏れ多くもあり、お痛わしくもありと、上下に揺れる心で、相手を思いやっている。

命婦もたばかり聞えむ方なく、宮の御気色も、ありしよりは、いとど憂き節に思しおきて、心解けぬ御気色も、はづかしく いとほしければ、何のしるしもなくて過ぎ行く。（源氏・紅葉賀）

藤壺は、懐妊してから、以前にもまして、光源氏に他人行儀な態度をとった。かつて光源氏を手引きした王命婦にも、藤壺は、気を許さなかった。傍線部は、藤壺のうち解けぬ態度に接する王命婦の気持である。「はづかし」は、自分の過失に対して自責する心持である。(15) 王命婦の、藤壺に対する面目ない気持である。相手に引け目を感じ、へり下った時に使われる。一方、「いとほし」は、お気の毒だといった他者に対する同情の気持であり、心理的に相手より優位に立つ。「心解けぬ」態度をとらねばならない藤壺の立場に思い及んだ時、一転して感ずる王命婦の気持である。「はづかしくいとほし」は、自責の念と同情の念との並列であり、対立し動揺する王命婦の複雑な思いを描出している。「うしろめたうかたじけなし」(末摘花・二〇三頁)、「かたじけなくいとほしくて」(絵合・五五七頁)(宿木・一二七〇頁)、「はづかしういとほしき」(藤裏葉・一〇一三頁)なども、同趣の例としてあげられる。

さらに、次例のごとく、理性と感情との葛藤が、並列する二語の間にみられることもある。

若宮は、いかに思ほし知るにか、参り給はん事をのみなむ思し急ぐめれば、ことわりに悲しう見たてまつりはべるなど、うちうちに思う給ふるさまを奏し給へ。(源氏・桐壺)

母と死別した幼い光源氏は、父帝のところに、早く参内したいと思っているようであるが、祖母は、それを「ことわりに悲し」と見申しあげる。祖母は、光源氏の参内したがっているのを、「ことわりに」と、理性ではなるほど尤もだと判断する。光源氏の立場にたって考えてみれば、華やかな宮廷に戻りたいのは当然のことだと思うのである。しかし、感情はついて行かずに、「悲し」い気持になってしまう。参内できない祖母は、可愛い孫光源氏と別れたくないのである。「ことわりに悲しう」は、幼い光源氏の行為を当然と認める理性と、理性ではどうにもならない悲しみの感情との並列である。ここには、相手を思う理性と、自分本位の感情との板ばさみになって、動揺し葛藤する祖母の心が表現されている。

「ことわりにはづかしくて」(総角・一六一一頁)、「くるしうことわりなり」(夕顔・一二二頁)なども、尤もであると承知する理性と、それに反する感情との並列であり、心の葛藤をみてとることができる。

10 相反する情意語の並列

こうした相反する意味の語の並列といった現象は、従来、殆ど具体的に指摘されたことがない。いままでは、並列する形容語は、類似する意味内容をもつといった観点からのみとらえ、処理してしまうことが多い。しかし、9で述べたような対立する意味の情意語の並列も、源氏物語には存在するのである。そうした並列のあり方を認識してみると、従来の解釈で、疑問に思われてくる場合がある。次に、その一例だけを示しておく。

よろづに仕うまつり営むを、いとほしうすずろなりと思せど、人様のあくまで思ひあがりたるさまのあてなるに、思しゆるして見給ふ。（源氏・明石）

明石入道が、光源氏を明石へお迎えし、精一杯お世話している場面である。光源氏は、そうした明石入道に対して、「いとほしうすずろなり」とお思いになる。

日本古典文学大系『源氏物語』の頭注は、右例の傍線部を、「気の毒で、そんな事をしなくてもよいのであるとお思いなさるが」と訳している。「いとほしう」と「すずろなり」とは、対立した気持をあらわす語の並列というよりは、同じ延長線上にある語の並列ととらえられているようである。

「いとほし」は、確かに、一生懸命つくしてくれる明石入道に対して、「気の毒だ、申し訳ない」と感じる光源氏の気持と解される。しかし、「すずろなりと思す」は、本意とかかわりなく、ある状態が進んでいってしまうことに対する光源氏自身の気持である。いってみれば、明石入道の行為をやりすぎと感じる光源氏の不本意な気持である。従って、「いとほしうすずろなりと思す」は、ありたけの力を出して世話をしてくれる明石入道に対して、お気の毒なといったいたわりの気持をもつものの、少々やり過ぎていると不本意な不満な気持をも抱くといった意味である。「気の毒でもあり、出すぎているともお思いになる」といった、相反する意味の語の並列と理解される。

このような源氏物語の並列は、さらに押し進めて行くと、次のごとき列挙の形態に連なって行くものなのである。

この君をなむ、かたみにとり別きて思ひしに、ただかやうの筋のことなむ、いみじう隔て思う給ひてやみにしを、世の末にかくすき給へる心ばへを見るが、をかしうもあはれにも覚ゆるかな。（源氏・胡蝶）

蛍兵部卿宮が、年をとってから玉鬘に懸想しているのを見て、光源氏は、「をかしうもあはれにも」思う。おもしろくもあるし、お気の毒にもなるといった相反する気持を列挙している。「をかしくもいとほしくもおぼえて」（総角・一六一六頁）、「ねたくもいとほしくもおぼゆる」（椎本・一五六九頁）なども、類例である。

こうした相反する気持の列挙という形態の、一歩手前にとどまったのが、**9**やこの**10**でのべた並列の形態なのである。

11 異なる立場からする情意語の並列

また、この相反する意味の情意語の並列は、源氏物語によく見られる、異なる立場からする情意語の並列の、特殊な場合とみなすことができる。以下、具体的に説明してみる。

源氏物語の情意語の並列は、自分の立場からの気持と相手の立場を考慮した時に生ずる気持といった異なる立場からする心持の並列であることが多い。たとえば、次のごとくである。

大将の君、かの御車の所あらそひを、まねび聞ゆる人ありければ、いといとほしう憂しと思して、（源氏・葵）

葵上と六条御息所との車争いのことを耳にした時の、光源氏の心持である。「いとほしう」は、恥かしめられた六条御息所のことを思って感じる心持である。お気の毒に、どんなにか嫌な気持がなさったであろうと、相手をいたわり思い遣る心持である。「憂し」は、車争いのことを聞いて感じる自分自身の気持である。「口惜しくも情けなく、ただ思いなげくよりほかない、慰め難い[16]」気持である。

「いとほしう憂し」は、相手の立場を思いやる気持と自分自身の気持との並列である。二つの気持は、異なる立場からする心情であるが、別に対立矛盾するものではない。

宮もいとあさましとおぼして、「誰かさることは言ふとよ。いとほしく心憂きことかな。さばかりめづらかならむことは、おのづから聞こえありぬべきを。」（源氏・蜻蛉）

浮舟入水の噂を聞いてもらす明石中宮のことばである。入水した女の人の身になって考えると「いとほしく」、話を聞く自分にとって「心憂し」と思う。二つの立場からする気持は、対立しない。

かく遥かに罷りなむとなれば、うしろめたく あはれになむ覚え給ふ。（源氏・蓬生）

筑紫に下る叔母は、末摘花を都に残して行くのが、「うしろめたくあはれに」思われると言う。「うしろめたし」は、叔母自身の気がかりな気持である。「あはれなり」は、末摘花のことを思った時、生ずる気持である。お気の毒で胸が一杯になってしまう気持である。自分と相手といった異なる立場からする心持の並列である。二つの気持は、対立矛盾するものではない。

また、少し趣きの違う次例のような場合もある。

中の兄なる豊後介なむ、「なほいとたいだいしく あたらしき事なり。故少弐の宣ひしこともあり。とかく構へて京に上げ奉りてむ」といふ。（源氏・玉鬘）

玉鬘は、むくつけき肥前の土豪大夫監に求婚された。玉鬘を守る乳母の息子たちも、三人のうち二人までが、大夫監に味方した。しかし、三人の中の兄である豊後介だけは、亡き母親の遺言を思い出し、結婚をすすめることは、「なほいとたいだいしくあたらしきことなり」と言う。

「たいだいし」は、申し訳がたたない、不心得だと自分たち兄弟の考え方を兄の立場から強く叱責する気持である[17]。安きに流れて行きそうな自分自身の心をも戒めていよう。一方、「あたらし」は、惜しい、勿体ないの意で、玉鬘のことを考えた時に生ずる心持である。このまま田舎で腐ちてしまうのは、惜しいと思うのである。「たいだいしくあたらし」は、自分たちの側に対する叱責の気持と、相手の立場を思いやった時に生ずる気持との並列である。

「いとほしくさうざうし」（空蟬・八五頁）、「いとほしく心はづかしき」（帚木・七〇頁）、「いとほしう本意なき」（澪標・四九九頁）、「心苦しう口惜しき」（松風・五九一頁）、「いとほしくかなしき」（初音・七七一頁）、「いとほしくあへなく」（蜻蛉・一九四六頁）、「ゆかしうあはれに」（澪標・四九三頁）、「らうたくあはれにて」（玉鬘・七三四頁）など、同趣の例は、枚挙に暇がない[18]。

このように、源氏物語の情意語の並列においては、自分と相手といった相対する立場からする気持を並列することが、実に多いのである。

ところで、異なる立場からする気持は、時に対立し矛盾することがある。たとえば、相手の立場を考えた時は、気の毒だと同情する気持になるのだが、一方、自分の立場からすると、ひどく困ると思ったりする場合である。そこに、**9**・**10**に述べたような、源氏物語独特の並列表現が出現することになるのである。

対立葛藤する人間の心理を描き出す並列は、この**11**で述べたような、異なる立場からする情意語の並列の、特殊な場合なのである。

12 宇津保物語の情意語の並列

宇津保物語には、源氏物語のような相反する意味の情意語の並列は、殆ど見られない。それは、結局、自分と相手といった異なる立場に立つ情意語の並列自体が、きわめて少ないことと関係している。

宇津保物語では、異なる立場からする情意語は、次の如く、逆接の接続助詞をはさんで並べられたりする。

「わかるともたゆべき物かなみだ川ゆくすゑもあるものとしらなむ
なと《(と衍カ)》おぼしいりそや。いといみじく見給つゝ、心うしとは思ふものからいとほしく」など書きて、「これ、かの君にたてまつれ」とのたまふ。 (宇津保・あて宮)

あて宮が入内の日、侍従は、絶望の余り気絶した。あて宮が、「心うし」とは思うけれども「いとほしく」と書いて、侍従に手渡すと、息を吹き返した。「心うし」は、あて宮の立場からの気持、「いとほし」は、相手のことを考えた時に生ずる気持である。源氏物語では、このような場合、既に示したように、「いとほしく心憂し」(蜻蛉)と、並列で表現してしまうのである。逆接の接続助詞を使ったりはしない。

宇津保物語のみならず、一般に、自分の立場からする気持と相手の立場を思いやった時の気持とを、並列の形態で表すことは、さほど自由に行われるわけではない。たとえば、浜松中納言物語では、次のごとく、一々の立場を断って表現している。

例ざまにけぢかく乱れたてまつりては、人の御ためもいとほしく、わが心もくるしく侍べきにより、いみじく思ひ乱れてこそあかし侍ぬれ。

（浜松中納言物語・巻二）

源氏物語のごとく、相対する立場からする気持を、並列で表現してしまう作品は、むしろ珍しいのである。

宇津保物語の情意語の並列は、その多くが、自分の立場からする気持だけを、二語以上並列するものである。しかも、並べられた情意語の意味は、さほど隔たっておらず、むしろ同方向にある意味の語なのである。

やがてまい《ゐ》らず侍しかば、おもきつみ侍けん。それなむいまにおそろしくかなしきことは侍。

（宇津保・春日詣）

「おそろし」も「かなし」も、ともに話し手自身の気持である。しかも、恐怖と悲しみの心持は、大きくかけ離れたものではない。

たゞこそ、かくなりにたればみしる人もなけれど、「おぼしめしもこそいづれ」と、かなしくいみじくおもふ。

（宇津保・吹上の下）

忠こそは、帝が、昔の自分を思い出すかもしれないと「かなしくいみじく」思う。「悲し」も「いみじ」も、ともに忠こその気持である。対立する気持ではなく、むしろ同方向の気持である。

あて宮、いみじうねたううらやましうおぼしたるに、一宮おはせぬをぞ、すこしうれしうおぼす。

（宇津保・楼の上の下）

並列する情意語は、「ねたし」と「うらやまし」である。ともに自分本位の気持であり、いずれも嫉妬する気持をあらわし、その意味は類似している。

宇津保物語では、異なる立場からする情意語の並列が少なく、しかも並べられた情意語は、意味の近いもの同士なのである。源氏物語のごとく、異なる立場からする対立した心持を並列するといった表現構造が、宇津保物語には見られないのである。

13　状態語の並列にみる特色

最後に、状態性の語の並列に注目し、その特色を述べておくことにする。

源氏物語の状態語の並列は、できるだけ意味の重なり合わない語を並べ、物事の状態を多面的に描出しようとしているといった特色をもつ。この第四の特色は、第三の源氏物語の情意語の並列における特色と通じ合う性質のものである。

情意語の並列は、心の状態を形容する場合である。心の状態は、内面的で、主観的で、動的である。そのために、相反する意味の語の並列は、心の対立・葛藤・動揺としてとらえられる。ところが、状態語の並列は、物事の状態を形容する場合である。物事の状態というのは、外面的で、客観的で、静的である。そうした時に、相当意味の異なる語が並列されても、対立・葛藤はおこらない。なぜなら、互いに関わり合いを持たない別々の物事の側面として把握されてしまうからである。すなわち、意味の大きく隔たった語を並列した時、それが情意性の語であれば、心の対立葛藤を写し出すし、状態性の語であれば、物事を多面的に描出するといった特色となって現れるというわけである。

以下、具体例をあげてみる。

旅の御装束よりはじめ人々のまで、何くれの御調度など、いかめしうめづらしきさまにて、とぶらひ聞え給へど、何とも思されず。（源氏・賢木）

六条御息所は、娘とともに、伊勢下向することになった。光源氏は、旅の装束から始め、何やかやと御調度品などを、「いかめしうめづらしき」さまに整えてお贈り申し上げる。「いかめし」は、盛大さ・立派さを意味する形容語であり、「めづらし」は、愛し賞美するにたりる希少価値を意味する語である。両形容語は、異なった意味合いを持ち、光源氏からの贈物のすばらしさを多面的に描き出す。

三語並列された場合においても、事情は変わらない。

おなじき大臣ときこゆる中にもいときよげに もの〳〵しく はなやかなるさまして、おぼろけの人見えにくき御けしきをも見知らず、 (源氏・常夏)

光源氏のかつてのライバル頭中将は、今や内大臣として勢力を誇っている。その内大臣は、大臣の中でも、「きよげにものものしくはなやかなる」さまをしていらっしゃるのであった。並べられた状態語は、一語一語異なる意味合いをそなえ、美しく、堂々として、華やかな、内大臣の風貌を描き出す。

このように、源氏物語の状態語の並列の多くは、互いに重なり合わない意味をもち、物事の状態を多面的に描出している。源氏物語の状態語の並列は、標本調査で(19)一一六例得られるが、そのうち、僅か三例だけが、比較的意味の近い語を並列している。百分率で言えば、三%未満である。

ところが、宇津保物語では、意味の近い状態語を並列する場合が多い。状態語の並列の用例の、三〇%近くは、(20)次のごとく、かなり類似する語の並列なのである。

たぐひなく かぎりなき御中にて、これもかれもかたみにこころざし深くの給ひちぎりてへ給ふほどに、 (宇津保・忠こそ)

並列する状態語「たぐひなし」も「かぎりなし」も、ともに最上であることを意味する語であり、きわめて類似する。

三語並列になると、次のような例も見られる。

この君琵琶をふとをかしくらう〳〵じくをかしくひき給ひつつ、（宇津保・楼の上の上）

「をかしく」の語は、衍語かとも疑われるのであるが、宇津保物語には、同一語を近接する位置で、くり返し使用することが多く、ここも原文からの形とみても良いであろう。

宇津保物語の状態語の並列においては、源氏物語ほど、一語一語が異なる意味をもつことはない。従って、状態語を並列することによって、有様描写に厚みを与えることも少ないのである。

14　おわりに

以上、源氏物語の並列形容語をとりあげ、そこに織りなされる意味関係を明らかにしてきた。

源氏物語では、状態性の語と情意性の語といった異質の語を並列し、原因・結果という序列のある意味関係をつくることが多かった。そして、時には、意表をつく意味の語を組み合わせ、曲折する文脈をつくり出すこともあった。

情意性の語だけを並列する場合にも、対立する意味の語を組み合わせ、そこに動揺し葛藤する人間の心を描き出した。状態性の語同士の並列では、互いに意味の重なり合わない語を並べ、物事のありさまを多面的に描き出そうとしていた。

これらの特色は、結局、源氏物語においては、できるだけ異質の形容語、できるだけ意味の離れた形容語を並列しているといったことによって生じてくるものなのである。

一方、宇津保物語においては、並列する形容語の間に、因果、曲折、対立、多面といった意味の関係は、余り見られなかった。それは、つまるところ、宇津保物語では、同質の形容語、意味の近い形容語を並列することが多いからなのである。

並列形容語の分析を通して、源氏物語の表現方法の一端が明らかになってきたように思う。並列する形容語の構造が解明されてくると、従来の解釈で、修正した方が良いと思われる箇所も出てくる。本稿が、源氏物語の解釈の一助ともなれば、幸いである。

注

（1）大野晋「基本語彙に関する二、三の研究―日本の古典文学作品に於ける―」（『国語学』24、昭和31年3月）、進藤義治『源氏物語形容詞類語彙の研究』（笠間書院、昭和53年刊）、山口仲美「平安仮名文における形容詞・形容動詞」（『国語語彙史の研究㈠』和泉書院、昭和55年刊。本著作集2『言葉から迫る平安文学2　仮名作品』に「仮名文学と形容詞・形容動詞」として収録）参照。

（2）橘誠「源氏物語の語法・用語例の一考察―形容詞語彙の対偶性・並列性―」（『滋賀大国文』16、昭和53年12月）では、用例の一部が列挙されている。その他、松浦照子「『かなし』を中心とする感情形容詞の一考察」（『国語学研究』18、昭和53年12月）をはじめ、ある特定の語を中心に考察した論は多い。

（3）片桐洋一氏は、「もう一つの定家本『源氏物語』」（『中古文学』26、昭和55年10月）で、従来の青表紙系本文に対する考え方を修正する必要のあることを論じられ、また、阿部秋生氏は、「本文研究の現在」（『講座日本文学　源氏物語上』解釈と鑑賞別冊、昭和53年5月）で、『源氏物語大成』の校異に見落としの多いことを指摘しておられる。こうして、『源氏物語大成』

に全面的に頼るのも問題がないわけではないが、現段階ではやむを得まい。

（4）ただし、「限りなく」と「めづらしく」とが対等の資格で並列し、「覚えめ」にかかって行くと考えることも不可能なわけではない。

（5）宇津保物語は、二〇巻あるが、各巻について、冒頭から三〇頁ずつをとりあげ調査した。従って、合計六〇〇頁を調査したわけである。なお、宇津保物語の「絵解」の部分は、形容語の出現状況が、いわゆる本文とは異なるので、調査から除外してある。

源氏物語については、正編「幻」の巻までの四一巻のうち、最初から二〇の巻までを調査対象とした。ただし、短編のため、調査に必要な分量をとれない巻は除き、その分、次の巻をくりこむといった具合にして、次に記す二〇の巻を選んだ。

桐壺・帚木・夕顔・若紫・末摘花・紅葉賀・葵・賢木・須磨・明石・澪標・蓬生・松風・薄雲・朝顔・少女・玉鬘・胡蝶・常夏・行幸

これらの巻について、各々冒頭から、宇津保物語の三〇頁分の字数に相当する分量をとり、調査したのである。

（6）進藤義治『源氏物語形容詞類語彙の研究』（笠間書院、昭和53年刊）の調査をもとに、換算してみた数値である。

（7）状態性の語とは、客観的な性質・状態をあらわす語である。「長し・高し・かたし・若し・弱し・清らなり・かたくななり」といった語である。対象自身にそなわる性質・状態とみなされるような語をさす。

（8）情意性の語とは、主観的な感情をあらわす語である。「憂し・心細し・うとまし・なつかし・恋ひし・うれし・たのし」といった語である。人間の内面的な心の状態をあらわす語をさす。

状態性か情意性かといった観点からの分類は、形容語の質的差異を考える時に、しばしば行われる。時枝誠記「語の意味の体系的組織は可能であるか」（『日本文学研究』2、昭和11年3月）が、こうした考え方の先駆的なものかと思われる。しかし、個々の実例に即して分類しようとすると、その差異が、余りにも微妙で、連続的であるため、分類の困難な場合も少なくない。が、おおよその語の性質をとらえようとするには、便利な分類法である。

(9) 藤井万津野「『おとうと』における心理表現」（『日本文学』41、昭和49年3月）では、形容詞・形容動詞を、心情を表す主観的なもの、事物の形状を表す客観的なもの、といった二つの他に、事物に対する価値判断を示すものといった項目を設け、三分類している。

(10) ただし、日本古典全書『源氏物語』は、「あぢきなく空しきことにて」を、「人の御名や穢れむ」にかかる連用修飾部と考えており、私見と異なる。

(11) 渡辺実『国語構文論』（塙書房、昭和46年刊）参照。

(12) 木之下正雄『平安女流文学のことば』（至文堂、昭和43年刊）、山崎良幸「『いとほし』と『心苦し』の意義について」（『高知女子大国文』6、昭和45年7月）、中川正美「源氏物語における『いとほし』と『心苦し』」（『国語語彙史研究㈠』和泉書院、昭和55年刊）、尾崎知光「『心苦し』の意味について―源氏物語の用例を検討して―」（『愛知県立大学文学部論集』国文学科編23、昭和47年12月）など参照。

(13) 吉沢義則『増補源語釈泉』（臨川書店、昭和48年刊）、北山谿太『源氏物語のことばと語法』（武蔵野書院、昭和31年刊）、後藤貞夫「源氏物語における『いとほし』の意義用法について」（『国文学攷』23、昭和35年5月）、関宦市「『いとほし』の語義―主として『いとはし』を意味するものについて―」（『国文鶴見』6、昭和46年3月）、宮地敦子『身心語彙の史的研究』（明治書院、昭和54年刊）、および注12に記した木之下正雄、山崎良幸、中川正美の著書・論文参照。

(14) 後藤貞夫氏は、注13に記した論文で、「源氏の君が明石姫君の出生を深く喜んでいる箇所であるから、この『いとほしう』は、気の毒なのではなく、かわいらしいのでなければならない」と述べておられる。出生を喜んでいるが、一方では心配しているのである。こうした揺れる心を、並列の形式で表現していることにこそ、源氏物語の特色をみるべきであろう。

(15) 原田芳起『平安時代文学語彙の研究』（風間書房、昭和40年刊）参照。

(16) 山崎良幸『源氏物語の語義の研究』（風間書房、昭和53年刊）を引用。

(17) 「源氏物語重要語句の詳解」（『解釈と鑑賞』24巻12号、昭和34年10月）および注15の原田芳起著書参照。

(18) 次のごとく、「人わろし」「人わるし」「様あし」などの、他人を意識する心持と、自分の気持とを並列する場合も、これらの例の一種と認めてよかろう。

榻などもみな押し折られて、すずろなる車の筒にうちかけたれば、またなう人わろく悔しう、何に来つらむ、と思ふにかひなし。(源氏・葵)

(19) 注5に記した標本調査と同じ。

(20) 宇津保物語に、状態語の並列は、標本調査で七三例得られる。うち、一九例が、きわめて類似する意味の語の並列なのである。

『源氏物語』の女性語

1　はじめに

『源氏物語』は、約一万一千種類の言葉を駆使して書かれた作品である。(1) この稿ではそうした『源氏物語』の言葉を、「男性語」に対立する「女性語」の観点からとらえてみることにする。ここで、「女性語」「男性語」というのは、それぞれ女性だけが用いる特有語、男性だけが用いる特有語を意味している。女性も男性も用いる共通語が、『源氏物語』の言葉の大部分を占めているわけだが、この稿では、そうしたものを除き、女性だけの用いる言葉を、男性だけの用いる言葉に対して具体的に指摘してみようというのである。

ところで、女性だけが用いる特有語などというものが、平安時代に果たして存在するのであろうか？　そんな疑問を解くことから始めねばならない問題である。

なお、この稿で用いるテキストは、『源氏物語大成』であるが、読みやすさを考慮して適宜漢字を当て、また歴史的仮名遣いになおして本文の引用をする。

2　女性語はどこに

女性だけが用いる言葉は、どのようにしたら抽出できるだろうか？　会話文に注目することである。地の文の言葉は、素材に左右されやすく、男性特有語か女性特有語かを識別しにくいのである。

登場人物の性別にしたがって会話文を選り分け、女性の会話文だけに現れる言葉を抽出する作業を行えば、理屈の上では、女性特有語が指摘できることになる。だが、そんな女性特有語が、ただちに見つかるであろうか？

たとえば、現代で考えてみる。次例は、平成一〇年四月三日放映のテレビドラマでの若い男女の交わす言葉であるが、ほとんど共通し、違いを見いだすのが難しいといった状況である。

Ａ「今日はどうもありがとう。久しぶりにマウンドに立ってうれしかった。」

Ｂ「お礼を言うのは、こっちよ。今日は負けたけど、これでうちのチームの快進撃間違いなし。それに、個人的にお礼言いたい気分なんだ。」

Ａ「えっ？」

Ｂ「私、中学の時、隣の高校の野球部の選手に憧れたことがあって、でも、結局、一度も声かけられなかった。今じゃあさ、愛人なんかやってるけど、私も昔は純情だったんだ。なんか、あの頃の自分に戻れたような感じ。」

Ａ「うん。」

Ｂ「あっ、ねえ、今日の球《たま》、肩こわしたなんて思えないよ。もう全然いいんじゃない？」

Ａ「それは、草野球相手ならどうにかなるよ。レベルが違うから。」

Ｂ「そう、リハビリとかしたの？」

Ａ「うん、いろいろやってみた。でも、ダメだったなあ。それで仕事で頑張ろうと思ったけどさ、同期のやつにはとっくに差つけられて、おれは、運転手がお似合いだよ。」

（ＴＢＳ『新・同棲時代』のうちの「愛人志願」、原作・柴門ふみ、脚本・尾崎将也。一九九八年四月三日放映）

Ａが男性、Ｂが女性であるが、「私」「おれ」「愛人」という男女識別に役立つ言葉を除くと、ほとんど男女差が感じられない。少し前であれば、男女差の顕著であった文末の助詞や助動詞は、全くといってよいほど区別がない。引用はしなかったけれど、このドラマでは、男性が「くせえ、くせえ、最悪だな」「気楽じゃないんだよ」「でもさ」と言えば、女性は「ヤッベエ、ヤッベエ」「お礼にお茶でもおごるよ」「何回やってもやなもんだよね」「そうじゃあなくってさ」と話している。こういう時代では、女性だけの使う言葉を見いだそうとすることは、至難である。[2]

一方、室町時代以降のように、女性だけが用いる女房詞や遊女詞が、発達してきた時期では、女性特有語を指摘することは容易である。「おでん」「おひや」「しゃもじ」「おいしい」などは、女性特有語である。これらの言葉は、最初は、特定社会の女性たちが使用したが、後には、広く一般女性の間に広まっていったことが知られている。

3 平安時代では

では、平安時代では、どうなのか？ 現代と同様に、女性特有語を指摘するのは難しい。むろん、作品によって差があるけれど、『源氏物語』においては特に困難である。

例を挙げてみよう。次は、光源氏とその妻紫の上との会話である。女三宮降嫁を打ち明ける光源氏と、長年光源氏を信じてやってきた紫の上との間に、緊張した重い言葉が飛び交っている。

（A）「女三宮の御ことを、いと棄てがたげに思して、しかじかなむのたまはせつけしかば、心苦しくて、え聞こえ辞びずなりにしを、ことごとしくぞ人は言ひなさんかし。今はさやうのことも、うひうひしく、すさまじく思ひなりにたれば、人づてに気色ばませたまひしには、とかくのがれきこえしを、対面のついでに、心深きさまなることどもをのたまひつづけしには、えすくすくしくも返さひ申さでなん。深き御山住みにうつろひたまはんほどにこそは、渡したてまつらめ。（中略）誰も誰ものどかにて過ぐしたまはば。」

（B）「あはれなる御譲りにこそはあなれ。ここには、いかなる心をおきたてまつるべきにか。めざましく、かくてはなど咎めらるまじくは、心やすくてもはべなんを、かの母女御の御方ざまにても、疎からず思し数まへてむや。」

（源氏物語、若菜上）

（A）が、光源氏の言葉、（B）が、紫の上の言葉である。（A）と（B）の言語間に差異が少なく、男女の使う言葉の違いを見つけることが難しい。

たとえば、女性語の一般的な特色の一つとして「敬語的表現、丁寧な言い方、婉曲な物言いや言い切らない表現が多い[3]」とされている。しかし、光源氏も、紫の上にまさるとも劣らないほどの敬語表現を多用している。紫の上は、傍線を付した「御」という接頭辞、「思す」という尊敬語、「たてまつる」という謙譲語、「はべり」という丁寧語を使っている。それに対して、光源氏も、「はべり」という丁寧語以外は、全て紫の上の使った敬語表現を使っている。さらに、光源氏は、「のたまはす」「のたまふ」「せたまふ」という尊敬語、「きこゆ」「申す」という謙譲語まで使用している。光源氏の方が、敬語表現を多用していると言ってもよい。

また、「過ぐしたまはば」という言い切らない表現を使っているのは、光源氏のほうである。つまり、敬語的表現や言い切らない表現の多用という数量的な側面からは、『源氏物語』の男女差は捉えられないようである。

また、「甘く感情的なニュアンスをもつ形容詞」の使用の多さに、女性語の特色を見る『日本語百科大事典』[4]もある。けれども、これもまた、男女の性別による言語上の特色にストレートに結びついてはいない。前記の例文を見ても、紫の上の使う感情形容詞は、二重傍線を付けた「めざまし」「心やすし」であるのに対して、男性である光源氏は、「心苦し」「ことごとし」「うひうひし」「すさまじ」「心深し」である。会話文の分量が光源氏のほうが多いことを考慮しても、男性の会話に感情的な形容詞が少なく、女性の会話には多いと言うことが簡単には言えないらしいことが察せられる。

『源氏物語』は、地の文も含めて形容詞（特に感情形容詞）を多くつかう作品なのであって、形容詞の多用は、『源氏物語』という作品の文体上の特色と考えたほうがよいのである。[5]

また、「漢語などの固い言葉」を女性は避けるということが指摘されている。[6]しかし、石橋真理[7]によって漢語の使用率に男女差の認められないことが明らかにされている。例文でも、「、」を付したように、光源氏が「対面」という漢語を使ったのに対し、紫の上も「女御」という漢語を用いている。男女差は、使用率にではなく、使用する語そのものにあるらしい。

そこで、単語そのものに注目して、男女差のある言葉を探してみる。（B）の紫の上の会話文に見られる□で囲んだ「ここ」の語が目に付く。現代語で言えば「わたくし」などという言葉に該当する。

「ここ」は、かつて宮田和一郎[8]によって、主に、女性の使用する一人称代名詞であることが指摘された。男性は、一人称代名詞として「まろ」を使用するという。たとえば、

「まろあれば、さやうのものにはおどされじ。」

のように。これは、光源氏の言葉である。

ところが、森野宗明[9]は、男性も「ここ」を使うことがあり、逆に女性も「まろ」を使うことがあるという例を指摘した。森野によれば、「まろ」を使うか、「ここ」を使うかは、性別によって決定されるのではなく、相手が対人関係や場面をどう把握しているかによって決まってくるという。

一体、どうなっているのか？「ここ」と「まろ」の関係を少し詳しく検討してみることにする。

4 「ここ」と「まろ」

『源氏物語』を調査すると、「まろ」の語は、三八例（「まろら」という複数形一例を含む）見られる。地の文に用いられたものはなく、全て会話文（心話文一例を含む）に用いられている。話し言葉である。

性別によって分類すると、男性の会話文に三〇例、女性の会話文に八例（心話文一例を含む）という内訳になる。男性の方が一見よく用いているようにみえるが、会話文の分量を勘案すると、使用率に男女差はない。つまり、『源氏物語』では、男性の会話文の分量の方が女性のそれの四・五倍[10]も多いのである。女性の会話文量を男性と同じに換算してみると、決して男性の方が「まろ」をよく用いるとは言えないことが分かる。

さらに、男性の会話文に見られる「まろ」三〇例のうち、八例は、次の如く幼少の男の子が用いた例である。

「まろは、内裏よりも宮よりも、母をこそまさりて思ひきこゆれば、おはせずは心地むつかしかりなむ」（源氏物語、御法）

これは、まだ三、四歳の匂宮の、紫の上に甘えて言う言葉。こうした年端のいかぬ男の子の用いた「まろ」を除くと、成人男性は二二例。ますます、男性の方がよく使うとは言えなくなる。「まろ」は、決して男性専用語ではない。女性も、男性に劣らず、よく用いる言葉なのである。礼儀において欠けることのない理想的な紫の上でさえ、幼児の匂宮に話しかけるときは、

「まろが侍らざらむに、おぼし出でなむや」（源氏物語、御法）

と、「まろ」を使っている。森野の指摘するように、「ここ」よりも、馴れ馴れしさを感じさせるくだけた言い方であったためであろう。現代語で言えば、「あたし」「ぼく」といったくだけた語感をもつ語である。だから、男の子もよく使うのである。

一方、「ここ」の語は、『源氏物語』には二五〇例見られる。そのうち、自分を指す一人称代名詞としての用法の「ここ」を拾っていってみると、二〇例であった。全て会話文に見られる。内訳は、男性の会話に一六例、女性の会話に四例である。「ここ」は、女性が主に用いる一人称代名詞であると言われているのに、事実は、男性も同じくらい使用している。

「とぢめの事をしも、山がつの譏りをさへ負ふなむ、ここのためにもからき」（源氏物語、蜻蛉）

これは、浮舟の葬式をそそくさと済ませてしまった者たちに文句を言う薫の言葉。実際には、使いの者が薫の言葉を伝えている場面だが、薫の言葉そのものと見てよかろう。「ここ」は、もともとは場所を表す語であったものが代名詞化したものであるから、間接的で丁寧な語感をもっている。かしこまった「わたくし」といった語感である。

こうして、「ここ」が女性語、「まろ」が男性語とは言えないことが明らかとなった。つまり、性別による使い分けはないのである。

しかしながら、「ここ」と「まろ」の使い方を観察していると、何か、別の基準による使い分けがあるように思われる。その使い分けとは、何なのか？

5 「まろ」は光源氏、「ここ」は薫

まず、「まろ（まろら）」を、会話で使用している人物を「表1」にまとめてみる。また、「ここ」を会話で用いている人物を「表2」にまとめて示す。

「表1」から、親しみやすさを持つ「まろ」を愛用しているのは、光源氏がトップであることが分かる。しかし、彼は、「表2」に見るように「ここ」の語も、「まろ」ほどではないが、使用していることが分かる。つまり、光源氏は、「まろ」の語を愛用してはいるのだが、年長の女性に対するときや、やや堅い場面では、「ここ」を用いて、使い分けているのである。

「表1」「まろ」を使う人物

男性（子供も含む）		女性	
光源氏	10例	雲居雁	3例
匂宮	7例	紫の上	1例
薫	4例	明石の中宮	1例
小君	3例	侍従	1例
夕霧	2例	浮舟	1例
鬚黒大将	2例	娘	1例
二の宮	1例		
男の子達	1例		
合計	30例	合計	8例

それに対して、仏道に憧れるやや堅苦しい人物、薫は、「ここ」の語を基調に話をする。彼が、「まろ」を用いて打ち解けた会話をするのは、自分の従者や女房クラスの人物に限られている。恋人の大君や愛人の浮舟に対してすら、彼は、堅苦しい「ここ」の語を用いて自分を語っている。次は、薫が大君に向かって匂宮の頼み言を伝えている部分。

「『ここになむ、ともかくも聞こえさせなすべきと頼むを、つれなき御気色なるは、もて損なひきこゆるぞ』とたびたび怨じた

まへば、…」（源氏物語、椎本）

薫は、心の垣根をとりはらったような馴れ馴れしい「まろ」を使って、女性の心に入り込むことの出来ない人物なのである。彼が女性を口説き落とせない理由の分かるような言葉の使い方である。

一方、薫と対照的な匂宮は、「表2」から明らかなごとく、「ここ」の語を用いることはない。誰に対しても、「まろ」の語をもちいてくつろいでいる。光源氏よりももっとくだけた、おおよそ折り目などを感じることの少ない無軌道な人物が造型されている。作者紫式部は、「ここ」と「まろ」の語を巧みに使って、人物の造型を行なっているのである。

「表2」「ここ」を使う人物

男性		女性	
薫	6例	紫の上	2例
光源氏	4例	大宮	1例
明石入道	2例	鬚黒の北の方	1例
朱雀院	1例		
冷泉院	1例		
内大臣	1例		
八宮	1例		
合計	16例	合計	4例

女性で「まろ」をもっとも多く用いているのは、雲居雁である。彼女のあけすけな子供じみた性格が、「まろ」の使用に現れていることは、既に森野宗明[11]が指摘している。

「ここ」を用いて、夫の光源氏に対するのは、紫の上である。言葉遣いからも、上流貴族の鏡になるような節度をわきまえた理想的な女性に造型されていることが分かる[12]。

こうして見ると、自称代名詞の「ここ」と「まろ」は、男女の性別によって使い分けがあるのではなく、人物造型に寄与する方向で使い分けられていることが明らかになる。

では、本章のテーマである男女の性別によって使い分けるという言葉は見つからないのであろうか？

6 女性特有語を求めて

杉本つとむは、『女のことば誌』[13]で、平安時代の女性語について、次のような特徴を指摘している。「見せたまふな」に見る「―な」は、男性専用の禁止表現であるのに対して、「な―そ」という禁止表現は、「いみじき目な見せたまひそ」などのように使い、女性専用であるというのである。

しかし、両表現は、大野晋[14]の言うように、男女の性別によって使い分けられているのではなく、「―な」は絶対者的な禁止表現であるのに対し、「な―そ」は、禁止ではあっても、誂えに近い勧誘的禁止であると考えた方が納得できる。

というのは、「な―そ」の表現は、次の如く男性の会話文にもしばしば現れる。

「いで、このひが事な常にのたまひそ。」　（源氏物語、夕霧）

これは、夕霧の、妻に向かって言う言葉である。

一方、「―な」は、次の如く女性の会話文にも見られる。

「もののついでに、いはけなくうち出でさせたまふな。」　（源氏物語、若紫）

これは、女房が、惟光に向かって言う言葉。確かに「―な」は、強い語調を持つので、男性の方が用いることが多いが、女性も必要なときは、右例のように用い、性別に対応しているわけではない。

「な―そ」と「―な」との表現の違いは、最近では小柳智一[15]がつぶさに検討しているが、「な―そ」は、「な―そね」「な―」という表現と同じく、禁止と制止の両用法を持つのに対し、「―な」は、専ら強い禁止を表す用法しかないと報告している。つまり、「な—そ」は、「—な」に対する「女性特有語」ではなく、ただ単に、「—な」よりも優しく柔らかいニュアンスをもつ言い方に過ぎず、男女共用語であったと判断される。

また、森野宗明は、(16)食生活にあらわに触れることを卑しみ慎んでいる点に、女性特有の傾向を指摘している。すなわち、食べる行為を直接表す動詞を使わずに、「まゐる」「きこしめす」「めす」といった漠然とした意味の包括範囲の広い言葉を用い、朧化するという。

しかし、『源氏物語』では、男性も、

「御湯、まゐれ。」（源氏物語、葵）

のごとくに、「まゐる」を使っている。

また、森野は、月経を意味する一般的な言い方「月水」「月障」「月事」「障」「汚れ」に対して、「例すること」「例のこと」「例のやうなること」などの婉曲表現は、女性語であるという。

さらに、懐妊を意味する「はらむ」「妊ず」は、仮名文学作品でも男性作者の場合には無造作に使われ、『源氏物語』でも、僧都・入道といった男性の会話文に見られることから、男性語ではないかとしている。それに対する女性語は、「ただならぬ」「ただにもおはしまさず」「例ならぬ」という婉曲表現であると指摘している。

『源氏物語』では、「はらむ」は、確かに男性の会話文だけに見られる。しかし、「例すること」以下の女性語と指摘された表現は、女性の会話文には見られず、地の文の説明に見られるだけである。従って、女性だけが用いる特有語と認定することはできない。

7　男性特有語

一方、男性特有語の方は、拙稿「『源氏物語』の雅語・卑俗語」や拙稿「『源氏物語』の漢語」[17]で指摘するように、容易に抽出できる。

たとえば、「そもそも」という言葉。

「そもそも、女一宮の女御はゆるしきこえたまふや。」（源氏物語、竹河）

これは、男性である夕霧の発言に見られる。「そもそも」は、すでに、中田祝夫[18]、築島裕[19]によって、漢文を訓読する際に用いる漢文訓読特有語であったことが指摘されている。和語ではあるが、漢文を訓読するときにのみ用いられる語であった。それが、日常の会話にもにじみでてきたものである。

『源氏物語』では、「そもそも」の語が二例見られるが、一例は、前記の夕霧の用いた例。残りの一例は、北山に住む僧都の会話文中に使われており、男性だけの用いる言葉となっている。

「はなはだ」「いまだ」「ずして」「によりて」「しむ（使役の助動詞）」などの語も、漢文訓読系の言語であることが指摘されている。『源氏物語』でも、全て男性の会話文中に用いられており、男性特有語にもなっていたことが分かる[20]。

その他、漢文訓読にあまり見られず、その出身が定かではないが、固い言い回しで、男性だけが用いている語がある。たとえば、一人称代名詞の「なにがし」「なにがしら」。

「その北の方なむ、なにがしが妹に侍る。」（源氏物語、若紫）

これは、北山にすむ僧都の言葉。「拙者」「私め」といった謙称の意味あいをもった男性の自称である。『源氏物語』に、「なにがし」が三二例、その複数形の「なにがしら」が八例見られる。合わせて四〇例出現するが、全て男性の会話文に使われており、男性特有語であったことが分かる。仏門関係の男性（横川の僧都六例、律師四例、北山の僧都二例、僧都一例、明石入道一例、その使者の大徳一例）の使用が目立つ。「なにがし」「なにがしら」の全用例の三八％を彼らが使用している。また、官僚的で融通のきかない男性（薫三例、頭中将二例、夕霧二例）や、地方出身者で武骨な男性（常陸守四例、大夫の監三例）も、よく使う。その他、左馬頭・内舎人・柏木・冷泉帝などとバラエティに富むが、男性ばかりである。

「なにがし」「なにがしら」は、独特の固さをもった男性特有語であったことが察せられる。同じ男性でも、優美さを旨とする光源氏や匂宮は、この言葉を一回も口にしていない。

一人称代名詞としての「なにがし」「なにがしら」は、『源氏物語』以外では、『宇津保物語』に四例、『枕草子』に一例見られる。いずれも男性の会話文中に用いられており、当時、一般に男性だけの用いる言葉であったことが裏づけられる。(21)

また、「はべりたうぶ」という語も、漢文訓読に見出すことが出来ないけれど、「男性特有語」であったのではないかといった指摘がすでになされている。(22)

「はべりたうぶ」は、『源氏物語』に、三例見られる。そのうち二例は、確かに男性の会話に用いられている。

「おほし垣下《かいもと》あるじ、はなはだ非常《ひざう》にはべりたうぶ。」（源氏物語、少女）

博士たちが、右大将をはじめとする公卿達に向かって言うセリフである。学識では、天下広しといえども、人後に落ちぬと自信を持っているものの、この日は、平素の環境とは月とすっぽんほどの差のある綺羅をつくした光源氏邸に来たとあって、博士達は、ぎこちない。借り衣裳も身に合わぬ。居並ぶ公卿達は、見慣れぬ光景につい笑い出す。それを、叱りつける博士の言葉。

「はなはだ不作法でござっしゃる。」　（日本古典文学全集『源氏物語』）

と口語訳されるような言葉である。博士達から見て、地位ある公卿達に敬意を払う必要があるので、「たうぶ」という尊敬語を使い、聞き手である光源氏を意識して「はべる」を用いたと解される。

次の「はべりたうぶ」は、薫に、家臣の仲信が復命する会話に見られる例である。

「みづからあひはべりたうびて、いみじく泣く泣くよろづのことのたまひて……」　（源氏物語、蜻蛉）

高位の、かしこまってものを言わねばならない聞き手のいる会話に用いられる語である。

残りの一例は、次の如く、女性の近江の君の会話文に見られる。

「妙法寺の別当大徳の産屋にはべりける、あえものとなん嘆きはべりたうびし。」　（源氏物語、常夏）

近江の君が、平素は容易に対面できぬ父、内大臣に向かって話す言葉である。近江の君は、突飛な女性であり、当時のあるべき女性像からは遠い存在である。彼女に、「はべりたうぶ」を使わせているのは、作者の深い用意に基づいたものと察せられる。

というのは、他の平安文学作品を、検討してみると、『宇津保物語』に、四例「はべりたうぶ」が使われている（本文の錯簡箇所は除く）が、すべて男性の会話文中に見られる。杉崎一雄[23]は、このほか、広く平安文学作品の用例を検討しているが、「はべりたうぶ」は、男性語的通俗語「たうぶ」を用いる階層と一致する人々の間で用いられたと推測している。『源氏物語』の近江の君の「はべりたうぶ」は、近江の君の個性を描き出すための例外的な用法であったと考えるのが自然であろう。

このように男性特有語は、割合簡単に指摘することが出来る。ということは、男性の使う語彙が女性のそれよりも広範囲にわたっているということを暗示している。

平安時代において女性たちは、平素、和歌や和文を作るときに必要な和語を中心にした言語に接しているだけである。

それに対して、男性たちは、女性たちと同じく和歌や和文を作ることは、言うまでもない。その他、男性は、漢詩文を作ったり、変体漢文で日記を綴ったり、漢文を訓読するときの言葉を基調にして漢字片仮名交じりの説話を書き記したりしている。これらの分野では、日常の話し言葉に近い和語の他に、話し言葉には普通使わないような漢語や、漢文訓読語、変体漢文語を使用する。そういう広範囲な言語生活をしている男性たちは、話すときにも、自然、平素男性たちだけの接している世界の言語が紛れ込みやすく、男性しか用いない特有語を形成しやすいと考えられる。

このような状況にあって、女性特有語と呼べるものを探し出すことが出来るのであろうか?

8 「まま」は、女性語

『源氏物語』を虚心に読みすすむ。すると、女性の会話文には出て来るが、男性の会話文には見られない言葉に出会った。

乳母を意味する「まま」である。

「故ままのたまひおきしこともありしかば、かひなき身なりとも、見果ててむとこそ思ひつれ。」

末摘花を見限って、羽振りのいい叔母について行く女房、侍従に向かって、末摘花の言う言葉。「故まま」は、亡くなった末摘花の乳母を指す。

(源氏物語、蓬生)

乳母《めのと》出できて「……いかで清げに何事もと思ひ給ふれど、ままが心一つには、あやしくのみぞしいで侍らむかし」などいひさわぐが、

(源氏物語、浮舟)

いよいよ薫に迎え取られることになった浮舟。匂宮にひかれている浮舟は、薫の志も悩みの種でしかない。そんなことを知る由もない乳母は、一人で浮舟の出世を喜び、他所に棲んでいる実母を呼び寄せて、「自分の心一つでは、準備が心許ない」と訴える。乳母は、自分のことを「まま」と言っている。今でも、母親が、自分の家族に向かって自分のことを「お母さん」とか「かあさん」と言うのと同趣であろう。

「まま」の語は、『源氏物語』に六例見られるが、全て女性の会話に用いられている。末摘花が一回、末摘花つきの女房の侍従が一回、浮舟つきの女房の右近が三回、浮舟の乳母が一回、「まま」をつかっている。女房クラスの人物の使っているなかで、常陸宮の娘、末摘花の使用が、目を引く。何か訳がありそうである。

一方、男性の会話文には、「まま」の語は、全く出現しない。男性たちは、乳母のことをなんと言ったか?「めのと」という言葉を用いている。

「めのとにて侍るものの、この五月の頃ほひより、重く煩ひはべりしが、……」

(源氏物語、夕顔)

光源氏の会話に見られる。彼は、自分の乳母を、「めのと」なる語を使って相手に説明している。このほか、惟光も、兵部卿の宮も、すべて男性たちは、口に出すときは、「めのと」といい、「まま」なる語は使っていない。

ただし、女性でも、主人に対する公の場で、「めのと」という言葉を使った例が一例見られる。

「かのめのとこそおぞましかりけれ。」（源氏物語、東屋）

右近が、主人の中の君に、事件の顚末を説明している場面である。女性が、会話文で「めのと」を使うのは、公の職業意識があるときと考えられる。

地の文では、「めのと」の語は、次のごとくよく使われている。

めのとにさし寄りて、「いざかし、ねぶたきに」と宣へば、（源氏物語、若紫）

「めのと」の用例七一例中、六四例が、上記のように地の文で用いられている。

他の平安時代の仮名文学作品では、どうなっているであろうか？ 平安文学作品では、「めのと」の語は、よく見られるが、「まま」の用例はきわめて少ない。『竹取物語』『落窪物語』『狭衣物語』『夜の寝覚』『浜松中納言物語』『堤中納言物語』『伊勢物語』『大和物語』『平中物語』『篁物語』『土左日記』『蜻蛉日記』『紫式部日記』『更級日記』『和泉式部日記』『讃岐典侍日記』『大鏡』には、「まま」の語は見られない。かろうじて、『枕草子』に二例、『宇津保物語』に、一例見られるだけである。ただし、『枕草子』の「まま」は、次に見るように、あだ名になってしまった特定の乳母の呼び名と思われるものである。

○僧都の御めのとのままなど、御匣殿の御局にゐたれば、男《をのこ》のある（＝そこにいる男が）、板敷のもと近う寄り来て、

○御前に参りてままの啓すれば、また笑ひさわぐ。（両例とも、三巻本枕草子、二九六段）

「まま」は、僧都の乳母の通り名になってしまった場合と察せられる。ちょうど現在でも「母さん」という語が、母親一般を指すことができると同時に、特定の母親のあだ名にもなりうるのと同じである。

『枕草子』の例は、普通名詞から逸脱した面を持つが、清少納言を含む女房たちの間でつけられた通称であり、

「まま」が女性語であったと考えることに加担こそすれ、反対例ではない。

また、『宇津保物語』の例は、本文にやや問題のある箇所であるが、先に示した『源氏物語』の例と同じく、乳母自身が自分のことを「まま」と呼んだと思われるものである。

めのと「……おはしまさずは、まゝよりはじめて、なにをたのみてかつかうまつらん、とこそおぼさめ。」（宇津保物語、菊の宴）

「まま」の箇所は、原文では「やや」と書き記したように見える箇所であるが、文脈から「まま」ではないかと考えられている。乳母の会話文中であり、女性語と見ることに支障はない。

こうして、「まま」の語は、一般的な言い方「めのと」に対する女性特有語であったと判断される。馴れ馴れしさを持っているために、主人格の人物に対したりするときには用いられなかった言葉であったであろう。

さらに平安時代の確例は得られないのだが、子供たちも乳母を意味するときには「まま」なる語を使っていたのではないかと思われる。というのは、鎌倉中期頃成立したと思われる『曽我物語』の、七歳の男の子の会話文に「まま」が見られる。

「誰なるらん、ままが子、身づからがのりつる竹馬うち候つる事か。」（曽我物語、巻三）

「まま」の語は、子供たちも用いていた小児語でもあったらしい。女性が育児に当たりながら、「まま」の語を教えるからであろう。

鎌倉中期の語源辞書『名語記』に、

小児ノ乳母ヲツネニハマヽトイヘリ

と記されている。

鎌倉時代でも、むろん女性の用いた「まま」の例は得られる。

乳母教ヘケルハ、「……」と教ヘ申ケレバ、「我ハママヨリサキニ心エタルゾ。ナシニサカシク教《をしふる》」ト、ノ給ヘバ、

(沙石集、巻八の一二)

結婚適齢期にある姫君の言葉に、乳母を意味する「まま」が用いられている。小さいときから言い習わしてきた呼び名が、そのまま残ったものであろう。

「まま」は、女性・小児用の言葉であり、公の場では、口にすることがはばかられる、そんな言葉であったと察せられる。そのような言葉を、『源氏物語』がれっきとした血筋の末摘花に使用させているのは、彼女が昔なじみのものにいつまでも固執する人物であることを示したかったのではあるまいか。

9 おわりに

『源氏物語』で、女性特有語を見出すのは至難のわざである。本稿では、かろうじて女性特有語として「まま」の語が指摘できたのみである。女性特有語がなかなか指摘できないほど女性語よりの作品と言えるのかもしれない。しかし、末摘花の「まま」の語の使用は、『源氏物語』が一語といえども無造作に使うことはなく、人物造型に寄与する方向で言葉を使う傾向のあることを感じさせた。この傾向は、『源氏物語』の「雅語・卑俗語」「漢語」の検討を通して一層明確になっていく特質である。

注

（1）宮島達夫編『古典対照語い表』（笠間書院、昭和46年）
（2）金田一春彦『日本語』（岩波新書）は、「『源氏物語』の会話の部などを読んでも、男らしさ、女らしさのちがいはほとんど感じられない」と述べている。
（3）『国語学大辞典』（東京堂出版、昭和55年）の「語彙の位相」の項。
（4）『日本語百科大事典』（大修館書店、昭和63年）の「現代語の多様性」の項。
（5）山口仲美「平安仮名文における形容詞・形容動詞」（『国語語彙史の研究』一、和泉書院、昭和55年5月。本著作集2『言葉から迫る平安文学2　仮名作品』に「仮名文学と形容詞・形容動詞」として収録）、山口仲美「感覚・感情語彙の歴史」（『講座日本語学』四巻、明治書院、昭和57年。本著作集4『日本語の歴史・古典』に、同タイトルで収録）参照。
（6）『国語学大辞典』（東京堂出版、昭和55年）の「語彙の位相」の項。
（7）石橋真理「源氏物語会話文における男性語と女性語」（『成蹊国文』8号、昭和49年12月）
（8）宮田和一郎「口語の代名詞について―中古語法覚書（七）―」（『平安文学研究』9輯、昭和27年5月）
（9）森野宗明『王朝貴族社会の女性と言語』（有精堂、昭和50年）
（10）石橋真理「源氏物語会話文における男性語と女性語」（『成蹊国文』8号、昭和49年12月）
（11）森野宗明『王朝貴族社会の女性と言語』（有精堂、昭和50年）
（12）夫と妻との間の呼び方については、吉野幸枝「夫と妻の自称表現の方法」（『実践国文学』46号、平成6年10月）がある。
（13）杉本つとむ『女のことば誌』（雄山閣、昭和50年）
（14）大野晋「源氏物語のための文法（第三部）」（『解釈と鑑賞』24巻12号、昭和34年10月）
（15）小柳智一「禁止と制止―上代の禁止表現について―」（『国語学』184集、平成8年3月）
（16）森野宗明『王朝貴族社会の女性と言語』（有精堂、昭和50年）

(17)　ともに山口仲美『平安朝の言葉と文体』（風間書房、平成10年）に初出掲載。本著作集1『言葉から迫る平安文学1　源氏物語』にも、同タイトルで収録。
(18)　中田祝夫『改訂版　古点本の国語学的研究』（勉誠社、昭和54年）
(19)　築島裕『平安時代の漢文訓読語につきての研究』（東京大学出版会、昭和38年）
(20)　山崎正枝「源氏物語における男性会話文について」（『高知女子大国文』2号、昭和41年6月）
(21)　森野宗明「『源氏物語』における自称代名詞〈なにがし〉について」（『国語学』112集、昭和53年3月）によれば、「なにがし」は、漢語「某」を媒介として男性層に広がっていったようである。
(22)　築島裕『平安時代の漢文訓読語につきての研究』（東京大学出版会、昭和38年）
(23)　杉崎一雄『平安時代敬語法の研究』（有精堂、昭和63年）

『源氏物語』の雅語・卑俗語

1 はじめに

この稿では、『源氏物語』の言葉を「雅語」と「卑俗語」の観点から捉えてみようとする。「雅語」は、優美で上品な言葉、「卑俗語」は、俗っぽくて品のない言葉である。むろん、「雅語」と「卑俗語」の間には、そのどちらにも属さない普通の言葉が多数存在している。たとえば、「身」「人」「心」「風」「有り」「無し」「行く」「帰る」「言ふ」「書く」「いかに」「異なり」などと。これらの語は、とりたてて典雅な言葉でもなく、かといって俗っぽい言葉でもない。どこにでも使えるごく普通の色合いを持った言葉である。『源氏物語』の語彙を構成しているのも、こうした普通語が多い。この稿では、普通語を除き、普通語の両端に位置する「雅語」と「卑俗語」を対象にしている。極端なものは、特色を表しやすいからである。

さて、こうした「雅語」や「卑俗語」は、『源氏物語』では、どのような使われ方をしているのか？　ここで明らかにしたいテーマである。

2 典型的な雅語

まず、「雅語」に焦点をあわせてみる。ただし、従来のように「雅語」を漠然と優美で上品な言葉という曖昧な観点からとりあげるのではなく、「雅語」であることが明らかな語に注目して論ずることにする。一体、誰もが「雅語」と認め、異存がないのは、いかなる語なのか？　和歌に用いられる言葉、すなわち「歌語」である。

蟬の羽もたちかへてける夏衣かへすを見ても音はなかれけり
（源氏物語、夕顔）

歌中に用いられた「夏衣」が、歌語である。次例のごとく、『古今和歌集』『後撰和歌集』『拾遺和歌集』、あるいは『貫之集』をはじめとする平安私家集に用いられている歌の世界の言葉である。

蟬のこゑ聞けばかなしな夏衣うすくや人のならんと思へば
（古今和歌集、七一五）

しかも、「夏衣」という語は、『竹取物語』をはじめとする仮名文学作品の散文部分には、特別な場合以外には用いられていない。このように、和歌に主用される「歌語」は、日常使う普通語とは違って、雅の粋を尽くしたものであり、最も典型的な「雅語」である。

そこで、「歌語」を「雅語」の代表として注目し、話を進めることにする。ただし、「歌語」と認める範囲が問題となる。単に和歌に主用される語というだけでは曖昧すぎる。ここでは、次の二条件を満たしたものを「歌語」としてとり扱うことにする。第一に『古今和歌集』『後撰和歌集』『拾遺和歌集』という三代集のいずれかに用いられている語であること。これらの歌集は、『源氏物語』成立以前もしくはほぼ同時期に成立したと考えられる勅撰集であり、『源氏物語』への影響が考えられるからである。

第二に『源氏物語』成立以前もしくは同時期の成立と考えられる仮名文学作品の「散文部分」には、用いられていないこと。もしくは、用いられていてもきわめて稀であったり、特殊な場合であったりすること。「散文部分」というのは、「和歌」以外のすべての部分をさす。すなわち、物語の展開過程を説明する「地の文」、登場人物の発する言葉を記す「会話文」、心の中での思いを写す「心話文」、コミュニケーションをとるために書く「消息文」、のことである。こうした散文部分は、通常、歌で用いる優美な「歌語」を用いる必要のない場所である。

以上の二つの条件を満たしたものだけを、ここで「歌語」としてとりあげることにする。

さて、「歌語」は、『源氏物語』では、どのような現れ方をしているであろうか？　和歌に歌語が用いられるのは当然である。しかし、散文部分に歌語が出現したら、それは、特筆すべき事柄である。『源氏物語』ではどうなのか？

3　散文部分に出現する歌語

「初花《はつはな》」という語がある。漢詩に用いられている「初花」という漢語を訓読して出来た歌語である。「歌語」は、多く漢詩に用いられた漢語の翻訳・訓読によって生じていることは、すでに佐藤武義[1]、神谷かをる[2]によって指摘されている。

「初花」は、『万葉集』から見られ、『古今和歌集』『後撰和歌集』にも用いられている。たとえば、

谷風にとくる氷のひまごとにうち出づる波や春の初花　（古今和歌集、一二）

のように。

一方、『竹取物語』『宇津保物語』『落窪物語』『伊勢物語』『大和物語』『平中物語』『土左日記』『蜻蛉日記』『紫式部日記』『和泉式部日記』『枕草子』の散文部分には、「初花」の語は全く見られない。

ところが、『源氏物語』には、一例であるが、次の如く散文部分に用いられた「初花」の語がある。

朝夕目馴れても、なほ今見む初花のさましたまへるに、　（源氏物語、蜻蛉）

女房たちの目に写る匂宮の様子を描写した地の文である。「朝に夕に見馴れていても、今初めて目にとまる初咲きの花のようだ」というのだ。地の文に歌語が用いられている。

また、「涙河」「涙の河」という語がある。『古今和歌集』から歌語として登場する言葉であるが、『後撰和歌集』『拾遺和歌集』のみならず、八代集全てに渡って使われ続ける語である。『宇津保物語』『落窪物語』『伊勢物語』『平中物語』『土左日記』『蜻蛉日記』でも、和歌には見られるが、散文部分には、全く出現しない。にもかかわらず、『源氏物語』に限っては、散文部分にも使われている。

中の宮は、まして、もよほさるる御涙の河に、明日の渡りも、おぼえたまはず、　（源氏物語、早蕨）

中の君の、亡き姉を思い出して泣く場面である。地の文に用いられた歌語である。こんなふうに、『源氏物語』だけが、散文部分に歌語「涙の河」を用いている。

また、『源氏物語』以前の仮名文学作品の散文部分に用いられるが、その使われ方が限定されている歌語も多数存在する。たとえば、「山風」という語。『古今和歌集』『後撰和歌集』『拾遺和歌集』のいずれにも見られ、その後の勅撰集でも使いつづけられている歌語である。『源氏物語』以前の仮名作品の中で、散文部分に用いているのは、『宇津保物語』の次の一例のみである。

ものの音どもかきたて、やまかぜはもみぢの散りたることは《（をばカ）》吹きたて、枝なるをば散らしなどする夕暮れの興あるに、　（宇津保物語、国譲りの下）

山籠もりしている人物を、大勢で訪ねていった場面。散文部分に用いられた「山風」である。

ところが、『源氏物語』には、「山風」の語が、七例見られ、なんと六例までが、散文部分に用いられている。たとえば、

君は心地もいとなやましきに、雨すこしうちそそき、山風ひややかに吹きたるに、滝のよどみもまさりて、音高う聞こゆ。　（源氏物語、若紫）

光源氏が、若紫への思いを尼君に語りだそうとする直前の場面描写に用いられた「山風」である。
また、会話文にも「山風」が用いられている。

「山風をのみ聞き馴れはべりにける耳からにや」（源氏物語、手習）

「山風吹くとも、またも、必ず立ち寄らせたまひなむかし」（源氏物語、夢浮橋）

二例とも横川の僧都の妹尼のセリフである。彼女は、小野の山里に住んでおり、「山風」の語を使いたくなる環境にあることは確かであるが、和歌のたしなみがなければ、使わない語である。

「秋の夜」「秋の野」「野辺」「若菜」「月影」「虫の音」「古里」「独り寝」「形見」「相見《あひみ》」などの語も、歌語であるが、「山風」と同じく『源氏物語』以前の仮名作品の散文部分にはごく稀に出現するだけである。『源氏物語』の散文部分での出現状況の活発さには遠く及ばない(3)。

『源氏物語』の散文部分には、このように他の仮名文学作品の追随を許さぬほど歌語が侵入している。では、これらの散文部分にもちいられた歌語は、『源氏物語』において、どのような働きをしているのか？　4・5・6・7で、その働きを考察しておこう。

4　高く張った和歌の調子を

たとえば、「駒」という歌語に注目してみる。「駒」に対する普通語は、「馬」である。だから、散文部分には「馬」の語が用いられてしかるべきである。事実、『源氏物語』では、「馬」の語が六例見られるが、次の如く全て地の文に用いられている。

川のこなたなれば、舟などもわづらはで、御馬なりけり。　（源氏物語、橋姫）

地の文では、このように、普通語の「馬」（「御馬」という敬語形で現れることが多い）という語が用いられている。ところが、『源氏物語』においては、散文部分でも「駒」という歌語が出現する。「駒」の語は、『源氏物語』に八例見られるが、そのうちの、三例が散文部分に用いられている。たとえば、次のごとく。

山がつのおどろくもうるさしとて、随身の音もせさせたまはず。柴のまがきを分けつつ、そこはかとなき水の流れどもを踏みしだく駒の足音も、なほ、忍びてと用意したまへるに、　（源氏物語、橋姫）

宇治の八の宮を訪ねていく薫一行の様子を描写した地の文である。夜深く有明の月が上る時分、薫はほんの少しの従者だけを連れてのお忍びででかける。宇治への山道は、京都の市街地とは違って、霧が深く、木の葉がほろほろ落ちかかる。物思う薫の気持ちは高まり歌を詠む。その独詠に続く散文部分に、歌語の「駒」が用いられている。高く張った和歌の調子が、散文部分にも持ち越され、「駒」という雅語が用いられたと思われる箇所である。引用した地の文には、実は、「駒」のみならず、石田穣二[4]の指摘があるように、「やまがつ」「柴のまがき」「踏みしだく」という歌語も出現している。和歌で高まった感情が散文部分になっても持続し、歌語をちりばめて綴られた地の文になったと察せられる。地の文に用いられた歌語は、このように高く歌い上げる感情のうねりを投影して、地の文なのに韻文のような高い響きを形成している。もう一例あげてみよう。

雨そそきも、なほ秋の時雨めきてうちそそけば、「御傘さぶらふ。げに木《こ》の下露は、雨にまさりて」と聞こゆ。御指貫の裾はいたうそぼちぬめり。　（源氏物語、蓬生）

光源氏は、木々の生い茂る末摘花邸の前を通りかかって、久しぶりに彼女をおもいだした。長い間の訪れがなくても、じっと彼を待ち続けた末摘花。光源氏は、感無量で独詠歌をうたいあげる。それに続く地の文に用いられた

「そぼつ」[5]である。「そぼつ」は、『古今和歌集』『後撰和歌集』『拾遺和歌集』の和歌には出現するのに、仮名文学作品の散文部分には、『宇津保物語』の一例を除いては見られぬ語であり、歌語と認められる。涙や雨でぐっしょり濡れることである。『源氏物語』の散文部分には三例見られる。引用部分には、「そぼつ」以外にも「時雨」「下露」という歌語が顔を出している。

こんなふうに散文部分に歌語を用いることによって、感情の高まりによって詠じられた歌の調子を、そのまま地の文にも持ち込んで、高く張った調子を維持する役割を果たしているのだ。

5 美的な情景を演出

さやうのもの怖ぢすまじきをや選り出でたまひけむ、むつかしげなる笹の隅を、駒ひきとどむるほどもなくうち早めて、片時に参り着きぬ。（源氏物語、椎本）

宇治に住む八の宮が亡くなった。匂宮は、使者をたてて遺族の姫君たちを見舞う。使者は、姫君の返事を受け取り、笹の生い茂った木幡山辺りの山道を急ぎ帰る。その情景描写に使われた「駒」の語である。「駒ひきとどむるほどもなく」を「馬ひきとどむる」と表現しようと思えば出来る箇所である。にもかかわらず、『源氏物語』は「駒」の語を用いて描写している。「馬」という普通語を使って表す場合と比較すると、場面が優美さを帯びている。

もう一例、「駒」の例をつけ加えておこう。

駒並めてうちすぎたまふにも心のみ動くに、露ばかりなれど、いとあはれにかたじけなくおぼえて、うち泣きぬ。（源氏物語、澪標）

馬を並べて道を行きすぎる光源氏一行。それを路傍で見る明石の上は、自分の身分の低さを思い知らされ、涙にくれる。そこに、思いやりある光源氏の手紙が届けられた。明石の上は、忝く、涙がこぼれるといった場面。「駒並めて」は、歌に用いられる一種の慣用句である。『源氏物語』は、歌語「駒」を含み込んだ慣用句の形ですっぽりと地の文に取り込み、雅やかな情景を創り出している。

二条院よりぞ、あながちに、あやしき姿にてそぼち参れる。　（源氏物語、明石）

蟄居している須磨の地には、激しい暴風が吹き荒れ、光源氏は、生きた心地もしない。そこに、京都の紫の上からの使者がやってきた。全身ぐしょ濡れの姿である。「そぼち参れる」の代わりに、「しとどに濡れ参れる」という普通の語で表現することもできるところである。しかし、「そぼつ」という歌語で表現した方が、美的な情趣がまさってくる。『源氏物語』は、それを利用している。

こんなふうに、散文部分に歌語を用いることによって、場面に美的情趣を加えているのだ。

6　人物造型に

「ここにかくまゐることは度かさなりぬるを、かくあはれ知り給へる人もなくてこそ、露けき道の程に一人のみそぼちつれ。」　（源氏物語、橋姫）

薫の会話文に用いられた「そぼつ」である。薫は、自分の出生にかねがね疑念を抱いていた。宇治の八の宮邸に訪れた時、出生の秘密を知っていそうな弁の尼なる人物に話しかけられた。それに答える薫の言葉に、「そぼつ」が用いられている。

会話に用いられる言葉は、その言葉を発する人物を象徴する。すでに見た「山風」の語も、横川の僧都の妹尼の言葉に見られ、彼女の人柄を象徴していた。薫は、ここで普通語で表現せずに、歌で用いる雅やかな言葉「そぼつ」を使って会話している。そういう気取った物言いを好む人物なのである。薫は、「そぼつ」のみならず、「中空なり」という歌語も用いて、大君に自分の立場を訴えている。

「中空に人わらへにもなりはべりぬべきかな」とのたまふに、（源氏物語、総角）

大君は自分に靡かず、中君は匂宮に譲って、どちらの女性も自分のものにすることができず、中途半端でどっちつかずの状態になってしまったと訴える薫のセリフである。

「中空なり」は、『古今和歌集』『後撰和歌集』や、『伊勢物語』の和歌に用いられ、歌語と認めてもよい語である。中途半端な状態になってしまうことを意味する言葉。薫は、会話文に歌語を頻繁に用いる人物である。光源氏や明石の上も、会話文や心話文に、歌語を用いる人物である。

明石の上は、薫と同様に、「中空なり」という歌語を用いて、自分の心持ちを表現している。

いざや、また島漕ぎ離れ、中空に心細きことやあらむ、と思ひ煩ふ。（源氏物語、澪標）

光源氏に、京都に上京するように言われて思い悩む明石の上の心中である。心話文は、人に聞かれる恐れのない独白部分である。そこにまで、明石の上は歌語を用いている。

また、光源氏も、会話にしばしば歌語を交えて話をしている。光源氏は、まだ処女の玉鬘にこう言って口説く。

「下露になびかましかば女郎花荒き風には萎れざらまし

なよ竹を見給へかし。」（源氏物語、野分）

「なよ竹」は、『古今和歌集』『後撰和歌集』『拾遺和歌集』に見られる。『万葉集』でも、「なよ竹の」「なゆ竹の」

という形で枕詞として機能しており、歌語と認められる。「密かに人知れずの関係をつくってしまえば、悩むこともなくなる。しなやかな竹をご覧なさい」と光源氏は言って聞かせている。

このように、会話や心話に好んで歌語を用いる人物には、雅やかな王朝人のイメージが付与される。特定の登場人物の会話や心話に、歌語を使わせることによって、作者は、エレガントな登場人物を造型しているのである。

7 重層効果を狙って

さらに、重層効果を狙って使われる散文部分の歌語もある。

もとあらの小萩はしたなく待ちえたる風のけしきなり。　（源氏物語、野分）

激しい台風に折れんばかりの萩の様子である。「もとあらの小萩」は、『古今和歌集』の次の歌を背後に踏まえている。

宮城野の本あらの小萩露を重み風を待つごと君をこそ待て　（古今和歌集、六九四）

「宮城野に茂る下葉のまばらな小萩は、露が重くて、吹き払ってくれる風を今か今かと待っている。私も、そんな思いであなたを待ちかねています」といった歌。この歌の意味を背後に感じさせながら、『源氏物語』は、待ち受けたにしては、「はしたなく（立つ瀬もないほどひどく）」吹く風の様子だと表現するのである。

「もとあらの小萩」という和歌の一部を地の文に持ち込むことによって、もともとの和歌のイメージを付与し、重層的な効果を狙うやり方である。こうした『源氏物語』の手法については、すでに鈴木日出男[6]の指摘がある。

下敷きになる歌は、必ずしも、当時の歌集でよく知られた歌ばかりではなく、時には『源氏物語』内部の歌であることもある。

たとえば「橋姫」。用例が少なく、『古今和歌集』に用いられた例しか見いだせないが、『源氏物語』以外の仮名文学作品の散文部分には見られないので、歌語としてよかろう。「橋姫」は、橋を守る女神のこと。特に、宇治市の宇治橋にいる橋姫は有名であった。『源氏物語』では、薫が、宇治の大君を橋姫に見立てて、こう詠んでいる。

橋姫の心を汲みて高瀬さす棹のしづくに袖ぞ濡れぬる　（源氏物語、橋姫）

「あなたのお心をお察しして、浅瀬を漕ぐ舟の棹のしづくに舟人が袖を濡らすように、私も涙で袖が濡れてしまったことです」といった意味の歌。

この歌を踏まえ、薫は、後に、こう思っている。

「なほ心憂く、わが心乱りたまひける橋姫かな」と思ひあまりては、　（源氏物語、蜻蛉）

薫は、亡くなった宇治の大君が忘れられない。彼女にかつて詠みかけた歌の中の「橋姫」という歌語を心話文に使うことによって、涙に泣きぬれる歌の意味を付与し、重層効果を狙っている。

8　他作品では

以上述べてきたような『源氏物語』の散文部分での歌語の用法は、他作品ではどうなっているのであろうか？『源氏物語』の散文部分に用いられた歌語に注目して『源氏物語』以前もしくは同時期成立の仮名文学作品の散文部分を検討してみる。

まず、４で述べたような、詠歌の行為によって高まった情緒を地の文にまで持ち込んでいる場合はあるのだろうか？『蜻蛉日記』の「駒」の例の中には『源氏物語』に近いと思われるものが指摘できる。『蜻蛉日記』には、散文部分に用いられた「駒」の語が三例みられる。そのうち一例だけであるが、『源氏物語』の用法に通じると思われるものがある。次例である。

旅ゆく人の、浜づらに馬とめて、千鳥のこゑきく所あり。

一声にやがて千鳥と聞きつれば世々をつくさんかずもしられず

粟田山より駒ひく。（蜻蛉日記、中巻・安和二年八月）

歌に至る前の地の文には、普通語の「馬」が用いられ、歌が詠まれた直後の地の文では、「駒」が使われている。和歌の情緒が散文に持ち込まれた『源氏物語』の場合に一脈通じるものがある。

右例以外の仮名作品の散文部分に見られる「駒」は、①単なる歌の語句の引用であったり、②あだ名に使われたものであったりする。たとえば、『枕草子』に見られる「駒」の例。

こま野の物語は、なにばかりをかしき事もなく、言葉も古めき、見所多からぬも、月に昔を思ひ出でて、むしばみたる蝙蝠取り出でて、「もとみし駒に」と言ひて尋ねたるが、あはれなるなり。（三巻本枕草子、二七六段）

『こま野の物語』で、清少納言の心に残った一場面を述べた箇所。「駒」は、物語の登場人物の詠んだ歌の引用に用いられただけである。

また、『落窪物語』の散文部分には「駒」が目立つが、あだ名に用いられたものである。「面白の駒」（一四例）「殿上の駒」（一例）というふうに使われており、登場人物のあだ名である。しかも、この「駒」の語は、歌語の「駒」ではなく、「子馬」の意味の語と察せられるのだ。というのは、平安末期の『今昔物語集』に、こんな「駒」の例がある。

「何レノ樹ニカ枝无《な》キ。何レノ牛ニカ犢《こうし》无キ。何レノ馬ニカ駒无キ。」

（今昔物語集、巻一〇第九話）

木には枝が、牛には子牛が、馬には子馬がいるといった自明のことを述べ立てている文である。「駒」は、親「馬」に対する「子馬」の意味である。『落窪物語』の「駒」も、あだ名を付けられた人物の風采からすると、小柄であったと考えられ、「子馬」の意味として「駒」の語を使っていると判断される。歌語「駒」と同じに見えるが、子馬の意味と思われる「駒」は、『宇津保物語』の散文部分にも見られる。

では、『源氏物語』の散文部分と同じような働きをする歌語は、『蜻蛉日記』の他にはないのか？　さらに、調査検討してみる。すると、美的な情景を創り出したり、物事を美化するために使われていると考えてもよいような歌語が、『宇津保物語』に僅かに見られる。「山風」と「そぼつ」である。「山風」の例は、すでに3で引用したので、ここには記さないが、『源氏物語』と同様に、美しい情景を創り出すのに一役買っていると考えてもよかろう。また、「そぼつ」は、次のように用いられている。

「むまれ《(生)》たまひしすなはちより、御ふところは《(と脱カ)》なち《(離)》たてまつり給はず、御ゐとしに《(ママ)》そぼちおはします。」

（宇津保物語、蔵開の上）

内侍のすけが、大臣に申し上げる会話文に見られる。父親が、生まれたての自分の子に小便をかけられて喜んでいるというのである。「そぼつ」は、そうした場面を美化して話す効用があるとみなしてもよかろう。しかし、『源氏物語』のように、人物造型に効力をもっているわけではない。

こうして『源氏物語』以前もしくは同時期成立の仮名文学作品の散文部分における歌語は、『源氏物語』ほど、効果的な使われ方をしていないことが明らかになる。これらの作品においては、かろうじて和歌で高まった調子を散文に持ち込む例や美的な情景を創り出す例がほの見えるといった程度にとどまっている。

9 卑俗語とは

では、「雅語」の対極にある「卑俗語」は、どのような使われ方をしているのであろうか?「卑俗語」とは、品がなく、貴族階級の人物がふつう口にしない言葉のことである。具体的には、次の二つの場合を、ここで「卑俗語」として取り扱うことにする。

まず第一に、言葉そのものの意味内容やイメージがすでに品に欠けている場合。「糞《くそ》」や「反吐《へど》」などの語は、平安時代からすでに見られ、(7)現在と同じ意味であるが、意味内容そのものからすでに卑俗性を備えている。また、あからさまな言葉や他人を傷つける言葉も、無神経な粗さが潜んでおり、卑俗性を備えている。

第二に、言葉そのものの意味やイメージは格別に卑俗ではないが、その用い方で、品のなさが出てくる場合。たとえば、誇張しすぎた言葉遣いであったり、ありたけの知識をひけらかすようなセンスのない言葉遣いであったり、社会風習にはずれた言葉遣いであったりすると、下品な印象を帯びる。

以上の二つの場合を「卑俗語」と認定して、ここで俎上にのせる。

考えてみると、雅を重んじる『源氏物語』に、卑俗語などが見られるのだろうか?『源氏物語』の和歌にはもちろん、地の文にも卑俗な言葉は見られない。しかし、特定の登場人物の会話文や消息文に限って、卑俗語や卑俗な言い回しが出現するのだ。とりわけ目立つのは、大夫の監と近江の君と常陸の介である。

10 大夫の監の言葉

大夫の監は、九州の土豪であり、玉鬘を妻にしようと力ずくで迫ってくるような男性である。彼の会話に使う言葉には、卑俗な言葉が溢れている。

このおはしますらむ女君、筋ことにうけたまはれば、いとかたじけなし。ただなにがしらが私《わたくし》の君と思ひ申して、頂《いただき》になむささげたてまつるべき。おとどもしぶしぶにおはしげなることは、よからぬ女どもあまたあひ知りてはべるを、聞こしめしうとむななり。さりとも、すやつばらを、ひとしなみにはしはべりなむや。わが君をば、后の位におとしたてまつらじものをや。（源氏物語、玉鬘）

大夫の監は、玉鬘の血筋をあがめ、是非結婚したいと言っている。結婚したら、内々の主君と思って彼女を頭の上に高く捧げて崇め奉る扱いをすると約束している。「乳母がこの結婚に気乗りしないのは、自分につまらぬ女どもが大勢いるからだろうか？　しかし、そんなこと心配御無用。どうして、そんな奴等を姫と同列に扱いましょうか。大事な姫を、后の位にも負けぬお扱いを致す所存だ」と、大夫の監は、述べたてている。

金と力はあるが、家柄のない大夫の監。ここで、貴種の玉鬘を得れば、もう足りないものはないと一人決めての強引なプロポーズ。その言葉も、荒々しく、「すやつばら」などという言葉を平気で口にしている。

「すやつばら」は、そいつら、そいつども、という意味の粗野な言葉である。「すやつ」は、相手を卑しめののしっていうときに用いる人称代名詞。当時存在した「そやつ」「くやつ」「かやつ」と同種の罵詈語である。「ばら」は、複数であることを示す接辞。大夫の監の妾妻たちを指している。『源氏物語』では、この箇所にたった一回用いられた言葉。大夫の監の会話のためにのみ存在する。なお、『源氏物語』には、「かやつ」「くやつ」「そやつ」などの罵り語は、見られない。(8)

また、上記の大夫の監の会話には、「うとむ」「女ども」などの荒い言葉も見られ、粗野な人柄を感じさせる。さらに、「私の君」「頂になむささげたてまつる」「后の位におとしたてまつらじ」といったオーバーな言い回しが見られ、卑俗な雰囲気を出している。

また、大夫の監の敬語は、奇妙であり、上流貴族の口にしないものである。五島和代(9)は、大夫の監の会話に見られる敬語表現に注目し、それが『源氏物語』の内部でも異質であることを明らかにしている。右の会話文に見られる「思ひ申す」は、『源氏物語』では、普通「思ひ聞ゆ」と表現するという。「思ひ聞ゆ」の例は、『源氏物語』では三〇〇例弱見られるのに対し、「思ひ申す」の例は、大夫の監の例のみであるという。さらに、大夫の監は、右に引用した会話文の直前に

「いかでかあひ語らひ申さむ、と思ひたまへしかども、さる心ざしをも見せきこえずはべりしほどに、」

（源氏物語、玉鬘）

と、玉鬘の乳母に向かって言っている。五島によれば、「語らひ申す」は、普通なら「語らひ聞こゆ」と言う。「語らふ」には、「申す」を付けないのが、『源氏物語』での一般的な用法である。大夫の監だけが用いるおかしな敬語である。

「見せきこゆ」も、普通なら、「見せ奉る」と言う。「見す」には、「奉る」がつくのが、常識的な言い方なのである。これらの奇妙な敬語は、大夫の監を描き出すための意図的なものと判断される。

さらに、大夫の監は、次のように聞いている人間を呆然とさせるような直截的で荒々しい言葉を、いとも簡単に

口にしている。

「天下に目つぶれ、足折れたまへりとも、なにがしは仕うまつりやめてむ。国の中の仏神は、おのれになむなびきたまへる。」（源氏物語、玉鬘）

大夫の監は、玉鬘が、たとえ目がつぶれ、足が折れていても、自分がお世話してなおしてみせると言い放っている。見方を変えれば、ひたぶるな真心あふれる求婚の言葉ではある。だが、優美を重んじる貴族階級の男性なら、「目つぶる」とは決して言わない。事実、大夫の監以外の人物で、「目つぶる」という言葉を吐く人はいない。彼のために用意された言葉なのである。

「つぶる」は、「胸」と合体した「胸つぶる」という形でなら、驚きや悲しみなどで、心が痛む時にしばしば用いる。ところが、大夫の監の発言に見られる「目」と合体した「つぶる」は、ここだけである。

「胸つぶる」は、実際に胸が潰れるわけではなく、胸のどきっとした感じを喩えていったものであるから、「目つぶる」ほど具体性を持っていない。「目つぶる」は、文字通り、目が潰れて使いものにならない場合を意味しているわけで、無神経な粗さを持っている。

「足折る」も、同様な荒々しさを持った表現である。そして、また、「国の中の仏神は、おのれになむなびきたまへる」などという誇張した言い回しが見られ、品の悪さを醸し出している。

11　近江の君と常陸の介の言葉

では、近江の君の言葉はどうか？(10)

近江の君は、早口でうわずった声でまくしたてる。そのこと自体が、もはや上流貴族のたしなみから大きくはずれるのであるが、その口にする言葉も品がない。彼女は、久々に対面した父の大臣に向かってこんな言葉を口にする。

「御大壺とりにも、仕うまつりなむ。」　（源氏物語、常夏）

父の大臣が大変な落とし種を拾ってしまったものだと持て余しているのも察することなく、近江の君は、「自分は、御大壺とりになるのも辞せずに誠意を見せる」と言っている。「大壺」は、便器のこと。「大壺とり」は、便器を洗う樋洗《ひすまし》の役を指している。便器に敬語をつけて「御大壺」といったからとて、卑俗な言葉が上品になるわけではない。滑稽なだけである。『源氏物語』では、もちろん、「大壺」などの言葉は、近江の君以外に用いる人物はいない。

近江の君以外には、使わない言葉は、他にもある。

「さも御気色賜はらまほしうはべりしかど、この女御殿など、おのづから伝へきこえさせたまひてむ、と頼みふくれてなむさぶらひつるを」　（源氏物語、行幸）

近江の君の、父に訴える言葉である。「頼みふくる」は、他の平安文学作品にも見られず、確証は得られないのであるが、「賤しい言葉」と指摘されている。(11)「とことん頼みにする」といった意味あいの語であろう。

「むねむねしき方のことはた、殿より申させたまはば、つま声のやうにて、御徳をも蒙りはべらむ」　（源氏物語、行幸）

父に、自分を尚侍に推薦してくれと頼んでいる近江の君の言葉。「つま声」は、自分の言いたいことを他人に言わせ、自分はそれに添えるようにして言う言葉のこと。他の平安文学作品にも、見られない言葉であるが、これも、

「下賤の言葉」ではないかと言われてきている。[12]

また、「蒙る」という語も、『源氏物語』では近江の君の会話だけに用いられている。恩恵を上位者から戴くことで、娘が父に言う言葉としては、いささかオーバーな表現で、品がない。近江の君は、同じくらい誇張の感じられる「戴く」という言葉も、別の箇所で使っている。

また、近江の君の言葉には、優美な貴族女性は決して口にしないようなストレートな言葉が見られる。

「聞けば、かれも劣り腹なり。」 (源氏物語、行幸)

自分も、母親の身分が低く「劣り腹」であるが、あんなにちやほやされている玉鬘だって私と同じ「劣り腹」だって言うじゃないのと、近江の君は叫んでいる。当時の高貴な女性は、決して口にしないようなあからさまな言葉である。実際、『源氏物語』でも、近江の君以外の女性は、誰一人として、口にしていない。地の文にも見られない。内大臣と、紀伊の守といった単刀直入な物言いをする男性の会話に一例ずつ用いられているばかりである。

次例も近江の君の言葉。

「かかりける種ながら、あやしき小家に生ひ出でけること」 (源氏物語、常夏)

「種」は、ここでは、血筋を意味している。『源氏物語』には、「種」の語が六例見られるが、近江の君の使う「種」以外は、植物の種や、物事の発生する基因といった意味で、仏典の文句に関係のある使い方なのである。近江の君は、自分の出自に関わる俗っぽい意味で「種」を使っている。

「さかしらに迎へたまひて、軽め嘲りたまふ。」 (源氏物語、行幸)

「人の言ふこと破《やぶ》りたまひて、めざまし。」 (源氏物語、常夏)

いずれも、近江の君の言葉である。「軽め嘲る」「破る」などという歯に衣着せぬ言葉を口にしている。

このほか、近江の君は、自分の知っている古歌をごてごてと並べ立てた手紙を認《したた》めたりしている。

葦垣のま近きほどには、さぶらひながら、今まで影ふむばかりのしるしもはべらぬは、勿来《なこそ》の関をや据ゑさせたまへらむとなん。知らねども、武蔵野と言へばかしこけれども。（源氏物語、常夏）

傍線部の言葉は、歌に用いられた言葉であるから、言葉自体は、雅語なのであるが、背後にある歌のイメージがちぐはぐで、全ての指に指輪をはめて飾ったような品の悪さがにじみでている。

常陸の介の発する言葉にも、卑俗語が見られる。

「我を思ひ隔てて、あこの御懸想人を奪《うば》はむとしたまひけるが、おほけなく心幼きこと。」（源氏物語、東屋）

自分の実の愛娘への求婚者を、継娘の浮舟が奪おうとしたと言って、妻を責め立てている場面。「うばふ」という、野卑な行為を意味する言葉を常陸の介は発している。『源氏物語』では、「うばふ」の語を発しているのは、この常陸の介だけである。

常陸の介は、このように、上流貴族なら、口にするのを憚るような直截的な言葉をしばしば使う。「思ひおとす」「くねり言ふ」「領ず」「とり争ふ」「棄つ」「口入れす」という闘争的な言葉、「取り所」「母なき子」「宝物」「よからぬ童」というあからさまな言葉を、平然と発している。

また、常陸の介は、「命にもかへむ」「頂にも捧ぐ」「大臣の位を求めむ」という過激な言い回しをしている。

このように、大夫の監、近江の君、常陸の介といった人物の発する言葉には、卑俗語や、品のない言い回しが見られる。

12 洗練されていない人物の造型

これは、どういうことであろうか？ 作者紫式部が、都人からつまはじきされるような、洗練されていない人物を造型するために意図的に用いた言葉であると察せられる。

というのは、これらの人物たちは、地の文や会話文で田舎人であると明確に規定されている。大夫の監については、

「なにがしら田舎びたりといふ名こそはべれ、口惜しき民にははべらず。」 （源氏物語、玉鬘）

大夫の監は、自ら田舎びているという評判のあることを口にしている。近江の君については、

ただいと鄙《ひな》び、あやしき下人《しもびと》の中に生ひいでたまへれば、もの言ふさまも知らず。 （源氏物語、常夏）

と、地の文で説明されている。また、常陸の介については、

いとあさましく鄙びたる守にて、うち笑みつつ聞きゐたり。 （源氏物語、東屋）

鄙び、ものめでする人にて、おどろき臆して、 （源氏物語、蜻蛉）

と地の文で説明されている。また、彼の発言を伝え聞いた少将は、こう評価している。

君、すこし鄙びてぞある、とは聞きたまへど、 （源氏物語、東屋）

こうして、作者があらかじめ田舎人として登場させている人物に限って、卑俗語が用いられている。ということは、田舎人らしさを出すための作者の趣向であったことが裏付けられる。

『源氏物語』は、こうした荒々しく野蛮なイメージをかもし出す卑俗語を特殊な人物に限って使用して、人物造

型をしているのである。

13 おわりに

以上、「雅語」「卑俗語」という観点から『源氏物語』の言葉をとらえてきた。その結果、『源氏物語』は、他の仮名文学作品と比較にならぬほど多量に散文部分に歌語を導入していた。

散文部分に導入された歌語は、いずれも特殊な効果を放って存在していた。ある時は、①歌語を用いることによって、散文部分に高く張った和歌の調子を持たせ、ある時は、②歌語を用いることによってより美しい情景を演出し、ある時は、③歌語を特定の人物の会話や心話に用いさせることによって優美な人物を造りだし、またある時は、④歌語を用いることによって、その歌語の詠み込まれた和歌全体の意味を散文部分に付与し、豊かな重層効果を上げていた。

一方、「卑俗語」の方は、もっぱら会話文に出現し、大夫の監や常陸の介や近江の君という田舎臭く無骨な人物や爪弾き者を造型するのに力を貸していた。

散文部分に用いられた「歌語」、雅やかな語群の中に入り込んだ「卑俗語」、いずれも、異質なものの混入である。『源氏物語』は、周囲と質の異なる言葉を取り込み、使いこなすことによって、大きな効果をあげた作品なのである。

注

（1） 佐藤武義「歌語としての万葉語『白雪』について」（『文芸研究』78集、昭和50年1月）、佐藤武義「翻訳語としての万葉語―『春』の複合語を中心に―」（『佐藤喜代治教授退官記念国語学論集』昭和51年）、佐藤武義「万葉語『なつ＋～』考」（『宮城教育大学国語国文』8号、昭和52年4月）をはじめとする一連の論考で、具体的に指摘している。

（2） 神谷かをる「古今集における『白―』『初―』『四季―』の語彙―詩語から歌語へ―」（『光華女子大学研究紀要』24集別冊、昭和61年12月）、神谷かをる「古今集における『山―・川―・草―・木―』の語彙―詩語と歌語―」（『光華女子大学研究紀要』25集、昭和62年12月）

（3） これらの語の出現状況については、神谷かをる「新撰万葉集における和漢の共通語彙について―歌語と詩語―」、神谷かをる「新撰万葉集下巻における和漢の共通語彙―歌語と詩語―」（ともに『仮名文学の文章史的研究』和泉書院、平成5年、収録）

（4） 石田穣二「橋姫の巻歌語注解」（『源氏物語論集』桜楓社、昭和46年、収録）

（5） 奈良時代では、「そほつ」と第二音節は清音であるが、平安時代では清濁決定し難く、今しばらく従来の読みに従っておく。

（6） 鈴木日出男「源氏物語の引歌」（『国文学』34号、昭和47年12月）

（7） 山口仲美「竹取物語・伊勢物語のことば」（『別冊国文学』34号、昭和63年5月。本著作集2『言葉から迫る平安文学2 仮名作品』に「『竹取物語』と『伊勢物語』の言葉」として収録）

（8） 「くやつ」「すやつ」については、『落窪物語』に例がある。山口仲美「落窪物語の会話文―人物造型の方法―」（『国文』お茶の水女子大学、72号、平成2年1月。本著作集2『言葉から迫る平安文学2 仮名作品』にも、「『落窪物語』の会話文」として収録）参照。

（9） 五島和代「肥後大夫監の言語」（『北九州大学文学部紀要』50号、平成6年12月）

（10） 近江の君の言葉については、五島和代「近江君の言語」（『北九州大学文学部紀要』48号、平成5年12月）がある。

（11）　日本古典文学大系『源氏物語（三）』九五頁・頭注一七では、「賤しい言葉」、日本古典文学全集『源氏物語（三）』三一五頁・頭注一五では、「下賤の言葉か」、『源氏物語評釈（六）』では、「身分の低いものの使うことばであろう」としている。

（12）　日本古典文学全集『源氏物語（三）』三一六頁・頭注一では「下賤の言葉かという」。『源氏物語評釈（六）』では、「やはり身分の低いものの使うことばであろう」としている。

『源氏物語』の漢語

1 はじめに

いずれの御時にか、女御更衣あまたさぶらひたまひける中に、いとやむごとなき際にはあらぬが、すぐれて時めきたまふありけり。（源氏物語、桐壺）

有名な『源氏物語』の冒頭文。傍線部「女御」「更衣」は漢語であるが、その他はすべて「和語」で綴られている。平安時代の和文作品は、言うまでもなく「和語」が大半を占め、「漢語」はその一部にとどまる。しかし、それらの漢語は、観察すると、地の文に用いられやすい漢語・会話文に用いられやすい漢語・男性の会話に用いられる漢語・女性の会話にも用いられる漢語などと、使われ方に差異があるように思われる。

そこで、いままで十把一絡げにとらえられがちだった漢語に注目して、どのような漢語が、どう用いられているのか、位相的な観点から『源氏物語』の漢語を解明してみようと思う。

2 漢語の割合

おおよそ平安時代の語彙は、「和語」か「漢語」かのいずれかに属する。むろん、もとをただせば、「阿弥陀（梵語 amita から）」「釈迦牟尼（梵語 sakya muni から）」のように、梵語という語もあるが、これらも中国経由で入ってきているので、ふつう漢語に含めて考える。

漢語の含有率は、作品によって異なっているが、宮島達夫(1)によってその割合が明らかにされている。すなわち

『源氏物語』では、冒頭の引用文に見られるような「女御」「更衣」といった純粋の漢語は、約一千種。『源氏物語』の語彙全体の九％を占めている。このほか、和語が漢語の下に接続している「精進物《さうじもの》」「懸想人《けさうびと》」といった混種語、逆に、和語が漢語の上に付いた「老法師《おいほふし》」「名対面《なだいめん》」といった混種語[2]が、合わせて四％見られる。こうした混種語も、ここでは、漢語に含めて考える。すると、『源氏物語』の全語彙のうち、一三％が漢語であることが分かる。残りの八七％が、「和語」である。

ちなみに、宮島の調査[3]をもとに、他作品の状況を整理すると、『枕草子』は、約一六％の漢語を含み、『紫式部日記』は、約一五％、『更級日記』『蜻蛉日記』は、約九％、『竹取物語』が八％、『伊勢物語』『土佐日記』が約六％の漢語を含有している。

『源氏物語』は、和文系の文学作品の中では、比較的漢語の含有率が高い作品なのである。

3 地の文で活躍する漢語

さて、『源氏物語』では、漢語は、どんなところに使われているのか? まず、地の文と会話文に分けて、地の文に使われやすい漢語をピックアップしてみる。少し長いが、漢語のよく見られる地の文の例を引用してみる。紫の上の薬師仏供養と精進落としの祝宴のさまを描いた部分である。

> 神無月に対の上、院の御賀に、嵯峨野の御堂にて薬師仏供養したてまつりたまふ。……仏《ほとけ》、経箱、帙簀《ちす》のととのへ、まことの極楽思ひやらる。最勝王経　金剛般若　寿命経など、いとゆたけき御祈りなり。上達部いと多く参りたまへり。……対どもは、人の局々にしたるを払ひて、殿上人、諸太夫、院司、しも人《うど》までの設け、い

かめしくせさせたまへり。寝殿の放出を、例のしつらひにて、螺鈿の椅子立てたり。…挿頭の台は沈の華足《くゑそく》、黄金《こがね》の鳥、銀《しろがね》の枝にゐたる心ばへなど、淑景舎の御あづかりにて、明石の御方のせさせたまへる、ゆゑ深く心ことなり。背後《うしろ》の御屏風四帖は、式部卿宮なむせさせたまひける。……未《ひつじ》の時ばかりに楽人参る。万歳楽、皇麞《わうじやう》など舞ひて、日暮れかかるほどに、高麗の乱声《らんじやう》して、落蹲《らくそん》舞ひ出でたるほど、なほ常の目馴れぬ舞のさまなれば、舞ひはつるほどに、権中納言衛門督おりて、

（源氏物語、若菜上）

絢爛豪華な絵巻を見るような場面である。傍線を付したように、漢語が地の文に頻出している。それらの漢語のあらわす内容に注目すると、次の七つのケースに分類できる。

(1) 登場人物を表す官職地位名――「対」「院」「殿上人」「諸太夫」「院司」「式部卿宮」「権中納言」「衛門督」

(2) 建築物名――「堂」「寝殿」「淑景舎」

(3) 行事名――「賀」

(4) 家具調度名――「経箱」「帙簀」「螺鈿」「椅子」「台」「沈」「華足」「屏風」

(5) 音楽舞楽関係語――「楽人」「万歳楽」「皇麞」「乱声」「落蹲」

(6) 仏教関係語――「薬師仏」「供養」「極楽」「最勝王経」「金剛般若」「寿命経」

(7) 数詞――「四帖」

列挙した漢語は、調べてみると、地の文以外の会話文にも用いられている場合もあるが、多くは地の文に出現する漢語である。

(1)(2)(3)に関しては、他の地の文を拾い読みすると、次のような漢語をたやすく追加することができる。

(1)の官職地位名としては、「宰相」「左大弁」「左兵衛督」「斎院」「従者《ずさ》」「僧都」「導師」「律師」など。

(2)の建築物名としては、「弘徽殿」「承香殿《しょうきゃうでん》」「後涼殿」「中堂」「僧坊」「楽所」など。

(3)の行事名としては、「元服」「臨時客《りんじきゃく》」「節会」「節分」「除目」「灌佛」など。

さらに、(8)中国文学・思想・遊戯関係の漢語も、おもに地の文で使われる。たとえば、「宿曜《すくえう》」「春鶯囀」「太平楽」「青海波」「長恨歌」「王昭君」「双六」「台盤」など。

こうして、『源氏物語』の地の文に用いられる傾向のある漢語は、(1)~(8)に属するような漢語であることが明らかになる。これらの漢語は、壮大な絵巻さながらに展開する行事描写に必要欠くべからざるものだったのである。

では、次に、会話文に用いられる漢語には、どのようなものがあるのか。まず、平素漢文に接している男性に注目してみよう。

4　男性だけが用いる漢語

男性の会話文にだけ見られる漢語には、どんなものがあるか。「不便なり」という、漢語からきた形容動詞がある。『源氏物語』に九例見られるが、全て、男性の会話文に用いられている。

「しか。はかなき事につけても、涙もろに物し給へば、いとふびんにこそ侍れ。」　(源氏物語、野分)

光源氏に答える、息子夕霧の言葉である。台風に怯える祖母を思いやっての発言である。ここの「不便なり」は、可哀想であるといった意味あいである。

「鍵を置きまどはしはべりて、いと不便なるわざなりや。」　(源氏物語、夕顔)

光源氏に言い訳する惟光の言葉。「不便なり」は、ここでは、都合が悪い・不都合だの意味。

「非常《ひざう》」という漢語も、男性の用いる漢語である。

「鳴《なり》高し。鳴《なり》やまむ。はなはだ非常なり。座を退《ひ》きて立ちたうびなん。」

（源氏物語、少女）

騒いで一向に静かにならない君達を叱りつける博士の言葉。「騒がしい。静かにしなさい。はなはだ不作法である。席から出ていっていただこう」と、学生を叱りつける現代の大学教師さながらである。「非常」は、正常ではない、異常であるという意味で、『源氏物語』に三例見られる。いずれも、男性の会話文中に用いられている。ただし、男性といっても、文章博士（二例）や横川の僧都（一例）といった世俗から離れた知識層の男性だけが用いていることからすると、次節で述べるような階層に関係する漢語の匂いもする。

この他、男性の会話専用の漢語と思われるものは、怠けることを意味する「懈怠《けだい》」、詩文が見事であったり、人柄や物事が優れているさまを意味する「警策《きやうざく》なり」(4)、優れている・素晴らしいといった意味の「優《いう》なり」、ひたすらといった意味の「一向《いかう》に」、仏の道をおさめる人を意味する「修行者」などがある。これらの漢語は、『源氏物語』に、それぞれ四例、六例、六例、二例、一例見られるが、全て男性の会話文（心話文を含む）に用いられている。また、漢語かどうか論議のある「たいだいし」(5)も、男性だけの使用する言葉である。『源氏物語』に一四例みられる。

「かくこまかにはあらで、ただ覚えぬけがらひに触れたるよしを奏したまへ。いとこそたいだいしく侍れ。」

（源氏物語、夕顔）

光源氏の会話文である。「たいだいし」は、よろしくない・不都合である・とんでもないなどの意味を持った言葉。「怠々し」「退々し」などの漢字を当てて漢語と考えてきた語である。

こんなふうに、男性だけが会話で用いる漢語が存在している。

5 僧侶だけが用いる漢語

男性の会話だけに用いられている漢語の中には、さらに、その男性の所属する階層を感じさせる語がある。たとえば、「出家《すけ》」という漢語。「出家」は、『源氏物語』に六例出現するが、すべて男性の会話文（消息文も含む）である。しかも、そのうちの五例が、次例のように僧侶関係の人物が用いている。

「まかり寄りたりしに、泣く泣く出家の本意深きよし、ねむごろに語らひはべりしかば、頭おろしはべりにき。」（源氏物語、手習）

横川の僧都の、明石中宮に語る言葉である。「出家」という漢語を、横川の僧都は、好んで用い、消息文中にも使っている。他には、「出家」の語を阿闍梨も用いている。俗人では、紀伊守が一回用いているだけである。男性でも、貴族階級の人物は、普通「世を離る」「世を捨つ」「身をやつす」と言っている。たとえば、次のように。

「ここにかく世を捨てたるに、三の宮の同じごと身をやつしたまへる、末なきやうに人の思ひ言ふも、捨てたる身には思ひ悩むべきにはあらねど」（源氏物語、夕霧）

出家した朱雀院のセリフである。もともと僧侶であったわけではないので、「出家」という漢語を用いていない。「世を捨つ」「身をやつす」と、和語のいいまわしをしている。また、地の文でも、「世を背く」「御髪《みぐし》おろす」「御髪削ぐ」「尼になる」「さま変はる」「かたち異なり」と表現しており、「出家」の語は用いていない。

こうした使用状況から、「出家」の語は、僧侶という階層と密接な結びつきをもった語であったと推測される。

このほか、次に見るような律師や優婆塞の言葉に見られる傍線部の漢語も、僧侶という階層に密接に結びついていた語と考えられる。

「大日如来虚言《そらごと》したまはずは。などてか、かくなにがしが心をいたして仕うまつる御修法に験《しるし》なきやうはあらむ。悪霊《あくりやう》は執念《しふね》きやうなれど、業障《ごふしやう》にまとはれたるはかなものなり。」（源氏物語、夕霧）

声を怒らせてずけずけ言う律師の言葉。「悪霊」「業障」は、『源氏物語』にただ一例しか見られないが、立腹したために思わず口から飛び出した僧侶集団の使う専門用語と推測される。「業障」は、仏の示す正しい道に入るのを妨げる障害を意味する仏教用語である。「悪霊」は、たたりをなす死者の霊であり、「業障」よりは、一般に知られていた漢語ではあろう。

このように、僧侶という階層に関係していると思われる漢語がある。

6 女性が用いる漢語

では、女性たちの使う漢語はあるのか。平素漢文に親しまない女性たちは、会話に漢語を余り用いないように思われる。しかし、石橋真理の調査によると、[6] 漢語の使用率においては、男女差が認められないと言う。一体、女性たちは、どんな漢語を使っていたのか。

調べてみると、ふつうの女性たちだけが使う漢語は、なかなか見つからない。男性も使うが、女性も使うといった漢語ばかりである。つまり、かなり一般化した漢語なら女性も使うということである。

たとえば、「対面」という漢語がある。『源氏物語』に一一七例見られる。地の文に七一例、会話文（心話文・消息文を含む）に四六例見られる。それぞれ用例を付しておこう。

参りたまへれば、命婦、中納言の君、中務などやうの人々対面《たいめ》したり。　（源氏物語、紅葉賀）

藤壺に会いたくてやってきた光源氏。だが、藤壺は、命婦・中納言の君・中務などという女房に相手をさせ、自らは会わないといった場面。地の文に用いられた「対面」の語である。

また、次例は、男性が会話文に用いたもの。

「物越しに、はつかなりつる対面なん、残りある心地する。」　（源氏物語、若菜上）

光源氏は、朧月夜に密かに会ってきた。それを知っているのに知らないふりをする妻の紫の上。光源氏は、紫の上にいわずもがなの言い訳をする。物越しに逢っただけだから、名残惜しい気がすると。光源氏の会話文に用いられた「対面」である。こんなふうに、地の文・男性の会話文に用いた漢語なら、女性も使う。

「かの人もし世に物したまはば、それ一人になむ対面せまほしく思い侍る」　（源氏物語、夢浮橋）

浮舟のセリフにある「対面」である。女性の使う漢語は、きわめて一般化した漢語なのである。

以下にあげる女性たちの使う漢語も、同様な性質をもったものである。

「をりふしの心ばへの、かやうに愛敬なく用意なきことこそ憎けれ。」　（源氏物語、東屋）

「愛敬」は、浮舟の母の用いた漢語。地の文のみならず、男性の会話にも見られる漢語である。

「もの怖ぢをなんわりなくせさせたまふ本性にて、いかに思さるるにか」　（源氏物語、夕顔）

「本性」は、夕顔付きの女房・右近のセリフに見られる漢語である。「本性」「御本性」は、合わせて『源氏物語』に二五例見られる。地の文に一四例、会話文（心話文を含む）に一一例用いられ、むろん男性も使っている。

「御消息聞こえさせむ」ときこゆるを、「いとびんないこと」とせい《（ママ）》したまひて、　（源氏物語、若菜下）

「便なし」は、「便」という漢語に、和語の「なし」がついた混種語である。右例の「便なし」は、光源氏の第一の妻・紫の上のセリフに見られる。自分の病気を光源氏に知らせようとする女房たちを制する言葉。女三宮方にいる光源氏に知らせるのは、焼き餅を焼いているようで「不都合でよくない」の意味である。「便なし」は、『源氏物語』に三八例見られるが、地の文に一五例、会話文に二三例。男性もよく使う漢語である。

また、「大徳《だいとこ》」という漢語も、かなり一般化しており、男性も使っているが、女性も用いている。

このように、女性も口にする漢語というのは、極めて一般化した漢語であったことが分かる。

7　特殊な女性が使う漢語

しかし、女性といっても、普通とは違った突飛な面をもつ女性は、男性顔負けの漢語を使う。その女性は、近江の君と博士の娘である。

近江の君は、次のような言葉をまくしたてている。

「舌の本性にこそはべらめ。幼くはべりし時だに、故母の常に苦しがり教へはべりし。妙法寺の別当大徳の産屋にはべりける、あえものとなん嘆きはべりたうびし。」（源氏物語、常夏）

近江の君は、貴族女性にはあるまじき程の早口。父の大臣がそれを嘆くと、生まれた時にいた別当大徳にあやかってしまったせいだと言ってのける。

近江の君は「妙法寺」「別当」「大徳」という漢語を使ってまくしたてている。「妙法寺」は、近江の君しか使っていない漢語。「別当」の語も、地の文には四例見られるが、会話文では近江の君が用いているだけである。若くゆかしい女性は、このような漢語を使わない。近江の君にこうした漢語を使わせているのは、作者の人物造型の方法である。次例も近江の君の会話。

「大臣の君、天下に思すとも、この御方々の、すげなくしたまはむには、殿の内には立てりなんはや」

（源氏物語、常夏）

「天下」などという大げさな漢語を使っている。「天下」という漢語は、『源氏物語』に四例見られるが、近江の君のセリフの他は、高麗の人相見、田舎者で無骨な大夫の監、浮舟の母につかえる老女房、のセリフに用いられている。[7] 近江の君は、このような漢語を自らの話し言葉に用いることによって、たしなみある高貴な女性たちからのあぶれ者として造型されている。

また、博士の娘は、結構まめまめしく家事などもこなす女性であるが、漢語を連発して男を怯えさせている。

「月ごろ風病《ふびやう》重きにたへかねて、極熱《ごくねち》の草薬《さうやく》を服《ぶく》して、いと臭きによりてなん、え対面賜はらぬ。目のあたりならずとも、さるべからん雑事《ざふじ》らはうけたまはらむ。」

（源氏物語、帚木）

博士の娘だけあって学がある。普通の女性の使わぬ漢語もごく自然に口をついて出る。「風病」「極熱」「草薬」「服す」「対面」「雑事」、全て漢語である。

「対面」は、ふつうの女性も使うけれど、「風病」「極熱」「草薬」「服す」に至っては、女性が使うはずもない。のみならず、男性も使っていない。専門用語に近く、まさに男性顔負けの漢語である。博士の娘だけの使う特別な漢語である。[8]「雑事」は、『源氏物語』に三例見られるが、博士の娘以外では、使用人クラスの男性が使っている。『源氏物語』の作者は、博士の娘にこうした特別な漢語を使わせて、人物造型を行っているのである。[9]

8　おわりに

いままで、『源氏物語』の漢語は、位相的な面からの追究が少なかった。(10) しかし、地の文で活躍する漢語もあれば、会話文で活躍する漢語もある。

地の文には、「宰相」「左大弁」などの官職地位名や「寝殿」「弘徽殿」といった建築物名、あるいは「節会」「除目」などの行事名をはじめとする、家具調度・音楽舞楽・仏教・中国文学・思想・遊戯・数詞に関係する漢語が多数出現していた。

会話文では、男性だけが用いる「不便」「非常」「懈怠」といった漢語があり、さらに男性でも、「出家」「業障」などの、僧侶階層の人物だけが口にする漢語があった。

日常では、漢文に接しない女性たちも、一般化した「対面」「愛嬌」「本性」などの漢語は口にしていた。さらに、突飛な面を持つ女性たちは、「極熱」「風病」といった特殊な漢語を使い、その特異性を際立たせていた。『源氏物語』の作者は、こうした漢語を巧みに操作して人物造型を行っていたのである。

『源氏物語』の漢語は、地の文・会話文という差異、男女という性別、階層・人柄の違いに応じて使い分けており、追究すればするほど面白い側面が見えてくる。

注

（1）　宮島達夫編『古典対照語い表』（笠間書院、昭和46年）による。

（2）混種語のさまざまなパターンについては、宮田裕行「源氏物語における字音語語彙の構成について」（『文学論藻』49号、昭和49年12月）が参考になる。

（3）宮島達夫編『古典対照語い表』（笠間書院、昭和46年）

（4）「きやうさく」「かうさく」と仮名表記されているものに、従来どおりに「警策」の漢字を当てておいた。しかし、原田芳起「源氏物語漢語彙弁証」（『国文学』昭和34年10月。『平安時代文学語彙の研究』風間書房にも収録）によれば、「景迹」の漢字表記が該当するのではないかという。

（5）原田芳起「平安文学における漢語彙研究の課題」（『平安文学研究』昭和35年3月。『平安時代文学語彙の研究』風間書房にも収録）

（6）石橋真理「源氏物語会話文における男性語と女性語」（『成蹊国文』8号、昭和49年12月）

（7）「天下」という漢語が、源氏物語で田舎者や下級者の対話に用いられているという指摘は、原田芳起「平安文学と漢語」（『平安文学研究』昭和36年6月。『平安時代文学語彙の研究』風間書房にも収録）でされている。

（8）「風病」「極熱」「草薬」について、原田芳起は、「当時の医学用語とでもいうべきか、儒者言葉的なものであろう」（「源氏物語における漢語彙の位相」『樟蔭文学』昭和34年10月。『平安時代文学語彙の研究』風間書房にも収録）としている。興味深い指摘であり、検討すべき問題である。

（9）擬音語・擬態語にも、人物による見事な使い分けがある。山口仲美「源氏物語の象徴詞—その独自の用法—」（『国語と国文学』60巻10号、昭和58年10月。本著作集1『言葉から迫る平安文学1　源氏物語』にも、「『源氏物語』の象徴詞の独自用法」として収録）参照。また、森一郎「薫の恋—人物造型と敬語法—」（『学大国文』37号、平成6年1月）の論もある。

（10）源氏物語の漢語については、従来、字音の系統からアプローチした論が目立つ。たとえば、柏谷嘉弘「源氏物語に於ける漢語」（『国語と国文学』34巻11号、昭和32年11月）、築島裕「源氏物語の漢語の一性格」（『文学』35巻5号、昭和42年5月）など。

「『つぶつぶと』肥えたまへる人」考

1　肉体のふくよかさを表す「つぶつぶと」

平安文学作品には、「つぶつぶと」という語が、よく現われるが、その語義・語源については諸説あり、いまだ不明な点の多い言葉である。(1)

筆者も、この語の意味に興味をそそられ、いずれ機会を得て「つぶつぶと」の語義全体を論じたいと思っているのであるが、さしあたってここで取り上げたいのは、次のような「つぶつぶと」の例である。

(1)いと白うをかしげにつぶつぶと肥えて、そぞろかなる人の、頭つき額つきものあざやかに、まみ、口つきいと愛敬づき、はなやかなる容貌《かたち》なり。（源氏物語、空蟬）

これは、『源氏物語』に登場する軒端荻の描写である。彼女は、色白で背丈もあり、「つぶつぶと」肥えた豊満な姿態をもつ女性である。軒端荻をのぞき見した光源氏は、偶然のことながら彼女と一夜の契りを結んでしまう。この「つぶつぶと」は、現代語でいえば、「まるまると」「ふっくらと」「ぷくぷくと」といった語感に近い擬態語である。肉付きがよく、まろやかなさまを意味する。

『源氏物語』には、「つぶつぶと」で形容される肉付きの豊かな女性が、他に二人登場する。玉鬘と雲居雁である。

(2)むつかしと思ひてうつふしたまへるさま、いみじうなつかしう、手つきのつぶつぶと肥えたまへる身なり肌つきのこまやかにうつくしげなるに、（源氏物語、胡蝶）

養い親であることにかこつけて、何かと言い寄る光源氏を、激しく拒むことも出来ずに悩む玉鬘も、肌が美しく、手つきも「つぶつぶと肥えたまへる」人であった。肉感的な美しさを「つぶつぶと」の語が表している。

(3)いとよく肥えて、つぶつぶとをかしげなる胸をあけて乳などくくめたまふ。（源氏物語、横笛）

雲居雁も、既に子供をもち、まるまると太って、「つぶつぶと」豊かな胸をしているのである。軒端荻、玉鬘、雲居雁は、三人とも、気品という点では、いささか物足りぬが、豊満な姿態をもつ美しい女性達である。

この他、『源氏物語』では、この意味の「つぶつぶと」が二例みられ、幼い薫のふっくらとした肉付きを形容している。

(4)抱きとりたまへば、いと心やすくうち笑みて、つぶつぶと肥えて白ううつくし。（源氏物語、柏木）

(5)いみじう白う光りうつくしきこと、皇子たちよりもこまやかにをかしげにて、つぶつぶときよらなり。
（源氏物語、横笛）

前例は、誕生後五十日の薫、後例は、二歳前後の薫の形容である。色白で、「つぶつぶと」肥えた幼子《おさなご》薫は、他の皇子たちよりも際立って可愛らしいのであった。

以上の五例が、『源氏物語』にみられる肉付きの良さを形容する「つぶつぶと」である。

また、この「つぶつぶと」は、『源氏物語』と同一作者の手になる『紫式部日記』にも、一例みられる。

(6)大納言の君は、いとさゝやかに、小《ちひさ》しといふべきかたなる人の、白う美しげに、つぶつぶと肥えたるが、
（紫式部日記）

色白でふっくりとした大納言の君は、小柄ではあったが、何ともいえぬ女の魅力が溢れている。『源氏物語』に登場する「つぶつぶと」した女性達と同趣である。

2　紫式部の造語か

ところで、こうした意味の「つぶつぶと」は、辞典類では、「つぶつぶと」の語義の第一義的なものとして掲出されたり（『岩波古語辞典』）、「美しい状態をいう慣用的表現」（『例解古語辞典』）と解説されたりするが、平安文学作品を広く調査しても、さほど多く見られるわけではない。すなわち、「つぶつぶと」の語自体は、『宇津保物語』に四例、『落窪物語』に三例、『蜻蛉日記』に三例、『実方朝臣集』に一例、『源氏物語』に一三例、『紫式部日記』に一例、『浜松中納言物語』に一例、『狭衣物語』に三例、『夜の寝覚』に五例、『在明の別』に七例、『栄華物語』に一例、『讃岐典侍日記』に一例、『今昔物語集』に三例と、かなり広範囲に渡ってみられる。(2) しかし、ふっくらしたさまを表す「つぶつぶと」は、既に掲出した『源氏物語』の五例、『紫式部日記』の一例の他に、『夜の寝覚』に四例、『在明の別』に一例見られるだけである。さらに、中世・近世の主要な作品を調査しても、(3) まろやかさを意味する「つぶつぶと」の語は、ついに見られない。『源氏物語』『紫式部日記』を初出文献として、その影響の強い『夜の寝覚』と『在明の別』といった後期（末期までを含む）物語にとどまってしまう擬態語なのである。

こうしたことから、肉付きの良い官能的な美を表す「つぶつぶと」は、平安時代一般に使われていた語ではなく、紫式部の造語ではないかと思われてくる。この推測は、次に述べる二つの現象を考慮すると、一層確かなものに思えてくる。

3 その根拠(1)

その一は、紫式部にとっては、この「つぶつぶと」の意味が明確であるのに対し、『夜の寝覚』『在明の別』の作者にとっては、その意味が曖昧に感じられていると推察されることである。

まず、既に掲げた『源氏物語』および『紫式部日記』における「つぶつぶと」の用例をみる。例(1)(2)(4)(6)の「つぶつぶと」は、「肥ゆ」といった動詞にかかり、その作用を修飾限定している。肥え方にもさまざまな状態があるが、まろやかで官能的な美しさを感じさせる太りかたが、「つぶつぶと」なのである。

さらに、残りの例(3)(5)の「つぶつぶと」に注目する。例(3)の「つぶつぶと」は、「をかしげなり」、例(5)のそれは、「きよらなり」といった別種の意味の語に接続している。ということは、「つぶつぶと」が、単独で、ふっくらしたまろやかさを意味し得ているということである。紫式部においては、「つぶつぶと」が、それだけで明確な意味を持ち得ていたことがわかる。

ところが、『夜の寝覚』『在明の別』にみられる「つぶつぶと」は、『源氏物語』ほど、意味内容が明確に把握されていないように思われる。まず、その用例を示してみよう。

(7)旅寝の見し夢には、つぶつぶとまろに、うつくしう肥えたりし手あたりの、ひきかへたるやうに細くあへ《え》かになりたるに、　（夜の寝覚、巻一）

(8)姫君のやうやう居るほどになりて、物してより作りたらんやうに、つぶつぶとこえて、いろはくまなく白く、うつくしげににほひて、　（夜の寝覚、巻二）

(9)ひきほころばされたる絶えまより、ほのかなる身なりなど、つぶつぶとまろに、うつくしうおぼえて、（夜の寝覚、巻三）

(10)一重のへだてだになくて臥させ給たるに、かたち・身なり、つぶつぶとまろに、うつくしうて、（夜の寝覚、巻四）

(11)女はさいふばかりこちたき齢とも見え給はず、いとよき程に、つぶつぶと肥えたる人の、いとささやかにて、（在明の別、巻二）

『源氏物語』『紫式部日記』の例と同じように、これら後期物語でも、肉付きの良い美しい女性達と幼児とに「つぶつぶと」を用いている。さらに、例(8)、(11)では、「つぶつぶと肥ゆ」と、修飾する動詞まで、『源氏物語』と一致している。

次に、残りの例(7)、(9)、(10)に注目する。すると、揃って、「まろなり」の語が接続していることに気付く。「まろなり」は、ふっくらしたさまを意味し、「つぶつぶと」の語とほぼ同義である。このように、同義の「まろなり」を、「つぶつぶと」の語に付加しなければすまないということは、どういうことなのか。後期物語の作者にとっては、「つぶつぶと」の語は、多義的で漠然としており、同義語を直後に配して、その意味を補足限定する必要があったことを示すものであろう。

『源氏物語』以前に、すでに、「つぶつぶと」の語は、種々の意味を持っている。擬態語の意味に限定しても、「つぶつぶと」は、①事情を細部まで語ったり、書いたり、理解したりするさま、②涙のしきりに落ちるさま、③無造作に物を縫ったりするさま、を表す。後期物語の作者は、『源氏物語』のことばを継承し、「つぶつぶと」を使っては見たものの、すでに存在する「つぶつぶと」の他の語義も思い浮かぶ。そこで、この「つぶつぶと」は、まろやかさを意味するのだという補足限定の気持で、「まろなり」といった同義語を重ねたのではないかと考えられる。

「つぶつぶと肥ゆ」といった被修飾語まで、『源氏物語』と一致した例(8)、(11)も、「つぶつぶと」だけでは意味が漠然としているため、まろやかなさまを表すことがわかるように、表現全体をそっくり『源氏物語』に倣ったものと考えるのが当たっているであろう。

紫式部の使った「つぶつぶと」は、こうして、後期物語に継承されはしたものの、紫式部ほど、その意味内容が表現者にとって確固としたものではなかった。後期物語の作者にとっては、「つぶつぶと」は、自分の表現語彙として熟しきっておらず、紫式部からの借りものにすぎなかったためであろう。

まろやかさを表す「つぶつぶと」が、紫式部の造語ではないかといった推測を支える一つの徴証である。

4　その根拠(2)

その推測を裏付けるいま一つの徴証は、紫式部には、物語に登場する女性達を、新しく造った擬態語によって、描き分ける傾向があることである。これについては、別稿に記したので、(4) ここでは簡略な形で説明する。

『源氏物語』の作者、紫式部は、当時一般に使用する用言の語幹を使って、新しく擬態語を造り出し、それを人物造型に使用する傾向がある。たとえば、「あざやかなり」「あざやぐ」といった一般的な語から、「あざあざと」という擬態語をつくり出し、その語で紫の上の華麗な容貌を描写する。また、「けざやかなり」「けざやぐ」といった普通の語から造られたと思しい「けざけざと」で、玉鬘の美貌を形容する。また、「おぼおぼし」「おぼろけなり」といった語と関係づけられる「おぼおぼと」といった語を造り出し、浮舟の人柄を写し出す、という具合なのである。これらの人物造型に使われた擬態語も、『源氏物語』にしか見られない語であるか、『源氏物語』と後期物語にしか出現しない語である。

こうしてみると、人物の姿態を形容する「つぶつぶと」も、これら『源氏物語』の一群の擬態語と同様に、当時一般に存在する「つぶらかなり」「つぶら」などの語から、紫式部が造り出した語ではあるまいか。「つぶら」の語は、すでに古くから見られるし、「つぶらかなり」の語も、『宇津保物語』に、その例が見られる。

いとつぶらかにしろく肥え給へり。（宇津保物語、国譲下）

『宇津保物語』の「つぶらかなり」[5]の語義・用法は、『源氏物語』の「つぶつぶと」にきわめて近い。ここから、紫式部が、「つぶつぶと」といった擬態語を造り出すのは、たやすいことであったろう。

注

（1）「つぶつぶと」の語義に関する論としては、小林好日『国語学の諸問題』（岩波書店、昭和16年）の「音義説と音聲象徴」の項、日本古典文学大系『今昔物語集㈤』の補注「ツフト　ツフ〱ト　ツフリト」、松尾聰「中古語『つぶつぶと』の語意」（『国語展望』41号、昭和50年11月）などがある。合わせ参照せられたい。

（2）調査した文献は、次の通りである。

㈠刊行されている索引によった場合＝伊勢物語、大和物語、平中物語、篁物語、竹取物語、落窪物語、源氏物語、夜の寝覚、浜松中納言物語、堤中納言物語、土左日記、蜻蛉日記、紫式部日記、更級日記、讃岐典侍日記、和泉式部日記、枕草子、栄華物語、大鏡、古今和歌集、後撰和歌集。

(二)索引によらずに直接本文で調査した場合＝宇津保物語、拾遺和歌集、三宝絵詞（以上は古典文庫）、実方朝臣集（私家集大成）、狭衣物語、今昔物語集（以上は日本古典文学大系）、在明の別、百座法談聞書抄、打聞集、古本説話集（以上は複製本）。

（3）　調査した文献は、次の通りである。テキストは、日本古典文学大系本。平安鎌倉私家集、宇治拾遺物語、方丈記、徒然草、保元物語、平治物語、平家物語、太平記、義経記、御伽草子、謡曲集、狂言集、古今著聞集、沙石集、芭蕉句集、西鶴集、近松浄瑠璃集、浄瑠璃集、歌舞伎脚本集、上田秋成集、蕪村集一茶集、黄表紙洒落本集、椿説弓張月、東海道中膝栗毛、浮世風呂、春色梅児誉美、江戸笑話集。

（4）　山口仲美「源氏物語の象徴詞―その独自の用法―」（『国語と国文学』60巻10号、昭和58年10月。本著作集1『言葉から迫る平安文学1　源氏物語』にも、「『源氏物語』の象徴詞の独自用法」として収録）。

（5）　古典文庫『宇津保物語』によれば、「つぶう《(ら)》かに」となっている。語構成からみて、「あららか」「おいらか」「かはらか」「かるらか」「かろらか」「さはらか」「なよらか」「にくらか」「ぬるらか」などと同じく、「らか」という接辞のついた形容動詞の一種と考えられるので、「つぶらか」の誤写と考えてまず間違いあるまい。

「『つと』抱く」考

1 意味不明

御胸つとふたがりて、つゆまどろまれず、明かしかねさせたまふ。（源氏物語、桐壺）

平安文学作品を読んでいると、このような「つと」の語に、しばしば出会う。その時の状態を語音で模写した擬態語の一種である。用例を拾ってみると、『宇津保物語』に三例、『落窪物語』に一例、『源氏物語』に三七例、『枕草子』に六例、『狭衣物語』に二例、『夜の寝覚』に一〇例、『浜松中納言物語』に六例、『堤中納言物語』に二例、『讃岐典侍日記』に一例といった具合である。

ところで、これらの「つと」の語の意味を吟味して行くと、従来の辞典や注釈書の説明では、どうしても納得のできない場合がある。そのためか、この語に関しては、次のような意見が出されることもある。

「つと」の意は確かでない。「じっと」「つくづく」「急に」など、その場その場で適宜に訳語を与えているが、根拠にとぼしい[1]。

そこで、「つと」の意味を解明しておきたく思うのである。

2 辞書の説明

現行の辞典では、次のような二項目に分けて、「つと」の意味が説明されている。

①動かないで、ある状態をずっと続けるさまを表わす語。じっと。

②勢いよくすばやいさまを表わす語。さっと。ふと。急に。つっと。

『日本国語大辞典』（小学館）

他の辞典の説明も類似する。①と②とは、相当意味がかけ離れているが、擬音語や擬態語とよばれる語群では、こうしたことは、さして珍しい現象ではない。用例を検討してみても、①と②のいずれの意味も見られる。たとえば、①の例としては、

説教の講師は顔よき。講師の顔をつとまもらへたるこそ、その説くことの尊さもおぼゆれ。

（枕草子、説教の講師は）

「つと」は、「まもらふ」といった、ある時間内継続する動作を表わす動詞を修飾限定し、じっと見つめるの意となる。その他、「つと籠りゐたまひて」（源氏物語、少女）、「つと控へたり」（源氏物語、紅葉賀）をはじめとして、平安文学作品の「つと」の用例六八例中、二〇例が、この①の意味と解される。いずれも、「つと」で修飾限定される動詞は、「籠りゐる」「控ふ」といった継続動詞である。

一方、②の例としては、

宮きこしめして、女ぎみをつとかきよせての給やう

（宇津保物語、蔵開下）

「つと」は、「かきよせる」という瞬間に終わってしまう動作をあらわす動詞を修飾し、さっとかき寄せるの意となる。この種の例には、「顔もつと赤くなりて」（堤中納言物語）、「涙のつといで来ぬ」（枕草子）など五例ほど確例が得られる。「つと」で修飾限定されるのは、「赤くなる」「出で来《く》」といった瞬間に終わってしまう動作・作用をあらわす語である。

さて、残りの四三例の「つと」は、これら①②の意味では、どうもしっくりしない。とくに、『源氏物語』には、

そうした例が多い。そこで、いま、『源氏物語』の「つと」に焦点をあててみる。

『源氏物語』の「つと」の意味については、古く本居宣長説[2]があり、近くは田中重太郎説[3]がある。後者は、前者の説を補強したもので、『源氏物語』の「つと」三七例は、すべて、①の意味で解釈でき、②の用例はないという。たしかに、『源氏物語』には、②の意味の「つと」は認められない。しかし、すべて①の意味で解釈しようとすると、納得できない用例が多い。

たとえば、冒頭に掲げた桐壺の例にしても、「つと」を、①の「じっと」といった意味で、「去らず、離れず、移らずにその動作状態がそのままつづくときに用い」られたと考えるのは、不自然である。というのは、「つと」の語が、修飾している動詞は、「ふたがる」といった瞬間動詞だからである。①の意味の「つと」は、瞬間的に終わってしまう「ふたがる」には、かかり得ないのである。

3 第三の意味がある

思うに、「つと」には、従来の辞書や注釈書ではとりあげられていない第三の意味があるように思う。それは、冒頭の例に即していえば、「御胸がぴたっとふさがって」とでも口語訳できそうな〝隙間なく密着したさまを表わす〟意味である。「ぴたっと」「ぴったりと」「ひたと」といった現代語の該当しそうな意味である。もう少し、例をあげてみる。

遙かならむ岸にしも漕ぎ離れたらむやうに心細くおぼえて、つとつきて抱かれたるもいとらうたしと思す。

（源氏物語、浮舟）

舟で向岸に渡る浮舟は、心細く、愛する匂宮に、「つと」くっついて抱かれているのである。「つと」は、「付く」といった瞬時に完了する動作・作用を意味する動詞にかかって行く。従って、ここの「つと」も、①の「じっと」といった持続性を前提とする意味では、不適当であろう。「つと」が、対象との間に隙間のない密着した感じを意味すると考えると、自然な意味になる。ひたとくっついて抱かれているのである。

「つと抱きて」「つと抱きもちて」「扇をつとさし隠したれば」「つと鎖して」「つととらへて」「つと握り持ちて」といった場合の「つと」も、対象との密着感を意味するとみてよかろう。

こうした意味を、「つと」の語に設定してみると、『源氏物語』だけでなく、他の平安文学作品にみられる、納得のいかない「つと」の用例が、きれいに説明されて行く。のみならず、①の「じっと」といった意味でも解釈できないことはない用例でも、ここに提案した「ぴったりと」などの意味で解すると、より自然な文脈になる場合が少なくない。たとえば、

右近はものもおぼえず、君につと添ひたてまつりて、わななき死ぬべし。（源氏物語、夕顔）

「つと」は、時間的な持続感ではなく、空間的な密着感と解する方が適切であろう。

注

（1）日本古典文学大系『浜松中納言物語』の頭注

（2）本居宣長「源氏物語玉の小櫛」（『本居宣長全集』巻四、昭和44年所収）

（3）「源氏物語重要語句の詳解」（『国文学解釈と鑑賞』秋の臨時増刊号、昭和34年10月）の田中重太郎執筆「つと」の項参照。

「そら」をめぐる恋愛情緒表現

1 はじめに

恋をすると、人はさまざまな情緒におそわれる。

恋人のことで頭が一杯になって、正常な判断力や思考力を失ってしまう時もある。あるいは、ふと気付くと、ぼんやりと放心したようになっている時もある。

あるいは、恋のただ中で、ふと相手の頼みがたさ、愛のたよりなさを覚え、不安な気持ちになる時もある。

そうした恋愛情緒を表現する言葉を、『源氏物語』から抜き出してみる。「あくがる」「焦《い》らる」「染《し》む」「思ふ」「焦《こ》がる」「恋《こひ》し」「恋《こ》ふ」「偲《しの》ぶ」「眺《なが》む」「惚《ほ》る」「惚《ほ》れ惚《ぼ》れし」「空《そら》なり」「上《うは》の空《そら》なり」「中空《なかぞら》なり」などの語があげられる。

このうち、最後の方に列挙した「空なり」「上の空なり」「中空なり」は、従来の辞書や注釈書をみても、その意味の区別が明瞭でない語群である。そこで、この稿では、これらの「空」に関する三種の表現に注目して、その意味を明らかにしたいと思う。

なお、テキストは『源氏物語大成』によるが、適宜句読点・濁点を施し、漢字をあてて読みやすくした[1]。

2 辞書では、すべて「うわのそら」

まず、辞書では、これら三語の意味がどのように説明されているか。

たとえば、小学館の『古語大辞典』から、恋愛場面に使われる用例の意味の説明を引用してみる。
○空《そら》なり＝「心が虚脱状態にある。うつろだ。うわの空だ。」
○上《うは》の空《そら》なり＝「心が浮いて落ちつかないこと。」
○中空《なかぞら》なり＝「どちらつかずで心が不安定なさま。落ち着かない。うわのそら。」
むろん、右に引用した意味の他に、それぞれの語には、別の意味がある。たとえば、「空なり」であれば、「根拠なく推量するさま」を意味する場合もある。
それしかあらじと、そらにいかがは推し量り思ひくたさむ。（源氏物語、帚木）
「そらに」は、実物も見ないで当て推量することを意味している。こういう場合は、ここでは除き、本稿では専ら恋愛情緒に関係して使われた「空なり」「上の空なり」「中空なり」の語に焦点をあてて、意味の違いを明らかにしようとしているものである。
さて、右に引用した三語の意味の説明で、その違いが分かったであろうか？　少くとも筆者・山口には、三語ともに、現代語の「うわの空である」と同じ様な意味にとらえられているようにみえる。というのは、「上の空なり」の説明は、現代語の「うわの空である」に通じる説明であり、また、「空なり」「中空なり」の意味の説明には、それぞれ傍線を付したように「うわの空だ」「うわのそら」という現代語の言いかえがしてあるからである。果たして、三語ともに同じ様な意味なのであろうか。もう少し詳しい説明のある『日本国語大辞典』を引用してみる。
○空なり＝「心が空虚であること。また、そのさま。魂が抜けたようで、しっかりした意識のないこと。また、そのさま。うつろ。うわのそら。」

○上の空なり＝「心がうきうきして落ち着かないさま。よそに心が奪われて、あることに注意が向かないこと。」
○中空なり＝「精神の不安定なさま。落ち着かないさま。うわのそら。」

やはり三語ともに現代語の「うわのそら」に該当する意味をもつととらえられている。一体、三語がほぼ同様な意味で差がないということがあるだろうか？　位相や文体の違いがあれば、異なる語形での同意義語の並存も納得できる。しかし、これら三語には、そのような違いはない。

では、意味の違いは全くないのか？　もう一度引用した三語のそれ〴〵の意味を、違いを見つけ出す方向で検討してみる。すると、「空なり」は、心の虚脱状態を、「上の空なり」は、何かにとらわれた心の状態を、「中空なり」は、不安定な心の状態を表すといった違いがあるように見える。果して、そのような違いが三語の間に存在するのか？　是非検討してみたい課題である。

3　「空なり」は、心が空虚な状態ではない

「空なり」という表現は、『源氏物語』に一七例みられる。そのうち、恋愛情緒に用いられた場合は、一一例である。それらは、いずれも上に「心」「御心」「心地」という名詞を伴って使われるという特色が指摘できる(2)。具体的には「表1」の通りである。

「心」「御心」「心地」を受ける助詞は、「も」であることが最も多いが、「は」「さへ」の時もあり、また助詞を用いないこともある。

また、ここでは、「空なり」という終止形の形で掲出しているが、実際には「空に（て）」などのように連用形の

「表1」
恋愛感情を表す表現形式。終止形で示す。

	用例数
心　空なり	1
心さへ空なり	1
心は　空なり	1
心も　空なり	5
心地　空なり	1
御心　空なり	1
御心も空なり	1
合　計	11

形で出現することが多い。

では、恋愛感情を表す「空なり」の例を、具体的に観察し、その意味を追究してみることにする。

なお、以下、最もよく使われる「心も空なり」の形をその代表として記述をすすめるが、実際には「心」ではなく、「心地」「御心」であったりする場合も含めて考えている。

いとやはらかにうちみじろきなどしたまふ御衣の音なひ、さばかりなりと聞きゐたまへり。心も空におぼえて、　（源氏物語・夕霧）

実直な中年男性夕霧の、落葉宮に対する恋愛感情である。夕霧は、友人柏木の未亡人落葉宮を見舞っているうちに、いつしか恋におちていった。思いを寄せた落葉宮の身じろきの音がほのかに聞こえる。それだけで、夕霧は、「心も空に」なってしまうのである。

「心も空に」は、どういう意味なのか。かあっと頭に血がのぼって、相手のことで頭が一杯になり、正常な思考力や判断力が働かなくなってしまった心の状態とみるべきではないか。**2**で引用した辞書の説明にあるような「心が空虚」で「虚脱状態にある」といった意味では決してない。むしろ逆に心は恋人のことで占められ、他のものは入り込む隙もないような一種の興奮状態である。

もう一例あげてみる。

暮れぬれば、心も空に浮きたちて、いかで出でなむと思ほすに、雪かきたれて降る。　（源氏物語、真木柱）

「心も空に」は、夕霧に決してひけをとらないほど真面目で実直な人物、鬚黒の恋愛感情である。彼も、中年になって、既に妻子のある身ではあるが、玉鬘に初々しい恋をして、ふとした機会に乗じて、彼女を一方的に自分のものにしてしまった。

夕方になると、玉鬘に会いたくて「心も空に」なってしまう。「心も空に」は、思いが恋人のことで占められ、目の前にいる妻や子供達への正常な対応のできなくなっている状態である。

決して「心が空虚」で、「虚脱状態」に陥っているわけではない。「心も空なり」は、一途に恋人を思って、その他のことを顧る余裕のない心的状態である。「虚脱状態」にある人は、外からみると、ぼんやりしてみえるけれど、「心も空なり」の人物は、何かに憑かれている人といった風貌を呈している。

4 「心も空に」なるのは、男性

『源氏物語』で、「心も空に」なってしまう人物を整理してみると、その意味が一層はっきりする。人物別に整理すると、「表2」のようになる。「表2」から「心も空に」なる人物は、すべて男性であることが分かる。男の方から恋をしかける時代をよく表している。

さて、男性の中でも、恋愛で「心も空に」なることの多い人物は匂宮と夕霧である。二人は、対照的な性格の人物。匂宮は、激情的な性格で、その時々の女性に精魂を傾けてのめり込み、始終「心も空に」なっている。

また、夕霧は、実直で、恋の経験の乏しい中年男性。夕霧の次に出てくる鬚黒は、夕霧タイプで真面目一筋で融通のきかない男性。匂宮タイプの男性と、夕霧・鬚黒タイプの男性とは対照的な性格ではあるが、実は共通した点がある。それは、どこか一本気のところがあり、一つのことしか見えなくなってしまうタイプの人間である点である。

ここからも、「心も空なり」の意味は、恋にとりつかれた状態を意味するのであって、決して今までの辞書の説明にあるような無気力な「虚脱状態」を意味するものではないことがわかる。

光源氏は、あれほど多くの女性と恋愛関係をもったのに、めったに「心も空なり」の状態にはならない。柔軟な思考力を持つ光源氏は、恋のさなかでも、「心も空に」なって、正常な思慮分別を失ってしまうことは少ないのである。

たった一回、光源氏が「心も空に」なる経験をしたのは、朧月夜との行きずりの恋の翌日である。この分別を失った恋は、やがて光源氏を政治的な失脚に導いて行ってしまう。朧月夜との恋は、「心も空なり」の語に象徴されるように、光源氏にしては珍しくはめをはずした危険な恋だったのである。

「心も空なり」の「そら」は、「空《から》っぽ」の意味ではなく、「大空」の意味である。心が大空に舞い上ってしまい、自分の身は地上にありながら、心ここにあらずといった状態である。現代語で言うと、「舞い上がっている」と訳せるような心の状態である。

恋愛場面以外の箇所にも、「心も空なり」という表現例が三例見られるが、これらも恋愛ではないが、何かにとらわれた心の状態を意味している。

「表2」

恋愛で「心も空に」なる人物	性別	「心も空に」なる回数
匂宮	男	4回
夕霧	男	4回
鬚黒	男	2回
光源氏	男	1回

5　他作品では

では、『源氏物語』以外の作品にみられる「心も空なり」の意味は、どうであろうか。

『万葉集』に、すでに恋愛情緒に用いられた例がある。

たもとほり行箕《ゆきみ》の里に妹を置きて心空なり土は踏めども　（万葉集、二五四一）

この例も、『源氏物語』の「心も空なり」と同様な意味である。

この他、恋愛情緒に用いられた「心も空なり」の表現は、「表3」に示したような作品にも見られる。いずれも、『源氏物語』の「心も空なり」と同様な意味である。

6　「上の空なり」は、女の気持

では、古代語の「上の空なり」は、どのような意味を持っているのだろうか。

「上の空なり」は、『源氏物語』に五例みられる。そのうちの二例は、「確かでない」「いいかげんな」「あてにならない」といった意味で、恋愛情緒表現ではない。

あとの三例が、恋愛感情のからんだ場面で用いられている。いずれも、「心も空なり」とは対照的に、女性の、男性に対する心情を表わしている。

冬になりゆくままに、川づらの住ひ、いとど心細さまさりて、うはの空なるここちのみしつつ明かし暮らすを

（源氏物語、薄雲）

明石の上は、自分の身分の低さを思い、光源氏の邸宅にひきとられるのを嫌い、大井の自分の別荘に住んでいる。だが、冬になり、雪に閉ざされた大井に、光源氏は思うように訪れることもできず、明石の上は、まことに心細い思いで暮している。

「表3」

作品名	恋愛感情を表す表現形式。終止形で示す。	用例数
古今和歌集	心の　空なり	1
後撰和歌集	心は　空なり	1
	心も　空なり	1
拾遺和歌集	心の　空なり	1
	心は　空なり	1
	心も　空なり	1
伊勢物語	心は　空なり	1
蜻蛉日記	心　空なり	1
	心の　空なり	1
	心も　空なり	1
	心地　空なり	1
	心地も空なり	1
宇津保物語	心は　空なり 〈下段につづく〉	1
宇津保物語	心地　空なり	1
	心地は空なり	1
	心地も空なり	1
狭衣物語	心は　空なり	1
	心も　空なり	1
夜の寝覚	心　空なり	1
	心の　空なり	1
	心は　空なり	1
	心も　空なり	2
	心を　空なり	1
	心地も空なり	1
浜松中納言物語	心は　空なり	1
	心も　空なり	1

右の用例は、辞書で「心がうきうきして落ちつかないさま」（『日本国語大辞典』）、「浮いた気持で落ちつかないさま。心があることに注がれて、他の事がおろそかになるさま」（『角川古語大辞典』）などと説明されている。

しかしながら、文脈上、明石の上が「心がうきうきして落ち着かない」とは思えない。現代語の「上の空」の意味とは違っている。むしろ、「うはの空なるここち」とは、明石の上の、光源氏の心が信じられずに、心細く頼りない気持ちを表わしているとみるべきではあるまいか。

新潮日本古典集成や日本古典文学全集の『源氏物語』では、「うはの空なるここちのみしつつ」の箇所を、「まことに頼りないわが身の上を嘆きながら」「ただ浮雲のように頼りない気持ちで」と口語訳している。文脈から導き出した意味であろう。

『源氏物語』では、恋愛場面に用いられた「うはの空」は、愛の頼りなさ、心細さを象徴する方向で使われている。


山の端の心も知らでゆく月はうはの空にて影や絶えなむ　（源氏物語、夕顔）

夕顔は、光源氏との情熱的な愛の中で、こんな歌を詠んだ。相手の気持ちも十分わからないのに、こうしてついてきた自分は、空で消えてしまうのではないだろうかと。「うはの空」は、直接的には「上空」の意味であるが、夕顔のより所なく心細い気持ちをも象徴している。

女三宮も、結婚四日目だと言うのに訪れのない光源氏にあてて、こう詠んだ。


はかなくてうはの空にぞ消えぬべき風にただよふ春のあは雪　（源氏物語、若菜上）

光源氏の愛情以外に頼るものがないのに、その愛も頼りなく不安定。そのはかなく心細い気持ちを「うはの空」の言葉が象徴している。

恋愛情緒に用いられた「上の空（なり）」は、このように、愛の頼りなさ、不安定さにおびえる女性の気持ちを象徴している。女性に一途にひかれて「心も空に」なってしまう男性と対照的に、つねに受身の立場にいる女性は、「上の空なり」と言って、愛のはかなさ、頼りなさを訴える。

7 「上の空」は、より所なく心細い

しかし、なぜ「上の空なり」が、「より所なく心細い」状態を意味するのか。

古代語の「空《そら》」は、いわゆる現代語の「空」とは違って、頭上にひろがる空間だけを意味するわけではない。地面すれすれの空間でも「空《そら》」という。

「空《そら》を歩む心地して」（源氏物語、御法）という表現がある。いわゆる足が地面についていない感じのする時の表現であるが、この「空」は、決して我々現代人のいう「空」ではない。現代人なら「足が地につかない」とでも表現するところである。こんなふうに、地面すれすれの空間でも、古代語では「空」である。古代語の「空」は、地面から天にいたるまでの空間すべてを意味している。

「上の空」は、そうした「空間の上の方」、つまり、現代人のいう「空」とほぼ同じ様な空間をさすことになる。「上の空」は、当時の人にとって、ただの「空」よりも、地面からより高く離れたということを意識させる。そこに、自分の身を置いたらどうか？　より所がなく、ただひたすら不安で恐しい。そこから、「上の空（なり）」が、「空なり」とは違って、「より所なく心細いさま」を意味するようになると考えられる。

恋愛情緒以外の文脈で用いられる「上の空」は、「あてにならない」「いいかげんな」という意味になることもあ

るが、それも、「上の空」のもつ属性から生じる意味である。

8　『源氏物語』が初出

『源氏物語』以外の作品では、「上の空（なり）」は、どのような意味なのか。

実は、『源氏物語』以前の作品で、恋愛場面に用いられた「上の空（なり）」の例は、一例もみあたらない。『源氏物語』が、「上の空（なり）」を、初めて「たよりなく心細い」といった意味で、恋愛情緒に用いはじめたようである。

ただし、「上の空（なり）」という表現自体は、既に存在していたらしい。というのは、『落窪物語』に、「かくうはの空に御局にあるまじかめるを」（巻二）とみられ、「あてもなしに」「いいかげんに」の意味で、「うはの空」が用いられているからである。

和歌でも「うはの空」の語は、『源氏物語』以前には用いられていない。片桐洋一『歌枕歌ことば辞典』(3)は、「うはの空」を、『源氏物語』が歌語として定着させたのではないかと述べている。『源氏物語』以後の和歌では、「うはの空（なり）」の語がよく用いられるが、時代が下るにつれて、現代の「うわの空」の意味に解してもよいような例がでてくる。おそらく、「うはの空（なり）」が「（心も）空なり」と混同されて、意味の変質をはじめているのであろう。

ともあれ、『源氏物語』の頃の恋愛表現に用いられた「うはの空」は、現代語の「うわの空」の語とは意味が違って、「よりどころなく不安で心細い」状態を意味していたのである。

9 「中空なり」は、男と女の気持

では、「中空なり」は、どんな意味なのか。

『源氏物語』には、「中空なり」の語が一四例みられる。そのうち、恋愛の場面に用いられた「中空なり」は、六例である。恋愛場面に見られる「中空なり」は、男の気持ちにも女の気持ちにも用いられる。

降りみだれみぎはに氷る雪よりも中空にてぞわれは消ぬべき

と書き消ちたり。この中空をとがめたまふ。（源氏物語、浮舟）

浮舟が、匂宮の歌に答えてこう言った。降り乱れ、水ぎわに氷りつく雪よりもはかなく、私は空で消えてしまうでしょうと。「中空に」は、薫と匂宮という二人の男性の間で進退きわまっていることを暗示している。どちらの男性に決めてよいか分からずに、行きなやむ心が「中空なり」である。

浮舟の答えた「中空に」の言葉は、すぐに匂宮に聞きとがめられた。匂宮は、当然自分に靡くべきだと思っているのだから。

「中空なり」は、浮舟の気持ちに三例も使われている。二人の男性に愛され、どちらをも選べなかった浮舟の気持ちを象徴する言葉である。

もう一例、あげてみる。

あやしう中空なるころかなと思ひつつ君たちを前に臥せたまうて（源氏物語、夕霧）

妻の雲居雁と、思いをかけた落葉宮のどちらからも冷たくあしらわれ、行き場のない状態を、夕霧は「中空なる」と言って嘆いている。

「中空なり」は、このように、二つの選択肢があって、その二つの選択肢のどちらにも行けずに困っている心持ちを表す。これは、恋愛情緒に限らず、他の場合の「中空なり」も同様である。たとえば、「中空なる御程」(源氏物語、若紫)といえば、一人前の女として扱える年齢でもなく、かといって子供として扱う年齢でもないといった、どっちつかずの中途半端な状態にあることを意味する。

「中空なり」を使う時は、必ず二つの対立的なものがあり、そのどちらでもない中途半端な状態を意味する。一体、「中空なり」が、なぜ、このような意味になるのか？「中空」とは何なのか。

10 「中空」はどっちつかずの状態

「中空」は、辞書では、「地にもつかず上空でもない中途の空」(『古語大辞典』)とか、「空のさほど高くないあたり」(『全訳 古語例解辞典』)と説明されているが、実例を検討してみると、古代語「上の空」と同じく、現代語の「空」に該当する空間をさしている。

にもかかわらず、なぜ、「上の空」「中空」と言い分けるのか？ おそらく、それは、その空間をとらえる視点の違いを反映するものであろう。すなわち、「上の空」は、地面からみて「上の方にある」というとらえ方を反映し、「中空」は、「天」と「地」の両端を視野においた時のとらえ方を反映した言い方だと思われる。

だから、「中空」というと、「天と地の中間にある空」の意味となり、「空」の両端にある「天」と「地」を、より強く意識させる。そこから、二つの対立するものがあり、そのいずれでもない中間のどっちつかずの状態という意味合いが出てくる。

「中空なり」は、『源氏物語』以前にも『古今和歌集』『後撰和歌集』『伊勢物語』『宇津保物語』『蜻蛉日記』にそれぞれ一例ずつ見られる。『源氏物語』以後にも、『狭衣物語』『夜の寝覚』『浜松中納言物語』に、それぞれ一例ずつ見られるが、『源氏物語』と同じ意味と解釈することができる。

11 三語の違い

以上、「(心も) 空なり」「上の空なり」「中空なり」の意味の違いを述べてきた。これら三語が、従来の辞書の説明にあるように、共通して、現代語の「うわのそら」に該当する意味を持つことはない。意味は違っているのだ。まとめてみれば、三語は、おおよそ次のような意味の違いを持っている。

「(心も) 空なり」は、心が空に舞い上がっている状態をさす。現代語訳すれば、「(心も) 舞い上がって」が、最適であろう。『源氏物語』では、この言葉を男性の恋愛感情に用いていた。

「上の空なり」は、心が高い上空にある状態をさす。現代語訳すれば、「よりどころなく心細い」が、最も適切と考えられる。『源氏物語』では、この言葉を女性の恋愛感情に使っていた。

「中空なり」は、心が天と地の中間にあってどちらにも行けない状態をさす。現代語訳すれば、「どっちつかずで」が、適切であろう。広く男性・女性のどちらの恋愛感情にも用いていた。

こうした三語の意味の違いは、『源氏物語』のみならず、当時の作品に見られる恋愛感情を表す「(心も) 空なり」「上の空なり」「中空なり」に共通している。古語辞典の意味説明にも、本稿が役立つことを願っている。

注

（1） その他、ここで調査に使用した資料は、次の通りである。『新編国歌大観 第一巻 勅撰集編』、山田忠雄編『竹取物語総索引』、宇津保物語研究会編『宇津保物語本文と索引』、松尾聰・江口正弘編『落窪物語総索引』および日本古典文学大系本本文、大野晋・辛島稔子編『伊勢物語総索引』および日本古典文学大系本本文、曽田文雄『平中物語総索引』、愛媛大学文理学部国語国文学研究会編『篁物語総索引』、日本大学文理学部国文学研究室『土左日記総索引』、佐伯梅友・伊牟田経久編『かげろふ日記総索引』、佐伯梅友監修『紫式部日記用語索引』および岩波文庫本本文、東節夫・塚原鉄雄・前田欣吾共編『更級日記総索引』、東節夫・塚原鉄雄・前田欣吾共編『和泉式部日記総索引』、松村博司監修『枕草子総索引』、塚原鉄雄・秋本守英・神尾暢子共編『狭衣物語語彙索引』および日本古典文学大系本本文、阪倉篤義・高村元継・志水富夫共編『夜の寝覚総索引』および日本古典文学大系本本文、池田利夫編『浜松中納言物語総索引』および日本古典文学大系本本文、鎌田広夫編『堤中納言物語総索引』および日本古典文学大系本本文。

（2） 一例だけ、「空なり」単独で、恋愛情緒に近い感情を表すように見られる例がある。

何とも聞き入れたまはず、いかなる心地にてかかることをもし出づらむと、そらにのみ思ほしほれたり。（源氏物語、浮舟）

という例である。しかし、「心」などの上接した表現とはやはり意味の違いが感じられるので、ここでは除いた。

（3） 片桐洋一編『歌枕歌ことば辞典』（角川書店、昭和58年）

『源氏物語』と『細雪』の表現

1　はじめに

作家が違えば、違った作品が出来るのは、当然である。だから、異なる作家による作品は、違っているのが当り前なのであって、むしろ共通点が見られたりすれば、それこそ問題にしなければならない。その共通点は、先天的な資質の似よりの結果生じたものであるのか、それとも、どちらかが一方に影響を与えた結果なのか、などの問題が生じる。

谷崎潤一郎の『細雪』と、紫式部の『源氏物語』との関係は、『細雪』が刊行された当初から言われていた。それは、時間的なことからも、両者の密接な関係を見てとることができたからである。

谷崎潤一郎が、『源氏物語』の現代語訳を完成したのは、昭和一三年九月のこと。それは、昭和一〇年から着手され、まる三年を費やして完成した。その直後から『細雪』が、執筆され出したのだから、『源氏物語』の影響はまぬがれないであろうと判断される。さらに、『細雪』の準備段階まで考慮に入れれば、『源氏物語』の現代語訳のまっ最中に『細雪』の準備がなされている。両者の重なりは、明らかである。

谷崎自身も、次のように述べている。

『細雪』には源氏物語の影響があるのではないかと云ふことをよく人に聞かれるが、それは作者には判らぬことで第三者の判定に待つより仕方がない。（中略）作者として特に源氏を模したと云ふことはなくても、いろいろの点で影響を受けたと云へないことはないであらう。

（『細雪』回顧、昭和二三年）

さらに後年になるほど、谷崎は、『源氏物語』の影響を積極的に認める発言に傾いている。『源氏物語』が、『細雪』に影響を与えているのは、ほぼ間違いないところである。

では、一体、どんな所に『源氏物語』の影響が見られるのか？　既に、先学によって、プロットや人物造型についての影響関係が指摘されている。本稿が、問題にしようとしている文体や表現についても、次のような発言がなされている。

文体においては、ゆつくりと、委曲をつくして、人の心や力や愛の働き合ひが、忍耐強く、曲線的なゆるやかさで十分に描かれてゐる。その文体には「源氏」の影が引いてゐると推定される。

（伊藤整『谷崎潤一郎（二）』解説、現代日本文学全集、昭和三一年）

また、風巻景次郎も、「どこまでも柔軟で折れることのない、委曲をつくしてあます所のない物の言い方」[1]に、『源氏物語』の影響を見ている。

だが、具体的にどういう表現に『源氏物語』の影響があらわれてくるのか、という点に関しては、まだ十分に解明されてはいない。そこで、この稿では、心理をうつし出す表現、いわゆる心話文に特に注意を払って、『源氏物語』が『細雪』に与えた影響を、具体的に指摘していくことにする。[2]

心理をうつす部分に注目したのは、一つには、『細雪』で、とりわけ委曲をつくして述べているのは、登場人物の心の動きを写し出す部分であると感じられること、二つには、『源氏物語』の最大の特色は、揺れ動く人間の心理をくまなく描き出したことにあること、である。西暦一〇〇〇年の時点で、『源氏物語』のように、人間の心理に焦点を合わせ、それを巧みに描き込んだ作品は、世界的にみても、他に例が見られない。

谷崎は、『源氏物語』の現代語訳を通して、『源氏物語』から、心の動きを描出する部分に最も大きな影響を受けたのではないかという予測が成り立つからである。

2　人物造型

むろん、人物造型を行なう表現にも、『源氏物語』の影響と思われるものを指摘することは、できる。たとえば、『細雪』の最も主要な人物である雪子。蒔岡家の四人姉妹の三女である。

彼女には、『源氏物語』の夕顔が投影されていると寺田透[3]らによって指摘されている。なるほど、色白で細くあえかな風貌をはじめ、性格を描出する表現においてさえも、類似する。『細雪』の雪子の性格は、こう記されている。

> ただ雪子自身がそれを弱点と感じてゐないので、悪びれたり照れたりするやうなけはひを示さず、極めて自然に振舞つてゐるのが、幾らか場面を救つた。（細雪、下の五）

雪子自身は、周りの人間が気にするほど、自分の顔のシミを何とも思っていない。だから、実におおらかにふるまっている。

『源氏物語』の夕顔も、実にのんびりとした一面を持つのだが、その部分の描き方がよく似ている。

> またなくらうがはしき隣の用意なさを、いかなる事とも聞き知りたるさまならねば、なかなか恥ぢかかやかんよりは罪ゆるされてぞ見えける。（源氏物語、夕顔）

ふつうの人間であったら、自分の住んでいる場所のみすぼらしさを気にして恥じ入ってしまうのに、夕顔は、そんなことを気にするふうでもなく、おおらかにふるまっている。

そうした本人のおおらかさが、『細雪』でも『源氏物語』でも、その場面を救っていると記されている。描き方に、共通性がある。

また、『細雪』の視点人物、幸子については、折口信夫[4]、山本健吉[5]らによって、『源氏物語』の女主人公、紫の上の幻影が見られることが指摘されている。たしかに、幸子は、精神面では、紫の上をモデルにしたふしがうかがえるのだが、その容姿については、むしろ『源氏物語』の玉鬘との共通性が認められる。幸子も玉鬘も、きわめて派手な顔立ちであるが、その上、ともに男心をそそる肉体を持っている。幸子は、『細雪』で、こう描写されている。

決して猫背ではないのであるが、肉づきがよいので堆く盛り上つてゐる幸子の肩から背の、濡れた肌の表面へ秋晴れの明りがさしてゐる色つやは、三十を過ぎた人のやうでもなく張りきつて見える。（細雪、上の二）

『源氏物語』の玉鬘は、次のように描かれている。玉鬘は、光源氏が中年になって、ひかれた女性であり、夕顔の娘でもある。

むつかしと思ひて、うつぶしたまへるさま、いみじうなつかしう、手つきのつぶつぶと肥えたまへる、身なり肌つきのこまやかにうつくしげなるに、（源氏物語、胡蝶）

これは、光源氏に口説かれて、うとましく思ってうつぶせになってしまう玉鬘の姿である。手つきが「つぶつぶと（=むっちりと）」して、肌がよくて美しく、男性をひきつける。

『源氏物語』の紫の上は、肉感的な人ではなかったらしい。彼女の肉体については、『源氏物語』は、何も記していない。

円地文子[6]、野口武彦[7]は、『細雪』のプロットを、『源氏物語』の玉鬘十帖に求めているが、容姿描写からも、玉鬘十帖とのかかわりが見てとれるのである。

こうした人物造型をつかさどる表現部分にも、『源氏物語』の影響が点在しているのであるが、何といっても、大きな影響の感じられるのは、登場人物の心の動きを描出する部分である。

3　揺れる心

たとえば、『細雪』は、こう記す。

問題は何処までも、そんなに安つぽく尻を持ち上げたくないと云ふこと、結局は申込みに応じたいのだが、今日のところは辞柄を構へて二三日でも先へ延ばしたいと云ふこと、要するに何となく勿体を付けて見たいだけのことなのであるが、一方では又、あんなに意気込んでゐてくれるのに、それを素直に受け入れないでは、先方の感情がどうであらうかと云ふ配慮もあつた。（細雪、下の一三）

幸子の心の動きを記した文である。幸子は、雪子の見合いの話を、本心では二つ返事で受けたいのだけれど、勿体もつけたいし、かといって二、三日先へ延ばしてもらうのは、相手の感情を害する危険性も考えられ、決めかねて悩む心が、一文で記されている。

人は、決断を下さねばならない時、あれかこれかと、互いに対立する思いに悩む。その揺れる心の動きを逐一記すか、省略するかは、作者の裁量にまかされている。『細雪』は、左右に揺れる心の動きを、右記のように、しばしば丹念に描き込む。

実は、こうした相反する心の動きを一文で描写していく方法は、『源氏物語』の最も得意とするところなのである。たとえば、次の例。光源氏は、玉鬘を養女としてひきとったのに、彼女を恋する気持がきざしてしまう。だが、人の思惑を考えて、そうすべきではないという思いに苦しむ心の動きである。

あな心疾《こころと》、と思《おぼ》いて、「うたても思し寄るかな。いと見知らずしもあらじ」とて、わづらはしければ、のたまひさして、心の中に、人のかう推しはかりたまふにも、いかがはあべからむ、と思し乱れ、かつはひがひがしうけしからぬわが心のほども、思ひ知られたまうけり。（源氏物語、胡蝶）

妻の紫の上に、玉鬘への恋心を見透されてしまい、光源氏は、ああよく気が廻るとうろたえ、「いやな邪推ですね」などと言い返してみたものの、人がこう推察するにつけても、玉鬘をあくまで娘分として養い、実の父に紹介するか、あるいは結婚させるかなどのまともな方向を考えるものの、一方では、彼女を恋人にしたいという熱い思いになやむ気持を述べている。「かつは（一方では）」という言葉を中にはさんで、相反する心の動きを述べている。

こんなふうに、あれかこれかと揺れる心を描写するのは、『源氏物語』の自家薬籠中のものであり、『細雪』が影響を受けた方法の一つだと考えられる。

だが、なぜ、こうしたダイナミックな揺れる心理が描けるのか？　わり切って自分で自分の人生を歩む人間の心は、直線的で、紆余曲折がない。なのに『細雪』の登場人物たちは、『源氏物語』の登場人物たちと同様に、さまざまな思いの狭間で悩み、躊躇している。

その理由をさぐっていくと、谷崎が、『源氏物語』の登場人物たちの心の働かせ方まで影響を受けていることがわかる。以下、４・５・６で、そのことを述べてみたい。

4　他者への思いやり

相手の心を思いやったり、世間の眼を考えたり、社会の掟を考えたりする時、人の心は、複雑に揺れはじめる。

『源氏物語』の心話文には、他者への思いやりという心の働かせ方が見られる。たとえば、次に示す光源氏の心の動きを写す文。不義密通によってみごもった妻、女三宮の子供を、自分の子のように装って抱かねばならない光源氏の苦渋に満ちた心を描写した文である。

「この事の心知れる人、女房の中にもあらんかし。知らぬこそ妬けれ。をこなりと見るらん」と安からず思せど、「わが御咎あることはあへなん。二つ言はんには、女の御ためこそいとほしけれ」など思して、色にも出だしたまはず。（源氏物語、柏木）

「『この秘密の事情を知っている者が、女房の中にもいるに違いない。それが誰だか分からないのこそ残念だ。さぞかし私を間抜け者と思っているだろう』と、おだやかならぬお心持ちであるけれども、『自分が物笑いの種になるということなら、我慢もできよう。二人を比べれば、妻の女三宮の方こそかわいそうなのだ』と考えて、不快な気持は、全く外にあらわさない」という意味。密通し、相手の男性の子まで産んでしまった妻に対して、光源氏の本心は怒りが渦巻いている。だが、相手の立場に思いを致せば、彼女こそ気の毒なのだと、怒りをぐっと鎮めていく。この曲折した心理は、他者を思いやることによって生じている。

『源氏物語』で、こうした他者への思いやりによって心の襞《ひだ》が描かれるのは、理想的な登場人物に限られている。ということは、他者に対して、最大限の寛大さで思いやり、理解を示す心を描き込むことによって、登場人物を理想的に仕上げていくというからくりがあるということでもある。

他者への思いやりを持てることは、長谷川三千子(8)の指摘するように、成熟した大人であることの証拠なのである。理想的な人物は、他者への思いやりをみせることのできる人間であらねばならぬ。谷崎は、それを『源氏物語』の心理描写から学びとったと察せられる。

『細雪』でも、理想的な人物に限って、他者への思いやりの心をみせる。次例は、幸子の心を描いた部分。たった四文なのであるが、かなりの長さを持っている。一番下の妹、妙子が悪性の赤痢にかかり、生命の危機を迎えたが、幸いにも快方に向かい出した。幸子は、このことを、二回にわたる手紙に書き、姉の鶴子に出した。それに対する姉の返事を読んでの幸子の思いが綴られている部分である。

雪子は一と言、「姉ちゃんらしいわ」と洩らしただけで戻つて行つたので、どう云ふ意味で云つたことども分らなかつたけれども、幸子は何かその手紙から餘り好い感じを受けなかつた。率直に云ふと、姉はその手紙で、自分が最早や妙子に対しては殆ど愛情を持つてゐないこと、寧ろ妙子が捲き起す災厄から自分たち一家を守ることにのみ汲々としてゐることを、不用意のうちに暴露してゐるのであつて、それも一往尤もではあるが、しかしさう云ふ風に云はれては、妙子にも不憫が懸るのであつた。成る程今度の病気なども、「罰が當つたやうなもの」だと云つて云へなくはないけれども、乙女時代から好んで波瀾重疊の生き方をした妹であるだけに、或る時は水害で死に損なつたり、或る時は地位も名誉も捨ててかかつた恋の相手に死なれてしまつたり、全く彼女一人だけが、平穏無事な姉たちの夢にも知らない苦労の数々をし抜いて来てゐるので、もう今迄に罰は十分受けてゐるとも云へるのである。幸子は自分や雪子であつたら、とても此れだけの苦労には堪へられないであらうと思ふと、此の妹の冒険的生活に感心する気にもなるのであつたが、それにしても、最初の報知に接した時の姉の狼狽した有様や二度目の報知でほつと胸を撫でおろした様子が眼に見えるやうなので、さう云ふ姉が可笑しくもなつて来るのであつた。（細雪、下の二一）

幸子は、最初、姉の手紙に嫌な感情を抱いたが、やがて、安心したが故にむき出しになった姉のエゴにも理解を示していく。また、幸子は、一家の厄介物、妙子にも暖かい理解を示している。曲折する心理を作り出しているのは、『源氏物語』と同じく、他者への思いやりである。

5　世間の眼

人が悩むのは、本心のまま突き進むことができないからである。他人の眼や世間の眼を考えたりする時、人の心は、本心とそれとの間で葛藤しはじめる。

『源氏物語』の心理描写には、他者や世間の眼を気にするが故に生ずる悩みが実に多い。たとえば、次例。光源氏に愛された紫の上の心理である。彼女は、とかく浮気の絶えない夫、光源氏が中年を過ぎ、やっと自分の懐に落ちつき出したと胸をなでおろしていた。彼女の地位は、並みいる光源氏の女たちの中でぬきんでており、正妻に等しい扱いであった。だが、今頃になって、夫は、若い皇女を正妻として迎え入れたいと言うではないか。彼女は、こう思う。

さらばかくにこそはと、うちとけゆく末に、ありありて、かく世の聞き耳もなのめならぬ事の出で来ぬるよ。

（源氏物語、若菜上）

傍線部は、「こんなふうに、世間に聞こえてもひどく具合の悪いことが持ちあがって来てしまった」という意味。妻の座を手にしたと思い、安心しきっていたのに、世間から、それみたことかと笑われる破目に陥ったことを、紫の上は思い、心中おだやかではなくなる。光源氏の愛情の薄れを歎くよりも先に、まず世間の眼を気にする。そして、思い乱れる。

『源氏物語』の登場人物は、こうした他者の眼・世間の眼をつねに考えるが故に、悩みをかかえ込んでいる。光源氏も、目上の院の眼を気にするが故に、本心のままに行動できずに悩む。谷崎の『細雪』の主要人物の心の働かせ方も、同様な性質を持っている。次例は、妙子の不良ぶりを知った時の、幸子の心持である。

ただ何処までも、自分の肉身の妹をそんな不良な女であると思ひたくなかつたこと、——それが間違ひのもとだつたのであるが、恐らく世間の人たち、分けても奥畑の本家の人々や婆やなどは、幸子たちの心事をさうは取つてゐなかつたであらうと思ふと、幸子は又しても顔が赤くなつて來るのであつた。（細雪、下の二四）

妙子は、口では、奥畑に金銭的な援助をしてもらったことなどなく、全く自立しているなどと偉そうなことを言いながら、実際は、奥畑を金蔓にして贅沢な生活をしていたのであった。その事実を知って、幸子は、そういう妹を野放しにしておく自分たちが、世間の人たちからどう思われるかを、まず考える。妙子を呼んで真実を糺し、注意しようと思うよりも早く、世間の眼にうつる自分たちの姿を思うのである。

こういう対世間意識は、『源氏物語』の悩みの生ずる根源となっており、きわめて日本的なものである。谷崎は、それを『源氏物語』から継承した。

6　身分意識

『源氏物語』に一貫して流れているのは、身分意識である。平安時代の貴族社会にあっては、それは、ごく普通の意識であった。

たとえば、光源氏は、こう思う。

常陸の宮の御方は、人のほどあれば心苦しく思して、
（源氏物語、初音）

醜く、気のきかない末摘花に対する気持である。本心では、彼女を捨ててしまいたい。だが、その気持を抑えるのが、相手の身分の高さである。相手の身分を考えて、本心とは別にふるまわねばならない所に悩みが生ずる。『細雪』でも、階級意識が随所にみられ、それが、登場人物の心の陰影を形づくっている。次例は、幸子の気持。

幸子は、此の間から自分が何よりも苦に病んでゐた問題――自分の肉身の妹が、氏も素性も分らない丁稚上りの青年の妻にならうとしてゐる事件が、かう云ふ風な、予想もしなかつた自然的方法で、自分に都合よく解決しさうになつたことを思ふと、正直のところ、有難い、と云ふ気持が先に立つのを如何とも制しやうがなかつた。
（細雪、中の二六）

幸子は、妙子の恋人板倉のことで悩んでいた。自分たちとは身分違いであるという意識があるためである。ところが、板倉が急死したことによって、悩みは解き放たれた。そうした幸子の曲折した心の動きを支えているのが、階級意識である。他者への思いやりの心は、同じ階級に属している人間に対してだけ向けられるものなのである。幸子は、妙子のもとからの婚約者、奥畑については、こう思っている。

しかし、板倉と比較しては、いくら何でも奥畑が可哀さうだと云ふ頭なのであつた。それは坊々育ちの極道者かも知れないし、甲斐性なしであることも事実であらうし、見るから軽薄な、感じの悪い青年であることは分つてゐるけれども、もともと彼女とは幼な馴染の、船場の旧家の生れであり、同じ人種のやうなものであつて見れば、好きも嫌ひもその範囲内でのことである。
（細雪、中の二六）

こうした階級意識は、他人の眼・世間の眼を気にする意識と同様のものであり、きわめて古く日本的なものである。

谷崎は、日本古来の心の働かせ方を、『源氏物語』の心理描写から触発されたといえよう。

7　死の場面

『源氏物語』の影響は、この他にも特殊な場面を描き出す部分にも見出すことができる。たとえば、死の場面である。『細雪』は、四人姉妹の母の死を、次のように描写している。

　母はその病気（肺病）でありながら、臨終の際まで或る種のなまめかしさを失はなかつた。顔色も白く透き徹るやうになつただけで黒ずんでは来なかつたし、体も痩せ細つてはゐたものの手足にしまひまで艶々《つやつや》しさが残つてゐた。……（中略）……母の枕もとに侍つてゐたのであつたが、さう云ふ中で白露が消えるやうに死んで行く母の、いかにもしづかな、雑念のない顔を見ると、恐いことも忘れられて、すうつとした、洗ひ浄められたやうな感情に惹き入れられた。（中略）あの死顔があんなに美しくなかつたならば、あの折の悲しみももつと堪へ難いものだつたであらうし、引いてはもつと暗い思ひ出が長く心に残つたであらう。（細雪、下の八）

母は、死の間際まで、①痩せ細っているものの艶々しさがあった、②顔色が白く透き徹る美しさを保っていた、③死に赴く姿は、露の消えゆくようであった、と記されているが、実は、この死の場面描写は、『源氏物語』の女主人公、紫の上のそれによく似ているのである。『源氏物語』は、紫の上の死をこう記す。

　こよなう痩せ細りたまへれど、かくてこそ、あてになまめかしきことの限りなさもまさりてめでたかりけれと、（中略）宮は御手をとらへたてまつりて泣く泣く見たてまつりたまふに、まことに消えゆく露の心地して限りに見えたまへば、……明けはつるほどに消えはてたまひぬ。（中略）灯《ひ》のいと明かきに、御色はいと白く光る

やうにて、……たぐひなきを……　（源氏物語、御法）

紫の上は、死の直前まで痩せ細ったものの艶やかであったし、露の消えゆくようにしてこの世を去り、その死顔は白く光るようであった。『細雪』の四人姉妹の母の死の描写の原型が、『源氏物語』に存在する。特殊な場面の類似は、谷崎が、『源氏物語』からヒントを得て、『細雪』にとり入れたものと解釈してよいであろう。

8　おわりに

こんなふうに、谷崎は、『源氏物語』から多くのものを学び、とり入れていった。わけても、本稿が中心的にとりあげた日本古来の心の働かせ方を『源氏物語』に深く学び、それを『細雪』の登場人物たちの心話文に巧みにとり込み、多くの日本人読者を納得せしめる心の動きを描き出していった。

むろん、一見、『源氏物語』の影響かと思われる表現でも、その質を検討してみると、大いに異なっている場合もある。たとえば、風景描写。

『源氏物語』の風景描写は、登場人物の心理をつねに暗示する役割を果たしているのに対し、『細雪』のそれは、美的な風景描写に終始し、登場人物の心理には何のかかわりも持たないといったぐあいである。

また、時間意識も、『源氏物語』から谷崎が学びとったものであるにもかかわらず、先学によって明らかにされているごとく、(9)質的な違いがある。

こうした両者の間の差異を十分に認めつつも、(10)この稿では、敢えて共通性を重視し、それを明らかにすることに力を注いだ。それは、最初に述べたように、作家が異なる以上、差異があって当然なのであって、むしろ共通点こそ影響を受けた側面として重視すべきではないかという考えがあったからである。大方の御批正を仰ぎ、筆をおくことにしたい。

注

（1）風巻景次郎「細雪」（風巻景次郎・吉田精一編『谷崎潤一郎の文学』塙書房、昭和29年7月）
（2）この稿でテキストに使ったのは、日本古典文学全集『源氏物語（一）～（六）』（小学館）、現代日本文学全集『谷崎潤一郎（二）』（筑摩書房）である。
（3）寺田透「細雪」（『岩波講座　文学の創造と鑑賞』1、昭和29年11月）
（4）折口信夫「細雪の女」（『人間』昭和24年1月）
（5）山本健吉「『細雪』の褒貶」（『群像』昭和25年11月号）
（6）円地文子「谷崎文学の女性像」（『近代文学鑑賞講座　九巻　谷崎潤一郎』角川書店、昭和34年所収）
（7）野口武彦『谷崎潤一郎論』（中央公論社、昭和48年8月）
（8）長谷川三千子「やまとごころと『細雪』」（『海』昭和56年2月）
（9）東郷克美「『細雪』試論―妙子の物語あるいは病気の意味―」（『日本文学』昭和60年2月）など。
（10）『細雪』と『源氏物語』の相違については、中村真一郎「『細雪』をめぐりて」（『文芸』昭和25年5月）をはじめ、随所で指摘されている。

III

文章・文体研究の軌跡と展望

文章・文体研究の軌跡

1　はじめに

文章・文体に関する研究は次の四領域に分けることができる。

⑴文章論　⑵文体論　⑶表現論　⑷文章作法

それぞれの領域は、次のような目的を持っている。

⑴文章論は、文章のもつ一般的な性格を明らかにすることを目的とした研究領域である。

⑵文体論は、個別的にもしくは類型としてみた文章の特色を明らかにすることを目的とした研究領域である。

⑶表現論は、表現する・理解するというプロセスそのものの機構、ならびに表現の効果や価値を明らかにすることを目的とした研究領域。この領域の研究は、いままでの研究史では、⑴⑵の中に漫然ととり込んでいたりすることが多いけれど、一定の研究目的をもった一つの領域として特立したほうが、互いにその目的やその性格が明確になるように思う。

⑷文章作法は、どうすれば良い文章が書けるのかといったことを明らかにすることを目的とした領域である。実用的な目的をもっており、他の⑴⑵⑶とは一線を画する。

これら文章・文体に関する研究は、いずれも、歴史が浅く、まだしっかりした理論や方法が定まっているわけではない。摸索といった段階のものも少なくない。以下四つの分類に従って、それぞれ研究の歴史と現状、問題点を述べ、さらにその領域で際立つ著書や論文をとりあげ、具体的に解説して行くことにする。ただし、成立時期の関係から、文体論研究を先に述べる。なお、敬称は、すべて省略させていただくことにした。

2　文体論

文体に関する「科学」をめざしての研究が、日本で始められたのは、比較的新しいことである。今から四〇年ほど前、昭和一〇年代に、文章についての科学の成立を待ちのぞむ国内的機運を背景として、直接的には西欧における文体研究の刺激のもとに、誕生した。

波多野完治と小林英夫　フランスの心理学を吸収消化した波多野完治は、昭和一〇年、『文章心理学―日本語の表現価値―』を出版した。この書は、多大の反響をよび、とくに第二編の「文章の性格学」の第一章「文章と性格」は、高く評価された。それは、谷崎潤一郎と志賀直哉の文章上の特色とそれぞれの作家の性格との相関を論じたものである。文章上の特色は、文の長さ・句読点・品詞・比喩・構文などの項目について、具体的な数字として示された。この波多野の数量的な処理方法は、その後の文体研究の方法に大きな影響を与えた。こうして、文章心理学は、文章の構造と性格との関連をとり扱うことを第一の目標とする研究分野として発足した。

一方、言語学者小林英夫は、すでにバイイ、カール・フォスラー、シュピッツァーなどの文体論関係書の訳業成果をあげていたが、波多野完治からの刺激を受け、「芥川龍之介の筆癖」(『文学』昭11年12月)を皮切りに、次々に論文を発表した。そして昭和一八年に『文体論の建設』、翌年に『文体論の美学的基礎づけ』を公にし、美学的な立場に立つ文体論を打ちたてた。この二書は、小林文体論の結晶である。

小林は、「文体論は、与えられた作品がなぜ美しいかを説明しようとする」ものであるとし、芸術的な文章を研究対象とした。これは、文章の価値を問わない波多野と対照的な点である。小林の方法は、ある作品から受ける文体印象と、その作品の文章構造との間に、必然の関係を見出し、さらにその成果を、作者の性格・世界観・文芸理想などの上位の因子に、関係づけることであった。

波多野との方法上の違いは、直観的な文体印象を重視することである。従って小林の文体論は、「真の文学的Aesthete にのみその探求を許されてゐるのである」とする排他性と絶対性を帯びてくる。波多野の、誰れにでも出来る客観的な文章分析から出発する方法とはこの点でも対照的であった。しかし、文章を作者との関連においてとらえるなど、文体論の課題や方法の大綱においては、かなり似かよっているのである。

波多野の研究は、文章の個別的特性を解明することから出発したが、その後、男女の別による文章的特質、新聞・小説・論文などのジャンル別の文章的特質といった類型としての文章の特色を明らかにする方向にむかい、対象・領域ともに拡大されていった。波多野の研究の大概は、『文章心理学大系』全六巻（昭40～48年刊）によって知ることが出来る。

波多野の心理学的文体論は、後述の安本美典に継承され、展開していった。一方、小林の研究は、その後、個々の作品にあたって具体的に行われていったが、そのほぼ全貌は、『小林英夫著作集』全十巻のうち五巻～八巻（昭50～51年刊）で知ることが出来る。小林文体論は、直観力重視のために継承されづらい面もあったけれども、文体印象といった考え方、文章の分析の観点などは、うけつがれて行った。

こうして今日の文体論研究の基礎は、波多野・小林によって築かれていった。それから、もう一人、地味ではあったけれど、文体論研究の草創期に活躍した研究者として、山本忠雄も忘れることが出来ない。

山本忠雄　昭和一三年、英語学者山本忠雄は、『文体論研究』を出版。ヨーロッパの文体論を紹介し、さらに一五年には、その実践編『文体論―方法と問題―』を公にした。山本の文体論は、人格を中心とする「言（parole）」の機能論であり、「言語（langue）」を体系化する「『文法論』と並ぶ言語学の方法」であるという。

その実践は、あくまで言語表現の特色を発見記述することにとどまり、それらを作家の性格・世界観あるいは文学的価値に結びつけることをしない所に特色がある。「語学的文体論」とか「言語学的文体論」とかいわれる所以でもある。山本のこの立場は、後述の国語学者による文体論にも影響を与えた。

こうして、昭和一〇年代は、文章の個別的な特性を明らかにする「文体論」の誕生した記念すべき時期となったのである。波多野の心理学的文体論、小林の美学的文体論、山本の語学的文体論と、いずれも西欧の学問に対して最も敏感な人たちの手になることは、印象的である。

計量的文体論―安本美典と樺島忠夫―　波多野の心理学的文体論は、精緻な数学的手法を身につけた心理学者、安本美典に継承された。安本は、「『文章の性格学』への基礎的研究―因子分析法による現代作家の分類―」（『国語国文』昭34年6月）で、現代作家一〇〇人の文章を、因子分析法を用いて、八つのタイプに分類し、それぞれのタイプと性格との関係を論じた。この研究は、さらに整備され、『文章心理学入門』（昭40年刊）として一書をなした。安本のこの研究は、それまで個別的にしか扱われなかった諸作家の文章を、網羅的に取り上げ、鳥瞰図的な位置付けを与えた所に意義があった。この研究によって、ある特定作家の文体の特色について、目安をつけることが容易になった。

こうして、心理学的文体論が、推計学・因子分析法によって、その方法を精密化するのと時を同じくして、国語学者による語学的文体論も、統計的手法を導入していた。樺島忠夫は、昭和二〇年代末、すでに、「文の長さについて―条件との相関の分析―」（『国語学』昭28年12月）、「現代文における品詞の比率とその増減の要因について」（『国語学』昭29年11月）などの論文を発表し、数量的な方法による文体論の基礎を築き始めていた。

昭和三〇年代以後の樺島の活躍はめざましく、文体論のみならず、表現論、文章作法論など、その研究領域は文章全般にわたっている。「文体の変異について」（『国語国文』昭36年11月）は、文体の特性が作者自身の筆癖によって生じるばかりではなく、他の要因によっても生じうることを具体的に述べたものである。とくに、表現意図によって、同一作家でも文体が異なる事を論証してみせる具体例は、興味深いものである。寿岳章子との共著『文体の科学』は、現代作家一〇〇人の文体を統計的に記述したもので、安本美典の「文章のタイプ」と比較してみると面白い。調査項目のとり方、文体のとらえ方などに、自らのよって立つ立場の違いがあらわれている。

たとえば、文体のとらえ方の違いは、次のようである。安本は一人の作家について、代表的な一作品をとりあげることによって現代作家全体における相対的な位置付けに重点をおいたのに対し、樺島は、一人の作家について、いくつかの作品をとりあげ、それらの作品の文章特性値のゆれの幅そのものに、作家の文体を求めようとするのである。樺島は、「個性とは静止した姿としてあらわれるものではなく、いろいろな場合に当って動くその動き方にあらわれるのだと考えたい」（「文体の変異について」）とのべている。

安本と樺島は、心理学と国語学といった具合に、その基づく所は異っていたけれども、ともに数学的な手法を用いる点で共通していた。両者は、波多野にみた数量的なアプローチの仕方を、高度に発展させたのである。計量的な方法によって、人々が「文体」とよんでいるものの本質にどれだけ迫り得るのかといった問題がつねにつきまとうけれども、その方法は、客観性をもつゆえに、かなりの説得力をもつ。今後さらに精練される必要はあろうけれども、一つの重要なアプローチの方法として、価値を失うことはあるまい。この方面を志す人のためには樺島忠夫『統計調査法入門』（昭40年刊）、安本美典・本多正久「文科系の人のための因子分析法入門」（『数理科学』昭49年6月～昭50年5月）がある。また、林豊「文体分析における数量言語学の利用について」（『明治学院論叢』昭43年1月）も、計量的文体分析方法についての概説であり、参考になる。

国語学界における文体論の確立　昭和三〇年代になると、国語学者による語学的文体論が、次章でのべる文章論の研究と相俟って、さかんに行われ始めた。しかし、当初は、「文体」の語も実にさまざまな意味で用いられ、その研究目的も判然としているわけではなかった。そのため、この期の論には、しばしば、「文体」の語の定義付けや概念規定の整理が試みられている。

こうした混沌とした状態ではあったが、文体論は、次第に形をなしはじめ、昭和三五、六年には、特筆すべき二つのことをあげることができる。一つは、雑誌『言語生活』が、「現代の文体」という特集号を出したことである。二つは、学会誌『国語学』が、その展望号に「文体・文章」の一項を設けたことである。どちらも、文体論が一つの分野として認められてきたことを示すものであろう。

文体論協会の設立　こうした国語学界での動きは、実は、日本における外国語学界でも起っていた。英語学を例にとっても、中島文雄・佐々木達・東田千秋・鍋島能成・池上嘉彦らの文体論での活躍をすぐに思い浮べることが出来る。そのような事情を背景にして、昭和三六年、「日本文体論協会」が設立された。同協会は、国語学者ばかりではなく、英語・フランス語・中国語・ドイツ語などの、各国語研究者の協力と知識の交流をはかるという趣旨のもとに結成された。同協会の刊行した『文体論入門』（昭41年刊）は、文体論を志す人の必読の書の一つであろう。

語学的文体論研究の状況　さて、次第にさかんになってきた語学的文体論研究を、国語学者の論文を中心に、具体的に眺めて行くことにしたい。樺島忠夫については、すでに述べたので省略する。

阪倉篤義『文法論と文体論のあひだ』（『国語学』昭38年3月）は、文法論と文体論の、問題にする事柄の違いを述べ、そうした違いを認識した上で、個別を明らかにする文体論に有用な文法論といったものを構想している。なお、この問題については、前述の山本忠雄『文体論研究』が参考になる。ことばを文体的にとらえるというのはどういうことなのか、文法的にとらえるのとどこがどのように違うのか、まずおさえておきたい問題である。

木原茂「文体論の方法」（『広島女子大学紀要』昭42年2月）は、何人かの作家の文章から、部屋描写をぬき出して比較し、それぞれの作家の叙述の仕方の違いを明らかにしたものである。木原の文体論の特色は、通時論的な観点を分析に導入することである。すなわち、文体の史的推移を辿ることによって、ある作家の創造の跡を見出そうとするのである。時代の特色なのか個性なのか、そのかかわり合いをもう一つ明確にする必要はあるけれども、文体論の一つのあり方を示唆している。

中村明「文体の性格をめぐって」（『表現研究』昭49年9月）は、文体とは何か、文体をどうとらえるか、文体はどこにあらわれるか、文体を考えるヒントなどについて、中村の考え方を明らかにしたもので、文体理論を形成する上で一助となろう。中村の文体論の特色は、実験（アンケート法）を重んじ、それによって文体印象を客観化しようとすることである。「文体印象の分析」（『文法』昭45年2月）の論もある。

堀川直義「文体比較法の一つの試み」（『文体論研究』昭43年6月）は、クリちゃんの四コマ漫画を示し、学者・作家に、その内容を説明する文章を書いてもらい、それらを比較して文体の差違を抽出しようとしたものである。同種の方法は、知能の発達段階や小学生の作文能力の発達段階を調べるために用いられているが、それを文体を計るために応用した興味深い論である。

以上が、特に目をひく文体の理論的な研究である。その他、森重敏「文体論のために―あわせて古今和歌集の序を参考する―」（『文学・語学』昭42年9月）、篠沢秀夫「実験文体学序説」（『言語』昭47年4月）、前川清太郎「基本文体について」（『表現学論考』昭51年刊）、西田正好「作家の文体と精神障碍」（『国文学』昭35年10月）など、それぞれ志向する所は異るけれども、文体について考えさせることの多い論文である。

類型としてみた文章の特色を扱ったものでは、田中章夫「説明の文章」（『講座現代語5』昭38年刊）、西田直敏「解説・説明文のスタイル」（『言語生活』昭49年4月）、寿岳章子「文体にみる女流文学」（『国文学』昭43年4月）などが参考になる。類型としてみた文章の特色の論は、文章作法論の中に融け込んでいることが多い。評論、論文、広告の文章の書き方を説明する場合、それらの文章の類型としての特色をふまえることなしには、なされないからである。

次に、個別的な文章の特色を明らかにした論をとりあげておこう。

林巨樹「井上靖の文体」（『講座現代語』巻5、昭38年11月）は、「語彙や語法の数量的な処理やいわゆる言い回し癖の指摘などによって浮かび上らせることを拒む」文体として、井上自身の語ったことば・井上の文章のあり方（散文と詩との関係、作品にみられる手紙文の書き方など）を論証の手だてとして論が展開される。作家の文章特性に合わせた追究の方法が心にくい。

林四郎「『坊っちゃん』の会話構成」（『言語生活』昭37年8月）は、会話から文体を探ろうとするもので、方法に新鮮さがある。なお、林四郎の本領は、文章論にあると思われるので、そこで再述する。

宮地裕「対談の文体論的考察試論」（『国語国文』昭31年11月）は、徳川夢声と近藤日出造との対談を比較し、それぞれの表現特色を明らかにしたものである。対談という話しことばに焦点をあてた文体論として、きわめてユニークである。

この他、大石初太郎「『平面描写』期の花袋の文章」（『専修国文』昭50年3月）なども面白い論であるが、現代作家の文章に対する個別的文体論は、国語学に於いてより、国文学に於いて一層さかんである。

さて、このように、国語学者を中心とした語学的文体論が、一つの流れとなり、次第にその輪廓をはっきりさせてくると、深刻な問題がもちあがってきた。

語学的文体論と文学的文体論の対立　それは、国文学者・評論家・作家の行う、いわゆる「文学的文体論」との対立である。語学的文体論者は、語学的文体論のことを、皮相な形態面にのみとらわれており、「文体」の問題を解明するのに無力であると攻撃する。文学的文体論のいう「文体」とは、「表現する作者の精神の構造」（渡辺実）といったものをさし、それは享受者が創造の精神をもって立ち向かうときに体験されるものであり、「形式に即した分析や統計等の自然科学的方法だけでは、とらえることはできない」（原子朗『文体序説』）という。

一方、形態記述に立脚して発言する語学的文体論からすれば、文学的文体論は、余りにも主観的で学問以前のものとうつるのであった。こうした対立は、昭和三〇年後半から次第に激しくそして現在に至っている。この対立は、学界展望等にもよく取りあげられ、阪倉篤義・樺島忠夫・森重敏・根岸正純らは、対立を止揚することによって文体論そのものを高めることを提唱している。一方、渡辺実は、文学と語学が等しく言語という不思議を扱いながら分化したように、二つの立場の分化は、一種の必然であるとみる。ごく最近の状況をみるに、二つの立場は、互に無関係に、それぞれのやり方で研究を押し進めているといった分化の方向を辿っているように見受けられる。しかし、絶えず、高いレベルにおける両者の統合の可能性に挑戦することを忘れてはなるまい。

3　文章論

波多野完治、小林英夫の文体研究が世に出され、一般に文章・文体に対する関心が高まっていた。一方、国語教育は、現実の問題として、文章の本格的な研究を待ちのぞんでいた。国語学で、文章研究に取り組むべき時期が到来していた。

時枝誠記　昭和二五年、時枝誠記は、『日本文法　口語篇』で、それまで国語学の研究対象から除外されていた「文章」を、「語」や「文」と並んで文法論の対象とすべきことを提唱した。その論拠は、時枝の言語過程観からすれば、「文章」も、「語」や「文」と同じように、それ自身一つの統一体であると考えられるからであった。時枝は、文章研究の可能性を、同書で次のように説いている。「文章の成立の条件は、個々の場合によって異なり、そこには一般的法則が定立しないやうに考へられるが、文章が文章として成立するには、それが絵画とも異なり、音楽とも異なる言語の一般的原則の上に立つて成立するものであることは明かであるから、そこから一般的法則を抽象し得ないとは云ふことが出来ない訳である。」（23ページ）

こうして、文章の研究は、文法論の一環として、文章における一般的法則を抽象することを目的として出発した。翌二六年一一月、時枝は、愛媛大学で行われた全国国語教育学会で、「文章論の一課題」（『国語国文』（愛媛国語研究会）昭26年11月）と題して講演した。それは、『日本文法　口語篇』で提唱した文章論を具体化すべくしてなされた論で、文章における冒頭文の意義とその展開の様相を説いたものである。時枝の継時的・線条的な文章観は、それまでの同時的・空間的な文章観を覆し、国語教育の読解指導においても、辿り読みの提唱となり、大きな波紋をなげかけた。

時枝は、その後も文章研究の具体化につとめ、次々に論文を発表していった。そして、昭和三五年、文章論の必要性を説いてから満一〇年後、それまでの具体的研究に体系を与え、『文章研究序説』を出版した。時枝の文章研究の集大成である。

時枝の提唱以後の文章論研究の特色　昭和二五年の時枝の文章論の提唱は、国語学界に大きな影響を与え、この方面の研究が、にわかに活況を呈した。それら文章論研究の流れを大きくつかんでみると、次にあげる三つの特色が指摘できる。第一の特色は、時枝の言うごとく、文章論は、文法論の一環として成立するのか否かという議論が激しくなされたことであった。永野賢のように文法論の一環としての文章論を志向する立場もあった。一方、佐藤喜代治「文章論の成立について」（『国語学』昭29年11月）のごとく、文法論とはきり離して、文章論という独立した研究分野を考える立場もあった。佐藤は、同論文で、さらに、文章論が、国語学という枠の中で、どういうかたちなら成立するのかといった問題を論じている。さまざまな議論がくりひろげられたが、昭和三五年、時枝の『文章研究序説』の出版により、一応議論にかたがついた。すなわち、そこでは、文章の研究は、言語研究における独立の一部門として設定されていたのである。しかし、国語学上での位置付け、提唱時の文法論との関係、など定かではなく、問題は尾をひき現在に至っている。

第二の特色は、時枝の『文章研究序説』に示された文章の研究領域のうち、いわゆる「文章論」として発展したのは、文章の展開に関する問題が主であったことである。時枝の考えた「言語の成立条件」や「文章の表現性」に関する問題は、いわゆる「表現論」が継承していった。文章の展開に関しては、時枝のとらえ方が、専ら線条的継時的であるのに対して、空間的同時的な把握もまた文章理解には欠かせないといった従来説の見直しもなされていった。

第三の特色は、時枝の文章論研究の発端からそうであったように、文章論研究は、つねに国語教育と密着して発展していったことである。

文章論研究の状況　こうした特色をもった文章論の研究が、いかなる人によって、いかにすすめられているのか、以下具体的に眺めて行くことにする。

〈永野賢と市川孝〉　両者はともに時枝に学び、文章論の課題を継承したが、時枝が、文章を流動展開の相において、動的・内的にとらえるのに対して、彼等は、文章の論理的構成面に重点をおいて、静的・形態的にとらえる。その点、永野・市川には共通性が感じられる。

永野賢「文章論の構想」（『学校文法　文章論』昭34年6月）は、文章論の課題とその分析方法とを網羅的にのべたものである。ただし、そこに示された課題のうち、「文章の様相」に関する事項だけは、現在ではふつう文体論でとりあつかわれる。永野賢は、文章を統一する原理を見出すことに力をそそぎ、一連の試みを行っている。市川孝は、文と文、段落と段落の連接関係を解明することに力点をおき、「文の連接」（『国語教育のための文章論』昭48年12月）その他所々で、この問題をとりあげ、連接関係を整然とパターン化している。

〈塚原鉄雄〉　連接関係は、文章の展開において最も重要な問題の一つであり、塚原にもいくつかの論がある。「論理的段落と修辞的段落」（『表現研究』昭41年8月）は、段落と段落の連接関係で起る面白い現象をとりあげ、すっきりと論じたものである。また、方言における文連接をあつかった藤原与一「方言文章論試作—連文の類型—」（『国語学』昭30年3月）の論もある。

〈森田良行〉　永野・市川の形態面を重視する文章論の行き方に対し、森田は、時枝流の動的な展開の相において文章をとらえることを主張する。時枝の、理論面における継承者といってよい。「文章論と文章法」（『国語学』昭33年3月）は、時枝の言語過程説における詞と辞の考え方を、そのまま文章論に適用して文章の流れをとらえようとした試論である。その後、森田の論は、「場」の観点を導入し、次第に表現論的な色合いを帯びて行く。

〈林四郎〉　林は、永野・市川の論理的構成面から文章をとらえる行き方、あるいは森田の継時的側面から文章をとらえる行き方の統合の上に成り立つ文章論を展開する。すなわち、文章を、骨を通すための「構える」要素と、相手にすらすらと受け入れてもらうための「流れる」要素の両方からとらえようとするのである。「文章の構成」(『言語生活』昭34年6月)、「文章論と文型論」(『教育科学／国語教育』昭36年5月)などの好論がある。

土部弘も、林四郎の考え方に近い。土部「文章の展開形態―〈文脈〉と〈構成〉―」(『国語学』昭37年12月)は、文章の展開形態において、流れる要素の「文脈」とかまえる要素の「構成」とのかかわり合いの様相を、意味内容面の緊密度に基づいて、五つの方向式に類別したものである。

また、金岡孝「主題と構成」(『講座現代語3』昭39年刊)は、作品の主題の展開の仕方を明らかにし、それを把握するには、時枝の退けた全体的・対象的把握も必要であることを主張する明快な論である。阪倉篤義「文章の機能と目的」(『講座現代語5』昭38年刊)は、文章の分類の仕方に新しい観点を提供している。なお、英語学者ではあるが、佐々木達の『近代英詩の表現』(昭30年刊)など、文章論に寄与するところがある。

文章論研究の課題　文章という対象が量的に膨大であり、処理しかねる面のあること、つねに個別的・具体的な存在であること、などから、文章の一般的な性格を追究して行くのは、至難である。しかし、文章に関して抽象的な思考を行っているだけでは、せいぜいいくつかの類型を見出し、分類するだけで終ってしまうであろう。文章論が深まって行くためには、しばらく個々の文章の実例に即して、その展開の様相をつぶさに逐一把握していくことしかないのではないか。そうした過程で、たえず、一般性・傾向性の有無を問い続けて行くことが必要であろう。

4　表現論

表現に関する問題は、国語教育の方では、教育現場の立場からすでに考察されていた。また、美学者金原省吾は、昭和一一年に『言語美学』を著し、思考がことばという形をとるに至る動機やプロセスについても考察している。表現論的な考察の先駆的な著作と思われる。

時枝誠記　国語学の分野で、本格的に表現の問題に取り組み出したのは、やはり時枝の影響によるものと思われる。時枝は、すでに『国語学原論』（昭16年刊）で「国語美論」の一章を設け、表現効果の問題を論じている。しかし、考えてみれば、「国語美論」の章のみならず、時枝の言語過程説そのものが、ダイナミックなプロセス論であり、そもそも表現論的といっても良いような面を持っていたのである。表現論が、こうした時枝理論に啓発され、一つの流れをなすことは当然のことであったのかもしれない。時枝は、『文章研究序説』（昭35年刊）の第二篇第一章の「㈡言語の主体と文章」「㈢言語の場面と文章」「㈣言語の素材と文章」「㈤文章の表現性」などで、具体的に表現論を展開している。

表現論研究の状況　江湖山恒明は、時枝の表現効果の面に関する考察に刺激を受け、昭和三〇年『国語表現論―文芸作品の表現研究―』を公にした。江湖山は、同書で、韻文を対象にし、その表現効果のよってきたる所以を、音の感触・音の選択と排列などの面から明らかにしようとしている。表現効果に関しては、心理学畑からの研究ではあるが、阪本一郎『読みと作文の心理』（昭30年刊）、松岡武「コトバと象徴」（『コトバの科学3』昭33年刊）なども、参考になろう。

金岡孝は、時枝門下であるが、表現論的な面も継承した。金岡「比喩について―その表現心理的構造と言語的性格―」（『清泉女子大学紀要』昭35年3月）は、直喩・隠喩・諷喩などの比喩の、言語表現に至るまでの過程を説明したもので、きわめて表現論的である。比喩に関する国語学からの研究としては、橘豊「比喩小考」（『人文社会』昭40年2月）、橋本（＝山口）仲美「比喩の表現論的性格と『文体論』への応用⑴⑵」（『国文学』昭44年8月9月）もある。

比喩は、さまざまの問題を含む興味深い表現であり、文学の側からも問題にされることが多い。

表現学会の設立　表現論的な考察は徐々におしすすめられ、昭和三八年、ついに、表現学会が誕生した。機関誌『表現研究』の創刊号（昭40年3月）には、「私は表現学をこう考える」と題して、第一回表現学会におけるシンポジュームの五人の講師の発言内容要約が記されている。講師は、今井文男、樺島忠夫、木原茂、阪倉篤義、外山滋比古である。要約であるため、わかりにくい面があるけれども、この方面を志す場合にはまず考えてみるべき問題である。今井には、すでに『表現学仮説』（昭36年刊）があり、シンポジュームでの発言は、同書の骨格だけを述べたものである。今井の論の理解のためには、森米二「詩の構造における視点」（『表現学論考』昭51年刊）あたりをまず読むと良い。樺島には、『表現論』（昭38年刊）がある。また、松永信一「文章の研究のための基礎作業」（『金城国文』昭40年9月）も、この種の問題を考えるのに参考になる。

理解過程に関する研究の必要性　表現効果や価値の他に、表現すること・理解することのメカニズムを明らかにするのが表現論であるとすると、いままでの表現論は、やや表現過程に重点をおきすぎているように思う。表現されたことばを理解し吸収して行く過程も重要な問題である。理解過程に焦点を合わせた研究は心理学・国語教育の側からはなされているが、言語学的側面からの研究は、多くない。目につくのは、英文学者外山滋比古の『修辞的残像』（昭36年刊）と『近代読者論』（昭39年刊）である。外山は、言語に残像作用・溯像作用があるという仮説をたて、それによって、理解するというメカニズムを説明する。面白いのは、理解過程にも、個人のスタイルがあり、それを読者のスタイル論という形で考えていることである。理解過程に関するすぐれた仮説の書である。表現過程と並んで、理解過程の解明も、期待される課題である。

5　文章作法論

文章作法の論は、相当古くからある。その嚆矢を求めれば、平安時代の空海の『文鏡秘府論』まで遡るといわれている。この方面については、西尾光雄、林巨樹、桑門俊成らに詳しい研究史や展望があるので、参照されたい。ここでは、紙数の都合上、森岡健二についてだけ解説しておくことにする。

森岡健二とアメリカコンポジション　森岡は、昭和三一年から三二年にかけて、アメリカで、同国の作文法を学んだ。その研究成果は、「文章の構成法」(『国語シリーズ』昭33年刊)となった。次いで、その理論を日本の文章に適用し、『文章構成法』(昭38年刊)の一書をなした。同書は、体系的であること、段落論や材料の配列論など、実践に役立つばかりではなく、文章論の研究としてもそのまま通用することに特色がある。同書に収録された「コピー研究」の論は、森岡の理論を広告表現に適用したもので、短編でまとまっており、読みやすい。

数多く出版される現代版文章作法書は、かつての修辞学書に比して、著しく分析的になってきており、また、レトリックに多くの紙数をさかないことにも特色がある。

実用的な意味から、文章作法書は、つねに人々の興味と関心をひいている。つい最近の新聞でも「売れてます新型『文章読本』」(昭53年12月10日、朝日・朝刊)なる記事が見られた。いま、ブームなのである。

文章・文体研究参考文献

凡例

●昭和初年から昭和五三年一二月までに公表された、文章文体に関する理論的研究ならびに現代日本語の文章文体を対象とする研究のうち、主なものを収録した。収録にあたっては、この方面の基礎的な知識を得るのに必要と思われる文献を掲載するように心がけた。従って、国語学的な研究を中心とはしたが、国文学、言語学、英語学の分野についても、多少とり入れた。なお、外国文献は、翻訳されたものに限定した。

●文献は、次の五分類に従って配列した。1文章論、2文体論、3表現論、4文章作法書、5文章文体関係の研究史・展望・文献目録・雑誌特集号・講座。さらに、それぞれの部門については、単行本と雑誌論文とに分けて掲載した。

●雑誌論文で、講座や記念論文集所収のものは、論文名の下に、〔 〕につつみ、その講座名・記念論文集名を記した。

●この目録を作成するにあたり、前記五分類の5に記した研究史・展望・目録および『国語年鑑』『国語国文学研究文献目録』『国文学研究文献目録』を参考にすることが多かった。

1 文章論

三尾　砂『国語法文章論』　三省堂　昭23・2
時枝誠記『日本文法 口語篇』〔岩波全書〕　岩波書店　昭25・9
鶴田常吉『日本文法学原論 後篇』　関書院　昭28・11
永野　賢『学校文法文章論』　朝倉書店　昭34・6
堀川勝太郎『文章の論理と読解指導―文脈展開の法則性』　明治図書出版　昭35・3
時枝誠記『文章研究序説』　山田書院　昭35・9
長田久男『文章論―文章答問説』　私家版　昭44・4
永野　賢『文章論詳説―文法論的考察』　朝倉書店　昭47・6
土部　弘『文章表現の機構』　くろしお出版　昭48・11
市川　孝『国語教育のための文章論』　教育出版　昭48・12
林　四郎『言語表現の構造』　明治書院　昭49・11
時枝誠記『文法・文章論』　岩波書店　昭50・2
林　四郎『文学探求の言語学』　明治書院　昭50・10
永尾章曹『国語表現法研究』　三弥井書店　昭50・10
林　巨樹『近代文章研究―文章表現の諸相』　明治書院　昭51・3
市川　孝『国語教育のための文章論概説』　教育出版　昭53・9

★★★

時枝誠記　文章論の一課題　国語研究〔愛媛国語研究会〕　昭26・11
川端康成　小説の文章構成〔文章講座2〕　河出書房　昭29・8
飛田　隆　文章構成の原理　解釈と鑑賞　昭29・9
佐藤喜代治　文章論の成立について　国語学　昭29・11
藤原与一　方言文章論試作―連文の類型　国語学　昭30・3
飯豊毅一　文の構造と文章の展開―文章の研究試論　試論　昭31・2
阪倉篤義　文法論の課題　国語学　昭31・3
亀井　孝　文章というもの　学燈　昭31・5
佐藤喜代治　文章研究の意義と方法　国語学　昭31・7
川端善明　接続関係と関係接続表現　国語国文　昭31・11
桑原文次郎　文と文とのつながりに関する考察　研究紀要〔島根県国語教育研究会〕　昭32・10
佐藤喜代治　文章論の諸問題〔日本文法講座1〕　明治書院　昭32・11

市川　孝　文章の構造〔現代国語学Ⅱ〕　筑摩書房　昭32・12
森田良行　文章論と文章法　国語学　昭33・3
堀田要治　文脈〔続日本文法講座3〕　明治書院　昭33・7
遠藤嘉徳　実用的文章〔コトバの科学5〕　中山書店　昭33・11
田村謙治　文章論の問題点　国文学〔臨時増刊号〕　昭34・1
市川　孝　文と文章論　ことばの研究　昭34・2
森田良行　言語表現型と文脈断層の助詞　国文学研究　昭34・3
森岡健二　文論・文章論にはどんなテーマがあるか　解釈と鑑賞　昭34・6
林　大　文脈〔講座解釈と文法1〕　明治書院　昭35・1
橘　豊　文章論の問題　古典と現代　昭35・1
宮地　裕　文脈と文法〔講座解釈と文法7〕　明治書院　昭35・4
増淵恒吉　現代文の段落の把握〔講座解釈と文法7〕　明治書院　昭35・4
江湖山恒明　文章のジャンル　国文学〔臨時増刊号〕　昭35・7
土部　弘　文脈と構成㈠㈡―「文章組成論」の試み　国文学〔関西大学〕　昭36・3、11
土部　弘　文章の展開形態―〈文脈〉と〈構成〉　国語学　昭37・12
植地南郎・西谷博信・鈴木重幸・宮地裕・林四郎・南不二男・菅野謙　ラジオの文と文章の研究(1)〜(6)　文研月報〔NHK放送文化研究所〕　昭37・10〜昭38・4
阪倉篤義　文章の機能と目的〔講座現代語5〕　明治書院　昭38・11
金岡　孝　主題と構成〔講座現代語3〕　明治書院　昭39・4
永野　賢　文章の形態とその文法的特質〔口語文法講座4〕　明治書院　昭39・12
森田良行　文章表現―展開と文脈　国文学研究　昭40・3
塚原鉄雄　文章と段落　人文研究　昭41・2
塚原鉄雄　論理的段落と修辞的段落　表現研究　昭41・8
市川　孝　文章研究の課題〔講座日本語の文法2〕　明治書院　昭42・11
桑門俊成　段落とは何か〔講座日本語の文法4〕　明治書院　昭42・12

林　四郎　文章表現の基本原理　国文学〈臨時増刊号〉　昭43・1
長田久男　文章の見方　論究日本文学　昭43・2
市川　孝　文章論　文学語学　昭43・6
塚原鉄雄　文章の意味―意味の構造　表現研究　昭43・9
風間力三　文頭の形式　甲南大学文学会論集　昭43・11
土部　弘　文脈と段落　学大国文　昭43・12
永野　賢　文論と文章論との交渉　文法　昭44・1
森田良行　文章論のめざすもの―その効用　文法　昭44・1
金岡　孝　文章論―いかなる意味で文法的事実か　文法　昭44・11
森田良行　転移論と文章法　文法　昭44・12
武田　孝　文章論上の着眼点―現代詩の読解に文法はどの程度有効か　文法　昭45・2
長田久男　文章の統一と文章の構造をどう記述するか　京都家政短期大学研究紀要　昭46・12
木原　茂　文章構成の基本的パターン　国文学　昭48・9
遠藤好英　志賀直哉の短篇小説の構成試論　日本文学ノート　昭51・3

2　文体論

シャルル・バイイ　小林英夫訳　『生活表現の言語学』　岡書院　昭4・6
カルル・フォスレル　小林英夫訳　『言語美学』　小山書店　昭10・6
波多野完治　『文章心理学―日本語の表現価値』　三省堂　昭10・10
吉武好孝　『文体論序説』　不老閣書房　昭12・7
山本忠雄　『文体論研究』　三省堂　昭13・11
山本忠雄　『文体論―方法と問題』　賢文館　昭15・5
佐々木達　『語学試論集』　研究社　昭25・9
波多野完治　『文章心理学入門』〈新潮文庫〉　新潮社　昭28・1
中島文雄　『近代英語とその文体』　研究社　昭28・12
J・M・マリイ　両角克夫訳　『小説と詩の文体』　ダヴィッド社　昭32・8
江藤　淳　『作家は行動する』　講談社　昭34・I

ピエール・ギロー　佐藤信夫訳　『文体論―ことばのスタイル』〔文庫クセジュ〕　白水社　昭34・2

桑門俊成『国語文体論序説』　誠信書房　昭34・6

東田千秋『文体論』　研究社　昭34・7

鍋島能弘『文体美学―批評の一方法として』　篠崎書林　昭38・3

魚返善雄『言語と文体』　紀伊国屋書店　昭38・8

樺島忠夫『統計調査法入門』　綜芸舎　昭40・1

荒井栄『文章と文体―国語教育の基礎』　学芸図書　昭40・1

波多野完治『最近の文章心理学』〔文章心理学大系4〕　大日本図書　昭40・4

安本美典『文章心理学入門』　誠信書房　昭40・5

吉本隆明『言語にとって美とは何か』第Ⅰ巻・第Ⅱ巻　勁草書房　昭40・5、10

樺島忠夫・寿岳章子『文体の科学』　綜芸舎　昭40・6

波多野完治『文章心理学〈新稿〉』〔文章心理学大系1〕　大日本図書　昭40・9

波多野完治『現代文章心理学』〔文章心理学大系3〕　大日本図書　昭41・4

波多野完治『文章診断学』　至文堂　昭41・6

波多野完治『文章心理学の理論』〔文章心理学大系2〕　大日本図書　昭41・9

橘豊『文章体の研究』　角川書店　昭41・11

日本文体論協会編『文体論入門』　三省堂　昭41・11

波多野完治『創作心理学』〔文章心理学大系5〕　大日本図書　昭41・12

森重敏『文体の論理』　風間書房　昭42・3

原子朗『文体序説』　新読書社　昭42・9

池上嘉彦『英詩の文法―語学的文体論』　研究社　昭42・11

桑門俊成『国語文体論の方法』　明治書院　昭43・2

波多野完治編　芳賀純・安本美典著『ことば・文章』〔心理学入門講座11〕　大日本図書　昭43・7

宮地裕『現代表現考』　共文社　昭46・12

R・ジェイコブズ、P・ローゼンホーム共著　松浪有・吉野利弘訳『文体と意味―変形文法理論と文学』　大修館書店　昭47・5

グレイアム・ハフ　四宮満訳『文体と文体論』　松柏社　昭47・11

波多野完治『現代レトリック』〔文章心理学大系6〕 大日本図書 昭48・5
遠藤敏雄『現代の文体論』 文化書房博文社 昭48・11
寺田透『ことばと文体』 河出書房新社 昭50・10
原子朗『文体論考』 冬樹社 昭50・11
小林英夫『小林英夫著作集』第5巻〜第8巻 みすず書房 昭50・10〜昭51・11
越川正三『文学と文体―ジャンルのなかの表現』 創元社 昭51・11
ミカエル・リファテール 福井芳男・宮原信・川本皓嗣・今井成美訳『文体論序説』 朝日出版社 昭53・4

★★★

樺島忠夫 文の長さについて―条件との相関の分析 国語学 昭28・12
佐々木達 文体論の実践 国語学 昭28・12
森重敏 文体論の前提概念 国語国文 昭31・11
西尾光雄 文体〔続日本文法講座3〕 明治書院 昭33・7
安本美典「文章の性格学」への基礎的研究―因子分析法による現代作家の分類 国語国文 昭34・6
飯豊毅一 文体さまざま 言語生活 昭35・9
西田正好 作家の文体と精神障碍 国文学 昭35・10
日野資純 文体研究の一方向―作家の文章における個人習慣的要素の研究 国語研究〔国学院大学国語研究会〕 昭36・6
樺島忠夫 文体の変異について 国語国文 昭36・11
小林英夫 文体研究の問題点と研究法 解釈と鑑賞 昭37・5
清水好子 文体とは何か〔講座現代語5〕 明治書院 昭38・11
魚返善雄 文体論の位置づけ―日常言語と芸術的表現の統合 文学 昭39・8
樺島忠夫 作者不明作品の作者を推定する法 文体論研究 昭40・6
市川孝 文体論と文章論 文体論研究 昭41・6
木原茂 文体論の方法―部屋描写の場合 広島女子大学紀要 昭42・2
竹内成明 小説の言語―文体の問題 文学 昭42・2
森重敏 文体論のために―あわせて古今和歌集の序を参考する 文学語学 昭42・9

磯貝英夫　文学研究と文体論　文学語学　昭42・9
林　豊　文体分析における数量言語学の利用について　明治学院論叢　昭43・1
野村精一　文体論の諸問題　山梨大学教育学部研究報告　昭43・2
豊田昌倫　文体論の課題―「逸脱」の概念をめぐって　英語青年　昭43・7
大沼雅彦　言語学と文体　英語教育　昭43・8
杉村俊男　文体論について　紀要（共立女子短大文科）　昭43・12
安本美典　文学的文体論の効用と限界　文法　昭45・1
中村　明　文体印象の分析　文法　昭45・2
堀井令以知　言語学的文体論の方法　愛知大学文学論叢　昭45・12
牧野成一　変形文法における文体論の位置〔現代言語学　服部四郎先生定年退官記念論文集〕　三省堂　昭47・3
篠沢秀夫　実験文体学序説　言語　昭47・4
市川　孝　文末表現の様相　計量国語学　昭48・6
安本美典・本多正久　文科系の人のための因子分析法入門　数理科学　昭49・6～昭50・5
中村　明　文体の性格をめぐって　表現研究　昭49・9
辰宮　栄　修辞学と文体論　福井大学教育学部紀要人文（外国語外国文学）　昭49・12
前川清太郎　基本文体について〔表現学論考　今井文男教授還暦記念論集〕　今井文男教授還暦記念論集刊行委員会　昭51・5
★
瀬沼茂樹　女性の文章・男性の文章　知性　昭30・9
樺島忠夫　和歌と俳句の文章構造―文章論的考察の試み　国語学　昭31・7
渡辺　実　現代文章の特質〔講座現代語5〕　明治書院　昭38・11
川端善明　詩の表現〔講座現代語5〕　明治書院　昭38・11
田中章夫　説明の文章〔講座現代語5〕　明治書院　昭38・11
林　四郎　近代童話文章論　言語生活　昭41・12
根岸正純　近代文章における和文体と漢文体―視点の問題から

表現研究　昭42・9
樺島忠夫　ジャンルの文体特性〔作文講座4〕　明治書院　昭43・2
寿岳章子　文体にみる女流文学　国文学　昭43・4
山口　正　児童文体論への試論(一)(二)
解釈　昭43・5、7
平岡敏夫　科学者の文章―「科学の現代的性格」を中心に
国語通信　昭44・2
西田直敏　解説・説明文のスタイル　言語生活　昭49・4
原　子朗　女流文学の方法意識―文体における裸体と装飾
国文学　昭51・7

★

江湖山恒明　戦争文学に於ける火野葦平の文体
国語と国文学　昭16・6
山本正秀　宮本百合子の文学と文体
解釈と鑑賞　昭25・3
大石初太郎　『本日休診』の用語用字　言語生活　昭29・10
亀井雅司　森鷗外の表現　国語国文　昭30・1
金岡　孝　曾野綾子の文章―「遠来の客たち」について
言語生活　昭30・10
福田美沙子　文章心理学の研究―谷崎潤一郎の文章について
日本文学　昭37・6
林　四郎　『坊っちゃん』の会話構成
言語生活　昭37・8
岡村和江　近代作家の文体の展望―夏目漱石・森鷗外・
谷崎潤一郎・志賀直哉・芥川龍之介・川端康成・堀辰雄
を中心として
〔講座現代語5〕　明治書院　昭38・11
西田直敏　井伏鱒二の文体〔講座現代語5〕
明治書院　昭38・11
岡田英雄　岸田戯曲の文体―個性的文体究明への試み
文体論研究　昭40・6
樺島忠夫　谷崎潤一郎の文体　計量国語学　昭41・3
中村　明　『東洋の秋』の文章　文体論研究　昭42・11
菅野　宏　文体と構造―「オッペルと象」
福島大学教育学部論集　昭42・11
根岸正純　川端康成の文体―「雪国」と「山の音」
文体論研究　昭43・11
前川清太郎　『明暗』の文体　文体論研究　昭43・11
中村　明　川端文学における比喩表現

木原　茂　文体はいかにして生成されるか―鷗外と漱石の場合　言語生活　昭44・1
大石初太郎　「平面描写」期の花袋の文章　表現研究　昭49・9
鈴木敬司　野間宏―『灰色の月』と『顔の中の赤い月』の比較を通して　専修国文　昭50・3
〔新・日本語講座7〕　汐文社　昭50・11

3　表現論

垣内松三　『国語表現学概説』　文学社　昭9・8
城戸幡太郎　『国語表現学』　賢文館　昭10・10
金原省吾　『言語美学』　古今書院　昭11・3
輿水　実　『表現学序説』　不老閣書房　昭11・12
時枝誠記　『国語学原論』　岩波書店　昭16・12
阪本一郎　『読みと作文の心理』　牧書店　昭30・1
江湖山恒明　『国語表現論―文芸作品の表現研究』　牧書店　昭30・11
今井文男　『表現学仮説』　龍二山房　昭36・2
外山滋比古　『修辞的残像』　垂水書房　昭36・3
樺島忠夫　『表現論―ことばと言語行動』　綜芸舎　昭39・4
外山滋比古　『近代読者論』　垂水書房　昭39・4
中村　明　『比喩表現の理論と分類』　秀英出版　昭52・2
オーエン・トマス　田中春美・高木道信訳　『比喩の研究―言語と文学の接点』　英潮社　昭52・7

★★★

サクマカナエ　発言の場・話題の場・課題の場　国語国文　昭29・11
松岡　武　コトバと象徴〔コトバの科学3〕　中山書店　昭33・6
金岡　孝　比喩について―その表現心理的構造と言語的性格　清泉女子大学紀要　昭35・3
時枝誠記　読者の立場と鑑賞者の立場　国語と国文学　昭38・6
岡本奎六　読みの生理と心理〔講座現代語3〕　明治書院　昭39・4
時枝誠記　「読むこと」の研究―この研究課題の意味するもの　国語国文　昭40・2
橘　豊　比喩小考　人文社会　昭40・2

今井文男・樺島忠夫・木原茂・阪倉篤義・外山滋比古
（シンポジューム）私は表現学をこう考える　表現研究　昭40・3
国広哲弥　表現と文体の体系　表現研究　昭40・4
松永信一　文章研究のための基礎作業
金城国文　昭40・9
塚原鉄雄　「言語表現」の意味—表現学の成立根拠
金城国文　昭41・2
樺島忠夫　説明的表現について—映画と文章との比較
表現研究　昭42・1
松永信一　表現学の方法—問題提起の意味で
表現研究　昭43・2
橋本仲美　比喩の表現論的性格と「文体論」への応用(1)(2)
国文学　昭44・8、9
桑原文次郎　理解過程における構造化とその表現
〔表現論集 篠原実教授退官記念〕
島根大学教育学部国語研究室　昭45・4
樺島忠夫　文章表現に「視点」は存在するか
表現研究　昭46・9
岩崎鑑一　表現論の体系
清泉女子大学紀要　昭47・12
尾上圭介　省略表現の理解
言語　昭48・2
森米二　詩行の機能　表現研究　昭50・3
森米二　詩の構造における視点
〔表現学論考 今井文男教授還暦記念論集〕
今井文男教授還暦記念論集刊行委員会　昭51・5

4　文章作法

谷崎潤一郎　『文章読本』　中央公論社　昭9・11
菊池寛　『文章読本』　モダン日本社　昭12・6
久米正雄　『文章のつくり方』　大泉書店　昭23・9
川端康成　『新文章読本』　あかね書房　昭25・11
丹羽文雄　『小説作法』　文芸春秋新社　昭29・3
倉沢栄吉　『表現指導—作文の基礎能力』
朝倉書店　昭32・12
ハーバート・リード　田中幸穂訳　『散文論』
みすず書房　昭33・4
森岡健二　『文章の構成法—コンポジション』〔国語シリーズ39〕
光風出版　昭33・9
三島由紀夫　『文章読本』　中央公論社　昭34・6
I・A・リチャーズ　石橋幸太郎訳　『新修辞学原論』
南雲堂　昭36・6

岩淵悦太郎編『新版 悪文』　日本評論社　昭36・12
野間　宏『文章入門』（青木文庫）　青木書店　昭38・1
木原　茂『現代作文』　三省堂　昭38・4
森岡健二『文章構成法―文章の診断と治療』　至文堂　昭38・9
寿岳章子『レトリック』　共文社　昭41・11
樺島忠夫『文章工学―表現の科学』（三省堂新書）　三省堂　昭42・10
樺島忠夫『表現の解剖―続文章工学』（三省堂新書）　三省堂　昭43・10
永野　賢『悪文の自己診断と治療の実際』　至文堂　昭44・6
平井昌夫『文章表現法』　至文堂　昭44・7
林　四郎『文章表現法講説』　学燈社　昭44・12
清水幾太郎『私の文章作法』（潮新書）　潮出版社　昭46・10
尾川正二『文章表現入門』（創元新書）　創元社　昭49・1
本多勝一『日本語の作文技術』　朝日新聞社　昭51・6
丸谷才一『文章読本』　中央公論社　昭52・9
佐藤信夫『レトリック感覚―ことばは新しい視点をひらく』　講談社　昭53・9

5　文章文体関係の研究史・展望・文献目録・特集号・講座

西尾光雄『近代文章論研究』　刀江書院　昭26・7
西尾光雄『文体論』　塙書房　昭38・5
吉武好孝『現代文体論　付文体論史』　協同出版　昭44・3
佐伯梅友・中田祝夫・林大編著『国語学』〔増補国語国文学研究史大成15〕　三省堂　昭53・7

★★★

市川　孝　江戸時代の文章論　国語学　昭28・11
市川　孝　文体と文体論　解釈と鑑賞　昭31・4
渡辺　実　文体論〔国語教育のための国語講座8〕　朝倉書店　昭33・11
宮地　裕　文章論の諸学説と研究の現段階　国文学（臨時増刊号）　昭35・7
佐藤喜代治　文章論の発生と展開　国文学（臨時増刊号）　昭35・7

渡辺　実　物語文学の文体研究の最近の展開　国語通信　昭40・8

桑門俊成　最近における文体論研究の動向　国文学　昭41・2

西田直敏　日本の文体論〔文体論入門〕　三省堂　昭41・11

塚原鉄雄　文章研究史―明治以後の文章研究〔作文講座4〕　明治書院　昭43・2

金岡　孝　現代における文章研究の展望と将来の課題〔作文講座4〕　明治書院　昭43・2

橘　豊　文章論の現状と整理　文法　昭44・1

野村精一　文体論を整理すると　文法　昭44・1

原　子朗　文体論の展望　国文学（臨時増刊号）　昭44・1

根岸正純　文体論研究の現状―日本　文体論研究　昭44・6

中島　楊　文体はいかに研究されてきたか　文法　昭45・1

永尾章曹　文章研究の現状と問題点　文学研究　昭46・12

安本美典　文体研究の新らしい方向―数量的文体論の流れ　解釈　昭47・9

安本美典　現代の文体研究〔岩波講座日本語10〕　岩波書店　昭52・9

★

宍戸儀一　文章研究書目解題〔日本現代文章講座7〕　厚生閣　昭12・7

関良一・平岡敏夫　近代文学文体研究文献総覧　国文学　昭34・10

関　良一　文章に関する文献の解題　解釈と鑑賞　昭35・3

宮坂和江　文章論研究文献総覧　国文学（臨時増刊号）　昭35・7

林　巨樹　文章表現関係書目　青山語文　昭45・12

★

○雑誌『国語学』では、隔年に国語学界の展望号が出され、次の号には、「文章・文体」に関する展望も掲載されている。

（　）内は、刊行年月と執筆者名。

49号（昭37・6、阪倉篤義）　57号（昭39・6、森田良行）

81号（昭45・6、樺島忠夫）　89号（昭47・6、市川　孝）

97号（昭49・6、中村　明）　105号（昭51・6、山口仲美）

114号（昭53・9、土部　弘）

○諸外国の文体論研究の状況は、『文体論入門』（昭41・11、三省堂）に整理されている他に、次の論文もある。

伊吹武彦　フランスにおける文体論について　国語国文　昭31・11
芦田孝昭　中国における文体論　文体論研究　昭44・6
青木晴夫　「意味」と言語の構造―文章論への動き　言語　昭49・9
田島　宏　文体論・詩学・記号学・修辞学―フランス文体論の盛衰〔東田千秋教授還暦記念論文集　言語と文体〕　大阪教育図書　昭49・10
河原重清　英米現代レトリックの動向〔東田千秋教授還暦記念論文集　言語と文体〕　大阪教育図書　昭49・10

○文章文体関係の特集号・講座について、昭和三五年以降のものには、次の文献がある。昭和三四年までのものは、関良一・平岡敏夫「近代文学文体研究文献総覧」に詳しい。特集号については、雑誌名（特集号の年月）の順で記す。講座に関しては、講座名（出版社名・刊行年月）の順で記す。

〈特集号〉

英語教育（昭43・8）／英語青年（昭35・10）／解釈（昭47・9）／解釈と鑑賞（昭34・6、「近代文学文体研究文献総覧」に出ていない。文章論研究に重要なので、とくにここに記す。）（昭35・3、臨時増刊号）（昭38・6）（昭43・11）（昭49・6、臨時増刊号）（昭51・4）／言語（昭53・5）／言語生活（昭35・9）（昭36・1）（昭36・12）／国文学（昭35・5）（昭35・7、臨時増刊号）（昭43・1、臨時増刊号）（昭45・1、臨時増刊号）（昭50・9、臨時増刊号）（昭52・11）／日本文学（昭37・9、未来社）／文学語学（昭42・9）／文法（昭44・1）（昭45・1）

〈講座〉

講座現代語第5巻（明治書院、昭38・11）／作文講座1～5、別2巻（明治書院、昭42・11～昭43・9）／文章の技法1～5（明治書院、昭45・3～昭45・7）／覆刻 文化庁国語シリーズX（教育出版、昭50・4）／新・日本語講座第7巻（汐文社、昭50・11）／現代作文講座1～8、別巻（明治書院、昭51・10～昭52・9）

昭和49・50年における国語学界の展望

―文章・文体―

1　はじめに

昭和四九・五〇年の、文章文体に関する学界の状勢は、どうであったか。この稿で述べたいテーマである。この時期には、大きく次に述べるような五つの現象が顕著であった。

第一に、文体に関する理論的な研究が少なく、個別的な文体研究が非常にさかんであったことである。これは、一応理論的なうらづけができ、個別的な問題に勢力的に取り組んでいる現象と解することができるならよい。けれども事態は、もっと深刻である。現在の文体研究が、理論的な深まりを見せないまま、個別的な問題に埋没していることを示していると考えられるからである。重要な問題を含んだ現象の一つであろう。

第二に、文体論とよばれるものが、ますます複雑多岐になってきたことである。すなわち、評論的文体論とも言うべきものが、確実な歩をすすめ、もはや一つの流れを形成しつつあるからである。国文学者の行なういわゆる国文学的文体論ではなく、評論家や作家・詩人などの文学者が、他の作家の文体についてのべる文体論の流れである。雑誌『国文学』や『解釈と鑑賞』には、しばしばそうした文体論が掲載されている。また、①寺田透『ことばと文体』（河出書房新社、昭50・10）、②原子朗『文体論考』（冬樹社、昭50・11）のごとくまとまった著述もある。

第三の現象は、昭和四七・四八年につづき、今期も、統計的手法による文体論が、影をひそめていることである。かつて、この分野ではなばなしく活躍した安本美典は、後輩を育てるべく、啓蒙的な著述をしている。③安本美典・本多正久「文科系の人のための因子分析法入門(1)～(7)」（数理科学12ノ6～12ノ12、昭49・6～12）が、それである。

第四の現象は、文章論関係の論文、すなわち、文章における連接法や構成法を問題とする論文の少ないことである。現在活躍中の、市川孝、永野賢、土部弘、林四郎などに続く若手研究者が少ないことも、原因の一つであろう。

第五の現象は、現代の文章表現法に対する関心の高まりである。表現学会では、第一二回全国大会で、「現代文章表現法批判」のテーマでシンポジウムを行なっている。その内容は、学会誌『表現研究』二二号（昭50・9）にまとめられている。塚原鉄雄、林巨樹らの論が掲載され、現代文章表現法の欠陥が指摘されている。こうした学界内での動きとあいまって、一般でも、ハウツーもの（作文作法書的なもの）が、頻繁に刊行されている。さらに、「文章の荒廃」などとさけばれ（開高健・江藤淳対談、文学界、昭50・2）、現代の文章表現に対する危機意識がみられる。

こうした趨勢の中で、具体的にいかなる研究がなされてきたかを以下に見て行くことにしたい。なお、本展望でとりあげる主たる範囲は、国語学的なものに限定する。しかし、必要があれば、その他のものであっても言及する。また、とりあげる著書・論文には、通し番号をつけ、記述の便宜をはかった。なお、敬称はすべて略す。

2　単行本（個人の論文集）

個人の論文集の刊行があいつぎなされた。ここでは、次の四書をとりあげる。

④時枝誠記『文法文章論』（岩波書店、昭50・2）
⑤阪倉篤義『文章と表現』（角川書店、昭50・6）
⑥林四郎『言語表現の構造』（明治書院、昭49・11）
⑦林四郎『文学探求の言語学』（明治書院、昭50・11）

いずれも、既発表の論文を、一冊にまとめたものである。これらの書の、現時点における意義を考えてみる。

④は、その後半が、文章文体に関するもので、昭和三〇年代の論文が大半を占めている。その意義は、次の三点である。(イ)今日の文章研究の基礎となったこと。とりわけ、「文章研究の要請と課題」の論の影響力は大きい。(ロ)研究姿勢と問題意識のあり方が、現在の文章文体研究に反省を促すこと。すなわち、『海道記』『平家物語』『栄華物語』に関する論は、いずれも、従来説にとらわれることなく、独自の眼を通した徹底的な〝読み〟から研究が出発している。また、対象とする作品に、何を問わねばならないかといった根本的な考慮がつねになされている。ところが、現状を顧みると、対象を十分にみきわめることなく、対象に即した方法をとることもなく、ともすると、うわっすべりの浅いものになりがちである。時枝の書は、文章文体研究が、その原点に立ち返る必要性を痛感させる。(ハ)文章表現に対する原理的な面からの考察も、今なお、新鮮味を失なっていない。「詩歌における音楽性について―文章研究の課題として―」「言語・文章の描写機能と思考の表現」の論が、それである。

⑤は、二三篇の論文からなっている。そのうち、文章文体に直接関係があると思われるのは、約半数の一一篇である。昭和二八年から四五年までに執筆されている。残りの一二篇は、文章文体よりはむしろ文法史、国語史、辞書史、語彙論、文字論、文化論などに近いものであろう。本書の意義は、次の二点において顕著である。(イ)従来説をくつがえし、有力な新しい見方を提出した論文があること。「『竹取物語』の構成と文章」「歌物語の文章―『なむ』の係り結びをめぐって―」の論は、その典型的なものである。(ロ)古典における文体論のあり方を示唆する論のあること。たとえば、「『夜の寝覚』の文章」の論である。「夜の寝覚」の成立年代および作者の問題を、形式化した「候ふ」の用法例から明らかにしようとしたものであるが、国語史の知識と発想の上に成り立つ方法論が手堅く説得力をもつ。こうした方法は、古典における文体論の一つのあり方を示している。

⑥には、一七篇の論文が収録されている。そのうち、文章文体関係の論と思われるのは、五篇である。いずれも、

昭和三四年以降に書かれている。⑦には、一九篇の論文が収められている。大部分が、文章文体関係の論である。昭和二九年から四九年までに執筆されている。⑥⑦は、次の二点に、注目すべきものがある。(イ)着眼点の面白さがあること。たとえば、⑥の「言語行動のタイプ」の論は、作品を残さない庶民の言語行動を、「人間の文体論」とみようという観点に立って、人間の一日の言語行動の実態調査を行い、その行動実績結果と言語行動の内部傾向との関係を説こうと試みている。「人間の文体論」という問題設定に独創性があろう。(ロ)方法論に新しみのあるものがあること。たとえば、⑦の「キーワード考」の論では、『三四郎』を材料にして、テーマキーワード、文体キーワードが、どのように使われ、どのような効果をあげているかを問題にしている。作品の特性を、テーマキーワード、文体キーワードといった新しい方法で追究しているのである。

この他にも、個人の論文集の刊行がなされているが、それらは一つのテーマをもち、まとまった傾向があるので、3以下で、適宜とりあげて行きたい。

3　文体関係論文(1)―文体一般―

次に、文体関係論文について述べる。文体関係論文としては、文体一般に関する理論的な考察の論、および一作品あるいは一作家独自の文章特性、もしくは一ジャンル共通の文章特性を明らかにすることを目指している論を主として扱う。

まず、文体一般について。前述したように、関係論文は、余り多くないが、『表現研究』（20、昭49・9）に掲載された次のものが、さしあたりあげられる。

⑧中村明「文体の性格をめぐって」
⑨根岸正純「文体成立の要件」
⑩木原茂「文体はいかにして生成されるか—鷗外と漱石の場合—」
⑧は、現状における多種多様な文体論のあり方は、学的進展を阻害するという考えから、文体とは何か、文体をどうとらえるか、文体はどこにあらわれるか、文体を考えるヒントなどについて、中村の考え方を明らかにしたもの。中村は、「文体論は、あくまで言語面に踏みとどまり、文体の記述をもって終わるべきだと考えています」とするが、対立する意見もみられる。
たとえば、⑪桑門俊成「国語文体論の曲り角—ひとつの提言—」（親和国文9、昭50・2）である。桑門は、現状の文体研究が、学的反省に堪え得ないものであることを慨嘆し、文体論は、「人間精神を離れて統一体としての文章の性質やその構造を国語学の領域のひとつとして研究するだけでなく、〈言語人〉〈国語人〉としての表現としてとらえ、広く〈表現的人間学〉とでも呼称される言語研究」でありたいとする。人間の精神構造までを問題にしようとしている。検討されるべき問題点である。
⑨は、文体の成立の要件として、文学言語であること、視点に一貫性があることをあげ、とくに、前者について詳説している。多くの考えてみるべき問題を含むが、用語に不明瞭なところがあり、理解しにくいのが残念である。
⑩は、「文体はいかにして生成されるか」という問題を、鷗外と漱石の作品にみられる部屋の描写をとりあげて、具体的に考察し、明らかにしようとしたもの。鷗外、漱石の部屋描写の仕方が、きわめて対照的であること、それぞれの作家が独自の文体を生成して行く過程など、かなり具体的にとらえられていて面白い。木原は、描写方法を比較観察することによって、作家の個性や文章の変遷過程をあとづけるといった方法論を、かねてからおしすすめ

ている。どのように、まとめあげられるのか期待される。

⑫山田俊雄「説話文学の文体—総論—」(『日本の説話、七、言葉と表現』東京美術、昭49・11)は、「説話文学」と題してあるが、内容は、説話文学にのみ限られることではなく、広く一般的に、古典における文体を論ずるに当って配慮すべき事柄をのべている。現状の文体研究に対する鋭い批判の論でもある。必読の論であろう。

4　文体関係論文(2)—個性面に関する研究—

次に、文体関係で、個性面の研究に目を移してみる。まず、作家の個性的な文章特性を問題にしている論をとりあげる。

『新・日本語講座　七　作家と文体』(汐文社、昭50・11)は、現代作家一〇人の文体に関する論を収めたものである。まえがきに、「各執筆者に自由な立場で執筆をしてもらいました。」とあるように、各論は多種多様である。そうした多様さが、編者のいうごとく、「〝文体〟研究の幅の広さと奥行きの深さを感じと」ることにつながればよいが、本全体が漠然とした曖昧な印象しか与えないとしたら、やはり反省する必要があろう。「作家」に重点をおくのか、「文体」に重点をおくのかということだけでも明確にしておけば、この本の方向性が、ある程度定まったのではないだろうか。さて、掲載論文のうち、次の二篇をとりあげておきたい。

⑬鈴木敬司「野間宏」

⑭勝又浩「安岡章太郎」

⑬は、野間宏の「顔の中の赤い月」の文体の特色を、志賀直哉の「灰色の月」と比較しながら明らかにしたもの。志賀の文体は「透明」、野間の文体は「不透明」といった鈴木自身の文体印象をもとに、その印象の生ずる原因を、文章構成、構文法、発想法の差違に求めている。やや強引な解釈が見られないではないが、発想法の差違を作者の眼の移動を追うことによって明らかにしている点、興味深い。

⑭は、私小説作家、安岡章太郎の文体が、テーマとの間で、どのような有効性をもち、また一方どんな限界をもっているかを論じたもの。とくに限界点に、力をおいてのべている。評論家の手になる文体論であるが、具体的で説得力を持つ。安岡章太郎一個の問題にとどまらず、私小説作家一般にも敷衍できる射底の広さがある。

⑮大石初太郎「田山花袋の初期口語体小説の文章（上）（下）―数個の観点から―」（専修国文15・16、昭49・1、昭49・10）

⑯大石初太郎「田山花袋の文章―『野の花』から『蒲団』まで―」（専修人文論集14、昭49・12）

⑰大石初太郎「『平面描写』期の花袋の文章」（専修國文17、昭50・3）

⑮⑯⑰は、花袋の文章の成長変化のさまを辿った一連の論文である。花袋の文章表現のあり方とその推移が鮮明にとらえられている。また、文章表現の巧拙に対する大石の眼の確かさを感じさせる。

⑱三島登志子「『雪国』の擬態語について」（解釈21ノ4、昭50・4）

は、川端康成がいかに擬態語を効果的に使っていたかを、「雪国」にみられる擬態語を例として、論じたもの。擬態語に対する三島の鋭い感受性が、論に説得力を与えている。すなわち、擬態語は、本来、感覚的な面をもつが、そうしたテーマと論者の感覚的な直観をもとにした追究方法がうまくマッチしている点に特色があろう。

⑲前川清太郎「横光利一における文体の形成」（表現研究19、昭49・3）

横光利一の新感覚的文体の創出の時期とその文体形成の背後事情、その後の文体の変貌などがとりあげられ論じられている。前川は、大正一二年以後新感覚的文体を漸次形成したとみる従来説に対して、大正六年の最初の作品からすでに新感覚的文体の特色を完備していたとする。新感覚派全盛期の作品にみられる文体的特色が、すでに最初の作品にみられるからだという。しかし、問題は、その文体的特色がみられる度合であろう。数量的な論証が必要である。

この他、

⑳清水徹「辻邦生―物語の構造と文体―」(国文学19ノ1、昭49・1)
㉑岡三郎「太宰治の文体―とくに苦悩の文体的表出として―」(国文学19ノ2、昭49・2)
㉒菅野昭正「芥川龍之介の文体―『蜜柑』についての覚え書―」(国文学20ノ2、昭50・2)

などをはじめ、数多くの論がある。⑳は、ひらがな表記の特殊な効果を論じている点、興味をひかれた。㉑は、精神分析的な面が加味されている。明晰な論旨である。㉒は、文体と世界観の結びつきといった論証のむずかしい問題を扱っているが、柔軟な論の展開で、説得力をもたせている。

次に、個々の作品の文章特性を問題にしている論についてふれたい。

㉓峰岸明「平安時代記録文献文体試論―用字研究からの試み―」(国語と国文学51ノ4、昭49・4)

平安時代の記録文献一〇種をとりあげ、「ツネ」「ヒゴロ」「コレ」などの一二語の用字法の分析を通して、記録文献相互の間に認められる文体上の差違を明らかにしようとしたもの。従来、こうした記録文献内部の用字法の差違まで精査しえた論がなく、貴重である。

また、精査の結果にもとづくと、記者不明の日次記やその断簡などの判別、記名の推定が可能であることを、例示して説いている。示唆に富む。しかし、記録文献相互の文体的な差違が、必ずしも鮮明でない点、惜しまれる。すなわち、各記録文献の個別的な文体特性として記述されているのは、一二語にわたって調査した結果を、列挙したところで終っている。その調査結果を、各文献ごとに総合する必要があったのではないか。個々の断片的な調査結果に、一貫して流れる共通点や傾向を見出すところに、それぞれの文献の個別的な文体特性が浮かび上ってくるように思われる。

㉔根来司「枕草子の文体―『見たて』と『をかし』―」（国語と国文学51ノ4、昭49・4）

枕草子は、「見たて」の文学であり、「見たて」こそが、清少納言の本領である。この「見たて」を行なったときに結びつくのが「をかし」である。こうとらえると、枕草子の文体は、よりよく明らかになるとしている。清少納言が「見たて」を本領とするという指摘は首肯されるが、「見たて」と「をかし」の結びつき方が、十分説明されているとは言えない。そのため、説得力に欠けるうらみがある。

㉕山口仲美「平中物語の文体」（関根慶子教授退官記念　寝覚物語対校・平安文学論集、風間書房、昭50・9）

平中物語の文体が、伊勢・大和と違った特異な面をもっていること、その特異性は、前期物語の文体と通じあうものであることなどから、平中は、口承の「歌語り」を基盤として成立したものではなく、最初から文字言語の文学として成立した蓋然性の高いことを論じたもの。さらに、きめ細かい裏付け調査が必要である。

㉖小松寿雄「『雨月物語』の文章」（国語と国文学51ノ4、昭49・4）

「雨月物語」の文章を、係なし文末活用形、係結び、漢字とルビの関係から、その特性を明らかにしようとしたもの。かなり詳しい調査がなされ、個々の事実そのものには興味ひかれる。しかし、種々の要素をつめこみすぎて、「雨月物語」という統一体としての文章特性が、やや不鮮明になってしまったように思われる。たとえば「雨月物語」を構成する個々の短編にまで立ち入って論じた一章など、別稿として独立させ、この論からは除いた方が、すっきりしたのではないだろうか。

この他、㉗西田直敏「平家物語（覚一本）の文体序説」（国語と国文学51ノ4、昭49・4）、㉘安藤直太郎「『三国伝記』の説話と文体の考察―とくに新採説話を中心に―」（椙山女学園大学研究論集6、昭50・3）など、個別的な文体特性がうまくとらえられている。

また、

㉙佐伯哲夫「かかり語順の文体論的考察」（国語国文44ノ1、昭50・1）

は、かかり語順のありようを調査対象とし、現代小説二三篇の文体特性を明らかにしようとしたものである。「かかり語順」といった数量的に処理しにくい項目をとりあげ、論じている点、注目される。佐伯には、㉚「万葉・古今・新古今のかかり語順」（計量国語学74、昭50・9）もある。なお、

㉛ジェイコブズ、ローゼンホーム著、松浪有・吉野利弘訳『文体と意味―変形文法理論と文学―』（大修館書店、昭47・9）

は、変形文法理論を、文体研究に応用したものである。統語形式の選択による文体の微妙な差が、エリオット、カミングズなどの現代作家の文体分析を通して、記述されており、個性面の文体研究の方法に益することが多いであろう。

5　文体関係論文(3)——類型面に関する研究——

ここでは、文体関係でも、類型面の研究に属するものをとりあげる。

㉜山口佳紀「続日本紀宣命の文体的性格について」（国語と国文学51ノ4、昭49・4）

宣命における漢文訓読的性格および口語的性格の二面をとりあげ、歌謡の言語と比較することによって、宣命の文体的性格を明らかにしようとしたもの。古代の言語体系全体の中で、宣命の占める位置を解明しようとしている点に特色があろう。

㉝大坪併治「今昔物語の倒置法」（国語学99、昭49・12）

㉞大坪併治「訓読語の倒置法」（訓点語と訓点資料54、昭49・5）

㉝と㉞は、一対の論文。今昔物語における倒置法の状態を、漢文訓読文と和文という二つの文章類型から、とらえてみようとしたもの。和文における倒置法の状態は、今まで具体的に明らかにされたことがなく、注目される。

㉟松尾拾「法語の文体—主格助詞『ノ・ガ』の例外用法を中心に—」（日本の説話七、東京美術、昭49・11）

主格助詞「ノ」と「ガ」の例外用法を調査対象として、法語の文体を、他の説話唱導と比較しながら明らかにしようとしたもの。例外用法は、概して数が少ない。そのため数量をもととして論をたてる素材とはなりにくいのであるが、㉟は、数少ない用例数をもとにして論をくりひろげる。「質」からの追究を主とした方が、より説得力をもつのではなかろうか。

㊱若杉哲男「キリシタン文学—特に『伊曽保物語』について—」（日本の説話七、東京美術、昭49・11）

は、キリシタンの、聖書と説話を翻訳するときの態度の違いをまず明らかにし、ついで、「伊曽保物語」の天草本と国字本との比較を通して、両書のあり方の違いに及んでいる。天草本と国字本との関係には、すでに、説があるが、若杉は、ロドリゲス「日本大文典」を編む時点には、天草本の他に、現にみられる国字本に類する文語訳の文体の寓話が別に成立していたのではないかとしている。

㊲樺島忠夫「現代作家の句読法―表記と文体とのかかわりについて―」（言語生活二七七、昭49・10）は、現代作家において、句読法（「?」「!」「…」や段落の切り方）が、表現態度にどのようにかかわっているかを明らかにしたもの。句読法から作家の表現のあり方をうかがうことができることを、具体的に示しており、示唆的である。また、段落と会話のうつりかわりを示した図は、小説の構成方法を端的にうつし出しており、興味深い。

㊳西田直敏「解説・説明文のスタイル」（言語生活二七一、昭49・4）は、解説・説明文のスタイルを、(イ)論述型　(ロ)要点摘記型、(ハ)問答会話型の三種に分類し、それぞれ具体例を付して解説したもの。引用されている具体例が適切であり、理解しやすい。

なお、㊴座談会（田中一松・奥平英雄・寺田透・秋山光和、司会＝益田勝実）「絵と文―その『絵巻』における展開―」（文学42ノ3、昭49・3）は、文体とは直接関係のない座談会である。しかし、絵巻の詞章の文体的な性質を考えて行く研究が、もっと行われてもよいのではないかという問題提起の意味が認められる。絵巻の文章を研究してみようという意欲をかきたてる。

6　文章・表現関係論文

文章・表現関係論文をみて行く。文章や表現についての一般的普遍的な性格を明らかにすることを目指している論を、主として扱う。まず、表現法一般に関するものとして、

㊵永尾章曹『国語表現法研究』（三弥井書店、昭50・10）

㊶今井文男『文章表現法大要』（龍二山房、昭49・10）

をとりあげたい。㊵は、文章は客観表現と主観表現との二種の基本的類型に分類できるとし、この基準が、文や文節・語の基本的類型にも適用できるものであることをのべた一つの仮説の体系である。こうした主観・客観といった大きな枠組で、どの程度文章・文および文節・語の実態がとらえられるのか、すなわち、仮説の有効性が問題となろう。

㊶は、大学用テキストとして書いたものであるが、今井の『表現学仮説』（昭36）に記された理論が下敷となっており、他のいわゆる大学テキスト用の文章表現法関係書とは異る。本書は、文章が、どのようにして成立するのかという文章成立のメカニズムを解明しようとしている。立場の違いによって、さまざまな異論の生れる余地があり、だからこそ本書に問題提起の意義が認められる。

また、

㊷土部弘「文章表現論の方途」（表現研究22、昭50・9）

は、文章論の延長上に、文章表現論なるものを企画し、その構想をのべている。

次に、表現技法関係のものとして、左記のものをとりあげる。

㊸佐藤信夫「連載―記号人間（十）レトリックへ、記号人間（十一）技術としてのレトリック、記号人間（十二）レトリックの構造」（言語4ノ1～3、昭50・1～3）

㊹森米二「詩行の機能」（表現研究21、昭50・3）

㊺橋本達雄「枕詞と喩法」（解釈と鑑賞40ノ10、昭50・9）

㊸は、昭和四九年四月から連載されている「記号人間」の一〇回～一二回で、レトリック関係にあてられたものである。レトリックの本質を、標準からの《ズレ》であるとし、その成立過程を標準的な記号過程と比較しながら明らかにしている。また、レトリックの構成要素を、目ざめさせるための《驚き》と、ふたたび眠らせないための《遊び》であると規定する。レトリックに関する原理的な考察として注目される。

㊹は、詩においては、「行」のあり方が独特の修辞的効果を発揮していることを、カミングスの詩を例として論じたもの。たとえばある単語（例、opens）を分解して、その構成文字を一つずつ一行毎に配した詩行は、読むのに時間が長びかされる。その長びかされた概念喚起の時間の中で、表現される内容量が増大し、その独特の修辞的効果が生じると説く。表現効果の問題を、うまく扱っており、説得力に富む。

㊺は、日本独自の技法である枕詞を対象とし、その種類と成立過程を論じたものである。表現技法に対する史的考察も、なされてよい課題の一つではあるまいか。

比較表現論関係のものとしては、

㊻林四郎「文の承前形式からみた日英両語の比較」（東田千秋教授還暦記念論文集、言語と文体、大阪教育図書、昭49・10）

㊼長谷川潔『日本語と英語―その発想と表現―』（サイマル出版会、昭49）

㊽小西甚一「『おもろさうし』と記紀歌謡」（講座古代学、中央公論社、昭50・1）

㊻は、文の承前形式を、国語教科書とJames Joyce の Dubliners の一編 Eveline について分析し、日英両語における共通点と差違点とを報告したもの。

㊼は、日本独特の慣用句をとりあげ、それを、英語ではどう表現するかを考え、両国語の発想や意識構造の違いにせまろうとしたもの。体系化されていないが、読んで楽しく、実益を兼ねた書である。

㊽は、「おもろさうし」が、ヤマト系文学における記紀歌謡の段階に相当するところから、両者を比較し、共通点と差違点とを明らかにし、さらに、その違いの意味をも考察したもの。分析批評的な観点からのアプローチがなされている。

次に、文章作法書関係のものについてふれておく。

㊾『国文学』（20ノ12、昭50・9）は、「あなたも文章が書ける」というテーマの特集号を編んでいる。(イ)林四郎「文章を書く力とは何か」には、言語連想テストの結果の分析がみられ、興味ぶかい。(ロ)大熊五郎「目的に応じた文章の書き方」では、手紙、報告、レポート、小論文、ＰＲの文章の書き方が、具体的実際的に、要領よく説かれている。ハウツーもののあり方の一つの手本であろう。

㊿樺島忠夫『文章工学による新しい作文』『同手引き』（秀学社、昭49・3）は、いままでの樺島自身の研究成果をもとに、中学生の作文指導書（教師用）として、実践の場に応用しようとしたもの。文章表現の研究が、国語教育の場に応用されたものとして注意される。

この他、51本多勝一「連載＝日本語の作文技術」（言語4ノ6～現在連載中、昭50・6～）、52『文章上達法』（解釈と鑑賞39ノ7、昭49・6）、(53)平井昌夫編『文章上達法』（至文堂、昭49・11）、(54)大隈秀夫『文章の実習』（日本エディタースクール出版部、昭50・5）など、この種のものは多い。また、やや異色であるが、

(55)ヴァーノン・リー著、栗原裕・荒木正純訳『ことばの美学』（大修館書店、昭50・3）もあげたい。本書は、訳者によって解説されているごとく、要約すれば、「心理的な観点から見た文学論」である。しかし、「二章、文体について」の章などは、文章作法書的な性格をもつ。しかも、読者の心の動きを説明することによって〝いかに書けばよいか〟といったことを悟らせるしくみになっており、ユニークである。

最後に、個別的な面をもった論を、いくつかとりあげておきたい。

(56)塚原鉄雄「藤原公任の三舟才譚―漢詩発想の和歌表現―」（解釈21ノ1、昭50・1）

大鏡所載の公任の三舟才譚にもりこまれた和歌が、漢詩技法と和歌技法との融合的統一を、和歌の表現の実作に具現し発揮しえたものであることを論じたもの。扱った和歌は、一首にすぎないが、当時の和歌一般の状況を推測させ、普遍的な意味をもつ。

(57)森野宗明『王朝貴族社会の女性と言語』（有精堂選書28、昭50・11）

第一部「物語における女性の造型とその言動描写」、第二部「物語・日記類を中心とした婉曲表現の考察」の二部にわかれている。それぞれ二篇、四篇の論文が収められている。しかし、全篇共通した観点をもっている。それは、性別から、ことばや表現を追究していることである。結論を言ってしまえば、女性は婉曲表現を使うが、男性は明示的表現をつかう傾向が顕著であるといった、かなり常識的な線でくくれてしまうが、本書の見所は、何といっても、各篇にもられた具体的な事柄とそれを縫う筆者の柔軟な考え方にあろう。個々の論文内容は、きわめて面白い。

㊽武田孝「『徒然草』の文章について」（解釈20ノ11・12、昭49・12）
徒然草の文章は、一般にわかりやすいと考えられているが、句と句、文と文との関係において、いかに種々の解釈を許す場合が多いかを、具体例を示してのべている。古典における文章・文体を考える時の、基礎的な態度、思考法を身につけるために、一読の要ある論であろう。

7　史的研究の論文

最後に、史的研究論文のうちの、いくつかをとりあげる。以上3〜6にのべてきた研究が、いずれも共時論的研究であるのに対し、ここでは、史的展開に重点をおいた通時論的研究を主として扱う。

㊾秋本守英「文章史の課題」（王朝7、昭49・9）
によれば、文章史は、「文学史を背景とし、国語史を前提とも目標ともするところに成立する」という。「したがって、はなはだ多面的な要素を綜合的に記述することが要求される」という。こうした文章史観の具体例として、㊿秋本守英「助動詞『めり』の文章史的考察」（国文学論叢19、昭49・3）があげられる。多面的な要素を総合的に記述することの難しさを感じさせられる。

61塚原鉄雄「歌経標式の史的座標—万葉から古今への展開を媒介するもの—」（王朝—遠藤嘉基博士古稀記念論叢、昭49・5）
表記形式の検討から、歌経標式は、万葉から古今への展開を媒介するものであり、予言的な座標を占めるものであったとする。歌経標式の位置付けの仕方に、新鮮味があろう。

(62)山口仲美「平安朝文章史研究の一視点—文連接法をめぐって—」（国語学98、昭49・9）
平安時代における文連接法のあり方は、訓読性・和文性という対立した要因の他に、口承性ともいいうるようなもう一つの要因が作用し規定していたことを論じたものである。

(63)山口明穂「中世語における思考と表現」（国語と国文学51ノ4、昭49・4）
中世における和歌の注釈書類を中心に、中世人の思考法とその表現のあり方を明らかにしたもの。現代に近づくにつれ、論理的思考をとる傾向は、すでに言われている事柄であるが、中世という時代をとり、その時代における論理化への傾向の、具体的な実態を、資料によって裏付けながら説いている。

(64)築島裕「本邦における漢文の展開—上代から鎌倉時代までの素描—」（日本の説話七、東京美術、昭49・11）、(65)前田富祺「説話文学の翻訳と翻案」（日本の説話七、東京美術、昭49・11）など、全体的な見通しをつけるための概説書として格好のものであろう。また、(66)勢田勝郭「十四世紀中期の長連歌に見える句末表現の整理について」（国文論稿3、昭50・3）や(67)庵逧巌「国学者の文章観—宣長・高尚を中心に—」（国文学論集13、昭50・3）なども、それぞれのテーマにおいて好論と思われる。

(68)岡本勲「『西国立志編』の文章—普通文の源流の一つとして—」（中京大学文学部紀要10ノ2、昭50・9）
西国立志編を、普通文の源流の一つとしてとらえ、その文章を分析したもの。「キ」と「ケリ」の、同作品における用法差の指摘が文体論的な示唆に富む。すなわち、「キ」は公的性格をおびている文脈に、「ケリ」は私的性格のそれに用いられているらしいというのである。岡本には、(69)「『経国美談』の文章」（論集・神戸女学院大学22ノ1、昭50・9）もある。

ところで、史的研究では、明治の言文一致運動に関する論が多かった。次の二つをとりあげておきたい。

⑳木坂基「近代文章と修辞(1)─『浮雲』の比喩─」（新居浜工業高等専門学校紀要人文科学編11、昭50・1）
㉑磯貝英夫「森鷗外の文体─初期言文一致をめぐって─」（広島大学文学部紀要33、昭49・3）
⑳は、二葉亭四迷の『浮雲』の比喩に、伝統的な表現技法の側に立って生かされているものと、後の言文一致体の文章にやがて実を結ぶものとの二つの側面をみている。木坂は、言文一致に関する諸論文を、『近代文章の成立に関する基礎的研究』と題し、昭和五一年一月、風間書房より刊行している。
㉑は、初版から改訂のあとを追うことによって、鷗外の初期の言文一致体の質を解明することに成功している。
㉒野元菊雄「広告文章五十年」（言語生活二八二、昭50・3）
大正一四年一月から昭和五〇年一月までの五〇年間を、一〇年単位に広告文章の推移をみたもの。広告文章が、世相を敏感に反映しているさまがよくわかる。広告文章の文体的考察も、興味ひかれる研究の一つである。

8　おわりに

おわりにあたって、文章文体研究の現状を、もう一度よく見つめ反省しておくことは、今後の研究のあり方を考える上で必要であるにちがいない。そのことが、「展望」という特集号を設ける一つの意味のように思われる。

文章文体に関する研究論文は、管見に入ったものだけでも、二〇〇余篇にのぼる。文章文体をどう考えるかによって、この数は、さらに多くもなるし、少なくもなろう。しかし、言えることは、決して、論文数が少なくないということである。けれども、その論文の質に関していえば、残念ながら、良いとは言えない。この原因は、根本的には、文体論が方法論的に確立していないことによると思われる。こうした現状をふまえ、われわれは研究の歩をすすめなければなるまい。

本展望では、紙幅の関係で、とりあげることのできなかった論が多い。また、当然とりあげられるべきものでありながら、筆者の怠惰の故に、見落してしまった論も多いにちがいない。そして、またとりあげた論の中にも筆者の読み誤りによる的はずれな評言も多多あるであろう。非礼にわたる点については、お許しいただければ、幸いである。

文体研究の回顧と展望

1　文体研究の危機

「文体」に関する「科学」をめざしての研究が日本で始められてから五〇年、文体研究は、一応の完成をみて、かつての勢いを失ってしまったかのように見える。いな、もっと端的に言えば、その存在すら危ぶまれる状況なのだ。

たとえば、中村明は、「文体論界に栄光あれ」と題する学界寸評で、こう記している。

> 自分の研究がはたして〈文章・文体〉という分野に位置するのかどうか、といった贅沢な悩みではない。そもそも、〈文章・文体〉などという研究分野が独立して存在しうるのか。地殻の震えは止まず、わが畑は陥没の危険に瀕している。
> （『国文学解釈と鑑賞』昭和58年2月）

こうした時点での回顧と展望は、できる限り文体研究活性化のために新たな課題を掘りおこして論ずることが必要であろう。

私は、すでに『文章・文体　論集日本語研究8』（有精堂、昭和54年）の解説で、文体研究の史的な推移を辿っている。ここでは、それを基にしつつ、発展性のある課題を見つけ出す方向に重点をおいて述べてみたいと思う。

2　文章心理学の誕生

日本における文体研究は、昭和一〇年、波多野完治の『文章心理学―日本語の表現価値―』（三省堂）の刊行を機に誕生した。

明治時代後期に隆盛をほこった修辞学研究が衰退したあと、文章の研究は、しばらく沈滞していた。そこに、フランス心理学を基礎にした波多野の文体研究が颯爽と登場し、文章に関する新たな関心を呼び起こした。

特に、同書第二篇の「文章の性格学」の第五章「文章と性格」の論は、多大な反響をよんだ。当時、文壇の両雄と並び称せられた谷崎潤一郎と志賀直哉の文章がとりあげられ、その特色が具体的な数量として提示され、かつそうした文章上の特色が作家の性格に関連づけて見事に説明されていたからである。

たとえば、谷崎潤一郎の文章は、息が長く安定している。文の構造は複雑。動詞が目立ち、比喩も多用するといった特性を示す。一方、志賀直哉の文章は、短い文の中に時として長文が入り込み、文の長短が激しく揺れる。文の構造は単純で名詞が多い。比喩は少ない。こうした文章の特性を、波多野は、具体的な数字で示した。

このように、文章の分析が数量的に処理されたことはそれ以前になく、人々は、今までの研究には見られない科学性を感じた。方法が、斬新であったのである。

波多野は、さらに、このような文章上の特色を作家の性格に結びつけた。谷崎の文章特性は、自分のリズムで文章を書く観念的な性格に由来するのに対し、志賀の方は、事物に即して物事をみる即物的性格によるというぐあいである。

文章上の特色を、書き手の性格に関係づけて考察した研究は、それまでの日本には例がなく、これまた新鮮な観点であった。波多野は、自らの研究を「文章心理学」と名づけ、新しい研究分野として提示した。ここに、心理学的な文体論が誕生した。

3　統計学の導入

波多野のあとを受けて、同じく心理学者の安本美典は、精緻な統計学的手法を導入して心理学的な文体研究を押し進めた。

安本は、昭和三四年「『文章の性格学』への基礎的研究—因子分析法による現代作家の分類—」（『国語国文』28巻6号）の論を発表し、それをさらに整備して『文章心理学入門』（誠信書房・昭和40年）として刊行した。

そこでは、現代作家一〇〇人の文章がとりあげられ、

名詞、漢字、人格語、色彩語、声喩、直喩、句読点、会話文

という一定の項目のもとに、一律にその使用量が調査され、八つのタイプに分類された。

たとえば、名詞・漢字・人格語を多用する「体言型」で、色彩語・声喩・直喩も多い「修飾型」で、おまけに句読点・会話文の量も多い「会話型」という文章を書く作家は、横光利一、林芙美子、石川達三、平林たい子など。全く逆に、「用言型—非修飾型—文章型」という文章を書く作家は、永井荷風、谷崎潤一郎、宇野浩二、太宰治などというぐあいである。

さらに、同一グループに属する作家に共通する性格上の特質を考え、それを文章特性と結びつける。たとえば、「体言型—修飾型—会話型」の作家は、文学や人生に対するねばり強さを持っており、それが、そのような文章特性につながるという。安本においては、文章特性と作家の性格との関係はさほど重視されておらず、心理学的な色合いは、かなり薄くなっている。

安本の功績は、統計学的な手法の導入によってそれまで個別的にしか扱われなかった作家の文章を大量に処理し、現代作家全般にわたる文体地図ともいうべきものを作りあげたことにある。ある作家の文章特性について知りたければ、安本のこの研究をみれば、たちどころに目安をつけることができるようになった。

安本のあと、安本の方法をそっくり踏襲した研究論文がいくつか出された。しかし、文章特性を知るための調査項目が同じである限り、安本の地図の中に、新たな一点を付け加えるにすぎず、それほど新しい発見はなかった。

4　直観による文体把握

言語学者、小林英夫は、波多野完治の著書『文章心理学―日本語の表現価値―』に強く刺激を受けた。小林は、すでに、シャルル・バイイ、カール・フォスラー、レオ・シュピッツァーなどの文体論関係書の翻訳をなしとげており、文体研究には造詣が深かったのである。

昭和一一年、「芥川龍之介の筆癖」（『文学』）の論を皮切りに、次々に文体関係の論文を発表した。そして、昭和一八年に『文体論の建設』、翌年に『文体論の美学的基礎づけ』を公にし、美学的な立場に立つ文体論を打ちたてた。

小林の文体論の実践は、まずある作品から直観的に受けとる文体印象を記述する。次に、その作品の文章構造を分析し、文体印象との間に、必然の関係を見出す。さらに、その成果を、作者の性格・世界観・文芸思想などの上位の因子に関係づけて説明するというものである。

文章を最終的には作者との関連においてとらえたり、文章の構造分析を、構成・構文法・語彙・品詞・テンポといったいくつかの項目に従って行なったりする点では、小林文体論は、波多野のそれに類似している。だが、小林の文体論は、波多野の文体論とは大いに異なっている点もあった。波多野は、文章の価値を問わず、あらゆる文章を文体研究の対象にすえた。また、波多野は、誰にでも出来る客観的な文章分析から出発する方法をとっていた。

ところが、小林は、レオ・シュピッツァーからの影響を色濃く受けており、シュピッツァーと同じく、研究対象を芸術的な文章に限定した。小林は言う、「文体論は、与えられた作品がなぜ美しいかを説明しようとする」ものであると。

また、小林は、シュピッツァーと同様に、直観力を重視する。「（文体論）は、真の文学的 Aesthete にのみその探求を許されてゐる」と小林は主張する。すぐれた感性や文学的素養のない者は、文体を研究する資格はないのである。

こうした小林の考え方は、科学をめざした波多野の文体研究とは違った、文学的な文体論への道を開いて行くことになった。

5　文学的文体論の隆盛

小林の文体研究は、国文学者や評論家・作家に大いに刺激を与え、昭和三〇年代から昭和五〇年代まで、文学的文体論は隆盛をほこった。

この間に評判になった著書・論文・評論は多い。たとえば、昭和二九年、寺田透「文体論のためのノート」（『岩波講座文学』8巻）は、「文体」という言葉をめぐる思索の結晶であり、本格的な文学的文体論の幕明けとなった。寺田透は、「文体」をめぐって、次のような発言をしている。

われわれは文体を、各作家の作品のうちに見出すのであって、それを求めようとする試みは空しいのがつねである。ある作家の像がわれわれの脳裡を充し、理解あるいは理解と信ぜられるものが、その作家について成立つとき、あるいは成立ったと思はれるとき、かかる肖像、かかる理解、かかる理解と信ぜられるものの照射によって、僕らは、ある作家の文体と信ぜられるものを見出すのである。

「文体」は、まさに直観によって把握されるものなのである。

また、江藤淳『作家は行動する』（講談社、昭和34年）は、「文体」を「人間の行動の軌跡」と定義し、戦後派作家の文体を積極的に評価した。

昭和三〇年代後半から昭和四〇年代においては、「文体」の問題を考えることが、文学論の中心であるかのような風潮すらあったと言っても過言ではあるまい。

国文学界においても、原子朗『文体序説』（新読書社、昭和42年）、磯貝英夫「文学研究と文体論」（「文学・語学」45号、昭和42年9月）などの理論や方法に関する考察をはじめ、作家ごとの文体研究論文は枚挙にいとまがない。

古典でも、玉上琢弥、清水好子、石田穣二、秋山虔、野村精一らの源氏物語に関する文体論的考察、安良岡康作、永積安明らの中世文学に関する文体研究、中村幸彦の近世文学の文体論的考察というぐあいに、国文学界側からの文体研究が相次いだ。

昭和五〇年前半には、『文体』（平凡社）という季刊誌まで刊行され、「文体とは何か」といった特集号がしばしば組まれており、作家、評論家がそれぞれ意見を述べている。

国文学関係の雑誌でも、文体論関係の特集号が実にしばしば編まれていた。
一方、英語学者山本忠雄に端を発する語学的な文体論も、隆盛をほこっていた。

6　語学的文体論の隆盛

山本忠雄は、波多野の心理学的な文体研究の行き方に少々疑問をいだいていた。山本は、昭和一五年、『文体論―方法と問題―』（賢文館）を刊行し、

文体論を心理学、例へば、性格心理学の一部門とする考へには同意し難い。

と述べた。文体研究は、言語学の一分野であり、あくまで言語表現の個別的特色を発見記述することにとどまるべきであると主張したのである。

山本のいう「文体」というのは、一般的な文法形式から逸脱し、独特の機能を果している言葉や表現をさす。だから、山本の文体論の基礎となるのは、文法論である。こうした考え方は、国語学者に受け入れられ、やがて語学的な文体論の流れを形成していった。

折から、国語学界では、文章に関する関心がとみに高まっていた。昭和二五年、時枝誠記は、『日本文法　口語篇』（岩波書店）を刊行し、それまで国語学の研究対象から除外されていた「文章」を、「語」や「文」と並んで文法論の対象とすべきことを提唱した。時枝は、当時、学界で指導的な役割を果しており、時枝の発言は、学界に大きな影響を与え、文章に関する研究がにわかに活況を呈した。

ただし、時枝の提唱した文章に関する研究は、「文章論」とよばれ、文体論とは違って文章の普遍的な側面を追

究することを目的としていた。だが、文章に関する研究が、国語学の一分野と認められたことは、語学的な文体研究の盛行につらなった。

最も早い時期に、現代文を対象に統計学的手法を導入して文体論を試みたのは、樺島忠夫である。安本美典とほぼ同じ時期に、統計学を使って、語学的な文体論を展開した。同氏の「文体の変異について」（『国語国文』30巻11号、昭和36年11月）は、文体の特性が、作者自身の筆癖によって生じるばかりではなく、表現意図によっても大きく異なっていくことを論証しており、文体の問題を考える際の基本的な事柄を突いている。

また、樺島忠夫・寿岳章子の『文体の科学』（綜芸社、昭和40年）には、現代作家一〇〇人の文体を統計的に記述した章があり、安本の研究と対比させると面白い。安本は、一人の作家について代表的な一作品をとりあげることによって、現代作家全体における位置付けに重点をおいたのに対し、樺島・寿岳は、一人の作家について、いくつかの作品をとりあげ、それらの作品の文章特性のゆれの幅そのものに、作家の文体を求めようとするのである。樺島・寿岳は、文章の個性とは、いろいろな場合に当って動くその動き方にあると考えるのである。

古典においても、言語の形態的な側面に注目して解明する文体関係論文が相次いだ。

昭和三〇年代後半以後の語学的な文体関係の論文は、年間五〇本を下らない。文体論研究は、希望に満ちて上昇中であった。昭和三五年・三六年の国語学界の展望号で、阪倉篤義は、

> なお模索的な段階にある文章文体の研究が、こういうもの（＝日本文体論協会）を中心にして、方法的にも次第に整備確立されていくことを、ともども大いに期待したい。
>
> （『国語学』49集）

と結んでいる。昭和三六年に日本文体論協会が設立され、文体に関する研究は、文学と語学のかけ橋になる分野として大きな期待がよせられていた。

7　文学的文体論と語学的文体論の対立

だが、研究が進めば進むほど、語学的文体論と文学的文体論の対立が目立ってきた。だいたい「文体」そのものの考え方すら相容れないものなのであった。語学的文体論では「文体」というのは、一言でいってしまえば、形態としてあらわれる作家や作品の文章特性といった、静的で客体的なものをさす。心理学的文体論のいう「文体」も、語学的文体論とほぼ同様である。また、その追究方法も、語学的文体論と共通するので、以下、語学的文体論の側に含めて考えておく。

一方、文学的文体論では、「文体」とはもっと動的で主体的なものであり、言ってみれば、「表現する作者の精神の構造」といったようなものをさす。語学側で言う「文体」よりも、はるかに動的な存在なのである。

だが、こうした文学的文体論でいうような「文体」を解明するにはどうしたらよいのか？　文学的文体論の立場からなされる発言は、語学的文体論の側からみると、余りにも直観的で、科学の名に価しないように思われるのであった。科学的思考にこだわる語学的文体論にとっては、直観によるものは、信じがたいものでしかなかった。

一方、語学的文体論の方は、つねに実証的に発言することが可能ではあるのだが、文学的文体論の側からみると、それらの研究は、自分たちの言う「文体」の問題を少しも解明していないように思われるのであった。語学的文体論に対して、文学の側からは、たとえば、次のような批判がなされた。

スタイルのもつ個人的な、あるいは時代的な独自の行為性は、形式に即した分析や統計等の自然科学的方法だけではとらえることはできない。

（原子朗『文体序説』）

こうした対立は、昭和三〇年後半から次第に激しくなった。この対立は、学界展望などにもよく取りあげられ、阪倉篤義・樺島忠夫・森重敏・根岸正純らは、対立を止揚することによって文体論そのものを高めることを提唱している。一方、渡辺実は、文学と語学が等しく言語という不思議を扱いながら分化したように、二つの立場の分化は、一種の必然であるとみる。

その後の状況をみるに、二つの立場は、互いに無関係に、それぞれのやり方で研究を押し進めているといった分化の方向を辿ってきたように見受けられる。そして、それぞれの立場で、ある程度の成果をあげたあと、文体論は、いま低迷しはじめている。

8　活性化の道を求めて(1)

では、文体研究には、もはや追究すべき課題はないのか？　そんなことはない。

従来の文体研究の延長上に立って考えても、解決を待っている課題が山積している。私自身のよって立つ語学的文体論に限定して考えてみても、以下に述べて行くような課題がある。

まず、語学的文体論の側に含めて考えた心理学的な文体論に焦点をあわせても、最も根本的な問題が未解決のままである。心理学的な文体論は、文章と性格との間には密接な関係があるという前提の上に成立しているが、果して両者の間に、どの程度の関係が認められるのだろうか。そして、その相関関係は、文章のどのような側面にあらわれるのか。こうした重要な問題が解決されていない。

さらに、性格と文章をそれぞれ別個に追究し、その結果を平面的に組み合わせるといった従来の行き方ではなく、性格と文章との間のダイナミックな関係こそ明らかにすべき課題ではないか。

次に、純粋に言語面に限って文体を追究する語学的文体論にしても、いかにしたら作家や作品の個別的な文章特性を抽出できるのかといった、根本的な問題に立ち戻って検討する必要がある。文体論の最大の関心は、文章の個別的特性の解明である。そのために従来よくとられた方法は、あらかじめ、文の長さ・名詞の使用度・比喩の使用度などの項目をいくつか設定しておき、それに従って作品を分析し、個性をさぐって行くやり方である。

だが、このように前もって設定された項目に従った調査で、ある特定の作品の個別的な特性が抽出できるというのだろうか？　語学的文体論は、こうした基本的な問題の検討を迫られている。

さらに、文章の類型的な側面の解明も、活性化のための課題である。言うまでもないことだが、ある一つの作品を見ている時は個別的な特性と思われるような事柄も、実は、性別、ジャンル別、年齢別、職業別といったものによって決定される類型的な特性にすぎないことが多い。

波多野完治は、こうした文章の類型的な特性の解明の必要性を早くに意識し、性別・ジャンル別による文章特性の検討を行なっている。たとえば、男女別。波多野は、作家の文章の性別を、文体印象から判定させるという実験をした。その結果、文体印象から性別を判別することはできないという結論に至っている。その後、樺島忠夫・寿岳章子、桑門俊成などの研究があるが、いずれも、男女の性別による文章の普遍的な差異を発見することはできなかったとしている。

だが、我々は、ある文章に接した時に、いかにも女性の文章という気がすることがある。いったい、こういう印象は、いかなる文章の特性にささえられて生じるのかといった問題は未解決である。

また、新聞の文章、広告文、翻訳文、小説などのジャンルによって、文章のタイプがあることは容易に想像できる。この方面の研究は割合なされているが、それぞれのジャンルごとに別個に研究されているために、全体的な傾向が把握しにくい。この種の研究にこそ、共通の項目のもとに、ジャンルごとの特色を統計的に出しておく意味があろう。古典では、大野晋「基本語彙に関する二、三の研究―日本の古典文学作品に於ける―」（『国語学』昭和31年3月）が、日記・物語・随筆・和歌などのジャンルによって品詞比率に偏りのあることを指摘している。

また、年齢によっても、文章は一定の傾向を持っている。年をとるにつれて、きらびやかな形容句が消え、文章が枯れていくことは既に指摘されているが、その他の文章上の特色は、いまだ明らかにされていない。

また、その人間のたずさわる職業によっても、ふつうに記す文章に一定の特性が出てくる。堀川直義「文体比較法の一つの試み」（『文体論研究』昭和43年6月）は、クリちゃんの四コママンガを学界・論壇・文壇の人々にみせて、その筋書を書いてもらった結果、学者が最も難解な文章を書くということを報告している。

このように、性別・ジャンル別・年齢別・職業別による文体特性の解明は、個別性追究の基礎でもあり、意欲的になされる必要がある。

9　活性化の道を求めて(2)

また、語学的文体論がもっと意識的に力を入れてもよいと思われる方向の研究がある。それは、古典における作者推定や成立過程の解明である。

古典においては、作者不明の作品、成立事情の不明な作品が多く、それらを文体分析の結果から推定していくのは語学的文体論の一つの有効なあり方である。

たとえば、昭和二八年、阪倉篤義は、「歌物語の文章―『なむ…ける』の係り結びをめぐって―」（『国語国文』22巻6号）の論を発表している。これは、歌物語にみられる「なむ……ける」という独特の言いまわしに注目し、その表現性を分析すると、歌集の詞書とは根本的に異なる「語る」文体であることがわかり、歌物語は口承の「歌語り」を基盤にして成立していることを明らかにしたものである。

阪倉篤義は、さらに、昭和三一年、「竹取物語の構成と文章」（『国語国文』25巻11号）を書き、『竹取物語』の文章構成の独自性を指摘し、さらにその成立過程や作者の発想法についても言及している。

これらの論文は、文体分析を通して作品の成立事情の解明に至るといった、古典特有の文体論のあり方を示唆している。

また、古典には作者不明の作品が多い。欧米では、既に二〇世紀初頭から、文体分析を通して作者推定を行なう試みがなされている。

日本でも、昭和三五年に、安本美典が『文章心理学の新領域―文芸作品の科学的理解はいかになされるか―』（誠信書房）を著し、『源氏物語』の後編の宇治十帖の作者の推定を行なった。安本は、前編の四十四帖と後編の宇治十帖の文体を、頁数、和歌・直喩・声喩・色彩語・名詞・用言・助詞・助動詞の使用度、心理描写の量、文の長短、品詞数の一二項目に渡って統計学的に分析し、宇治十帖の作者は、前編の紫式部とは別人であるという説を提出した。ただし、昭和五一年、数量的な処理にたよらずに、比喩表現の質的な性格に注目して文体分析を行なった山口仲美は、「源氏物語の比喩表現と作者（上）（下）」（『国語国文』45巻11号・12号）で、後編の宇治十帖の作者は、前編と同一の紫式部であるという結論に達している。

いずれが正しいのかは今後の研究に待つべきであるが、このような作者推定を、文体分析から行なっていくのは、みのりの多い語学的文体論の一つの方向だと思われる。

作者推定に関しては、樺島忠夫「作者不明作品の作者を推定する法」（『文体論研究』昭和40年6月）、韮沢正「由良物語の作者の統計的判別」（『計量国語学』昭和40年6月）などの論があるが、この方面の論文は決して多くはない。ある作品の文体上の特異性を分析しながら、その成立過程や作者を探る研究は、語学的文体論と意識されることが少ないけれど、まぎれもなくその一種のあり方ではあるまいか。

10　活性化の道を求めて(3)

最後に、語学的文体論の活性化のための根本的な問題について述べておきたい。それは、「文体」というものを、今までとは違って読者との関係でとらえてみる視点の導入の必要性である。

従来、「文体」の問題を考える時、作者とのかかわり合いにおいてとらえるのが一般的であった。だが、ミカエル・リファテールのように、「文体」を作家の意図とは無関係に、読者とのかかわり合いでとらえてみることもできるはずである。リファテールは、「文体」をこうとらえる。

文体とは、言語構造によって伝達される情報に、意味をねじ曲げることなく付加された強調（より豊かな表現とするためのもの、情意的なもの、もしくは美的なもの）であると考えることができる。

（『文体論序説』福井芳男他訳、朝日出版社、昭和53年）

このように「文体」をとらえてみると、読者の注意力に強く訴えかけてくる強調効果が問題として浮かび上ってくる。

リファテールは、研究をあいまいにする作家の意図をまず視野の外におき、ある作品について成り立つはずの多種多様な読みの総計である「原＝読者」を想定し、そこから研究を出発させて行く。「原＝読者」の視点からの文体論が、いかなる地平をきりひらいて行くかは、今のところ定かではないが、文学作品の文体の魅力を解明してくれる可能性をはらんでいる。

文体研究は、「文体」というものをたえずとらえ直すことによって真の活性化への道が開かれて行くのではあるまいか。

文学的文体論については、私自身の得手とする所ではないので、ことさらに活性化への道を述べることをしなかったけれども、以上に述べたことが多少のヒントにでもなれば幸いである。

既発表論文・著書との関係

本巻のタイトル	初出のタイトル	初出掲載誌・書名、出版社名、刊行年月
Ⅰ　『源氏物語』男と女のコミュニケーション		
男の表現・女の表現	源氏物語の「男の表現」・「女の表現」	源氏物語研究集成第三巻『源氏物語の表現と文体　上』(風間書房、一九九八年一一月)
男と女の会話のダイナミクス		
光源氏と空蟬 ——理詰めの会話——	男と女の会話学 ——『源氏物語』をテキストとして——	『月刊 日本語』3巻11号、一九九〇年一一月
光源氏と夕顔 ——余韻のある会話——	男と女の会話学(2) はかなき恋——光源氏と夕顔——	『月刊 日本語』3巻12号、一九九〇年一二月
光源氏と藤壺 ——究極の愛の会話——	男と女の会話学(3) 秘められたる恋——光源氏と藤壺——	『月刊 日本語』4巻1号、一九九一年一月
光源氏と源典侍 ——露骨な会話——	老女房の誘惑 ——光源氏と源典侍——	山口仲美著『恋のかけひき——『源氏物語』もうひとつの読み方——』(主婦と生活社、一九九一年六月)
光源氏と葵の上・六条御息所 ——傷つけ合う会話——	男と女の会話学(最終回) 誇り高き女性たち——妻と愛人——	『月刊 日本語』4巻2号、一九九一年二月
光源氏と紫の上(1) ——無垢な会話——	幸福な結婚 ——光源氏と紫の上(1)——	山口仲美著『恋のかけひき——『源氏物語』もうひとつの読み方——』(主婦と生活社、一九九一年六月)
光源氏と玉鬘 ——「下燃え」の愛の会話——	中年の恋 ——光源氏と玉鬘——	『論集平安文学——平安文学の視角・女性——』第三号(勉誠社、一九九五年一〇月)
光源氏と紫の上(2) ——諦観の会話——	破綻した結婚 ——光源氏と紫の上(2)——	山口仲美著『恋のかけひき——『源氏物語』もうひとつの読み方——』(主婦と生活社、一九九一年六月)
光源氏と女三の宮 ——苦悩の会話——	光源氏に見る男の魅力	『AERA Mook 源氏物語がわかる。』27号、(朝日新聞社、一九九七年七月)

本巻のタイトル	初出のタイトル	初出掲載誌・書名、出版社名、刊行年月
夕霧と雲居雁 —夫婦喧嘩の会話—	夫婦喧嘩 —夕霧と雲居雁—	山口仲美著『恋のかけひき—『源氏物語』もうひとつの読み方—』（主婦と生活社、一九九一年六月）
夕霧と落葉の宮 —不器用な会話—	未亡人への恋 —夕霧と落葉の宮—	山口仲美著『恋のかけひき—『源氏物語』もうひとつの読み方—』（主婦と生活社、一九九一年六月）
薫と大君 —すれ違う会話—	実のらぬ恋 —薫と大君—	山口仲美著『恋のかけひき—『源氏物語』もうひとつの読み方—』（主婦と生活社、一九九一年六月）
薫・匂宮と浮舟 —理性の会話と感性の会話—	三角関係 —薫と匂宮と浮舟と—	山口仲美著『恋のかけひき—『源氏物語』もうひとつの読み方—』（主婦と生活社、一九九一年六月）
Ⅱ　『源氏物語』の言葉と文体		
文体論の新しい課題	文体論の新しい課題	『解釈と鑑賞』46巻5号、一九八一年五月
比喩の表現論的性格と「文体論」への応用	比喩の表現論的性格と「文体論」への応用(1)・(2)	『国文学』14巻11号・12号、一九六九年八月・九月
『源氏物語』の比喩表現と作者	源氏物語の比喩表現と作者(上)(下)	『国語国文』45巻11号・12号、一九七六年一一月・一二月
『源氏物語』の擬人法	源氏物語の擬人法	『むらさき』25輯、一九八八年七月
『源氏物語』のテクニック —破局への布石—	源氏物語のテクニック —破局の訪れ—	『源氏研究』（翰林書房、2号、一九九七年四月）
『源氏物語』の歌語と文体	源氏物語の言葉と文体	『国文学解釈と鑑賞』65巻12号、二〇〇〇年一二月
『源氏物語』の象徴詞の独自用法	源氏物語の象徴詞 —その独自の用法—	『国語と国文学』60巻10号、一九八三年一〇月
『源氏物語』の並列形容語	源氏物語の表現 —並列形容語の分析から—	『源氏物語の探究』第七輯（風間書房、一九八二年八月）
『源氏物語』の女性語	『源氏物語』の女性語	山口仲美著『平安朝の言葉と文体』（風間書房、一九九八年六月）

『源氏物語』の雅語・卑俗語	『源氏物語』の雅語・卑俗語	山口仲美著『平安朝の言葉と文体』（風間書房、一九九八年六月）
『源氏物語』の漢語	『源氏物語』の漢語	山口仲美著『平安朝の言葉と文体』（風間書房、一九九八年六月）
「『つぶつぶと』肥えたまへる人」考	「つぶつぶと」肥えたまへる人	『日本文学』32巻8号、一九八三年八月
「『つと』抱く」考	王朝文学における「つと」の意味	『日本古典文学会会報』90号、一九八二年二月
「そら」をめぐる恋愛情緒表現	源氏物語の恋愛情緒表現	『源氏物語講座』六巻（勉誠社、一九九二年八月）
『源氏物語』と『細雪』の表現	谷崎潤一郎『細雪』の表現 ―『源氏物語』の影響―	『表現研究』60号、一九九四年九月
Ⅲ　文章・文体研究の軌跡と展望		
文章・文体研究の軌跡	解説	山口仲美編『文章・文体　論集日本語研究8』（有精堂、一九七九年四月）
文章・文体研究参考文献	文章・文体研究参考文献	山口仲美編『文章・文体　論集日本語研究8』（有精堂、一九七九年四月）
昭和49・50年における国語学界の展望―文章・文体―	昭和49・50年における国語学界の展望―文章・文体―	『国語学』105集、一九七六年六月
文体研究の回顧と展望	各国の文体論 ―回顧と展望―1．日本	日本文体論学会編『文体論の世界』（三省堂、一九九一年四月）

著者紹介

山口仲美（やまぐち　なかみ）

一九四三年静岡県生まれ。お茶の水女子大学卒業。
東京大学大学院修士課程修了。文学博士。
現在―埼玉大学名誉教授。
職歴―聖徳学園女子短期大学専任講師を振り出しに、共立女子大学短期大学部専任講師・助教授、明海大学教授、実践女子大学教授、埼玉大学教授、明治大学教授を歴任。
専門―日本語学（日本語史・古典の文体・オノマトペの歴史）
著書―『平安文学の文体の研究』
（明治書院、第12回金田一京助博士記念賞）
『平安朝の言葉と文体』（風間書房）
『日本語の歴史』
（岩波書店、第55回日本エッセイスト・クラブ賞）
『ちんちん千鳥のなく声は』
（大修館書店、後に講談社学術文庫）
『犬は「びよ」と鳴いていた』（光文社）
『若者言葉に耳をすませば』（講談社）
『日本語の古典』（岩波書店）
『暮らしのことば　擬音・擬態語辞典』（講談社）など多数。
二〇〇八年紫綬褒章、二〇一六年瑞宝中綬章受章。
専門分野関係のテレビ・ラジオ番組にも多数出演。

山口仲美著作集1
言葉から迫る平安文学1　源氏物語

二〇一八年一〇月三一日　初版第一刷発行

著　者　山　口　仲　美
発行者　風　間　敬　子

発行所　株式会社　風　間　書　房
101-0051 東京都千代田区神田神保町一―三四
電　話　〇三―三二九一―五七二九
ＦＡＸ　〇三―三二九一―五七五七
振　替　〇〇一一〇―五―一八五三

装丁　鈴木　弘
印刷　藤原印刷　製本　井上製本所

NDC 分類：808
ISBN978-4-7599-2237-0　Printed in Japan

山口仲美著作集　全八巻

第一巻　言葉から迫る平安文学１　源氏物語

第二巻　言葉から迫る平安文学２　仮名作品

第三巻　言葉から迫る平安文学３　説話・今昔物語集

第四巻　日本語の歴史・古典　通史・個別史・日本語の古典

第五巻　オノマトペの歴史１　その種々相と史的推移・「おべんちゃら」などの語史

第六巻　オノマトペの歴史２　ちんちん千鳥のなく声は・犬は「びよ」と鳴いていた

第七巻　現代語の諸相１　若者言葉・ネーミング・テレビの言葉ほか

第八巻　現代語の諸相２　言葉の探検・コミュニケーション実話

風間書房